回 忆
关于历史与政治的理论

埃里克·沃格林（Eric Voegelin）/ 著

徐志跃　李　晋　刘剑涛

何炜东　陆建松　林　南　/ 译

李　晋 / 校

ANAMNESIS
ZUR THEORIE DER GESCHICHTE UND POLITIK

上海三联书店

目 录

Eric Voegelin, Anamnesis

Zur Theorie der Geschichte und Politik © 2005
Verlag Karl Alber part of Verlag Herder GmbH,
Freiburg im Breisgau

德文版前言

人在社会与历史中的秩序的种种问题,产生于意识的秩序。因此,意识哲学是一门政治哲学的核心部分。

早在 19 世纪 20 年代,我就清楚看到,政治学沉溺于新康德主义的认识论、价值相关的研究方法、历史主义、描述的制度主义、意识形态性质的历史臆测等,因此身处困境,只有用一种新的意识哲学才能帮它摆脱出来。我第一次深入探讨意识理论,是在我的《论美国精神的形式》(*Über die Form des Amerikanischen Geistes*,1928 年)一书中,尤其是在论"时间与实在"的那一章,我研究了当时我所知的最重要的意识理论。由这次尝试得出的批判性结果,在今天仍然有效;但是我当时还缺乏必要的哲学和历史的知识,并不能让研究从本质上超出单纯的批判而走得更远。尽管如此,我为了建立一种意识理论所做的这些研究,此后并未被弃之一边,而是数十年来不断有新的进展,我轮换着既对历史的秩序现象进行研究,也研究秩序现象如何回溯到意识的逻各斯上。这番研究得出的最重要成果是我认识到,如果所谓"理论"就是关于某种既定结构的一些一劳永逸、永远有效的命题,那么在这种意义上,就不可能有一种意识"理论"。因为意识不是某种被给予的东西,某种能从外部描述的东西,而是对参与存在基础的活动的经验，只有在沉思中对这种经验进行释义，才能清楚地认识这种经验中的逻各斯。"理论"的幻觉需要避开现实的沉思过程，而沉思的过程则需要从始至终地逐一走过经验和洞见不断增长的各个阶段。

意识是一个不断深入地去洞察意识自身的逻各斯的过程，这是意识的特点。正是这个特点决定了本书的形式。

8　　本书将主要向诸位汇报沉思过程的主要阶段——从第一次决定性地洞见到意识的诸多问题（本书第一部分），直到对这些问题做出暂时的最后表述（第三部分）。表达上述关键性突破的那几篇研究，写于 1943 年，出自我同阿尔弗雷德·舒茨（Alfred Schütz）的通信，之前还未曾公开发表过。本书的第一部分将这几篇文字放在一起，冠以总标题"回忆"，并且在最前面另置一篇文章，"纪念阿拉弗雷德·舒茨"。以这些研究中的洞见为前提，我才可能之后在《政治的新科学》（*The New Science of Politics*，1952 年）和《秩序与历史》（*Order and History*，1956/57 年）两书中发展出一种政治理论。至于暂时的最后沉思阶段，我应邀在 1965 年 6 月作了一篇演讲，论"何为政治实在"（Was ist Politische Realität?）的问题，就涉及这一阶段。演讲之后，我又对这个主题细细思考了一番，使得文字篇幅扩充到原先讲稿的四五倍；由此得出一个事先未曾料到的结果：对意识哲学有了一个综合的、暂时令人满意的崭新表述。这篇扩展了的研究归入了本书第三部分，以"意识的秩序"为标题。

意识是中心，从这个中心向外散射出人类在社会和历史中实存的具体秩序。一门政治哲学是经验性的——这是简明扼要的理解，意思是指对经验的研究，这些经验以赋予秩序的方式，穿透了人的全部存在领域。正如我们说过的那样，政治哲学的工作要求不停地在对具体秩序现象的研究和对意识的分析之间转换。从意识这方面看,人在社会和历史中的秩序就会成为可理解的。因为意识分析把历史的秩序现象作为前提,并且仅仅以举例的方式与历史的秩序现象相关,所以本书在第一部分和第三部分这两个分析性的部分之间,放入一系列个案研究,并冠之以标题"经验与历史"(Erfahrung und Geschichte)。这些个案研究应该展示,对历史材料的研究中如何产生出意识分析的种种难题。拣选个案是按如下几点进行的:(a)这些个案研究让我们能够看到更大的历史材料整体,从而使这些材料能够凭借一种意识哲学被人们从理论上来理解和把握;(b)这些个案研究通过对具体材料进行分析性研究表明,一门意识哲学是如何从经验层面发展出来的。这些个案研究应该让人们注意到,意识分析和秩序现象之间在经验层面有非常严格的关联:正如意识是中心,从中散射出人在社会及历史中实存的具体秩序,同样的,对社会及历史秩序现象的经验认识,延伸到了对意识及意识参与经验的经验知识中。

在此,我想特别指出这些个案研究之间有如下几个关联:

本书的第一篇个案研究,是研究"历史起源"(Historiogenesis,1960 年)的问题,也就是在古代东方帝国中线性历史结构的现象。传统上认为,古代东方的诸文化仅仅具有一种"循环式的时间观念",但研究表明,这种看法是不正确的。事实上,在这些文化中还产生了线性历史的符号化意义,典型的情况是与政治秩序受到严重扰乱相关的。产生线性的建构,是由于害怕既存的秩序被取消,害怕秩序失去合法性;线性建构有这样的功能,能够以某种魔法般的强制力量,重新恢复当时的秩序,让这秩序具有合法性,或者通过革命把秩序确定下来。对历史材料施以强暴,使它服从自己的意愿,这不但是现代"历史哲学"的典型做法,也是古代东方建构历史的典型做法。文中的分析让人们注

9

意到,在以神话玄想和以意识形态玄想为内容的媒介中,有种种政治性的强迫式建构,这些强迫式建构是彼此相当的。——这第一篇研究中有所侧重,而第二部分的最后一篇研究,即论"时间中的永恒存在"(Ewiges Sein in der Zeit,1964 年),发挥了平衡的作用。因为第一篇研究的是线性时间的象征意义,最后一篇则是研究"流动的当下"的问题,时间与永恒在"流动的当下"中相遇。这最后一篇个案研究提供了一个视角,让人们看到一种超越了强制性建构的历史哲学,并且,为了超越强制性建构,意识哲学的一些问题是很基本的,这篇个案研究则点出了这些问题,尤其是关于语言标识的理论,相关内容在本书第三部分会再做深入讨论。

另一组相关问题,概要地展现在几篇关于古典时期政治的研究(1963 年)中。关于"自然的正当"(Das Rechte von Natur)的论文将自然权利的固定符号意义追溯到其哲学上的开端,即亚里士多德关于正当的社会秩序及其起源的研究,而正当的社会秩序起源于在实存上正确的人类意识秩序。下一篇研究是关于"什么是自然?"(Was ist Natur?)的问题,直接接续了前一篇研究,因为关于"自然的正当"的问题,要求清楚知道何为"自然",应该是由自然赋予正当者以合法性。正是与此相关而根本上产生了亚里士多德的意识问题,本书第三部分对这些问题会有进一步的讨论。

第三组问题与西方和诸蒙古帝国的关系有关。我在研究文艺复兴时期政治的时候注意到,帖木儿现象促使人文主义思想家构思出一个神话,内容是关于具有权力政治性质及划时代历史意义的行为;我们可以证明,这个神话一直影响到马基雅维利对君主的构想。对这个问题的研究成果是论"人文主义者的帖木儿形象"(Das Timurbild der Humanisten)这篇论文(1937 年)。

此后几篇文章对西方同诸蒙古帝国的关系做了更全面的研究。在研究中，我意外看到蒙古汗向西方政权发出要求归顺的命令。经过考订分类和编辑，这些文献被证明确实是具有极重大意义的原始资料，对于理解蒙古人把他们征服世界的行动建构为正当，对于理解人居世界中建立帝国的总体情况，都是极为重要的。这次研究的结果曾在 1941 年发表，标题为《蒙古人给欧洲政权下的归顺命令，1245—1255 年》(The Mongol Orders of Submission to European Powers，1245‑1255)。本书的德文版本中，该文被译成德文，改标题为《上天之命》(Der Befehl Gottes)；文中分析的部分，在原本的英文版中还很不充分，德文版中则有扩充，达到了最新的理论水平，这尤其清楚地显示出，它同共产主义征服世界所要求的现代帝国权利之间的种种类似。我从上述这两篇论文开始进一步对建立帝国的问题进行研究，这些研究还未结束。政治学至今一直偏重民族国家理论，而忽视了帝国理论。我在之前的《历史起源》和《时间中的永恒存在》中，也在本书第三部分中，都指明了其中与帝国理论在更大范围上的关联。我在伦敦的演讲《世界帝国与人类大同》(World-Empire and the Unity of Mankind [International Affairs，1962 年])，首次对帝国理论的主要问题做了概要介绍。

构成第四组问题的，是两篇有关意识形态大形势的文章。《巴枯宁的忏悔》(Die Beirichte Bakunins，1946 年)这一篇，是本书从英文译成德文的。该文通过研究革命派帝国梦想家的事例，进一步展开帝国这个论题。论"约翰·穆勒——讨论的态度"(J. St. Mill — Diskussionsbereitschaft，1959 年)一文研究的是，因为人们拒绝理性讨论，也因为对讨论从技术上加以阻挠，讨论的自由衰落了。这篇演讲将本书第二部分对古典时期政治的研究和本书第三部分对意识的分析联系了起来。

11

秩序的哲学是一个过程,在这个过程中,身为人的我们在意识的秩序中发现了我们实存的秩序。柏拉图用 Anamnesis 即"回忆"来表示这个过程。回忆是回忆那忘记的东西;我们回忆那忘记的东西——有时很是费力——因为那是不该处于忘记状态的。通过回忆,这负罪地忘记的东西成为当下的知;忘记与知之间的张力,揭露了忘记就是无知状态,即柏拉图哲学意义上的灵魂的 agnoia(无知)。知与无知,是实存中秩序与无序这两种状态。然而,忘记的东西可能被回忆起,只是因为它是一种在忘记形态中的知,因为它是在忘记中在场,就引起实存上的不安,不安又迫切要求把它抬升到知的形态中。忘记与知,都是意识的形态,通过回忆,忘记的形态可以过渡到知的形态。回忆是意识的活动,凭借这一活动,把忘记的东西,也即意识中潜在的知,从不被意识的状态中抬升到特别的当下意识中。普罗提诺在《九章集》(Enneaden,IV,3,30)中把这一意识活动描述为从未经条理组织的思维到经过条理组织、知觉到自身的思维的过渡。未经表述的知(noema),通过一种知觉转向的活动(antilepsis)成为被意识到的知;这转向的知又用逻各斯(logos)把自己固定下来。回忆就是过程,在这一过程中,未经条理组织的(ameres)知,被抬升到具有语言上形象性(to phantastikon)的领域,通过表述,准确地说就是通过外在上成型(eis to exo),成为语言上被条理组织过的当下意识。

回忆让忘记的东西成为当下的知,我在《秩序与历史》一文中则展现了柏拉图从早期对话录到晚期对话录在对回忆的洞察上是如何进行转变并深化的。在《美诺篇》(Menon)中,他采用了有关灵魂先前实存的民间神话,为的是让人们能够理解,对美德理念的知,如何能够通过哲学活动,从其在人间被忘记的潜在状态中被带入当下的意识,而这一种当下的意识对应的是先前实存的知。在《理想国》(Politeia)中,流传的神话转变为哲学的神话创作;对人与社会的知,来源是在通过对善本身的观看而达到的灵魂秩序中,它与尘世洞穴以及洞穴中有关秩序的影子戏形成了张力,这就是说,同城邦社会在实存上的无序形成了张力;代表秩序之知的人,成为美好城邦的统治者-哲学家;而苏格拉底-柏拉图,统治者般的哲学家,正是创造了关于审判的哲学神话的人。在《蒂迈欧篇》(Timaios)及《克里提亚篇》(Kritias)中,有关于把人及社会的实存归入历史及宇宙秩序中的知识,而回忆把这种全面的知从不被意识的状态抬升到意识中。回忆把自己扩展为意识的哲学,在个人的、社会的、历史的实存中,意识处于被意识到与不被意识到这两者的张力之间,以及潜在的知与当下的知、知与忘记、秩序与无序等的张力之间,而且,回忆也把自己扩展为符号的哲学,用种种符号把上述张力表述出来。但是,意识的核心对象,仍然是人对于人同属神的存在基础之间张力的知;被回忆之物,是在人当下的实存中秩序的起源、开端和基础。普罗提诺承接亚里士多德的著作《论回忆》(De Memoria),强调经由进行回忆活动的意识在知觉及语言上所做的条理组织。他的强调让人们注意到,符号化的表述与意识流动着的当下有关,这意识的当下流动在时间与永恒的张力中,也即柏拉图哲学的 metaxy(间际);在这种关系中,一切符号化的表述,都是在世界及其时间所构成的"外在"中的形态。当回忆活动本身被条理组织为言语的表述,它就变得依赖于世界了;在世界所构成的"外在"中,符号能够脱离进行回忆活动的意识;对于被表述出来的回忆,符号可能变得捉摸不透;而被回忆起的知可能从意识的当下,重新沉入忘记的潜在中。因此,在社会无序的时代中,正如在我们这个时代这样,周遭都是残破的对过往回

13 　忆的符号,以及对忘记状态进行反抗的符号,而我们必须让回忆
的工作重新进行起来。

　　本书收入的分析都以回忆(anamnetische)为特点,因此定书
名为《回忆》。

慕尼黑

1966 年 2 月

第一部分

记忆

纪念阿尔弗雷德·舒茨

我与阿尔弗雷德·舒茨的哲学对话始于 20 世纪 20 年代——我们在维也纳大学的学生时代；这一直持续到 1959 年，因他的去世而中止。

在维也纳那段时期，这种对话采取彻夜交谈的方式。1938 年，我们都移居国外，受到了地理的阻隔——舒茨生活在纽约，我在路易斯安娜。我后来的东部之行给我们提供了唯一的交谈机会，其他大部分对话则都是以书信方式进行的。

本卷发表的三封信都是在我们两人往来通信时期写成的。第一封信是关于胡塞尔的《欧洲科学的危机》（*Krisis der Europärischen Wissenschaften*），质疑了埃德蒙·胡塞尔（Edmund Husserl）提出的意识这个概念是否恰当。接下来的文本是一些回忆性实验，我试图通过我自身的回忆实验，揭示出这些经验——以此来激发对于意识所进行的哲学化理解。这种对于意识进行哲学化的理解在第三部分将被冠以"回忆"（Anamnesis）的标题。对于这些回忆经验而言，在寻找和发现它们之后，接下来就是对于意识的分析，我命名为"论意识理论"（Zur Theorie des Bewußtseins）；现在，它在本卷中被放在了"回忆"部分的前面。

这三个文本构成了一个沉思单元。它们写成于 1943 年 9 月底至 11 月初，是我在纽约拜访了舒茨之后受激发而写的。

多亏在纽约的讨论以及随后的通信，我们至少暂时性地就某些激发哲学思维的经验给予了澄清。

自从对话开始，我们就始终专注于思考这个问题。但鉴于那时所掌握的哲学工具，那时我们还不可能对此获得一个满意的洞见。我们在新康德主义的方法论，特别是胡塞尔现象学方面的训练，决定了我们所具有的共同起点。而且，我们都从马克斯·韦伯（Max Weber）那里学到：在这些科学中，意识形态完全要不得；尽管我们尚不知道采取什么方法，去解决这个用意识形态进行处理的问题，并且实际上这个问题也就是意识形态本身的问题。最后，我们共同形成了一个计划：借助我们的各种哲学方法来形成一套社会行动和政治秩序的理论。然而，在具体努力方面，我们的道路并不相同。

相比我而言，舒茨在才智上更加活跃充沛，更决心要获得确实的结果。因而他继续致力于将现象学方法系统化，并且在研究中应用现象学方法。他的第一个努力成果是《社会世界的意义构造：理解社会学导论》（*Der sinnhafte Aufbau der sozialen Welt. Eine Einführung in die verstehende Soziologie*，1932 年）。在这部著作中，马克斯·韦伯、埃德蒙·胡塞尔、亨利·柏格森（Henri Bergson）的理论为舒茨自己的行动理论、行动意义理论和理解理论提供了背景知识。他后期在美国的工作则采取大量个案研究的形式 *；随着他的《文集》（*Collected Papers*，Ⅰ，1962

---

* 舒茨此后的所有研究成果都是独立的论文、报告、信件等，而没有采取系统著作的形式，尽管有些之间存在主题、内容、论证上的重叠、交叉。舒茨大部分论文都被编成《文集》，现已由马提奴斯·尼基霍夫出版社（Martinus Nijhoff Publishers）出版五卷。——译注（本书星号注除非另外注明，均为译者注，以下不再说明）

年；II，1964 年）在"现象学丛书"（Phänomenologica）系列中出版，现在已经有更多人可以接触到这些成果。在我看来，这些后期著作中最为重要的是有关实在问题的论述。首先，我要指出一些重要研究：《论多重实在》（*On Multiple Realities*）、《符号、实在与社会》（*Symbol，Reality and Society*），以及短一些的《堂吉诃德与实在问题》（*Don Quixote and the Problem of Reality*）。这些对于美国哲学与社会学都具有启发性的推动作用；特别是它们超出现象学而发展了威廉·詹姆士（William James）的多元主义中所隐含的思想。

与舒茨精力充沛的进展相比，我的开端充满犹疑。我的兴趣倾向于柏拉图-亚里士多德的政治学，并且在研究经典文献时，我注意到，他们对政治秩序的哲学思考的预设完全迥异于现象学的预设，尽管我当时还不能清晰地思考明白在这些激发性的经验里的各种差异。因而，我不能冒险，而是进行一些专门的研究：《论美国精神的形式》（1928 年）、《从雷到卡鲁斯的精神史中的种族观念》（*Die Rassenidee in der Geistesgeschichte von Ray bis Carus*，1933 年）、《威权国家》（*Der autoritäre Staat*，1936 年）、《政治宗教》（*Die politsichen Religionen*，1938 年），由此我可以逐渐掌握处理问题所需的历史与哲学知识——此前我仅仅对这些有些了解，但并不理解。

1943 年的纽约交谈让我们明白了在我们虽然不同却又并行的努力所试图解决的问题：现象学的哲学思考（或哲学化），比如胡塞尔的现象学思考，大体上指向外在世界的客体经验模式；而同样，对政治秩序的古典哲学思考则是在大体上指向超越的神圣存在的意向经验模式。

当然，新的见解并未促使我们放弃各自的思考路径，而是促使我们看到自己的一些局限，并做出一些纠正。

19

对舒茨而言,他的理论发展中的最大障碍是先验自我与交互主体性在现象学上的问题——胡塞尔已然在 1931 年的《笛卡尔的沉思》(*Méditations Cartésiennes*)里在对这一问题的讨论上失败了。以自我论寻找交互主体性起源的做法不得不被放弃。舒茨在 1955 年的几篇论文中最为果断地承认了,作为历史赋予的社会世界是现象学难以理解的。我要特别指出在《文集》中的一些阐述:I, 312ff. 和 II, 228ff. 。凡·布雷达神父(Van Breda)在他撰写的《文集》I 前言中提请注意这种理论上的变化:"Après avoir tenté de deriver l'intersubjectivité à partir de L'Ego transcendental, Schutz semble avoir reconnu les limites de ce point de vue égologique en se heurtant à l'intersubjectivité comme à une sorte de facticité primordiale. Mais peut-être aussi sur ce point Schutz rencontre-t-il la dernière pensée de Husserl lui-meme? 〔在最初试图从先验自我引出交互主体性之后,舒茨因为遭遇到交互主体性作为一种原初事实,他似乎已经认识到了这种自我之点的局限。但是,或许就在这一点上舒茨遇到了胡塞尔本人的后期思想吗?〕"

对我而言,这种洞见导致下述结论:尽管古典政治学是所有关于社会秩序的哲学思考的基石,但是决非这一主题的最终结论。首先,确实存在一种世界-内在行为的网络,特别是在整个以目的为导向的理性计划行为领域中,对此进行解释就需要舒茨所发展的那一类理论。其次,即便如此,当联系到直接与我们有关的经验时,经验与符号之间的关系这个一般性问题,对我而言就变得清晰明确了。由于现实中的重点已经转移到经验之上,我不得不将做了规划且已有很大进展的"政治观念史"视为过时并放弃。通过新的意识哲学研究,即对秩序经验、秩序经验的符号化表达、奠基性制度,以及意识本身的秩序的研究,取代了它。

随着舒茨的去世,这场哲学对话终止了。但是它真的结束了吗? 四十余年的共同思考与相互批评不仅对我们的工作产生了深刻影响,而且给我们留下了一种习惯,在工作中问自己,对方将会说些什么。因而,我们这个时代最为敏锐的哲学头脑之一,现在依然是我思考的无言参与者。

致阿尔弗雷德·舒茨的信：
有关埃德蒙·胡塞尔

卡梅利娅大道(Camelia Avenue)903 号
路易斯安那州巴吞鲁日(Baton Rouge)
1943 年 9 月 17 日

亲爱的朋友：

　　请接受我们由衷的感谢：我们能够和你以及你亲爱的妻子共同度过那些美好的夜晚！遗憾的是，我们一起度过的时光如此短暂，以致不能讨论我们都感兴趣的许多问题……

　　即使现在，不能与你面对面交流依然让我感到非常痛苦。考夫曼（Kaufmann）非常热心地把胡塞尔发表在《哲学》(Philosophia)第一卷的著名文章《欧洲科学的危机》借给我看。我刚读完，并且很想就此与你讨论。请允许我做些简短评论——你可能在答复中无暇涉及具体细节，但肯定能让我知道我可能在哪些地方误解了胡塞尔。

　　首先，它给人的整体印象非常宏大——不仅与我们这个时代的其他哲学作品相比而言，而且与胡塞尔本人的其他作品相比而言。最令人满意的是胡塞尔没有沉迷于无聊的愚蠢行为（比如"繁冗""艰涩"的分析等）——它们已经损害了《观念》

（*Ideen*）* 的部分内容；他仅仅有两三次在"哲学性实存"上作了
发挥。尽管语言枯燥，这篇文章洋溢着纯粹的哲学热情的超然
气氛。它对主题的处理非常娴熟；对伽利略的世界观问题以及
导致物理主义的掩盖问题的陈述无与伦比地清晰；** 最后，对
笛卡尔以来作为哲学主题的先验主体性问题之揭示也从未如此
清楚。它对早期先验问题尝试的批判也非常中肯。因而，它也
非常成功地详尽阐述了"自我性"维度，并在先验自我的功绩之
上非常成功地确立了世界的客观性。我非常愿意承认此文是对
我们这个时代进行认识论批判的最重要成就。

　　尽管如此，这篇文章也和胡塞尔的其他著作一样使我感到
失望。认识论批判很可能是一个极为重要的哲学话题，却并未
穷尽哲学事业的整个范围。在这个范围内，认识论批判既非一
个独立话题，也不是所有其他哲学问题扎根的一个领域。倘若
那样，确立了认识论批判的基础同时也就意味着确立了哲学的
基础。这篇文章和《逻辑研究》（*Logischen Untersuchungen*）以及
《观念》一样，同样是一种哲学的一个序言，而非根基坚实的哲学
事业。这种异议自然会招致下述主张的反驳，即：在胡塞尔尚
未发表的著作中将会有重大发现。尽管在过去的二十年里我一
直听到这种主张，但是，除了在临终之际，一个伟大的思想家在
他大量出版的作品中甚至从未触及根本的哲学问题，这使我感
到怀疑。因而，我有理由不去期望：那些即将出版的胡塞尔著作
包含了一些东西，它们将会在许多意想不到的方面丰富那些已经
广为人知的胡塞尔论题范围；那些包含在尚未发表的手稿中的逻

22

---

* 指《纯粹现象学和现象学哲学的观念》（*Ideen zu einer reinen Phänomenolgie und
　phänomenologischen Philosophie*，1913 年）。
** 即胡塞尔所说"伽利略即是揭示的天才，也是掩盖的天才"，也就是物理主义世界
　观对生活世界的掩盖。

辑与认识论的批判研究同样可能富有价值。即便如此，基于眼前的这篇文章，我坚信，为何无法期望其他在哲学意义上非常根本的东西，其原因已经很明确。请允许我就此主题做几点评论：

（1）胡塞尔在这篇文章中展示了一个历史图景，这个图景在其整体特征上和我听过的他在维也纳演讲所展示的历史图景别无二致。这个图景是维多利亚式的。相关的人类历史由希腊古代与文艺复兴以来的现代构成。相应地，希腊化时期、基督教、中世纪——一段微不足道的仅仅两千年的历史时期——都是多余的插曲；而印度人和中国人（胡塞尔将其放在引号中）是一种略显荒唐的希奇之物，处于世界大陆的边缘；西方人作为真正的人矗立在世界的中心。人是理性的受造物。"因而，哲学和科学是揭示人'本身固有的'普遍理性的历史运动。"（第92页）* 在希腊人那里，人类的**隐德莱希**（Entelechie）实现了突破（第91页）。在希腊人实现了哲学的最初奠基以及这两千年间——很显然，在这一期间这种**隐德莱希**只是在别处自娱自乐——笛卡尔则实现了它的现代重建。笛卡尔的这种现代重建又由于一些不完善而误入歧途，胡塞尔已对此做了精辟的分析。康德为将哲学拉回正确方向提供了一个良好的部分开端。我们略过德国观念论和浪漫主义哲学；这样我们就直接面对哲学的最终奠基，它体现在胡塞尔的先验论中。

（2）我认为，不能为人类思想史（Geistesgeschichte）中这种贫乏的图景做过多辩护。事实上，可能会有反对者认为：这种贫乏是由一位伟大的体系化哲学家所犯的可以原谅的天真幼稚造成的，这种天真幼稚对他的重大成就并无影响；或许连明确地反复强调这一点也不合适。诚然，我也最终会如此反驳道：这

---

* 沃格林此处和后面的括号中的页码指的是胡塞尔这篇文章在《哲学》杂志中的页码。

位后黑格尔的哲学家如果不能更好地处理精神的历史实在性问题——就像从这篇论文中可以看出的那样——就是靠不住的哲学家。然而，我不会诉诸这种主张。对我而言更为重要的是，就像这篇文章表明的，它的历史图景并不是一个体系上可以原谅、无关要旨的偏离正轨；相反，它代表着胡塞尔论题中的直接预设。

第 15 节（145 页及以下）引入一种启发性的"有关我们的历史思维模式之方法的反思"。这种方法的原则如下：

（a）哲学的历史生成具有一种目的论。

（b）这种目的论可以从哲学思考的历史形式"内部去理解"。

（c）正是这种被"从内理解"和澄清的目的论使**目的**（*telos*）本身之阐明成为可能，并从而成为了当代哲学家（比如胡塞尔）的任务。

（d）因而通过理解近现代思想史中的**目的**就揭示了个人的哲学任务。

（e）尽管如此，这并不导致这项任务的历史相对化。这里涉及的并非"仅仅外在因果序列"中的安排。这种**目的**是无时间性的，并且仅仅在历史的生成中展开。24

（f）哲学家的生存因而获得了一种独一无二的辩证性特质，这在胡塞尔以下两个命题中被揭示。

（aa）"我们仅仅是历史性精神生成变化的结果"。

"在作为未来各世代之间链条的联系的目标中，这种历史的启蒙作为一种向那些目标的原初基础的回溯……不是别的，而是哲学家对他**实际追求的目标**的一种真正的自我反思，即对在他之内构成意志之物的自我追忆，这是他真正的目标所在,在他之内的构成意志之物还**出自**并且**作为**他的精神先驱的意志。这意味着激活那已成为积淀物的概念性的隐藏的历史意义,而那种成为积淀物的概念性是哲学家私人性和非历史性工作的不言而喻的基础。"

(bb)"然而,根据其实质,每一原初奠基必然与最终奠基密切关联,这最终奠基是给予历史进程的任务。在这任务达到完全清晰之际,最终奠基就完成了,而这任务于是就成为一种绝然为真的方法;这种方法在任务实现过程的每一步中都是通往新的下一步的连续性道路,**并且具有绝对成功这一性质,即绝然为真的性质。哲学作为一种无尽的使命也将因此达到它绝然为真的开端,到达它绝然求索的领域**。(粗体为笔者所加)。

(g)这个"最终奠基"不同于自我反思——历史上的每个哲学家都要进行这种自我反思以确定他对过去和现在同侪哲学家们的态度。就哲学史而言,所有其他哲学家的自我诠释没有教给我们"何为"哲学史的本质。只有在胡塞尔所完成的最终奠基性的诠释中才揭示了历史的**目的**。凭借这个帮助,从而人们对以往哲学家的理解才会比其自身理解更好些。

(h)按照源于最终奠基的目的论历史观具有特殊地位的观点,进而就产生这样一种看法:这种目的论观点不可能被历史论据驳倒(大概是这样一种论据:正如实在中和语言上所表现的,此类哲学家已经旨在追求完全不同于胡塞尔的那种哲学,即胡塞尔所致力于的他的**目的**[**终极**]的知识)。在批判性全景考察中很明显的是,至少从哲学史的"历史事实"背后才体现出历史进程具有意味深长的和谐。

(3)先验哲学家的体系化任务与哲学史之间的关系被概括

成下面的公式："因而当我们进行哲学活动时，我们是**人类的公务员（职能者）**"（第 93 页），并且"我们实际上是，或者说，我们之所以是作为现代的、哲学人文的公务员，以及作为贯穿人性的**永恒**意愿的继承人与它的共同承担者；同时，通过原初的奠基我们将这种功能赋予自己；但是这种原初奠基又是后来的奠基，也是原本的希腊奠基的变形。正是后者包含着**目的论的开端**，结果，它也是作为整体的欧洲精神的真正诞生"（第 146 页）。

需要对第 15 节*里那些原则的脉络中的这种阐述做出评价。你完全可以想象，我迫切地想发表各种强有力的评论。比如，我想表明，我总体上对任何种类的职能者都抱有偏见；在这一方面，我不能非常明确地区分国家社会主义党的公务人员和人类的公务人员；我还要补充道，该党的公务人员屠杀民众，而人类的公务人员却并未充分深入观察这种罪恶的实质——这种观察将至少向他揭示出这种罪恶在公务人员中的一种根源。但就在这时，丽希（Lissy）**说，如果我将对胡塞尔的批评寄给你以感谢在香榭丽舍对我们的盛情款待，那将有些唐突无礼；并且，如果我非要坚持这样做的话，这个批评至少应该避免"掺杂玩笑"。因而让我们接下来严肃一些。

但是，对胡塞尔立场严肃地进行任何分析，都会被这些困难所困扰；即使他的立场在语言上表达得很清楚，但在思想进程上却并非如此。就算胡塞尔清楚地认识到他思想的**根源**（radices），然而就这个意义上，他也并非是彻底的哲学家。他一直强调他的彻底主义（Radikalismus）不是哲学生存（philosophischen Existenz）的彻底主义；相反，这源于他对一个特殊问题探索中的

---

* 指胡塞尔这篇文章的第 15 节，即《欧洲科学的危机与先验现象学的危机》的第 15 节。

**指沃格林的妻子。

彻底主义,特别是起源于先验哲学探索中的彻底主义。我相信
他正是在这个特殊问题上追索到了其根源,就此而言,他令人伤
感的彻底主义是真挚的。尽管如此,就我所见,他在对世界认识
的客观性上的改进——直至它在基础性的自我主体性之内在的
根源——是否实际上是在哲学根本问题上的推进,胡塞尔在他
已出版的著作中甚至从未触及到这个问题。我认为,胡塞尔在
这一点上表现出一种非同寻常的幼稚。这篇文章所清晰表达的
语言掩盖了实际意指的世界,人们也许必须全面地揭示后者,以
便充分地理解胡塞尔的立场。当然,这种揭示显然不能以通信
方式进行,恐怕也不值得在它必要的程度上去揭示。因而我必
须仅仅致力于简要阐明一些被掩盖的层面,而将背景及结论留
给你的想象去完成。

　　(a)在最重要也最普遍的层面,胡塞尔的历史目的论需要归
结在阿威罗伊主义思想范畴下。我在《威权主义国家》里已经详
细处理过这个话题,并且将它视为一种引发国家社会主义与纳
粹思想的动机。我的论文《布拉邦的西格尔》(Siger de Brabant)
——你可能更熟悉这篇文章——也许可以说明这种归类的理
由。在西方哲学中,我们必须区分两种有关人类本质的基本立
场;这两种立场分别以圣托马斯·阿奎那的基督教正统思想和
西格尔的异端思想为最清晰的代表。托马斯主义的立场强调人
的实质(intellectus,理智)的独特性,西格尔强调世界灵魂,单个
的人是其中的一颗微粒。这两种立场在历史上都可以追溯至亚
里多德的灵魂学说(De Anima III,《论灵魂 III》),在那里这一
问题被置于悬而未决之中;因而实际上述任一立场都可以从《论
灵魂》中推论出来。

　　假定世界灵魂以及**作为**前者中一颗微粒的个体灵魂的相应
本质,我仅仅将之称为阿威罗伊主义立场。因为自 13 世纪以

来，阿威罗伊对亚里士多德的注释在西方文献史方面已成为这种立场构建的最重要来源。当然，我很清楚这样一个事实，即阿威罗伊的立场作为一种原创性洞见并没有对这种立场进行详细说明。芝诺的世界-**逻各斯**哲学以及作为人体灵魂的**逻各斯所迸发的碎片**（apospasmata），基本上就包含着这种立场。在这种意义上，阿威罗伊主义立场经历了大量的变化及派生形式。共同性的灵魂可以被理解为位阶在诸个体灵魂之上的一个世界-超验（welttranszendente）灵魂，就像芝诺认为的那样；或者，共同性也可以转移到世界本身上，比如，将其理解为臻于完满的人类发展的**理性的圆满**，这构成了康德历史哲学的一个重要组成部分；它也可以伪装成一种特定的、内在于世界的集体性出现，就像共产主义、国家社会主义和法西斯主义的集体主义思想的情形。

胡塞尔的哲学理性的集体主义**目的**在这些阿威罗伊主义变种的坐标系中可以确认如下：由于胡塞尔式集体主义者的**目的**是一种理性的或精神的实在，它与斯多亚派的**逻各斯**或阿威罗伊主义的理智（intellectus）紧密相关。一般而言，哲学问题被等同为精神的问题，并且，鉴于精神是人的实质，它又被等同为在人彻底发展的形式中的人的问题。"欧洲人类的真正的精神斗争是作为哲学斗争而进行的。"（第91页）尽管如此，人类被归结为欧洲人，这点在这一段及其他地方非常清楚（特别参考第92页），并且它不同于中国和印度那里非常明显的"仅仅经验性的人类学类型"（第92页）。人的问题因而从芝诺的、阿威罗伊主义的以及康德式的普遍性转变到历史领域，"人"也变成人类历史具体阶段的有限的历史现象，即古代和现代历史现象。（中世纪的人可能也被同样视为与中国人和印度人一样的"一个仅仅经验性的人类学类型"，尽管这一点没有明确表达。）由于在胡塞尔意义上将人类约减为彼此一起进行哲学化的一个个个体的共同体，哲学的**目的**也就转移到了靠近于特定的、物质世界的集体社会，即马克思主义的无产阶级社会的类型，希特勒的"德国**人民**"社会，以及墨索里尼的**意大利人**社会。

（b）胡塞尔的历史性集体主义形而上学影响了他的历史方法。将集体约减为一小部分的真正的人，这意味着在"仅仅人类学的"（bloß Anthropologischen）标题下被称之为绝大部分的人类在历史上却是无关紧要的。即便在这很小的相关部分内依然存在着相关性的差异。从他所面临的各种可能性中，胡塞尔选择了自己的哲学；它受到种种哲学体系构成的热闹场面激励，这些体系前后相继、你方唱罢我登场，但其中却没有一种是最终决定性的。我们是否可以得出结论：哲学史（因为其等同于相关的人类精神史）毫无意义？或者，历史由某种秩序所主导，与之同时，也被某种意义所主导？他的回答是"**目的**"；它从原初奠基之际产生，此后通过多重的重要道路逐渐更为清晰地展开自身，直至达到绝然的最终奠基。将之从胡塞尔的语言转译为更为通常的语言：胡塞尔是最有俾斯麦帝国建立时期风格的进步哲学家。尼采对那种风格给出了很多的评论。建立在一种自我-揭示**目的**这一假定之上的哲学，每一种此类进步的哲学都需要解决一个相关性的重大问题，这早先就曾让康德感到不安。对于康德而言，理性在历史进程中展现出无限地趋向于完美时，在他的这种历史形而上学中同样也遇到了理性问题。在《具有世界目的的普遍历史之理念》中，他完全形成了"展开"（Entfaltung）的理念；在关键的一个段落，他表达了他的"惶恐"（Befremden）：人类的最初世代可以说仅仅是垫脚石，最后完美的世代借此达到了人类的目标。在这一假定之下，人在历史上难道不仅仅是一种手段，其目标只能由人类发展的最后阶段中的人类实现？

康德对于这些问题表达出了"惶恐"。他原本可以非常系统化，但是尽管如此，他却没有在情感上被驱使着坚决地面对这一问题。事实上，阿威罗伊主义思想仅仅是康德整个体系的一个组成部分；并且，对他而言，无论如何，处于任何历史时刻的个体人类生存的意义都凭着对灵魂不朽及其在彼岸的完满状态的信念而有一个满意的解释。此处，对以后世代的偏爱在康德那里影响更小，因为，在达成完满是一个无尽的过程这一假设之下，每一个经验上的历史世代与其他世代都面临着不完满的命运。

胡塞尔从略为不同的角度看到了这个问题。他也持有康德对理性进步的信念，将其视为历史进程中**目的**的展开。然而他不相信这是一个无尽的过程。他的最终奠基并不处于一个无限遥远的点上，相反，他确保通过他的现象学在此时此地已经实现了它。通过现象学的建立，哲学达到了它"绝然的开端"（第 147 页）。哲学的无尽任务（这也是他所致力于的）在"绝然的持续的领域"中实现。因而，我们必须区分胡塞尔的理性历史中的两个阶段：第一阶段自希腊的原初奠基开始，并由笛卡尔复兴，一直通向胡塞尔的最终奠基；第二阶段自胡塞尔开始，作为他绝对的最终奠基的绝然的持续。当我们回忆起生命**圆满**"已经在希腊人那里第一次实现了突破"（第 91 页），因而希腊以前的历史只是真正人类的史前史，我们于是总共有了三个阶段。胡塞尔的历史哲学从而采取了一种典型的三阶段式哲学的形式：以"旧约"所代表希腊以前的阶段，起自希腊原初奠基的"新约"以及由胡塞尔的最终奠基所开始的"永恒的福音"（*evangelium aeternum*）。这一最终阶段——在绝然的最终奠基的领域之内，无限延续的现象学哲学，与马克思主义的终极王国以及希特勒的千年王国一样具有相同的哲学结构。

胡塞尔关于新约时代（从原初奠基至最终奠基）的立场值得

29

特别关注。康德表现了一些担忧，承认他有一种"惶恐"，即最终奠基之前的世代应当仅仅是理性的中转站；尽管它们在通向完满的道路上有益并且可能是必要的，但是本身却缺乏任何绝对价值。胡塞尔缺乏康德的这一人道特征。希腊哲学和笛卡尔以来的近现代哲学仅仅是沃土中的历史养料，从中开出了胡塞尔的最终奠基之花，这一事实并未丝毫让他感到震惊；对他而言，这种关系非常自然。但是，提出这一问题并不意味着胡塞尔在一开始就否定人类——问题还更深刻。缺乏康德的人道主义"惶恐"，即不能从内心抗拒将历史视为史前史，也不能从内心反对让"真正的历史"（列宁的说法）——用胡塞尔的术语就是"绝然的"历史——与最终奠基一同开始，这将胡塞尔置于 18 世纪形成的并包括其所有人道主义内涵的进步难题的反面。结果，必须将他与我们这个时代出现的种种弥赛亚式末世形象归为一类。胡塞尔的"绝然的"历史就像共产主义的"真正的"历史，不是经验历史的持续（注意：胡塞尔强烈反对用经验历史论据来说明他对历史的目的论解释）。与那种持续相反，它是历史向人类精神的新的启示层次上的转移，一种新的绝然性与之同时开始。除去特别成问题的先验主体性的成分，胡塞尔的彻底主义具有一种弥赛亚主义的成分；由于这种弥赛亚主义成分，最终奠基及其在历史上的社会领域中的绝然性成为了末世的一种哲学教派的创立。

为了详细阐明胡塞尔形而上学的独特结构，有必要频频涉及政治领域中的相似现象。除了结构类同，胡塞尔的历史形而上学和国家社会主义或者共产主义与弗劳拉的约阿希姆（Joachim de Floris）同样具有密切的关系，约阿希姆将历史分段具有类似的过程。从其他角度，也就是方法论角度来看，胡塞尔的立场展现出了与这种精神的当代表现具有紧密的亲和性——我指的是德国西南学派的历史方法论；它甚至与模仿这种方法论的历史著作联系更为紧密。在这种背景下，致力于处理政治史的著作还不如致力于如基尔克（Gierke）的《合伙法》（*Genossenschaftsrecht*）此类的思想史经典著作。基尔克这一著作的理论基础是他的一个假设——一个政治社群的本质是它作为一个"实在的人"（Realperson）的特征。因而，政治观念与法学观念的历史要选择性地继续，将历史事实组织成一个发展链条，导致一个"实在的人"的理念不断展开。所以，基尔克从大量历史材料中选取了少许碎片，这些差不多可以被适当地插入上述序列，而无视它们在（最初）作者的语境中之所指，也无视其中的哪些材料属于这一范畴。这是胡塞尔的方法，尽管没有**圆满**以及最初和最终奠基这些术语工具。基尔克在运用这种方法时遇到了困难，他严重违背了博丹，而杜宁（Dunning）又极不得体地展现了基尔克的这一做法。结果，基尔克发现自己被迫在《阿尔萨修斯》（*Althusius*）的第三版中正式发表一个尴尬的撤回声明。杜宁研究博丹时的做法，人们差不多对基尔克所涉及的每一作家都能实行。这种灾难不会降临在胡塞尔头上，因为他从一开始就反对经验上的历史论据来反对他的**目的**。因而，我斗胆说，基尔克的时代将世界历史视为是当下荣耀的基础准备——在这种情况下，是基尔克的时代——这种着魔式的迷恋在胡塞尔那里被提高到了弥赛亚主义的程度，并且拒绝任何经验实在基础上的修正。人们依然可以依据基尔克为了自己的解释所选取的材料而批评他，但胡塞尔却没有对这种批评进行开放，因为他通过定义对历史的解释是不会错的。我在此指出一种"魔鬼式"历史编撰，因为以这种方式工作的历史学家把他个人的历史性地为条件所限定的理智立场绝对化了；事实上，他不可能真正书写历史，而仅仅是滥用历史材料——借历史材料支持自己立场。避免这种滥用的

31

思想史,有责任透过思想史的每一立场,直达该立场在其自身中奠基的那一点,也就是说,在那一点上,该立场扎根于思想家各自的超验经验之中。只有以立足这种方法论目标之上的洞见进行探索时,思想史才可能实现它的哲学目标——在精神自身的历史性中来理解精神,或者换个方式说,将精神的历史表现理解为在超验经验之主题上的诸多变化。这些变化以经验事实的方式相继出现,然而却不是任意的;它们并不产生无秩序的系列;它们形成非常明确的秩序,即使这种秩序比进步形而上学所期望的还要复杂些。(当然,我不会在此详细论述任何具体秩序。)真正的历史反思不会接受基尔克的历史编撰事业,甚至特别是胡塞尔的理论所赋予它的任务——将自己的宝贵立场解释为一种历史沉积(顺便一提,尽管这种自我解释恰好是一种历史意识的有价值附带结果)。相反,其主要任务是透过其他人的精神史的形态,直至达到他们的超验之点,并通过这种穿透的理解来规整和阐明自己的超验经验的具体表现。精神史的理解是一种纯化(Katharsis)*,一种奥秘主义意义上的净化(*purificatio*)——在这种奥秘主义的意义上,这种净化以启明(*illuminatio*)与奥秘联合(*unio mystica*)为个人目标。如果系统化地进行探究,在巨大的物质链条中,这种理解实际上会在精神的历史启示中详细阐明出一系列的秩序。最后,它会以这种方式产生一种历史哲学。尽管如此,这种理解不能须臾偏离的主线是思想家们的自述,而胡塞尔不仅认为他有权利无视,而且将其视为对他的目的论的干扰而系统性地加以拒绝。

(4)这将完全阐明胡塞尔立场的最为重要的涵义,现在我只需简要陈述根本性的实质问题:胡塞尔与笛卡尔的关系。胡

---

* 德语里的 Katharsis 一词源出古希腊语。这里用的是该词在古希腊语里的含义。

塞尔认为笛卡尔实现了近现代哲学的原初奠基，而其最终奠基则归于他本人。正是在这最终奠基中原初奠基得以全面展开。这一论点的证据之一就是，胡塞尔将笛卡尔的《沉思集》解释为现象学还原的不完善形式，从自我论领域来看，这种还原旨在将世界的内容**悬置**（*epoché*）以便将世界重建为客观世界。这种解释部分是正确。在方法论上排除世界内容并且悬置判断以确定一个阿基米德点，由此将世界重建为客观的，这实际上的确是《沉思集》（*Meditationen*）的主题。同样正确的是胡塞尔的批评：认识论上的批判性**悬置**尚未被彻底执行，心理学的自我而非先验自我被作为了世界重建的起点。胡塞尔的错误之处在于他宣称——这已为诉诸于历史**目的**所证实：除了在最终分析中，笛卡尔式的约化在认识论的理论中必然产生一种先验性的哲学外，这种约化就别无其他积极意义。此外，胡塞尔的错误还在于他主张：由于笛卡尔的上帝证明站不住脚，那么通过上帝存在的确定性所间接表明的关于世界客观性上的确定性也就土崩瓦解了。

　　胡塞尔的这种错误解释的原因在于，他将自己的哲学论题——**悬置**世界以达到自我的先验领域归结为笛卡尔的唯一意图，尽管这种意图仅仅不清楚而且尚未完全地加以实现。实际上，笛卡尔的沉思具有比归结为认识论理论的主题更为丰富的内容，而且仅仅因为它具有这种更丰富的内容，它被附带地用于展开这一系列问题。首先，笛卡尔的沉思在其主要形式上不会像胡塞尔所具有的形式那样极为新颖。笛卡尔的沉思总体而言是具有传统风格的基督教沉思；它甚至可以更具体地归结为奥古斯丁一类的沉思，因为在基督教思想史上，自奥古斯丁以来，它已经被实施了数百次。《未知之云》（*Cloud of Unknowing*）（一个来自 14 世纪的沉思）的匿名作者像其他思想家一样在下

33

面的语句中表达了经典主题:"有必要将你自己沉浸在对一切上帝的受造之物的遗忘中,这样你就可以将你的意图指向上帝本身。"从物质世界到精神世界,逐步消除其内容以达到超越之点;用奥古斯丁的方式说,灵魂在那里可以将**意向**(*intentio*)转向上帝,这就是这个沉思的目的。这个沉思主要在于产生它的个体生平中的一个过程,那在超验之点的停留以及那**意向**则是短暂的生命经验。在次要的层次上,这个过程可以用语言表达出来,这给沉思提供了一种文学形式。反之,读者在理解一个用语言记下的沉思时,又有可能有一个独创的沉思。因而,笛卡尔式的沉思是一种原初沉思的文字沉淀;事实上,甚至下述情况也是如此:超越之点中停留的瞬息特性被以一种文学方式用于划分多个沉思。笛卡尔的"第一沉思"以一句哀叹结尾:"不知不觉地,我就自己重新落入我的旧观点中",即进入了对世界内容的客观性的信仰,尽管这个沉思的目的主要是将自身从这种内容中解放出来——但这种解放可以使在**意向**中对终极实在(*realissimum*)的经验成为可能。

　　实际上,在笛卡尔的沉思中的确有些新颖之处——要是没有这种新颖,胡塞尔的解释不仅部分错误,而且全部错误。古典风格的沉思以对尘世的轻视(*contemptus mundi*)为起点;世界的客观性是令人遗憾般地确定无疑,以致沉思成为挣脱它的工具;正是通过这种沉思,基督教思想家即使没有向自己确保世界内容的非实在性,至少也确保了其无关紧要。古典基督教思想家**希望在自己的沉思中不去认可世界**,因此,世界的客观性不会给他造成理论化认识论的问题。笛卡尔发现自己处于这样一个历史处境中——**想要**看清世界,同时又避免因此不再是基督教思想家。这就是为何他一方面采取了基督教的沉思,另一方面,他能**利用**这种沉思以及它对世界的**悬置**向自己——从超越经验的

"阿基米德点"——再次确保了世界的实在性，而这实在性在先前已经被沉思所消除。对笛卡尔而言，基督教的超越经验同样是世界客观性不可或缺的先决条件，就像柏拉图的神秘理念直观是他的观念论的认识论不可或缺的先决条件一样。因而我将这样来阐述笛卡尔那里的新颖的成分：对尘世轻视的感觉让位于对世界关注的感觉，并且因此，出于对**认识**的关注，超越经验在这个沉思中成为了确保世界客观性的工具。

　　胡塞尔极大地误解了这些问题，因为他被笛卡尔的上帝证明绊住了，并且没有认识到除了关于上帝的证明之外，那些超越经验所具有的经验性内容。这是一个众所周知的哲学史事实——即便很明显胡塞尔对此并不熟悉：经院哲学家的上帝证明，包括笛卡尔的类型，无意于向那些利用这些证明的思想家确保上帝存在。从坎特伯雷的安瑟伦直到笛卡尔，对于这些基督教思想家而言，上帝的存在是能够从各种不同的来源中得到的一种确定性。然而，这种证明是一种经院主义思想的风格形式，并且，同样对于这种风格而言，这种证明（*demonstratio*）扩展到了那些不能证明并因而绝对无需证明的问题中。关于上帝的证明在逻辑上无疑都站不住脚——但是致力于这种证明的人中没有一个愚蠢的，如同在阅读了康德的人眼中做这种证明的人所必然表现得那样。除了上帝证明，我们很自然地在笛卡尔那里发现了有关超越经验的纯粹描述性的报告，这个没有提供证明。这种经验是沉思模式中所真正发挥作用的。我们在《第三沉思》（*Dritten Meditation*）中读到："我心中已经以某种方式在有限者观念之前先有了无限者的观念，也就是说，上帝的意义先于我本身的意义；因为，我能知道我在怀疑、在欲求，这如何可能；这表明我欠缺某些东西，并且我是极不完美的，如果在我里面，没有比我自己更完善的一个存在的观念——与之相比，我知道我的

35

本质缺陷,这如何能够成为可能呢?"因而,上帝存在不是推理得来的,相反,无限性正是在对人类有限性的经验中被给予的。对上帝不可能怀疑,因为怀疑与不完美的经验中也涉及上帝。在给定的特定有限性的界限位置中,伴随着这一边界,同时也赋予了对于这个界限的超越。

结果,笛卡尔的思考自我(*ego cogitans*)被赋予了三重意义。胡塞尔正确地发现了其中两种。他看到了:(1)先验性自我,它转向此世的内容,并在自己的思考(*cogitationes*)中具有指向思维内容(*cogitata*)的意向(*intentio*);(2)心理性自我,即作为世界内容的灵魂;笛卡尔让它逐步滑向先验自我,这一点完全应该受到胡塞尔的批评。胡塞尔没有看到自我的第三层意义:奥古斯丁意义上的作为灵魂之灵魂(*anima animi*)的自我,前两种以此为根基;它的意向不是指向思维内容,而是指向超越。在这种第三层意义上的灵魂之灵魂中,沉思过程有其首要意义。在奥古斯丁的意向之超越中,自我(Ich)同时对自身(selbst)和上帝(不是在某个教义意义上,而是在神秘的深入根基的超越意义上)有确信。只有出于**这种**确信,胡塞尔意义上的自我论领域,连同这一领域所具有的指向相反方向的**意向**,才可能被确定在**认识**内容的基础之上——无论这种确信在形而上学的思辨中可能采取何种形式。(我们也值得花时间比较黑格尔的辩证法如何起源于雅各·波墨[Jacob Boehme]的神秘主义,前者作为一种可能的基础建构,后者则在黑格尔的《历史哲学》[*Geschichte der Philosophie*]中得到清晰阐明。)

胡塞尔由此从笛卡尔的沉思体系中分离出自我论问题,并在自己的先验性理论中熟练地将其发展至更高层次。在我看来,胡塞尔立场的独特性正是扎根于他与笛卡尔的这层关系中。胡塞尔从未进行过一种笛卡尔意义上的原初的沉思,尽管他声

称他持彻底主义，并为每一个哲学家预设了一个新的开端。他
历史性地采纳并发展了这样一套哲学，将此世简化为思考自我；
结果，他不能在原初构想的形而上学上确立他的先验哲学立场。
他无法跨越这样一种界限，就是以自我主观性为基础的局限。　36
自我从哪里获得将世界之客观性奠基在主体性之上的功能，这
一点不仅未能阐明，而且必然无法丝毫说明。在超越经验中的
较高的基础，被另一种基础所取代，后者位于笛卡尔形成的一
系列认识论理论的问题所具有的世界之内的特殊性之中。胡
塞尔是否未曾意识到超越经验，他是否因为害怕而对此远离，
或者其中原因是否属于生平经历问题（因为他希望远离犹太教
的虔信，也不希望走入基督教的虔信），我无法声称知道这些。
无论如何，他为了确立自己的立场而选择进入一个历史问题的
内在性中，并且最为谨慎地堵住了自己通向超越的哲学问题
（关键的哲学问题）的道路。这可以解释，对于一位一流哲学家
来说，对应于他所揭示出的**目的**（*telos*）而言，这种对于历史解
释的理解必然被视为是出于好奇；这也解释了他以作为**目的**的
公务人员来为自己的立场提供正当性；这也解释了，他不具备
能力在其他人的哲学中找到那个他不能为自己找到的绝对点；
这还解释了他在贬低前人时看起来的不近人情；最后，这解释
了他的著作的一如既往的导论性质——我也情愿相信它们是
这样。

　　尽管如此，我还是丝毫不会怀疑胡塞尔的哲学天赋——我
非常希望无需更详细地说明这一点。一个思想家，在对于根基
性的哲学问题进行思考时，能够不用一种原创性的方式，而且能
够在一套重要的、历史上已确定的问题框架中进行思考，就其所
能取得的成果而言，胡塞尔毫无疑问成就辉煌。

　　我已经得出了想要表达的结论。正如我在一开始表明的，

我担心你很难有时间详细回复这些问题。然而,即使你不会回复,一旦我们再次相聚,这个批判可以很好地作为讨论基础;在那之前,这对我而言也是一种宣泄。

衷心感谢你和你妻子对我们的关爱,并致以最衷心的祝愿!

1943 年 9 月 20 日

意识理论

下面写的东西包含传记成分，但无意于讲述一个生命的历史。用一个简单的说法：它们表述了一些回忆实验的结果。

此番努力的动机源于对一些哲学研究成果的不满情绪，它们将分析对时间的内在意识作为目标。根据我对历史情形的了解，时间意识问题只有在 19 世纪才成为哲学的一个中心论题。今天，对时间和生存（Existenz）的哲学思考已经取代了从前——在以基督教范畴进行的思想消失之前——沉思所具有的位置。对世界-内在的人的时间意识进行分析是基督教生存确证的一种世俗残余，而基督教的生存确证是在沉思中进行，这一确证在灵性上达到的顶点，就在于面向上帝的灵魂意向（*intentio animi*）。

第一次在美国逗留期间，我对这些问题产生了最初的特别兴趣。在我《论美国精神的形式》一书的"时间与实存"一章中，我对霍奇森（Hodgson）、布伦塔诺、胡塞尔、皮尔士、威廉·詹姆斯和桑塔亚那（Santayana）的知觉与时间意识概念做了比较分析。结论是：对知觉和意识的貌似正确的描述——以"那是"（thatness）和"是什么"（whatness）、"纯粹经验"、行为与反思等概念——是对一种显然难以用概念性描述工具把握的经验所进行的思辨性构造。对胡塞尔后期发表的有关内在时间意识的著作的查证得出了同样的结论。胡塞尔虽然拥有精致的术语——"滞留"（retention）与"前摄"（protention），而且这两个术语是意识到了布伦塔诺的行为-反思描述的失败，但它们也未描述出什么。他同样不能摆脱一种模棱两可的精巧工具的构造。

意识分析是一条死胡同，这种想法被下面的思考强化了：除了在特别转向知觉过程——所涉及的是被挑选出的单纯知觉——这一体验中，经验中就根本没有意识流。时间意识的分析者偏爱以对声音的听觉模式演示时间意识——一个声音被听到，并持续被听到，同时声音的开头尽管已经逐渐成为过去却又被持续地回忆。这种偏爱在我看来并不偶然。没有客体意识的时间意识很难被描述。人们不禁推断：在听觉中被描述的并非时间意识，而是对声音的知觉意识，这种声音具有一种客体结构；并且，这种客体结构最终由人的知觉能力的结构决定，胡塞尔称后者为"智识结构"。我从未见过一位哲学家试图以"理解一幅画"的模式演示时间意识结构。在凝视一幅画的同时又将注意力转向对时间流逝的关注，人们不可能如此简单地理解一幅画。人们的注意力沉浸在主题、构图、色值及其搭配、艺术家的技巧、与其他作品的比较等等问题中。在这个过程中，画的"意义"被构成，时间在未被注意的情况下"飞逝"。当眼睛浏览一幅画时，对画的"统觉"是进入精神领域的感官正途，并与时间流逝没有直接关系。只有在这种非常特定的有利条件下人们才能清楚"流逝"的现象：知觉对象在感觉上极其简单，以致"自我"观看它时仍然具有足够的注意力意识到自己的意识。当然，在"理解一幅画"之际，人们也可以摆脱沉浸在构造意义过程中的注意力，转而将注意力集中到一些对着色范围的感性知觉中，

以便意识到这种注意力集中状态中的自己的知觉。但是在进行　39
这种实验时会发生一些值得关注的事情。人们对知觉的意识越
是能够被作为对时间性过程的知觉，在对颜色的知觉中就越多
地混入其他知觉，比如脚对图画前的地板的压力、心跳、呼吸、对
过路人或其他声音的听觉等身体知觉，这些从性质上明显地比
视觉印象更适合于使人意识到"流逝"。基于这些经验，我认为，
时间意识与感觉领域，特别是与身体和声学的感觉领域具有特
别的密切关系。

　　选择一种简单的感官知觉作为模型来阐明意识的流逝，这
似乎并非理解时间问题的基本方法。相反，在这里我们是对"常
规"经验进行最为复杂的和人为的抽象，并且对一类现象给予特
殊关注，这些现象却绝对不是用于作为上述目的的模型。于是，
这种选择有何重要性的问题就产生了。它并未达到描述意识流
的目的，因为我们已经看到，所谓的描述最终不过是一些思辨构
造。如何解释对这一类经验的迷恋——它如此强烈以致蒙蔽了
一些优秀的思想家，使他们未能发现自己研究中的事实错误？
除了下述理由，我再找不出其他来：正是"流逝"本身——流过
并逝去——使人迷恋；正是在感官的单纯知觉中，特别是对一种
声音的听觉中，这种流逝为它们最清晰地揭示了感官觉知的"转
瞬即逝"。然而，相反地，选择这类经验似乎表明：我们必须依
赖感性领域以便理解意识中的"转瞬即逝"；顺便说一下，在意识
中，并非每一事物都是转瞬即逝的。对"流逝"的兴趣才是最主
要的。只有从这个决定性感受出发，我们才能理解，为何意识分
析会在主题上集中于它的易逝点问题，尽管人类意识的功能正
是要脱离这个易逝点，不要流逝，而要建构无空间和时间的意义　40
世界、涵义以及灵魂的秩序。专注于易逝点并不能从整体上更
好地理解意识和时间问题，而仅仅只能理解身体领域的意识根

源。威廉·詹姆士曾经密切观察过他的反省试验。他发现,当自我出现在意识流中时,即使以最敏锐的关注,他在"自我"中除了发现自己的呼吸频率外别无其他。"流"的现象极其重要,但绝非理解时间意识的关键;相反,它之所以重要是因为作为一种经验,身体在其中可以被感受成一个漏斗,世界被强行通过这个漏斗以便能够进入意识序列。

在 19 世纪思想史中,对"流"的现象的特别关注与达尔文主义、马克思主义和心理分析学派对生命力领域的特别关注非常类似。鉴于意识世界奠基于生命领域之上,这每一种关注点都是正当的。这种联系如此亲密,以至于在出生与死亡之间,身体不仅作为感受系统决定了世界的哪一部分可以通过它进入意识,同时身体也成为意识世界内在的张力和关联关系的最为重要的决定因素之一(尽管不是唯一因素)。将注意力转向身体具有历史创造性的功绩,在我们对意识世界的看法中建立了更好的平衡。然而,如果这些兴趣被彻底化到否定所有不被身体直接决定的意识结构,如果身体作为意识的停泊被夸大到使得身体成为意识的起因,那么,这种夸大和彻底化表现出这样一种态度,即在柏拉图所谓的疾病(nosos)的灵性-病理学的意义上的一种病态。这种意识世界就成为一片荒芜(在不同思想家那里所展现的程度不同),对于生命领域、感官世界、生命力世界及其兴衰的迷恋就开始支配起各种哲学观点。

41　　仅仅基于意识与睡眠、做梦、潜意识心理过程的现象不一致的理由,将意识问题窄化为流及其产生就是站不住脚的。但是即使除去这一层纷繁芜杂的问题,这一窄化也表现了对一种恰当观察到的经验的不可靠的夸大;在这种经验中,意识的身体极限变得明显可见了,而这种经验却被夸大为一种基本经验,意识自身通过这种基本经验而产生。这种夸大意味着与经验到的事实彻底相反的情况。在经验中，意识及其结构无论是什么，都是现成被规定了的。就像知觉声音这一模式所表明的，对于"流逝"的极限经验只有在注意力转向极限这种特定的行为中才有可能。这并非在流中形成时间意识，而是在意识中形成对流的经验，而意识本身并不流动。这一事实在我看来解释了所有分析单纯知觉，特别是对声音的知觉时的失败。分析感官知觉意味着从知觉的"构形"（Gestalt）过渡到其基本要素；但是这些要素本身并非构形，它们不是知觉，而仅仅作为思辨构成物——不过是完全合理地——出现于意识**之中**，更确切地说，作为最简单的、但已成结构的意识内容的基底（Hypokeimenon）的表达而出现。处理这个问题所用到的概念工具，是每一种极细微的思辨的典型概念工具。这种工具不仅被用于分析时间意识和听觉，而且也同样用于分析限度问题，例如视觉限度问题。在我的《论美国精神的形式》一书中，我已经展示了在胡塞尔对意向（Noema）与原质（Hyle）的关联（以对树的颜色的知觉为模型）的现象学描述中的思辨结构。他将有关这种限度的推测误解为对限度以及限度之下事物的描述。这在我看来，如之前所述，却被当成了实存的确证，这使得通过其他的、灵性的资源不再可能。对意识流的思辨可以作为沉思的替代品，因为它同样通向超越（transzendenz）；这两种过程都具有超越意识的功能，一种进入身体，一种进入存在之基（Weltgrund）；两种过程也都通往"易逝点"，因为超越自身不再是意识的素材。这些过程仅仅达到其极限并且使对这种限度的瞬间体验成为可能——这在经验上可能仅仅持续几秒。柏格森对这个爱利亚学派悖论的处理完全正确地解决了这些问题；他让连续体奇迹——这种连续体在空间部分不能被穿透——仍然作为一个对于意识而言的奇迹，而将连续体转移到意识运作之外的身体活动的时间持续（*durée*）中。

42

　　因而我认为,意识及其起源的问题需要纠正。我并不否认有一种"流"的现象,但是这仅仅是将自身给予一种单纯感性知觉这种特定情况下的一种限度经验。并非所有知觉同样地适合于产生这种"流"的经验。视觉需要更多注意力:"凝视"一个静止的物体时会对这个物体牢牢盯住,以致于"流"仅仅被微弱地感受到,甚至丝毫未被感受到。然而,对于有浪漫氛围的景观的感知,比如,感觉风景里光线的变换,产生了一种慢慢融入对象的体验,而相对于这种体验,意识仍然寂然不动。对气味的知觉"是不由得产生的",因而无需大量注意力,特别是当气味非常强烈时;但是这些知觉具有特别的静态显现,这使得几乎没有流的经验。听觉在性质上似乎最适合于引发流的经验。更为准确地分析涉及的感官值很可能会对音乐问题的一些方面有所阐明。

　　"流"是一种极限现象;意识整体并不流动。这样看来,没有必要寻找意识流的起源。并且我认为没有作为构造执行者的自我(Ich)。意识是否具有自我的形式,或者,是否自我反而是意识内的一种现象,这对我而言存在疑问。我们无需接受对自我与本我的精神分析学研究所得出的结论,进而承认弗洛伊德已经在总体上非常正确地发现了精神生活的一些基本情况。我甚至不能在有些意愿行为中找到自我。例如:我"想"从椅子上起来并观察"想"和"起来"如何进行。我可以清楚地发现"起来"的计划。但是,在我的决定与实际起来之间发生的事依然模糊不清。我不知道我为何此刻起来,而非下一刻。尽可能密切观察这个过程后我发现,在我实际起来之际,在我难以触及的地方有"某个东西"使我起来;而在这行为中不能发现"自我"的任何东西。这个观察没有告诉我有关行为的被决定或不被决定的任何东西;它仅仅表明,实际的起来并未以"自我"形式发生。在我看来,"自我"绝非给予物,而仅仅是一个高度复杂的符号,表示意识中一些决定方向的特定因素。

在注意力现象与注意力集中现象里，具有描述意识结构的明确起点。意识似乎具有一个能量中心，其能量可以被转向意识的不同方面，并且因此可以引发诸多产生过程。这种能量很显然是有限的，因为我每次只能以限定方式运用我的注意力。当我"集中"我的注意力时，产生之视域就缩小了；当我放松时，可以同时浏览更广阔的范围。集中的程度不仅仅需要一个更小或更大的注意范围；它也需要达到这样一种程度，比如，在此程度上一些复杂的关系变得明晰；它也可以提高联想的丰富性或者回忆起忘记的事情，等等。对于能量的控制，甚至能量自身似乎也没有固定的量值，而是随着个体的不同而变化，并且，在意识内有时可能更为强大或微小。此外，通过训练可以提高控制程度；甚至很有可能通过大量努力扩大量值。无论如何，坚持练习专注会提升专注的能力。

无论其本质如何，这个能量中心置身于一个过程中，而且这 44 个过程不能像行星运动或晶体解体那样从外面观察。确切地说，它具有内在"澄明"的特征，也就是说，它并非隐蔽的，而是可以在它的过去与将来的内在维度中被经验到。过去与将来的问题作为意识之维度必须与"外在的"过去与将来区分开。根据资料知道，一个历史事实或者通过知道历史规律来预测一个事件，都是复杂的派生现象。尤其重要的是，应当避免这些错误认识：意识之维度是空车行程一类的东西，信息可以被载入；不仅如此，还有像脱离了实体过程的时间问题"本身"的东西。我并不记得"过去中的"事物，但我拥有过去，因为我可以呈现一个已经完成的意识过程——通过我的注意力的积极努力，或者在相对不太明晰的所谓的"自由联想"过程中，或者使用其他方法。我也不展望"进入将来"，但是因为我可以展望，所以我拥有将来。

过去和将来都是能量中心所置身于其中的过程在当下澄明了的维度。

在过去与未来的澄明的维度中，人们清楚的不是虚空的空间，而是从出生到死亡之间的一个有限过程的结构。意识经验是一种对过程的经验——这个过程是我们唯一"从内"知道的过程。由于这种特质，意识过程变成此种过程的模型，也是唯一的作为给概念工具提供导向的经验模型；我们必须也通过这些工具把握超越于意识的过程。经验模型的有限性与其他过程的"无限"特征之间的冲突引起大量基本问题。（**无限**一词已经通过它的否定性表明，我们与它一同进入一个超越经验的领域。说一个过程是无限的等于说，我们没有对它"作为一个整体"的经验。）这些问题中最有趣的一个是康德意义上的关于无限的二律背反。我们可以使有限过程发生派生性变化，即所谓的"理念化"，它导致无限序列或无限回溯之类的概念。当这些"理念化"与有限系列密切联系时，集合论的矛盾产生了；当它们与因果关系之类的过程密切联系时，康德的二律背反产生了。因果序列不可能在时间中开始，因为我们"在时间中"没有对开端的经验；可以更准确地说，因为我们丝毫没有时间开始时任何的经验——因为我们唯一具有经验的时间是意识的澄明之维的内在经验，也就是两端都消失在不可经验的黑暗中的那种过程。

由于超越了意识的诸过程不能在内部被经验到，并且由于要描述它们的结构特征，除了在其他有限经验中形成的符号外，我们别无其他符号可用，于是产生了表达的冲突。这些冲突即便不是神话形成的唯一根源，也仍然是最重要的根源。一个神话符号是旨在为超限（transfiniten）过程提供"澄明"的有限符号。例如，创世神话透露了世界的超限过程的开端问题；圣母无玷污成胎说促成了对超限精神开端的经验；上帝的拟人形象成为了超越经验的有限表达；对灵魂的生前存在或死后存在的思辨为出生及死亡之彼世提供了限定性的准则；堕落与原罪，通过生育和死亡澄明了有限存在的奥秘；以及其他诸如此类。

　　将感性的神话符号灵性化的倾向是历史过程的典型特征。埃及文明、波斯文明和希腊文明从多神论符号系转变为一神论符号系，并且在一神论符号系之内，从具有感性特征的神的概念过渡到没有任何属性的神的概念。柏拉图创造的神话就非同寻常。他有意识地将创制神话作为哲学工具，就我所知，这种努力在历史上是无与伦比的。当达到感性神话衰落阶段时，一个出色的哲学家"在正常情况下"可以将神话问题转变为辩证思维之表述，从而使之理性化。一位蹩脚的哲学家则从本体论上将多元过程（它们与人类经验的关系引起表达冲突）约简为单一过程，试图由此消除那些神话问题。结果，我们只剩下物理主义、生物主义、心理主义或者诸如此类的某个变种。柏拉图有意识地求助于神话，而其他哲学家则于此处求助于思辨工具。有人可能认为，柏拉图这样做是因为他知道，就根本上而言，以何种符号系统表达超越经验并无差别；也很可能因为他觉得，比起思辨，神话是表达超越经验中的灵性迸发的更为精确的工具。而且，思辨并非是一个任何人都能妥当使用的工具。就我所见，这里产生出一个在检视朴素的神话时通常不被提及的问题：当时的那个神话是否恰当，即神话实际上是否恰如其分地表达了一种极限的经验。这个问题对柏拉图有特别的重要意义，因为他曾在一个具体事例里创造了**两个**神话，而后一个被普遍认为更好。在《理想国》中列出人的三种类型，即智者、勇士和追求感官的人——这三种类型分别构成统治者阶层、战士阶层和从事经营的阶层——之后，柏拉图引入了一个神话故事：这三种人是因为神在他们各自灵魂中分别注入了金、银和铁而形成的。这

46

是柏拉图的神话中唯一被归为实用性的神话。柏拉图自己并不"相信"它,而是在城邦中将其作为寓言以使低下阶层保持安静。在《法律篇》(Nomoi)中,这个实用性的神话被关于金属线的"真正的"神话所代替:神通过金属线像控制和引导木偶一样控制和引导人们,而且是以**同样**方式统治着**所有**人。先前是外在-机械式地将好的和不那么好的品质分配给不同类型的人,现在出现了**人就其所是**的人性神话,人的性格是由对各种不朽的金属线牵拉的服从意愿决定的。通过采用木偶的符号,第二个神话"恰当地"使特定的行动经验成为有限的,这行动处在我们分别称为"自我"(Ich)与"世界-超越的存在"(Weltjenseitiges sein)的决定因素的节点上。而第一个神话是"假的",因为《理想国》的神话系统在整体上是为了配合人的奥秘特征而构思的,并且忽视了"普通人"的与之有差异的内在张力,结果,需要金属神话作为外在的权宜之计,将不仅仅由神秘主义者构成的人类社会凝聚在一起。两个神话不同的品质还显示在,第一个神话在感情上近乎冷淡,而柏拉图所表达的木偶符号却激起了超越的颤抖,也即鲁道夫·奥托(Rudolf Otto)意义上的"神圣敬畏"(Numinose)。

关于"有意识的"神话的问题,特别是促使柏拉图从《理想国》到《法律篇》进行神话修改的问题,似乎阐明了心灵的历史。在超越意识的那些过程中,我们称之为"他者"的过程具有特殊位置。"他者"本身对意识而言就像一个自然过程一样是超越的,但是其情况特殊,因为我们在"他者"中发现了一种原则上与我们自己的意识过程类似的过程。在我看来,这点难以用胡塞尔在《笛卡尔式的沉思》(Meditations Cartesiemes))中推至极端的方法来处理与其他人类存在之超越的关系。胡塞尔的重要问题——"你"(Du)如何在"我"(Ich)之中被构造为一个"他我"

（alter ego）——自行解决了，因为"你"丝毫不是在"我"之中被构造的。在我看来，"你"的问题与所有其他类型的超越性问题相似。意识**总的来说**具有将另一个人类作为一个他人意识的经验，这并非一个**问题**，而是经验事实，人们可以由此出发，却不能向后回溯。超越的能力和澄明一样是意识的一个根本特点，它是被规定了的。因而根本问题毋宁是：其他人可以以何种象征语言被真正地承认？以及，特别地，我们如何将我们对其没有内在经验的"他"理解为"一个平等者"？这些问题的答案是这个复杂的问题域中已由神话历史明确给出的那几个答案中的一个。对"平等"的承认始终不离由身体的超越性与灵性的超越性这两个极点所确定的线路。我们在历史上只知道两种本原的平等神话：出于同一位母亲子宫的孩子们的平等神话，以及依同一位父亲的灵性模型而被造的孩子们的平等神话。其他所有的平等观念明显是这两种神话之一的历史派生物。只有在这些神话框架**之内**，我们才对关于"你"的知识提出诸多**认识论**问题。"你"在一些神话中被承认为"平等的"，尽管如此，这些神话绝非我们对"他者"的超越经验的唯一表达。平等神话的思辨式理想观念化，以及，将平等从血缘关系——这即使在古代也很可能已经是虚构的——扩展到包括"所有人"的平等，都是后来的派生。即使在它们出现于历史之际，它们也并不总是破坏其他神话的象征力量。神话的基本功能是使超越有限化，这一功能主要真实体现在历史中出现诸多由神话构建的有限的人类社群中，并且就这点而言，在这些社群中展现出了人自身的形象。在此不适宜处理神话之间的冲突问题以及社会之间的关系问题。我仅仅需要说这一点：神话之间的张力可以被扩大到否定陌生的神话社群的成员的人类特征；或者在多神论符号系中，它可以作为各个社群的神之间的斗争而出现。尽管如此，这些社群依然在人

48

类范围内,因为两者都承认"神性"具有实体上的同一起源原则。或者,这种张力可以软化至这样一种感觉:当一种冲突发生时,它会源自于两个社群所共有的罪咎(比如,基督教关于罪咎的社群性观念)。

总而言之,在"你"中经验到一个"他我",这个命题只能被有条件地接受。将"你"完全经验为"他我",很可能只是一种例外情形,仅仅在有些教派社群中实现。通常情形是,"你"被经验为是一个在身体的与灵性的超验趋向上的平等者,而在这两极之间的空间里却又能经验到大量差别。于是,我们可以说,"你"作为另一个人出现于其中的最全面的过程符号系,是希伯来的《创世记》里典型描写的单一身体的与单一灵的人类概念。在这一全面的符号系中,通过原初之人(亚当)的受造,确保了人们之间的平等;我们在这个符号系当中发现了这一特定社群的神话。这些神话或多或少是清楚地对人的形象进行了区分,并再次典型地体现在希伯来的约(berith)中,即与上帝有相伴关系的人类社群被有限化而成为"选民"。这不是有限化神话的终结。一系列的有限化在这个社群的神话张力中持续着。这是维柯(Giambattista Vico)的功劳:他第一次将罗马贵族与平民的英雄式斗争(contese eroiche)视作为神话而进行的斗争。这个发展过程的主要阶段包括:(1)贵族对神的垄断;(2)平民的神的产生;(3)对宗教崇拜平等的承认与社会关系通过伦理实现的理性化。我相信,维柯的论题触及了一个至今尚未被充分探讨的社会结构的根本问题。比如,就我所知,下面这个有趣问题至今就尚未被人钻研过:柏拉图与亚里士多德的神不仅是神秘主义者的神,也是属于那些社会贤达们的;因为与神的一个全面而成熟的关系需要唯有充足收入才能保证的闲暇。这样,柏拉图-亚里士多德的神学延续了社会贤达们的多神教信仰,在它之下还有一种我们知之甚少的群体性地对宗教秘仪与狂欢崇拜仪式的信仰。这个问题具有首要意义，因为人类意识在其连续和同时的许多典型例子中，虽然是处于固定不变的框架结构内，却也展示了超验经验在微妙差异上的大量变体及其表达的大量变体，这正是我们称为"精神的历史"的东西。凡将人们安排到一起成为一个处于某个神话之下的社会，都意味着一种最低限度，即按照当时那个神话所能包容的超验变体的趋向，对人的主要形象进行标准化的最低限度——有时这个限度还比较高。人们不能期望一个社会中的所有具体的意识能积极回应主要神话；于是在社会内部就有神话张力的问题。由于多神可以使诸多变体实现更全面的满足，而不会使系统变得复杂，多神教文明在这个问题上具有优势。一个一神教社群，比如希伯来人，一直存在大众——需要狂欢崇拜仪式的社会成员——的"偶像崇拜"问题。这个问题的一个特别方面是与通过西方理性主义实现的对神话的去感性化有关。由于持续增长的大量人口，基督教传统的感性神话日趋式微，但只有极少数人可以以智性的神秘主义与哲学思辨对超越经验进行灵性化的表达。于是，必然结局就是世界上的"孤寂"现象，并且这个世界在神话中不再有定位点。当然，人们一直具有超越经验，但是这些经验仍然处于颤栗与恐惧的心理层面；它们不能富有成效地有助于形成一种符号秩序——超限过程（它不能被从内部经验到）通过它可以在神话的明晰中变得可以理解。在社会动力中，最重要的征兆是现时代的"运动"和"伟大战争"，前者在一定程度上具有明显的狂欢特征。后者作为征兆不仅仅在于它们展示出一种狂欢宣泄的积极意愿，而且在于它们必须要被人所忍受。可能阻止这些战争的行动已经难以实现，因为达到秩序的意愿已经瘫痪。只有在其意义被完好保存在社群神话中的地方，这种意愿才鲜活有力。

50

　　除了宇宙论的二律背反与神话之外,第三个根本的问题域是过程神学。从毕达哥拉斯派的和谐比例四项数(Tetraktys)到三位一体的过程,以及从卡巴拉的(kabbalistische)神秘主义到谢林的潜能理论。过程神学处理的是符号系统发展的问题,这种系统以一种对内在所理解的过程的语言表达来揭示如下关系:意识、超越意识在世界中的存在类型,与超越世界的存在之基之间的关系。我倾向于相信,过程神学的尝试及其展开——一种将世界的超验体系解释为一个神圣实体的内在过程的形而上学,是唯一富有意义的体系哲学。它至少试图以一种"可以理解的"语言解释超越于意识的世界秩序。相反,所有在本体论上不同的形而上学不仅无法理解内在性中的超验,而且以一种"难以理解的"语言增添了解释中的无稽之谈,因为这种语言并不适应唯一可以"从内部"触及的意识经验。

　　谢林已经在他的问题中出色地表达了这个问题的系统起点:"为什么是有,而不是无?"每一种存在意味着超出它的可能的非实存的深渊之上的实存之神秘。毫无疑问,通过说这个问题并非合法就可以消除这个问题,因为谢林问题中的"有"是仅有的可以被经验的有限的"有"的形式化或观念化表达;以至有关这种形式化的"有"的"为什么"的问题不会以任何有意义的方式被提出,而对于任何有限之"有"而言,它却可以通过诉诸自然的因果性而回答。哲学应当将自己限定在有限的批判性认识架构内,这种立场构成了批判性先验哲学的力量。那专注于世界内容以及意识给予之物的意识,可以将自身提升到有限经验之上,但仅仅达到一种对主体性结构的先验反思,而世界中的事物的客观秩序在这种主体性结构中被构成。

　　尽管从内在性观点看,这个立场无可置疑;但在我看来同样

51

确定的是，人类意识会在一些个别事例中接受这种答案，却决非在历史普遍的进程中接受它。对它的反对在各种情况下可能源于许多方面，但归根结底，这些反对总是会回溯到两种经验综合体。

通过人对自身本体结构及其与所关联的世界-内在的存在秩序的经验，人就被给予了第一种的经验综合体。人类意识并非独自发生在世界中的一个过程，仅仅通过认识与其他过程联系；相反，它奠基于动物、植物和无机存在，并且仅仅在此基础之上它才是人类存在的意识。这种存在结构看起来是人类超越自身、趋向世界的能力的本体论前提。因为，在它超越过程的所有方向上，意识没有找到一个并非同时又是它自己奠基的存在层次。就本体论角度说，意识在世界的存在秩序之中没有发现任何层次，意识也不把它经验为自己的基础。在意识的"基础经验"中，人将自身显现为宇宙的一个缩影——一个微宇宙。如今我们不知道这个基础"真正地"存在于何处；我们的所有有限经验都是对差异中的那些存在层次的经验；它们的关系的本质是非经验性的，无论这种联系是植物在无机物中的奠基，或者动物在植物中的奠基，乃至人类意识在动物躯体中的奠基。但是，毫无疑问，存在这样一种基础。即使每一个存在层次与其自身结构清楚地区分开，必定还会有共同之物使得它们的连续统一体在人类存在中成为可能。在此，我们处理的不是一个静态的综合体，而是诸多在过程中的密切相互关系；通过这种经验，基础经验被进一步强化。我们了解成熟与衰老这类现象，它们在身体过程与意识过程中是对应的。我们也知道存在之关系，尽管我们对其内在本质完全捉摸不透，但通过它可以以外在时间的象征给内在地得到澄明的意识更替"确定时间"。最后，在与有关意识之外的世界的客观知识之神秘关系中，我们与这个世界

52

联系在一起；现象学尚未澄清这种神秘关系，而仅仅是"从外部"描述过它。（在这些联系中没有什么是自明的；世界上现存的各种不同的存在类型可能在其他关系中是彼此联系在一起的。本体论的想象正是扎根于这种不同的存在秩序的可能性中。比如，意识在与身体分离之后不能继续它的进程吗？有关这个问题，可以看看非常严肃的"形而上学家的梦"——康德的《一个通灵者的梦》(*Träumen eines Geistersehers*)的第一部分。这部著作对于理解康德的理性形而上学的精神背景必不可少。）

53　　在前面有关胡塞尔的信里，我已经评论过另一种的经验综合体，所以简单就其说几句就够了：这是沉思的经验综合体；在其巅峰，意识的意向并非客体性地通过所思(*cogitata*)而指向世界内容，而是非客体性地指向超验的存在之基。

　　在这两种经验综合体的基础上引发了导致过程神学的思考。如果诸存在层次在人类实存中互为基础，如果有过程的对应，如果人类实存在时空上和因果性上被纳入这个包围它的世界，并且，如果最终在对世界的意识中有一种对世界的反映，那么，本体论者就推断，诸存在层次有实体同一性的背景。被经验到的诸存在层次的多样性只有通过下述方式才可以变得"可以理解"，即借助过程范畴，将其解释为在人类意识中达到澄明阶段的自身同一的实体的展开过程中的一系列阶段。这样，沉思的经验综合体——存在之基的实在在其中揭示自身——有必要让存在之基中的一种过程作为引起内在于世界的存在过程的原因。从这些经验与必要性的综合中产生了本体论方面的图景，它们的主要形式在比如洛夫乔伊(Lovejoys)《存在巨链》(*Great Chain of Being*)中得到了描述，特别是在有关存在之基中的过程的神学思辨中；而这种过程在世界-内在的存在中展开自身的方向发展。

在这个复杂问题的框架中,谢林的基本问题得到了与批判性认识论有所不同的阐明。存在论思辨是一种正当的哲学活动,建立在可以精确描述的经验之内,它以"可以理解的"过程范畴解释这些经验。形式化的"有"作为"无"之外的另一种可能,是一个被正确表达的存在论概念。它在康德的意义上是二律背反,但是,理性进行的理念化虽然导致二律背反,却并非"无稽之谈",其问题也不是"伪问题"。谢林的"有",就像逻辑上或宇宙论上的"无限",是一种象征;它的合理根据在于,它以有限语言使得在沉思中被经验到的真实的存在之基变得清晰明白。仅仅在世界-内在的经验框架中,那些理念化导致"不可解决的"问题;然而在存在论经验框架中,它们"有重要意义"。谢林问题具有重要意义,就在于它涉及关于存在之基中过程的问题;在我看来,接受这一过程,是对本体论的经验综合体进行一种一贯解释时不可避免的系统要求。

54

至此,我一直在谈论作为一个过程的意识,它从自身内部被澄明,并且与其他过程共同在一个世界上发生;而且,它是作为被奠基的存在、认识过程和沉思的意向(*intentio*),与这些其他过程以及世界整体联系起来的。意识过程作为一种基本经验,任何有关意识的哲学思考必须从这种基本经验开始。相信"意识流"理论及其通过自我而得以构建的人可能会反对道:"流"仅仅是被简单地换成了"过程"一词,并且引入这个词无助于理解意识及其过程特征。如果分析停在了这一步,那么,提出这种反驳的人将是正确的。但是,这仅仅是一个临时的停驻点,必须通过对过程意识更严格的考察来推进这种分析。意识没有"自我"形式,尽管如此,它具有能量中心和方向性的注意力,并且是被澄明的。迄今,除了这些,我们并没有对过程意识说明更多。

　　我们从过去与未来的澄明维度开始。我们先前提到,过去与未来并非一段可以在其中载入一系列现象的白板,而是一个过程在自身不同的时间维度中的澄明。就这些维度可以通过将注意力转向它们而当下呈现来说,意识是"被澄明的",也就是说,可以从内部被经验。这样,问题就在"当下"概念中。有人可能会反对,认为"当下"并非时间中的一个固定点,从这一点,一个带有方向的过程将变得明白;相反,过程维度已经隐含在**当下**一词中,因而这些维度一定可以从来源上经验,而不必将注意力从一个当下之点转向过程维度。在我看来,这种反驳有价值。于是,一种彻底的有关过去与未来之间的瞬时的哲学,将必须在没有**当下**术语情况下行之有效,并且必须采取一种瞬时的唯我论。在这种唯我论中,我们不能确切说明何者在前后序列上居先的那些图景变得清楚。在这瞬时中变得清楚的这种序列可能是一系列的变幻无常,其后没有实在。在我看来,具有维度的过程实际上并不是直接被经验到的。瞬时唯我论只有一条路可行,即认识到意识并非以瞬间图景形式存在的一个单子,而是以人类意识形式存在的单子,也就是奠基于身体与外在世界上的意识。唯一的彻底的内在现象是瞬时及其澄明;将瞬时图景(在澄明所产生的维度中)**插入**一个连续图景过程中,需要超验意识的过程经验。因此在我看来,"当下"实际上不能被直接经验;相反,它是解释瞬时图景的结果,这种解释借助于有关我们身体性存在的历史知识,以及通过这一历史与外在时空世界中事件的关系对这一历史的时间进行确定。将人类意识描述为一种"纯粹"意识,是基于下述事实所制造的一种幻觉,即我们只能在诸存在层次的差异中而非它们的实体联系中,"客观地"经验它们。我们对自己的仅仅**作为**意识的意识具有经验,也就是说,这意识仅仅作为从内经验到的过程,既不是身体的,也不是物质的。人

55

类生存的实体统一,客观上不能被经验;为了理解意识在身体与物质中的基础,它必须被当作一种存在论假设而被接受。然而,这并不意味着没有人类实存统一体之类的事物。无论如何,为了理解人类实存的整个过程中的意识过程与身体过程的"共同",这种假设不可或缺。我们不能描述性地将"纯粹"意识理解为过程;而只能解释性地将"人类"意识理解为身体与世界中的意识。被澄明的——但是在实在层面无深度的——瞬时图景获得一个过程的主体(korpus),并且由此成为当下;其方法是,图景之要素,即记忆与谋划,被纳入身体的与外在世界的历史的经验联系中,并由此可以确定时间。相反地,有人可能会说,无生命自然"本身"的存在,也即与意识无关的存在,严格地说是"无";而且只有当它的事实对意识而言成为历史日期时,它才会转变为一种具有时间维度的过程。对意识而言的日期和对**这个**意识的日期确定,这两种现象密切联系。在自然过程对它与意识的关系这种依赖中,我发现,关于时间的理念性与范畴性的认识论理论,其根源在自然经验中。诉诸自然过程为意识提供了其过程的主体;与在意识中被澄明的过去和未来的维度的联系为自然提供了时间秩序;这些关系的交叉处就是意识的"当下"。

对最后的这些话可能需要加以说明,以免出现这种误解,即我们通过它们已经进入了相对平静的认识论领域。我们实际上仍然处于构成认识论**前提**的本体论问题领域。康德通过他的"物自体"概念探究过这些问题。物自体是一种象征,康德力图通过它把握已被正确发现的事实——我们的自然经验是一种"来自外部的"经验,而物质"内部"对于我们而言仍然不可触及:严格地说,我们的自然经验是现象的。康德进一步正确地发现,意识——这里被冠以"理性"之名——是一种特例,因为在意识中我们具有"来自内部的"过程经验,并且,康德假设我们在理性

56

形而上学中实际上处理的是物自体，以此来解释上述情况。然而，在我看来，这个假设有些草率。该假设的确认识到，我们从内部体验意识，不像经验自然那样。但是，它忽略了这种情况：在这种内在经验中，我们并未经验存在整体——意识在其中是一个特殊过程，而仅仅经验意识自身。因此，意识经验并非是现象的，而是本体的；但是，即使理性的**本体**也不是存在整体的本体。作为所有可经验的具体存在的根基的那种存在，是一种本体论的假设；没有它，在人类实存中被实际经验到的实体联系仍然不可理解。但它绝非人类经验中的一种素材；相反，它总是完全超越的，只有通过沉思才能通达。不能将它从有限性的彼岸引入有限性中。我们拥有我们的人类有限存在，并且一直处于存在之中。在意识那里，这种存在达到了澄明层次。尽管如此，这种澄明仍然处于这个特定层次，它既未澄明基本的自然存在，也未澄明存在之基。在外在于意识与外在于自身这两层意义上，自然仍然是外在世界。在本体论思辨方面就出现如下结果：无论观念论的还是唯物论的形而上学都站不住脚，因为两种立场都试图将整个存在约简为特定存在的层次。唯一的区别是，观念论形而上学至少将一种实体归于我们"从内部"知道的世界。唯物论形而上学不仅犯了以偏概全（*pars pro toto*）的错误，而且增加了额外的错误——选择了一种我们仅仅从现象方面知道的**部分**。然而，即使一种唯物论形而上学也并非毫无价值，特别是当物质不被以物理学方式理解，而是理解为自然这一现象的一个始基时，比如，在桑塔亚那或保尔·瓦雷里（Paul Valéry）受到卢克莱修影响的形而上学中。在这些情况中，物质概念接近于对存在统一性的存在论假设，"物质"符号代表着对从人类意识之澄明沉回到无限根基中的一种担心，人类意识正是从这根基中谜一般地升起的。这样一来，"物质"符号就和涅槃几乎没什么不同了（特别参看瓦雷里的《海上墓园》[*Cimetière Marin*]）。

从前面的考察中似乎产生了一门意识哲学的一些普遍原则。首先，一门意识哲学没有绝对开端。所有有关意识的哲学思考都是哲学家意识中的一个事件（Ereignis），并且预先假定了这种意识及其结构。由于进行哲学思考的意识并非"纯粹"意识，而是一个人的意识，因此，所有的哲学思考都是哲学家生命历程中的一个事件；也是人类社会及其象征语言历史中的一个事件；还是人类历史中的一个事件；以及，宇宙历史中的一个事件。没有"人"能够在对意识及其本质的反思中，使意识成为面对的一个"客体"；反思倒是意识内的一种定向，他可以利用它推进到那些意识极限，但决不能越过它们。对意识的系统反思是哲学家生平中的一个后来事件，而在基本的意义上，意识是一种被给予物。进行哲学思考的人总是生活在自己的历史脉络中，也就是社会与世界中的一个人类实存的历史脉络中。

由于这种本体论的洞见，试图形成一门"彻底的"意识哲学的计划似乎就需要解释。试图从意识的实体脉络中抽引出意识，以消融世界及其历史，并且在自我的主体性中重建意识，最后让意识流在自我中构成自身，这种尝试并非自明的。我们必须探寻那些条件，在其下才需要在意识内并且由意识构成世界的一个新基础。答案很明显：当用于表达实体脉络的象征语言出现问题时，或者——从历史方面说——当一种文明及其象征陷入危机时，就会感觉到一种创造"白板"（*tabula rasa*）并重新开始的冲动。在这种情境下，重新开始的努力不仅在下述意义上是正当的，即旧的象征主义已经失去交流价值，因而不能再被本真地使用；而且，这种努力是新的符号系发展的不可或缺的要求，并且是适合于新情境的。以传统名义反对这样一种新开端仅仅是灵性贫乏的症状。然而,作为应对灵性危机的一种"回应",一种新开端的合法性并未表明它作为积极的灵性功绩所具有的任何价值。有好的和不好的回应,有时一种回应会比它自己强烈反对的传统更差。如果我们以此方式将"新开端"看作一种对危机的回应,那么,种种回应情况——有许多种情况——将可以相互比较;也可以讨论它们通过创造新的符号系,对于灵性的新趋向的相对价值。

在整个历史中,第一次重大危机发生在公元前 5 世纪,它导致柏拉图通过新创作对此进行了回应。这种回应的历史性的恒久价值在于柏拉图有这样的灵性广度,使他能够以一个奠基于死亡(*thanatos*)、爱欲(*eros*)和正义(*dike*)的根本经验上的灵性新世界,取代垂死的希腊城邦世界。柏拉图具有创造性想象力,能够形成一种适于表达灵性新经验的符号语言。然而,这种创作的巨大缺陷在于,柏拉图不能与城邦世界彻底决裂;他也不能将新的属灵之人看作一个新型社群中的成员,而非只是看作一个重生城邦的公民。例如,当芝诺(Zeno)到达雅典后,经过深入考察不同的哲学各学派,加入了犬儒学派,从而与城邦彻底决裂。如果我们现在将柏拉图的回应与 17 世纪的回应做一对比——后者以笛卡尔开始,并在我们这个时代的彻底的先验哲学中达到顶峰——那么我们就不得不承认,致力于否定传统的激进主义完全达到了所期望的。但同时也必须说,不能发觉许多显示一种新的精神创作和一种新的符号系的情况。下迄胡塞尔,先验批判的发展过程的特征不仅在于瓦解传统符号体系,同时在于从哲学反思领域里排除那些为表达传统符号体系服务的经验和问题的根基领域。澄明性变成"表象",这是符号在精神历史中的宿命。它们所澄明的实在即使没有被直接否定,却也作为哲学思考的一种动机而被排斥,这是绝望的一步,是宣告哲学的破产。先验论哲学在阐明意识结构——世界的客观秩序在其中被恰当地构成——上取得了巨大成功；但是这些成就不能有助于避免抛弃作为一种符号秩序之创造的哲学，通过这种秩序人在世界中的位置获得理解。先验自我的创造作为哲学思考的核心符号，意味着宇宙整体的解体，而哲学思考总的来说只是在这一整体中才能成为可能。自我论领域的基本主体性，胡塞尔的哲学上不可置疑的基本原理，是一种灵性虚无主义的征兆；这种虚无主义作为一种回应仍然有其价值，但是也仅限于此。

60

回忆

前言

下文中的回忆实验以下述预设为出发点：（1）意识并非被构建为自我内部的流；（2）在构建对象的功能条件下，意识通过有限的经验从而超越进入世界，而这种超越只是多种超越类型的一种，并且不能成为意识理论的中心主题；（3）意识超越进入身体、外部世界、群体、历史，以及存在的基础，关于这些意识的体验都是在意识的生活历史中给予的，因此居于对意识的体系反思之先；（4）体系反思是用这些体验来进行的，或者至少在进行反思时以这些体验为出发点；所以（5）这种反思是意识经历中更深层的事件，该事件可能导致对意识自身问题的澄清，并且，如果反思被引向沉思的方向上去的话，该事件就可能会导致对实存的探究；但体系反思永远不可能是哲学思考的彻底开端，它也不可能走到这一开端。

假定这样的预设是正确的，那么我要进一步说，哲学思考的彻底主义既不能以结果来衡量，也不能以某个体系的批判性框架来衡量，而是应该在更严格的字面意义上，以哲学化意识经历中的哲学思考之根基，也就是要以推动反思的体验（之所以能推动,是因为这些体验激发了对生存敬畏的意识)来衡量。在我看来,那些突然而至的体验的特性,以及这些体验所引起的震动的方式,连同意识到自己"问题"的意识的"协调"的结果,似乎就是决定彻底主义和哲学反思的广度的决定性因素。

如果能够正确地认清这些关系,那么做这样的回忆实验就是有意义的了,也就是说,要在记忆里重新召唤这样的体验:这些体验开启了激发的源泉,从这些源泉中引导出了更深远的哲学省思。显然,这种回忆是一个复杂的过程,该过程只是局部明晰的,它的结果绝不是确定的。考察这些不同程度的复杂性是一个无比艰巨的任务。而眼下倘若能够指出和我们的努力——正是这样的努力产生了如下的手记——直接相关的问题就足矣。

这些手记中的第一类无需特别的努力就能回忆出;它们对我来说是"一直"——也就是说回溯到过去的一个无法确定的时间——作为重要记忆的"呈现",并且我知道它们为什么重要;属于这一类的有第一、二、十四篇;第二类手记记录了这样一些体验,我虽然一直记得它们,却并不完全了解它们的意义,等到将它们落笔成文了,它们的意义才呈现出来,属于这一类的有第五、八、十五、十七篇。第三类的内容是我早已忘怀了的,只是借着这次机会才"被唤醒",比如第三、四、六、九篇。第四类是我在做回忆尝试的时候"自行涌现"的,可是它的意义却是被慢慢领会的,比如第十八篇。第十六篇的回忆内容我记得相当清楚,可是它的意义对我来说却是半透明的。我记录下了第七、十九篇,因为它们是如此的激动人心,虽然我对其意义还不甚明了;在我写下第十九篇的内容之后,它的意义向我敞开了;而第七篇我还不能将其归入哪一个我正在研究的意识问题之中去。这样的分类表明,回忆在原则上可以从当下的问题和它们所引起的刺激来开始，这样就能够找出激发刺激的场景；或者也不妨从激发刺激和对场景的回忆出发，以便能追踪到当下的问题。

这些篇章的遴选有其内容和时间上的考虑。从内容上说，我挑选了与当下目的有关联的篇章，它们显然涉及对超越进空间、时间、实事、故事、憧憬之梦和梦想的时代的体验所引起的震动（只有第七篇是个例外，前文已述，它的意义我并不明了，本身是"自行涌现"的）。——从时间上讲，这些体验都发生在我十岁之前，十岁之后发生的事情未作记录，因为一方面由于移民至奥地利在我心中造成的创伤使得事情无比复杂；第二方面也因为后来的体验不再具有最早时期的纯真自然的特性，相反，它们倒是构建在前期体验的基础上——这给对它们的分析增加了难度。

1．月

我最早的能够记事的回忆要追溯到科隆。

妈妈带着我去购物。在一家糕点店里，女店员很得体地表示了对这个还不会走路的小家伙的惊叹，并且向妈妈打听我的年龄。妈妈告诉她：十四个月。

我还记得那时因受到关注而油然产生了一种高度的骄傲感，也记得我明白了我是某个和"Monate"*沾边的人物，顿时感到自己拥有一种特别显要的身份。"Monate"这个词格外有分量，也许是因为紧随着"O"的鼻音所引起的响亮度制造了这种神秘的魅力吧。

并不是家里人告诉我这段往事我才记住的，不，我甚至没有受到外力的影响。就我所知，在我二十多岁时我自己向他们讲

---

* 德语"月"的复数。

述了这件事,而爸爸妈妈的反应只是难以置信。

2. 年

我的生日是 1 月 3 日,应该是六岁生日吧,因为那时我已经上学,还有假期。生日这天,我在我房间里玩,玩的是几个玩具锡兵,这些锡兵是在生日和圣诞节的时候到我家里来的。我在桌面上摆开了战场,桌子上方挂着一个日历。

于是我开始对日历感兴趣,一页一页地掀动着日历,想看看后面是什么样子。31 日之后又回到了 1 日。当妈妈走进我的房间时,我告诉她,马上又要过新年了,我们又有两个让人激动万分的、可以拿礼物的日子了。她澄清了我的错误;于是我知道要度过十二个月的光阴,一年才算完整。

妈妈说,要是一年真的这么快过去就好了;可惜并不是这样。

这段回忆是够古怪的:那时六岁的我已经很多次听到人们讲起月份以及它们的名称;直到那时,这样的知识显然还停留在形象的感官里面;而直到我玩日历的时候才发现了月份的次序。

64

3. 愚人游行

还是在科隆。那时我应该是三岁吧。狂欢节一到,整个城市就热闹非凡。愚人游行开始了:成千上万的人穿上了狂欢节的装束从大街小巷上穿过;沿路上不断有行人加入;另有一些乏力的人就掉队了。

从我家窗户就可以看到这样的游行队伍。让我着迷的是"掉队"的情景。游行队伍相当拥挤,但是到了最后几排就散了;

有几个"愚人"落在了后面,消失在旁边的小巷里。可是作为整体的游行队伍还算完整无缺。零零落落掉队现象让我感到几许不安:要是这么下去,游行队伍到末了成了一缕缕的流苏,最终消散于无形,那时它可怎么办呢?我记得那时有一种由零零星星掉队的威胁而产生的压抑感,还有一种生怕魔幻的力量可能消失的恐惧感。

4. 海斯特巴赫的修士

上卡塞尔(Oberkassel)。那年大约是五岁。海斯特巴赫的废墟是星期天下午短途郊游的一个好去处,那里还紧挨着一家餐馆。海斯特巴赫是一座罗马式修道院。教堂拱点的断片和石凳的残骸还依稀可见。我们这些孩子就在废墟的草地上玩耍。

修道院的最著名居住者是海斯特巴赫的凯萨利乌斯(Caesarius)。直到很久之后,我才听说了这个名字,但作为一位历史人物,那时我对他的事迹一无所知。他是"一位修士",围绕着他流传有很多传说。

最主要的传说是:一天,这位修士在外散步,陷入了沉思。当他回来的时候,他发现了很多陌生面孔,周围环境发生了很大的变化;别的修士也认不出他来了。原来当他沉思的时候,已经在森林里度过一百年了;而这一百年的时间对他而言就如同一个下午的数小时。

我不记得自己曾经感受过要进一步探索这个传说的思想意义的冲动。这样的事件在我看来是再自然不过的。但是我记得有一个想法曾诱惑过我:让时间停下,并且从沉思的状态中回到世界。

5. 厄尔山*

上卡塞尔和科尼希温特（Königswinter）。这片地域位于莱茵河和七座大山之间，是一方并不十分开阔的山谷平原，我从四岁到五岁的光阴就伴着全家人在这里度过。厄尔山是七座大山里最高的一座，要爬到这座山上对一个孩子来说是一桩壮举，我不记得爬到山顶有没有超过两次。它的高度和攀登的难度是它区别于其余几座大山的显著特点。

然而，厄尔山的伟大和独特意义在于它给攀登者打开的风光：从厄尔山上可以看见三座布赖山**——大的、中等的和小的；三座布赖山的后面是乌有之地（Schlaraffenland）。

我了解乌有之地的所有细节，有关知识都是从童话书以及图片上看来的。我还知道，为了到达乌有之地，你必须把布赖山吃出一条通路。厄尔山上的风光引起了我的深入思考：

为了进入仙境乐土，看起来付出一些努力是值得的。可是登上厄尔山就已经够困难的了；我们怎样才能抵达布赖山呢？即便到了布赖山，困难也才刚刚开始。用粥堆起来的这么一座大山怎么才能吃出一条路呢？更让我感到困难的是我最不爱吃小麦粥了；我毫不怀疑，布赖山是用小麦粥堆筑起来的。

我和爸爸商量，是不是一定得把那座大的布赖山吃穿，如果吃着穿过那座小山行不行。他说，吃着穿过那座小山也可以。可我还是觉得不安，我朦朦胧胧觉得一定得吃穿那座大山才行。我最害怕的是被陷在粥当中，憋死在里面。

乌有之地是一个美好的梦想，然而关于布赖山的噩梦也挥

---

* 厄尔山（Ölberg），字面意思为"油山"。
**布赖山（Breiberg），字面意思为"粥山"。

66

之不去地与之纠结在一起。这片永恒幸福的土地似乎是不值得
人们为之付出的安乐之乡。

6. 裁缝老太太

我们在上卡塞尔的家庭裁缝巴尔特太太,给我留下了非常
深刻的印象。是她让我知道了《皮袜子的故事》*。我还清楚地
记得她为我带来的那本油腻腻的、翻烂了的书;那时的我应该是
六岁吧。《皮袜子的故事》是一个冒险奇遇的心灵王国;我记不
起来那时是否知道故事的发生地在美国。

更重要的是我们的神学谈话。巴尔特太太对天堂的事情知
道得特别多。我所得来的有关天堂的传闻都是她告诉我的。我
最操心的问题和前面说的乌有之地一样:怎么到那边去? 我的
想象非常含糊:天堂在天上的位置是不能令人满意的,因为天
空在上面,我向上看什么也看不到。仿佛有一片疑云从我的心
头掠过。巴尔特太太知道,天堂并不在"上面",而是实实在在地
在人间;我们可以到达天堂,而且不必等到死后。这是一个莫大
的安慰,因为我还不知道死是怎么回事。可是天堂离这儿十分
遥远,在东方,在"Schina"**。路途十分遥远、艰辛,还充满了危
险;只有极少数的人才到过那里。巴尔特太太自己就没有踏上
这样的行程,她也很怀疑自己能不能到达那儿。这件事看样子
是没什么希望了;我放弃了天堂。

---

* 《皮袜子的故事》(*Leather-Stocking Tales*)是美国作家詹姆斯·费尼莫·库柏
   (James Fenimore Cooper)的长篇小说,秉承了美国文学中弃绝尘世、心向自然的浪
   漫传统。

** 可能是老太太的口音,也可能是小孩子发音不准,当指"China"(中国)。

7. 云堡

云里面有城堡，这是天经地义的。然而关于云堡的事情我差不多一无所知。七座大山中有一座名叫云中巨石山，云堡就建在这座云中巨石山上，城堡里住着云堡骑士。关于这位骑士还流传着一个传说，只是这传说我忘记了；我也不知道这传说对我重不重要。唯一要紧的是，他就"栖身"在上空。

云中巨石山的巨大魅力在于它难以接近。山下有片采石场，上山的通道被封死了。从下面望是看不见城堡的——如果真有城堡的话。至少那时的我没有怀疑过城堡是否存在。

为什么云堡和骑士在我的心灵中有一个稳如磐石的位置？诸多细节的不确定性可能是此中的原因。那个地方阴暗、潮湿、被一片片碎云紧紧围绕；而那位骑士一副茫然、忧郁、失魂落魄的样子，为了完成神秘的差事四处奔波，不时返转回来栖居几日。

8. 彼得山

彼得山是一个严肃的问题。从我们家里可以清楚地看见这座山，它离得并不远，高耸的山脊两边是浑圆的侧翼；山顶正中有一座小房子，一座玩具屋，和我拥有的几只玩具屋一样。

有一天，我听说爸爸妈妈的一位朋友旅行途经这里，就住在山顶那间玩具屋里。我不能相信这是真的。玩具屋是一座实实在在的房屋，是一家旅店，是可以吃饭可以睡觉的地方。经过我的一再追问，才弄明白这座房子和我们住的房子一样大，里面也有实实在在的几间房间，那里的门和真正的门一样大小，人们可以从那扇门里进进出出。

　　新鲜的事儿发生了。我发现，如果我在山下，那座房子就很小；如果我来到山上站在那座房子的前面，它又变大了；如果我站在山上向下张望，我们家的房子也变小了。

　　这番经历令我不胜烦恼——到今天都是这样。那时的我还不知道怎么应对。与这个烦恼纠结在一起的是这样的发现：空间是某个奇怪的东西，如果我站在世界里不同的位置，我所熟悉的这个世界看起来会完全变成另一个样子。

68　　在我的世界中心发生了第一次震撼之后，到后来又经历了其他一些事，这些经验都涉及空间位置与心灵、精神层面视点的关系。然而经历这些事是在离开莱茵地区之后的年月；它们全部发生在我本人自迁到奥地利所发生的翻天覆地变化之后。不管怎么说，空间绝不是一个中性的问题，绝不仅意味着量的扩张，对我而言它从来就是一个心灵的问题。

9. 轮船

　　在科尼希温特的时候，我们住在莱茵河畔的一座房子里面；房子造在一面建有石墙的小小斜坡上，石墙前面延伸着河岸路。碰到莱茵河水涨，洪水就淹没了道路，墙上的水位也升高一截。每当此时，我们就只好借道我们家花园后面的邻居家的花园，这样才能离开自家房子躲避到镇上去。只可惜，这么刺激的变故每年只发生一次，只有几天的工夫。

　　我们从自家的前花园俯瞰莱茵河，河上有许多轮船来往穿梭。轮船分三种：数目最多的是后面拖着驳船的拖船；其次多的是每一到两个小时一班的来往于科隆和杜塞尔多夫的客船；数量最少的是荷兰的船，每天只有两到三艘。

　　轮船是一个物理发现的来源。而这个发现的特性第一次教会我在解释微妙问题的时候要谨慎。轮船喷发出滚滚浓烟。我追赶着在浓烟的后面——一半是因为喜好那千变万化的形态，一半是出于不安——因为凡有烟的地方，就会下雨*，那我就只好呆在家里了。

有一天，我当着全家人的面总结了对气象进行观察的结果：明天会下雨，因为今天轮船制造了很多的烟。爸爸妈妈笑了，我这才明白烟和云不是一回事。我为我的无知感到丢脸，为我的愚蠢表现感到丢脸。

我还是一如既往地爱看事物之间有趣的关联——而就在我能以最好、最美的方式观察它们的时候，轮船的烟冉冉升起，败坏了我的兴致。

10. 科隆-杜塞尔多夫游轮

"科隆-杜塞尔多夫游轮"是盛大而欢畅的世界。船身是白色和浅黄色。甲板上有许多人，他们做的事只是听任游轮载着他们在河面上行驶。码头上总有一大群饭店侍者等候着，他们头戴圆筒高帽，上面书写着各自饭店的名字。有一位相貌特别英俊的人的帽子上写着"欧洲之苑"（Europäischer Hof）的字样。游轮停泊靠岸的时候，立刻引来众声喧哗，饭店侍者高声叫喊着他们饭店的名字，希望吸引下船乘客的注意。这些人都是"异乡人"。

每逢夏季，有不少团体租借这种游轮。我们看到这些游轮在夜晚逆流而上，船到波恩就掉头回返，甲板上挂着中国灯笼，传来音乐旋律，我们还看见有人翩翩起舞。那真是一个神妙的世界从眼前轻快地掠过，既陌生又神秘；关于心醉神迷的隐约想

---

* 德文 Wolke 既有"云"的意思，也有"烟"的意思。

象拂面而来,是什么东西醉人我并不知道。

星期天,我们也乘坐这样的游轮前往莱茵河谷郊游。这是很欢畅的;如果我找到一个安静的角落,就可以连续观看几个小时,看那些风景是如何慢慢地、持续不断地变化,各种景致在滑动中淡出淡入。我特别喜欢其中一座山上的废墟拱门,透过拱门可以望见天空。船体向前滑动的时候,天空的明亮部分越来越窄,到后来压缩成了一条缝隙,最后完全消失。从这上面,就能很清楚地看出滑行的过程。

有时我会闭目一分钟,让这滑动中断片刻,而后睁眼再看一分钟后的图景变成了什么样子。但这时候我就后悔不该那样做;就在这一分钟的没有看见的滑动中,某个非常宝贵的东西看起来是永久地错失了。

11. 荷兰船

荷兰轮船是蓝灰色和深金黄色的,它们难得一见;只有很少的人才乘坐过。荷兰船看起来有点脏兮兮,后甲板上还装着货。我们从来不坐荷兰船。

70　　真实的细节我是很了解的,但这并没有妨碍当时这些船在当时的我的心目中所含有的神秘意义:船驶向荷兰,船体上有金光闪闪的字母标示着它们的名字,如"克里姆希尔德"(Kriemhild)、"齐格弗里德"(Siegfried),最漂亮的名字莫过于"克桑特恩"(Xanten)。*我以为,荷兰是齐格弗里德传说的发生地;轮船就开往传说之地。"克桑特恩"是个蓝金色的神秘东西,这个词以"X"开头,十分罕见,名字的读音也让我非常激动;我

---

* 这些名字都与尼伯龙根传说(Niebelungensage)有关。例如,"克桑特恩"既是下莱茵河低地平原上的一个地名,又是尼伯龙根传说中齐格弗里德母亲的名字。

经常对自己说这个名字,仿佛它是能召唤出一个英雄历险的世界的咒语。这条船是一条感性的连结纽带,它把我那些关于光荣可敬的事迹和卑鄙阴险者没落的种种梦想都连结到了一起。

克桑特恩的魔力并没有消散。这个词还召唤着蓝灰色和金色的船只沿着莱茵河顺流而下,逼近大海,直达远方非时非空的理想世界。

12. 荷兰人

从荷兰来了穿着蓝色套装的男人。他们头上戴着蓝色的帽子,肩上晃荡着蓝色的大口袋。他们三三两两地穿行于街市,高声叫卖他们的商品:荷兰腌鱼-荷兰奶酪(Hollandse Bücking-Hollandse Kees)!

购买奶酪算得上一场小小的仪式。卖主一边向我们展示他那些红色的圆球(球体上涂抹过了亚麻油和动物脂),一边熟练地挤压着圆球并吹嘘其质量是如何的好。妈妈在大小不一的奶酪当中挑选,也很内行地按压着。如果觉得哪一块不错,卖主就抽出一把窄而长的刀,从球体上掏出一个球状的洞,意在向顾客说明,这块奶酪一直到心子里都熟得恰到好处。直到这时,一笔买卖才算成交。

我们这些孩子都非常爱吃奶酪和腌鱼。荷兰一定是个非常漂亮的国家。到了一年一度的集市上,这个想法更坚定了:最吸引我们的货摊是荷兰华夫饼干,老远就能闻到饼干甜甜的香味。

有意思的是,这两种完全不同的经验领域彼此界限分明,互不干扰。在我的记忆中,我从来没有想到过一点:有船的荷兰和出产奶酪、腌鱼和华夫饼干的荷兰是同一个国家。完全不能

71

想象穿蓝色衣服的奶酪卖主是从克桑特恩来的。

13. 彗星

哈雷彗星出现的那年,我应该是七八岁吧。那天晚上,我们站在莱茵河岸的小路上向天上张望:那就是它,还拖着一根长长的彗尾。

那真是激动人心的一周。到处都在谈论哈雷彗星。我听说,它离地球非常近;又听说,我们有可能从彗尾当中穿过;还听说,现在还不能确定彗尾是由什么成分组成的——或许是气体。一时之间,害怕世界会毁灭的恐惧言论四下传播开来。

我那时心里是五味杂陈。我不能接受恐惧的言论,因为我亲眼看到彗星和彗尾距离我们相当远。我们怎么可能突然从这么远的彗尾当中穿过呢?不过,这些纷纷议论还是影响了我,我就去了解,如果世界毁灭了会怎么样。得来的结果好像是房倒屋塌,人类灭亡。这倒是挺吓人的;直到彗星消失,世界安然无恙,我这才如释重负。

可能是因为害怕世界末日,那种对物质的恐惧感就在我心里埋下了根。"我头顶的星空"只有在一种情况下才会让我充满敬意,那就是我只把它看做是苍穹上的若干闪烁的点;如果我想一下这些点是什么东西,就会被一种对不毛之地——在这样的不毛之地上,大块的物质在无意义地四处盘桓——的恐惧攫住。

14. 圆面包

莱茵兰的面包有点像法国的棍式面包——形制稍长,两端略尖。如果要把面包切成片状,从顶端切到中点,切下来的形状就不是圆柱形,而是圆锥形,面包皮的走向是倾斜的;其中的一个切面比另外一个切面面积大。我总是喜欢把黄油抹在稍大一点的切面上。

我已经不能确切地记得,从什么时候起我开始关注这样一个问题:怎么从那个稍小的切面切到稍大的切面?如果面包片要保持一定的厚度,那么切面显然不是一样大小。但是,如果把面包片切得薄薄的,切点几乎是紧挨着,这样一来切面就应该是一样大小了吧?什么时候切面开始扩大,到最后得到的还是稍大的切面?

没有人理睬我的这个傻气十足的问题,谁都以为我是在胡闹。而我对自己受到不公正对待的感觉记得很清楚。

今天我相信我已经从智力上掌握了芝诺悖论及其解决方法;可是从感性上说,它们对我依然是个奇迹,就和当初一样。

15. 《实用知识课本》

《实用知识课本》是我最喜爱的学校教科书。它的封面当中就包含了除阅读、算术和宗教以外公立学校的全部学习内容,它们是土壤、植物、动物、物理、化学、生理和历史。这本书里讲了哪些自然常识,我已经不记得了,但历史知识却牢牢地留在了我的脑海里。那是一段非常美的历史——当然是普鲁士的地方史。这个国家似乎主要是由国王们构成的;除了国王还有俾斯麦。

普鲁士历史里最奇怪的现象是它是倒过来走的。它从威廉二世开始,然后回到弗里德里希三世和威廉一世,如此等等。这样的次序很让我伤了一番脑筋,我记得我揣量过是不是有这样的可能性,人们可以让历史开倒车?但是从总体上说,我还是挺满意的,这里的原因特别在于,颠倒历史的极端行动会在心灵上引起某种排斥。因为颠倒历史的结果不仅是简单地让历史走回头路,而且在走回头路的过程中历史的配置亦以难以掉头的方式发生了变化。当下拥有一种标准的人性尺度,国王们继续倒退着,越变化就显得越伟大。19 世纪还算差强人意:弗里德里希·威廉四世尚且是各方面都符合常人标准的人,弗里德里希·威廉三世就跟威廉二世一样引人注目地头上出现了解放战争的光轮。弗里德里希大帝已经是一个很伟大的国王了。这位伟大的选帝侯是一个骑在一匹白马上的巨人男子形象。在他身后凸现着一位侯爵的巨大身影,由于他的杰出个性他被人叫做"熊"。那时,从正确的视角看来就是:将目光从可理解的、人的当下投入到时间的深处,考察那些越来越高大突出的、保卫我们安全的形象是如何像地平线一样围合起来的。

今天,我能够合理地理解神秘的历史形象,就像理解希腊的历史形象,这一能力是通过颠倒的普鲁士历史这一机遇中获取的。在我看来,和修昔底德一样从人的角度衡量当下,随着距离的拉大,人们变得伟大,长成梭伦和莱库格斯(Lykurgos)那样尺度的人物,在他们身后半人半神的英雄们在放荡地玩乐,地平线被诸神安全地、可靠地封合起来了,这些都是再自然不过的。

16. 皇帝

我跟皇帝没有明确的关系。他在我的生活中就像每天都要用到的一件家具一样。他的照片挂在家里的墙上,旁边是皇后和七位王子、公主,还有一条狗。在学校的读本上,身着白色制服的他占据了整整一页。音乐课上,伴随着欢快的曲调,我们动情地唱道:

　　皇帝陛下好亲切

　　他老人家在柏林

　　要不是山高水又远

　　我今天就要去柏林！

　　多年以后，当我欣赏《魔笛》（Zauberflöte）的时候，我又听到了那欢快的曲调——那是帕帕格诺（Papagenos）的歌。

　　也许平日里的物件太过熟悉，没法形成深沉的感觉。对我而言皇帝倒是一番奇景。不管怎么说，在我心里从来没有形成过任何一种敬畏之感。我在心理上对权力的代表人物是漠视的，这种漠视的态度到后来也没有发生改变。

　　皇帝有一次莅临莱茵兰。他还远在波恩，就已受到人们的热烈期盼；妈妈打算把我们几个孩子一块带到波恩去。也就在这了不得的一天，我由于故意打破了一面窗玻璃而被扣上了一大堆淘气包的帽子。这件事很严重，因为要花钱。作为惩罚，我被取消了出门旅行的资格；妈妈只带着妹妹上路了。与此同时，皇帝的行程计划有所改变，他不取道波恩，而是经上卡塞尔，顺着莱茵河沿岸我们家的这一侧过来。我凑巧在门前看见皇帝坐在汽车里，汽车从我眼前驶过。他头戴一顶光耀闪闪的金盔，非常帅气。金盔的上面有一只银鹰。这天晚上，我为自己的胜利欢欣鼓舞。

　　接下来的两天时间里，这场胜利的光华就黯淡下去了。到处都在议论皇帝途经此处的盛大事件，我仔细地旁听了大人们的交谈，便越来越确信原来的判断错了，我把那个头戴鹰盔的帅气男人当作了皇帝，其实他只是坐在司机旁边的侍从武官而已，真是令人扫兴。这就是说我还是没有见过皇帝。——可是我从来没有对别人讲起。

17. 国旗之歌*

无论在家还是在学校,我们这些孩子都兴致勃勃地高唱国旗之歌;这支歌非常动人。开头的歌词是:

在那高高的船桅上
黑—白—红旗在骄傲地飘扬

歌曲以合唱结束,意思是要把生命献给国旗,一生忠于国旗直到生命的最后一刻。

这支歌之所以打动人是因为它的来历。大约是在 1900 年,巡洋舰"伊尔替斯"(Iltis)号在东亚遇上风暴不幸沉没,陆地上的人眼睁睁地看着它失事却没有任何施救的办法。大部分船员和军舰一起葬身海底,只有少数人脱险,在沉没的那一刻他们还高唱这首《国旗之歌》。

这支歌曲和沉船的故事深深打动了我。跟着飘扬着旗帜的船一起沉没,一边还唱着《国旗之歌》,世界上难道还能有比这更伟大、更荣耀的事吗?

国旗还在飘扬;然而时间对她发生了作用。旗帜从未完全获得过我的好感。很早以前,国旗——是猎猎作响而不是迎风飘扬——就变作大旗了。大旗失去了她的色彩,只是闪烁着银光。大旗根本就不再是旗帜,只不过是银色的飘动,到最后飘动也不见了,只剩下飒飒作响的声音。这声音有时从很远处传来,

75

---

* 这首歌作于 19 世纪 80 年代,第一次世界大战前在普鲁士地区的中学里被广泛教唱。歌中的黑白红旗为当时以普鲁士为首的德意志帝国国旗。

很轻柔，有时从近处传来，显得很有力，几乎跟裹挟着我们下沉的海浪声无法区别。

18. 皇帝的夜莺

安徒生童话是我的最爱。最早的时候妈妈读给我们听；后来，我学会了阅读，我想什么时候欣赏童话就立刻可以享受了。要说故事内容的话，那个时候所听过、读过的童话只有一篇留在了记忆里：《皇帝的新装》。但是也有可能我不是真的记住了这篇童话，而是这篇童话的内容太出名了，因为人们经常引述它。不管怎么说，在我的童年时代，它的内容并没有给我留下很特别的印象；显然没有人给我讲解过这篇故事里的教育意义，而我又不能无师自通地领悟出来。印象中，我只记得身上就剩一条裤衩的皇帝该有多尴尬。

至于别的童话，它们的内容我一概都不记得了。脑子里剩下的只有它们在我脑海中所召唤起来的一个个形象和情绪。后来，我又把这些童话读了一遍；它们真是很美，然而已不再是我儿时所听过和读过的童话；它们神妙的力量已经化为乌有了。

孩提时代的童话所据有的神奇力量是无与伦比的。最激动人心的一则童话是关于一个皇帝，死神就压他的胸口上，把象征他威仪的物件一样接着一样地收走。就在此时，来了一只夜莺，她高声嘹亮地啼唱，居然感动了死神，还迫使他把皇冠、金剑还了回去，并让皇帝起死回生。

夜莺对着死神继续唱着她令人心碎、夺人呼吸的歌。在我看来，一部音乐作品所拥有的意义主要取决于它在多大程度上能够在生死之间再度唤起这种甜美而又苦恼的感情。

19. 克龙堡的大炮

有关霍尔格·但斯科 * 的童话里讲,克龙堡的大炮能说话。
故事内容我当然又都忘记了,只记得这些大炮。只要有船经过,
大炮就开口了——"砰"。

故事发生在很远很远的北方,世界的尽头。船只从那里经
过,但没有人问它们从哪里来,要驶向何方。它们就这样默默无
声地行驶过去,什么也没有留下;没有人,只有大炮,它们只会说
"砰!",带着庄严的忧伤,在这世界的尽头。

20. 第一次移居国外

1910 年,我爸爸在维也纳得了一个职位。那一年,我九岁。
这么大的迁居动作必须准备一段时间。然而我已经不记得,在
动身之前有没有出现过某种心神不安。

我最后一次上学的情景还历历在目。我所敬畏的老师克尔
巴赫先生跟我告别。他说他要到一个陌生的地方去了;又说,去
那个地方也许并不坏,因为那里也讲德语。我当时有点紧张,可
是这样的冒险远行对我又很刺激,另外,这样重要的事情发生在
我身上让我感到特别骄傲。

这当中经历了什么事,直到几个星期之后在维也纳,当我第
一天上学时,我才明白过来。

(1943 年 10 月 25 日—11 月 7 日)

---

* 霍尔格·但斯科(Holger Danske)是丹麦传说中的英雄人物。

第二部分
经验与历史

历史起源 *

在古代东方社会中，我们遇到了关于在时间中这些社会的秩序进程的特殊思考。那些发展出这一思考的符号体系作者们认为，他们当下的社会源于一个绝对原初点的存在，该点是宇宙秩序本身的一部分，然后他们从这一点开始一直到其所生活的当下，来讲述历史。尽管作者意图将历史事件从根本上进行同质化的叙述，然而这些叙述却表明是由两个迥然不同的部分组成：只有在该编年史叙事的稍后部分，即进入到作者当下的那部分，才联系到了实际历史的确切事实（*res gestae*）；在编年史中年代较早的部分，开始于太初的部分，则是与神话事件相互关联，时间跨度长达数千年乃至数十万年。为了赋予实际历史有一个意义重大的开端，神话将之追溯到宇宙事件发生的年代。通过这种创制神话性外推，象征主义者们似乎想借助把历史材料与宇宙秩序的展开联系起来的方式，说明历史材料值得流传后世。但这种外推是通过创制神话对于存在基础这一智性问题

---

* 首次发表于 *Philosophisches Jahrbuch*，Freiburg-München 1960，68. Jg.，S. 419 – 446，以及 *Philosophia Viva*，hrsg. von M. Müller und M. Schmaus，Freiburg-München 1960，S. 419 – 446。——原注

进行回答，同时也构成了对社会和秩序起源的思考，这种思考与古希腊爱奥尼亚哲学家们对本原（*arche*，万物之源）的思考在原则上并无不同。历史编纂、创制神话与理性思考就这样携手构成了一个相当复杂的符号体系。

在美索不达米亚、埃及和以色列中所出现的象征体系之间具有相似性，这一点并未被人们所忽视。而且，由于这些实例是历史学家挖掘历史事件丰富内涵的宝藏，为了重构古代社会的历史，这些实例已经得到了相当充分的利用。尽管如此，还没有人试图将这一类型等同于自身特有（*sui generis*）的符号形式，或者去探究其发展背后的动因，或分析其性质——具体缘由，尽管对于科学史而言并非毫无意义，但我们在此不能深入探讨。事实上，这种符号形式在理论研究中的地位如此之低，甚至尚没有一个正式的名称。因此，作为界定其含义的第一步，我建议以历史起源（*Historiogenesis*）作为它的名称。之所以选择这一名称，是考虑到在此符号形式的以色列实例中，实际历史一直被推溯到《圣经》意义上的《创世记》。

I

一旦对这种神话-思考类型做了如此界定，就产生了某些政治哲学和历史哲学的问题。在这里不能深入展开探讨这些问题，但是，为了对历史起源的实例进行更为专业性的研究提供背景支持，至少我们必须勾勒出其大体的轮廓。

如果说历史起源是对社会起源的思考，那么必须承认它也属于神谱学、人类谱系学、宇宙谱系学这一组类中的一员。该组类成员的共同特点是，对起源的探究都是建立在几个存在领域的经验之上。正如从关于宇宙、诸神、人类的经验中产生了关于所经历实在的起源问题一样，在社会中，人的历史存在的经验则产生了关于历史起源的问题；通过诸种符号体系所表达出的存在的奥秘，让神圣实在、人类实在和宇宙实在的探索者感到困惑，他们同样发展出关于社会存在的同样奥秘的一种符号体系。如果我们还记得上帝和人类、社会和宇宙是主要的实在复合体，并且通过在存在共同体中相伴的各种宇宙论型社会得以区分，那么我们就会发现这些分类的重大意义就完全揭示出来了。四个复合体的总和包含了存在的全部领域，所列举的四个符号体系——神谱、人类谱系、宇宙谱系和历史谱系——对应地涵盖了全部领域的思考。

　　历史起源再加上其余三个符号体系，使得其总体呈现出一种现象，也就是在神话的媒介中关于存在之根基的思考，等价于以哲学为媒介的对存在之根基的思考。当然，在上述所列举的符号体系中，存在的经验以及对该经验的表达具有多元的特点，就其哲学形式而言，最初是在巴门尼德（Parmenides）关于存在的形而上学中就很清楚地表现了出来，尽管此时尚未对此进行区分。虽然在各个符号体系在思考层面仍旧只是在其相关的实在领域中，然而它们却还是想要思索形而上学中的存在，这一存在是一切存在的根源。当我们认识到，这些相应的思考并未局限于对起源进行追问时经验所基的不同实在领域，而是从其他存在的领域中为其自身的符号体系吸收材料，这一点就特别明显了。例如，赫西俄德的神谱，其高潮是泰坦之战，通过诸神的神话家谱的媒介，讲述了宙斯之正义的文明战胜了人类和社会秩序中的较原始的时期；他关于世界各时代的逻各斯中的人类谱系史涵盖了政治史和文明史的各个时期，包括迈锡尼的青铜时代和多利斯的铁器时代。美索不达米亚的《埃努玛·埃利什》（*Enuma elisch*）中的宇宙谱系中，同时也是诸神的谱系和人类谱系的记录,并且很可能也提及了河流治理、获得可耕地等文明成就;我们讨论的主题——历史起源论思考同样也延伸到神谱、宇宙谱系和人类谱系的领域。由于所有的存在具有同质性,主导符号体系的范围得以扩展到其他领域的材料,因此经由思考类型的多元性和思考内容的彼此渗透,存在之基础自身便如预想的那样,变得显而易见。四个神话式思考类型的总和等价于关于存在之基的哲学思考,这就让我们的注意力转向符号化在各种经验媒介中的等价性问题,以及在神话和哲学这样表面如此不同的符号体系中都有表现的永恒问题的性质。特别是从等价性探索的角度——这里我们将不加探讨——我们可能会期待对于这些哲学基本问题产生新的认识。

第二,撇开其在四种不同神话型思考的总体中的作用不谈,历史起源论必须被认为是历史编纂、神话和理性思考共同作用所导致的独立现象。

我在前面已经指出,关于历史编纂的内容,现代学者将象征体系当作资料源泉,从中挖掘材料,用于重构古史。这一程序本身是相当合理的,因为实际的事实和事件必须适用于现代历史编纂的不同象征体系中。但当人们看到残破结构的剩余部分被当作渣滓一样弃之不顾,失望之情油然而生。例如,在新近出版的一部《罗马史》(Römische Geschichte)中,学识渊博的作者探讨了具有历史起源论特点的传统罗马史,认为其中的神话部分是"非历史的杜撰"而抛弃不用,并对以下显而易见的问题毫无兴趣:(1)为什么会有人不厌其烦地进行这样的杜撰;(2)这是随意的编造,还是遵循一定的规则;(3)为什么杜撰的结果会被正式接受为罗马的历史。面对处理原始材料时所表现出来的这种傲慢姿态,我们必须提出以下问题:神话的产生和接受是否不仅仅是历史的事实,或许对于罗马社会的自我阐释和团结**也是**

具有相当重要意义的事实。与实证主义的历史传统相反，如果我们不把历史起源论思考的神话部分当作非历史的杜撰，而是将之作为古人的一种尝试，即列出理由，将这些经验性的部分上升到历史地位上，那么，这种作为整体的象征体系就获得了历史著作的地位，其作者也意识到了它们之间具有关联性的原则。尽管在表型上有着明显的不同，历史起源论对于批判性历史编纂学而言，被理解为神话性的等价物——也许区别就在于，早期的符号体系作者比他们近代的同行们更敏锐地意识到了这种关联的复杂性。与上一段中关于哲学的等价性问题一样，我们再次碰到了等价性问题。通过进一步研究等价的符号体系，我们还可以期望获得对历史编纂学基本问题的重要成果。

　　在历史起源论性质的建构中，神话和思考是与历史编纂性质的意图携手合作的。由于神话和思考这一对因素在这一组类中其他类型的创建中发挥了作用，因此必须将两者视为一个既可以施加在历史材料上，也可以不施加的构成单元。这一活动的自由可以通过以下事实中辨识出来：只要能够确定一份历史起源论文本的年代，就会发现该类型的神话式思考晚于对其他存在领域的思考。但由这对因素所承载的特有的意义内容，只有在施加于社会及其秩序的时候，才能变得清晰明了：作为构成性努力的动机，也推动其他类型的神话式思考，它可以被辨识为一种因为时间的不可逆转性所引发的不安。在历史起源论思考这一特殊案例中，这一动机很明显，因为远在历史起源论产生之前，还有其他符号体系企图解释在时间中的社会有序和无序的意义。例如，在新年庆典和加冕典礼上，我们发现很多仪式是按照宇宙秩序的节奏来调整社会的秩序。业已确立的秩序，无论是宇宙的还是帝国的，会经验到因为新的混乱的爆发而受到威胁，上述仪式通过对宇宙秩序建立过程的模拟性重复，对社会秩序进行有节律的更新。由于长时间以来人们所经验到的社会在秩序与混乱之间的不稳定存在,已经被奠基仪式和迎新仪式充分地表达和加以维护,因此,对历史起源论个别案例的研究必然将查明那些导致在新处境中较早期符号重新被援引的事件。不论这些事件是什么,历史起源论不容商量地将各种事件置于不可逆转的时间进程中,在其中机会永远失去,失败已成终局。

将这些远非线性发展的众多事件置于单一时间轴上,此种象征体系的某些含义在苏美尔的君王表中明确表露出来:通过把彼此平行的城邦-王朝前后相继地置于统治者们单一的时间线上,直至他们自己所处时代的统一帝国,苏美尔帝国的象征主义者们把被征服的城邦-王朝的历史转换为一个帝国的历史。① 似乎看起来,一个宇宙只能有一个帝国秩序,共存这一罪恶必须通过在其亡国之后将之整合到单一历史来进行救赎,单一历史的目的已通过征服者的成功而得以展示。更进一步而言,如果还记得虚构的王统世系被追溯到神圣-宇宙事件中的绝对原点,从而任何与之无关的记录都无法扰乱唯一一个可被接受的进程,那么,这一符号体系表现为暴力的、也许甚至是残酷的单线程历史的建构。相关事件的进程必然由宇宙的起源直至作者所处的年代,作者所在的社会是唯一重要的社会。从此种建构的极端顽固中我们能够感知一股焦虑的潜流,它希望不惜一切代价,让任何功绩都不可逆转地成为决定性的。我们还可以进一步假设,与之相同的对时间的焦虑此前曾激励对王统和事件的纯粹编年史记录,让这些记录作为原材料进入历史起源论思考,因为如果编年史仅仅只是记录秩序衰落和复原的节奏

---

① 对苏美尔君王表的分析,参见 Thorkild Jacobsen, *The Sumerian King List*, Chicago 1939。

性重现就会索然无味。

　　这种对单线程历史的过度执着显然与我们时常碰到的假设并不相符,这种假设认为早期社会是由周期性时间观念所主导,排除了所有认为历史处于不可逆转的时间中的理念。接下来,我们需要强调指出,与之恰恰相反,尽管在古代近东的象征体系中存在着如此之多的时间观念,包括节奏性时间和线性时间等等,但从未发现过任何周期性时间的观念。

　　一旦在近东历史中发现了历史起源论之后,就会发现在人类历史当中,历史起源论无处不在。最早的实例发生在美索不达米亚和埃及帝国。由于这些实例并未突破神话的形式,而是完全处于宇宙原初体验所限定的范围之内,人们可能会预期历史起源论仅限于宇宙论形式的社会中。但这种预期注定会被打破,因为以色列也存在这一象征体系。因为在上帝之下的自由,以色列的圣约不仅割断了与埃及的宇宙论秩序之间的联系,也断绝了与宇宙自身神话的联系。此后,历史起源论又作为处理社会秩序之历史的工具,出现在中国、印度和罗马等普世性帝国的处境中。此外,它还改变了自身形式,以适应希腊诸城邦的环境;采取了犹希迈罗斯(Euhemerus)笔下乌托邦的奇异形式,与亚历山大的帝国扩张相联系;在多个帝国并存时代,它通过贝鲁索斯(Berossos)和玛涅托(Manetho)的思考,在近东地区获得新生。甚至在基督教环境中,历史起源论对亚历山大里亚的克莱蒙特(Clemens von Alexandria)的思考也产生了鲜为人知的影响。最后,通过犹太教和基督教,它被传播到中世纪和近代西方。在西方,自启蒙运动以降,历史起源论已经发展成为一个极其复杂的复合体,包含进步主义、观念论、唯物论和实证主义对历史起源和终结的思考。从古代宇宙论社会到当代世俗的现代社会,历史起源论被证明是人类历史中的符号性常项。作为常项出现在经验和象征风格迥异的不同社会中,这一特点表明历史起源论在对社会秩序的体系上具有高度的普遍性。在此,我们不能进一步讨论这种普遍性功能的问题;我们的分析将限于此种思考的早期实例。

II

历史不仅是一系列的确切事实(res gestae)(毫无感情色彩的事件,仅仅作为事实,将不值得记忆),因为采取行动的人意识到他处在上帝之下的存在。宇宙性帝国的统治者遵天命行事;社会的存在,社会的胜利和失败,繁荣和衰落,都服从于神圣的天意。当赫梯王苏皮卢利乌马斯(Schuppiluliuma,约公元前1380—1346年)讲述他对米坦尼(Mitanni)的征战时,他是以神圣意旨的执行者的身份进行讲述,并将此献给风暴之神,而他是风暴之神的宠臣,这样后世就会知道胜利是由神的意志所赐予的。在贝希斯敦(Behistun)碑铭中,大流士一世(Darius I,公元前521—前486年)记录了他战胜国内敌人的战争,这场战争以奥尔穆兹德神(Ormuzd)和阿赫利曼神(Ahriman)之间、真理与谎言之间斗争的形式展开,这样后世就会知道真理获胜的真相。这一类中有一份特别有说服力的文献,就是埃及女王哈特瑟普特(Hatschepsut,约公元前1501—前1480年)对驱逐希克索斯人(Hyksos)之后秩序恢复的记述:[②]

无论人数多寡,所有百姓和庶民敬听,

[②] 英译参见 John A. Wilson, in: *Ancient Near Eastern Texts Relating to the Old Testament* (*ANET*), hrsg. von James B. Pritchard, Princeton 1950, S. 231。

朕遵从内心的忠告，完成这些事业：

朕未曾疏忽职守地睡去，而是恢复了损毁的废墟。
朕将崩坏的重新建起，
当亚细亚人占领北方的阿瓦利斯（Avaris）时，
他们中间有游牧人，推翻了过往的建设。
他们的统治无需腊神（Re），
他［腊神］没有通过神命而行动，
直到朕所统朝代。
朕即皇位，戴上了腊神的皇冠。
朕生来使命即为征服，已得知统治的年限。
朕来临世间，作为赫拉斯（Horus）的圣蛇，
在敌人面前吐出烈焰。

朕放逐了诸神憎恶的人，大地带走了他们的足迹。
此乃［朕］祖辈之父的命令，他在腊神指定的时辰到来，
阿蒙神（Amon）所命不容毁损。

朕之敕命如大山般恒久——
日轮闪耀，光芒洒满朕所统之地，
朕之猎鹰高飞于写有［朕］名之军旗之上，直至永恒。

当神发命令时，君王就凭借神圣实质流入自身而进行统治；当神之命令暂时中止，君王就不能再施行统治。在社会秩序和统治者行动中，神的意志得以彰显。历史文献中记录了时间中统治社会存在和秩序的诸神意旨。

　　如果不把所经历的历史事件作为一系列孤立的、偶发的事

实，而是作为诸神意旨下明确秩序的一部分，就会产生一个在时间中掌管各事件顺序的总体计划的问题。为了给现在赋予意义，首先要将一系列事件追溯至一个绝对的开端，从而可以将现在的意义理解为从原点开始的一次运动的临时终点。但由于每一个现在都是走向未来的时间过渡点，这一思考便可以更进一步，通过推断未来以试图看到这个总体计划。

　　上文所述的苏美尔君王表是一个关于追溯过去的有启发性的例子。这个君王表可追溯到乌鲁克的乌图赫伽尔（Utuchegal von Uruk，约公元前 2050 年）。他希望证明在驱逐库提人（Gutäer）之后，他的国土就一直处于统一状态，尽管各王朝曾经在不同的都城进行统治。根据现有城邦王朝的列表，以及史诗和传说材料，苏美尔君王表将王朝一直追溯到神话中的大洪水时代。君王表的扩充是通过在最前面添加序言的方式，序言告诉我们，在洪水之前还有五个城邦朝代。这里通过扩展较晚近的历史起源论，追溯到世界的开端。序言以套语开篇："当王从天上降临，王位［最初］立在埃立都（Eridu）"；大洪水之后的列表则说："洪水泛滥［大地］之后，王从天上［再度］降临，王位［最初］立在基什（Kish）。"两处套语都将君王自天上降临作为历史绝对原点的符号；当诸神所命定的秩序在世界的时间进程中得以实现时，历史就开始了。③

　　在《圣经》的历史起源论中，就暗含了一个对包括未来在内的整体进程的思考。以色列人出埃及的时间被置于创世之后第 2666 年，因为 2666 这一数字是 4000 的三分之二。在出埃及这一年，一个为期 4000 年的世界纪年（按每代人 40 年计，为 100

---

③ 这里使用的苏美尔列王名单，参见 A. Leo Oppenheim，*ANET*，S. 265f.。

代人），已经走完了其三分之二的历程。④

III

　　在最后一个例子中，历史起源论的形式结构中似乎有一定涉及数字的思考。在深入分析历史起源论的基本元素之前，我们应该分离出涉及数字的思考这一因素。

　　苏美尔君王表中朝代之间的数字关系相当显著。洪水之前的朝代共有 8 位君王，在位时间总计 241200 年；洪水之后的基什王朝共有 23 位君王，在位时间稍稍超过 24510 年；此后的乌鲁克王朝有 12 位君王，在位时间共 2310 年。不过，在乌鲁克王朝统治期间，从塔姆兹王（Tammuz）和吉尔伽美什王（Gilgamesh）开始，神话般的超长统治时间结束了；王表给他们的继承者分配了 6 年至 36 年不等的在位时间，这样的在位时间有历史可能性。从文献中直接提取出漫长神话时代中的三个合计时间，表现为以下情况：

$$241200 \text{ 年} \qquad 67 \times 3600$$
$$24510 \text{ 年} \qquad 68 \times 360 + 30$$
$$2310 \text{ 年} \qquad 65 \times 36 - 30$$

尽管还不能从文献中明确找出这些年代建构背后的数学运算关系，但就整体情况所显示的而言，这些数字并非任意组合。

　　如果考虑到同一文化区内第二个伟大的例子，即贝鲁索斯

---

④ Gerhard von Rad, *Das Erste Buch Mose. Genesis Kapitel 1 - 22*, 9 (*Das Alte Testament Deutsch*. Neues Göttinger Bibelwerk, hrsg. von V. Herntrich und A. Weiser, Teilband 2, 4. Aufl. Göttingen 1956), S. 54.

在安条克·索特（Antiochus Soter，公元前 280—前 262 年在位）统治时期对晚期巴比伦王朝的构建，那么苏美尔君王表源于数字方面思考的可能性就转化为实际的确定性。保罗·施纳贝尔（Paul Schnabel）根据残卷重建了贝鲁索斯（Berossos，公元前 330—前 250 年）的王朝体系。⑤第一阶段，从创世开始直到最初的君王统治时代，时间跨度为 1680000 年。接着是：洪水之前最初的君王统治时代，共 432000 年；洪水之后的君王统治时代，直到亚历山大大帝去世，36000 年；最后是从亚历山大大帝直至大灾日（ekpyrosis），12000 年。如果将这些数字转换为古巴比伦的萨罗伊（Saroi，时间单位，1 萨罗伊 = 3600 年）和涅罗伊（Neroi，时间单位，1 涅罗伊 = 600 年），结果列表如下：

1680000 年	466 萨罗伊 4 涅罗伊	从创世到最初的君王
432000 年	120 萨罗伊	从最初的君王统治时代到大洪水
36000 年	10 萨罗伊	从洪水之后的君王统治时代到亚历山大大帝
12000 年	3 萨罗伊 2 涅罗伊	亚历山大大帝之后到世界末日
2160000 年	600 萨罗伊	世界纪年的总长

最后，我们必须考虑到以色列历史起源论中家谱表的构建。迄今共保留了两份自亚当开始的家谱表，闪的后裔甚至有三个不同版本，因此尽管建构所遵循的原则仍然不明，然而有意识运用数字方面思考这一事实却是毫无疑问的。就亚当的家谱表而

---

⑤ Paul Schnabel, *Berossos und die Babylonisch-Hellenistische Literatur*, Berlin 1923, S. 176 f.

言，一个版本见于马索拉文本（Masoretischen Textes），另一版本家谱表同时见于七十士译本和约瑟夫（Josephus）著作：⑥

	年龄	初次生子年龄	
		马索拉文本	七十士译本/约瑟夫
亚当	930	130	230
塞特	912	105	205
以挪士	905	90	190
该南	910	70	170
玛勒列	895	65	165
雅列	912	162	162
以诺	365	65	165
玛土撒拉	969	187	187
拉麦	777	182	188
挪亚	950	500	600
挪亚在大洪水时年龄		600	
亚当到大洪水时间		1656*	2262

第二列（七十士译本和约瑟夫著作）的总和较高，是因为在10个人中间，有8个人的初次得子年龄都各自被整整增加了100年**。闪的世系表中，七十士译本以及约瑟夫的记载不仅与马索拉文本不同，而且彼此也不相同：⑦

	年龄	初次生子年龄		
		马索拉文本	七十士译本	约瑟夫
闪	600（洪水后的初生子）	2	2	2
亚法撒	438	35	135	135
该南	—	—	130	135
沙拉	433	30	130	130
希伯	474	34	134	134
法勒	239	30	130	30
拉吴	239	32	132	130
西鹿	230	30	130	132
拿鹤	148	29	79	120
他拉	205	70	70	70
从洪水至亚伯拉罕		292	1072	993

由于时间是按年或年的倍数计算的，完全有理由认为在历史起源论思考下面存在一个数字框架。但古代象征主义者为什么会利用这种可能性呢？要回答这一问题并不简单；我们应该将之分解为三个子问题：

1. 第一个部分答案受到了这一考虑的启示：关于一系列事件起源的思考不需要数字框架也完全可以进行；起源的问题看来并不需要特定的年数来填充可断代年份之前的时代。如果象征主义者还是坚持填充进特定的年数，其背后就有可能隐含着某种数字神秘论观点。以色列人的 4000 年或巴比伦人的 600 萨罗伊似乎都是神圣或完美的数字，适于表达宇宙纪年；通过数字框架，历史就稳固地安置在宇宙及其数字秩序中了。历史上存在着彼此竞争的符号体系派别，对宇宙的数字秩序的看法也不尽相同，这一点在以色列人的家谱表中已有所暗示。

2. 对于该框架中各数字的含义,今天我们几乎不能下任何定论。苏美尔君王表上的某个君王,或以色列家谱表中的某个族长,为什么以这个或那个数字作为其在位时间或寿命长度,其中缘由只有在很罕见的情况才能加以揣测,例如,记载较为短暂的族长以诺(在亚当家谱表中)被认为在世上活了 365 年,这可能与太阳的神话有关。

3. 一边是一个世界纪的总年数,另一边是处于整个建构底层的在位时间和寿命长度的单个数字,两者之间存在一系列的历史时期,距离现代越近,历史时期就越短。对于这一分期和时间缩短,我们还能再多谈一些。这一问题引出了历史起源论的本质,现在将单独讨论。

IV

首先是这些事实:苏美尔人的历史起源论中,从原点开始到具有历史可能性的年代之间有三个阶段,第一个阶段长达 241200 年,第二个阶段 24510 年,第三个阶段 2310 年。约数因子约等于 11。这三个阶段的君王平均在位时间分别约为 30000 年、1000 年和 200 年。贝鲁索斯的建构有 1680000 年、432000 年、36000 年三个阶段,未发现大致相等的约数因子。从创世到最初的君王统治时代这一阶段,既没有君王也没有王朝;洪水以前的最初 10 位君王平均在位时间为 12 萨罗伊;洪水之后的 86 位君王,总的统治时间为 34090 年,平均在位时间 396 年;8 位中间期的篡位者总在位时间 224 年,这在历史上是可能的。尽管以色列的历史起源论并没有明显缩短的时期,折减规则也适用于各阶段内的族长寿命:

91

（1）亚当家族　　　约 700—1000 年
（2）闪家族　　　　约 200—600 年
（3）族长　　　　　约 100—200 年
（4）普通人　　　　约 70—80 年

　　在基督教作者的圣经注释里，时段逐渐缩短的含义将会变得清楚。从古代以来，基督教作家就不得不面对族长们个个得享高寿的问题。对于圣经注释者来说，这个问题很微妙，因为族长们的长寿是记载在一部宣称记叙真实、可靠的人类历史的作品中，或更谨慎一点说，在其中被宣告为真实、可靠——因为这些符号体系作者自己所理解的作为"真实"历史的历史起源论并不是基督教基要主义者字面意义上所理解的含义。就此问题而言，圣奥古斯丁是一个基要主义者。他感到有责任让古代族长们的长寿变得可信，他以古代人的高大身材作为类比，因为这已经为古代人骨化石的发现所证实。此外，在他证明的过程中，他还以异教徒的证据来支持他的主张，这让我们注意到维吉尔和荷马作品中相关的象征主义。圣奥古斯丁提到了举起巨石的壮举，而今天十二个建筑工人也无法举起那块巨石。⑧ 这就将我们的注意力引向古典史诗中内含的历史起源论元素，从而把整体范围更广的古典文献作为有希望发现相似类型的符号系的来源。⑨

　　马丁·路德关于族长们年纪的注释中则直指该问题的核心："因此这就是一个真正的黄金时代，九个族长和他们的后代在同一个时代一起生活，我们的时代几乎连尘土也不如……因为这是起初的世界中的最高荣誉，那么多虔诚、智慧、圣洁的人

⑧ Aeneis XII, 99 ff., Ilias V, 302.
⑨ Augustinus, *Civitas Dei XV*, 9.

们生活在一起。我们不应该认为这些名字只是平凡之人的名字,他们都是卓而不凡的英雄。"确实,路德也是一个基要主义者,但他同时对神话非常敏感。他透过干巴巴的家谱表,直接看到了英雄们所生活的黄金时代。[⑩]

最后,是戈尔哈尔德·冯·拉德(Gerhard von Rad)在其对《创世记》第1章的注释中引用了路德的文字,剥除了其基要主义的羁绊,进一步阐明了其深刻见解。他认为族长们的历史见证了

> 最初的人类刚刚被创造出来,所展现的高度创造性活力,同时对我们现在的自然状态下了一个审慎的结论。我们必须考虑到,毕竟包含家谱的祭司文本中并没有讲述人类堕落的故事;在神学上,堕落被认为是对人的受造状态的干扰和衰退,堕落的结果是导致转向挪亚时代人类的状态。我们在家谱表中发现与人类堕落的故事大致相对应的内容。族长寿命的缓慢缩短(在撒玛利亚的体系中最为前后一致)必须理解为人类原初的、神迹般的活力逐渐衰退,衰退速度与其距离原初创造人的年代成正比。[⑪]

作为这些注释的第一个结论,我们必须注意到,该研究中也吸收了古希腊的符号体系。在美索不达米亚和以色列人对时代持续缩短的思考中,隐藏着赫西俄德意义上所理解的世界时代的符号体系。除了近东的历史起源论思考之外,希腊也存在各种历史起源论的思考。此外,第二个结论是,冯·拉德的观点使

---

⑩ G. von Rad, *Das Erste Buch Mose*, S. 58(Luther, Weimarer Ausgabe XLII, S. 245f.).

⑪ a. a. O., S. 55。

得那种努力通过缩短的时期来进行自我表达的经验类型明晰可见。祭司文本（Priesterschrift，缩写为 P）中包含对时期的思考，但是没有讲述人类的堕落；相反，耶典底本（Jahwisten，缩写为 J）中人类堕落的故事通过时期缩短来表明生命力的衰退。因此，我们必须认为，堕落叙事不是为了表达对时期的思考，而是表达人类命运与其时间状态之间张力的经验。这一主张可概括如下：人类堕落的故事不仅等价于祭司文本中的思考，也等价于苏美尔人、巴比伦人和希腊人，以及所有其他文明中的相关思考。我们已经碰到了这一思考的根本动机之一，即便不是全部动机：人类在时间中普遍的不完美生存经验可通过史前或未来的完美状态作为符号来表达——一个可以失而复得的伊甸园。在关于事件进程的原初状况如何进入到历史实存的当下这个问题的思考中，对存在的受造状态的阐释很明显成为历史实存的本质含义之一，这一受造物状态被体验为"时间上并非始终如此"。

93

V

　　如果把人类堕落的故事理解为对不断缩短的时期的历史起源论建构的替代品，并且如果在伊甸园状态和人类堕落这一符号体系背后，不完全的受造之物的状态就变得清晰可见，那么就产生了这样一个问题：一旦这一建构的动机被揭示，这一建构为什么没有被瓦解呢？当我们直接经验到上帝之下的人类生存的本质时，一旦顺服律法和违背律法被如此明确地理解为人的状况（condicio humana）中始终存在且不可避免的张力状态，正如耶利米在耶路撒冷城陷落（公元前 586 年）之前数十年的先知预言一样，在历史媒介中关于起源的思考就显得多余。但这一思考并未消散。相反，它甚至得以扩展，而基于宇宙、神圣、人类

经验领域的其他类型的神话式思考则萎缩。《旧约》中的思考，
最终成形于以色列人被掳时期和后被掳时期，吸收了多种宇宙
谱系和人类谱系起源的神话，以及大洪水的故事和丰富的传说。
《旧约》尽可能地剥离了这些材料自有的神话特点，把它们作为
历史事件整合到《旧约》自身的符号体系中。此外，在贝鲁索斯
的《巴比伦史》（*Babyloniaka*）中也可以观察到同样的过程，《巴
比伦史》吸收了创世神话、世界末日大火的神话、大洪水的神话，
以及关于为文学艺术、农业、建城、科学赋予人文精神的文化英
雄的神话。[12] 历史起源论变成了一种包容所有其他类型的思考
类型。这种顽固以及削弱其他类型以扩展自身的倾向是历史起
源论的两个特点，有待我们进一步探究。我们首先来讨论古埃
及的历史起源论思考，因为这个例子中，关于这个问题的某些方
面可以得到最为清楚的认识。

94

　　埃及的历史起源论通过在初代人类君王前面添加一系列神
圣朝代来追溯历史的起源。与以色列的例子一样，几种不同的
记录都保存了下来；但在埃及的例子中，幸运的是我们至少对这
些不同记录背后的动机有所了解，因为这几种思考可以辨认出
是几所重要神庙的祭司团体的作品。

　　第一份记录中，神圣统治的王朝始于孟菲斯的卜塔神
（Ptah）。第十九王朝（约公元前 1345—前 1200 年）的图灵纸莎
草（Turin-Papyrus）和玛涅托（约公元前 280 年，大体与贝鲁索斯
同时）的《埃及史》（*Aigyptiaka*）都保存了这一记载。第二份记
录的年代可能更为古老，记载神圣统治者的传承开始于赫利奥
波利斯（Heliopolis）的腊神。这份记载保存在狄奥多罗斯
（Diodorus）所著《历史丛书》（*Bibliotheke Historike*，约成书于公

---

⑫ 残篇参见 Schnabel，*Berossos und die Babylonisch-Hellenistische Literatur*，S.
　　251f. 。

元前 50—前 30 年）的 I, 13 中。如果将希罗多德所称的作为第一位神的潘（Pan）理解为底比斯的阿蒙神是正确的话，那么希罗多德《历史》的 II, 144 - 145 就包含了底比斯人的记载。埃及学家对不同记载的分析表明，符号系作者在人类王朝之前加入了三个神的王朝。第一王朝由赫里奥波利斯（Helipolis）诸神中的大神伊恩德（Enneade，九柱神）所主宰（例外的是孟菲斯的记载，孟菲斯的卜塔神排名在赫里奥波利斯的腊神之前）；第二王朝则由赫里奥波利斯九柱神中的小神所统治，以赫拉斯为首；第三王朝的统治者则是"赫拉斯的仆人"，也就是亡者之灵。优西比乌斯（Eusebius）《编年史》（Chronica）的亚美尼亚语版本中保存了一段玛涅托的残篇，其中把这三个王朝的人物分别称为神祇、英雄和马涅斯（manes，罗马人对阴间诸神的称呼），然后才是埃及的人类统治者，直到波斯王大流士为止。出于尚未了解的原因，这些版本在一个值得注意的地方有所不同，图灵纸莎草和玛涅托书中仅仅列出了九柱神中的男神，而狄奥多罗斯书中保存的赫里奥波利斯版本，同时也有女神。上述就是与本研究有关的一些事实。[⑬]

95

　　这些事实揭示了历史起源论思考与埃及编年记载之间有重要的关联，这个关联同时涉及时间和主题事件。尽管图灵纸莎草可断代在第十九王朝，就其内容而言，还可以上推到稍早的年代；这一纸莎草可能是第十八王朝（公元前 1570—前 1345 年）一份文件的抄本。现存的此前诸世纪的铭文和文献中常有诸如

⑬ 对上述事实的叙述，根据 Wolfgang Helck, Untersuchungen zu Manetho und den ägyptischen Königslisten（Untersuchungen zur Geschichte und Altertumskunde Ägyptens, Bd. XVIII, Berlin 1956, S. 4 bis 9）。参见 Ludlow Bull, Ancient Egypt（The Idea of History in the Ancient Near East, hrsg. von R. C. Dentan, New Haven 1955, S. 1-34）。文中提及的玛涅托残篇，参见 Manetho, Aigyptiaka, hrsg. von W. G. Wadell（Loeb Classical Library）, S. 2 ff.。

"腊神之世""奥西里斯之世""盖伯之世""赫拉斯之世"的固定
表达,表明可能存在着对诸神王朝较早期的思考。不过,即使做
最大胆的假设,我们几乎也不能将年代上推到早于中期王朝时
期,最多到第一中间期(前 2200—前 2050 年)。但远在图灵纸
莎草内容最早可能的年代之前,还有第五王朝(前 2500—前
2350 年)的帕勒摩石碑(Palermo Stein)为证。石碑记载的埃及
统治者始自美尼斯(Menes),美尼斯之前并不是诸神的王朝,而
是前王朝时代仍处于分裂状态的上埃及和下埃及的统治者,甚
至还包括一系列暂时统一埃及的统治者们。⑭ 可能是通过口口
相传,旧王朝时代的编年史家拥有前王朝时代的埃及历史知识,
而且其时期相当长,内容也相当重要。因此,目前对原始文献的
了解允许我们得出结论,历史起源论思考在埃及历史上出现的
时间相对较晚,并代表了一种新的关注,这种关注并不需要前编
年史家所记载的前王朝时代的埃及史。并且,新关注的性质从
前王朝时代的历史被抹杀这一事实中表露无遗。在新的思考
中,埃及的人类史以美尼斯通过征服建立埃及帝国为开端;在人
类创造的秩序(其本身就是孟菲斯神学中诸神的戏剧在人间的
对应物)之前,神圣统治者的秩序主宰世界。就思考层面而言,
埃及的历史上升为秩序的历史,在宇宙时间内秩序的代表就是
由美尼斯所创立的埃及帝国。

　　当神-人秩序成为思考的最主要对象时,这一思考自身就表
明,对动荡的经验连同对秩序的破坏和恢复的经验已经引发了
对此秩序强烈的关注。第五王朝之后旧王国衰落与第十一、十
二王朝秩序恢复之间的时段,即所谓的第一中间期,是一个社会
动荡不定和生命财产时刻遭到威胁的时期,时代所造成的创伤

96

---

⑭ Helck,Untersuchungen zu Manetho,S. 4.

在当时的文献中留下了不可磨灭的印记。相关的原始文献已众所周知，因此只要提一下阿蒙内海特一世（Amenhemet I，公元前2000—前1970年）时期的《聂菲尔涅胡预言》（*Prophetie des Nefer-rohu*）就足以说明问题。该书以预言为形式，回溯到旧王朝时期，勾勒出从政治灾难、纷乱年代直至新秩序建立的历史经历。失序如此严重，以至于摧毁了秩序的神圣来源；诸神的发祥之地，赫里奥波利斯诺姆*，也不复存在；腊神自己肯定为新世界奠定了基础；当神建立了新基础，胜利者阿蒙尼（Ameni）将会来到；阿蒙尼将镇压叛军，赶走亚述人和利比亚人，恢复正义，一统上下埃及。[15] 通过灵性深处失序之恐怖，失序被体验到，这似乎是将秩序问题提升到新的神圣创造和弥赛亚式君王来临这一符号性高度的驱动力，正如以色列先知们所经历的动乱，激发他们在公元前8世纪和7世纪将秩序问题提升到新的圣约、新天新地以及和平之君弥赛亚这类符号体系一样。似乎就是在这样的灵性氛围下，关于历史起源论的破坏性思考才能得以发展。这种思考不仅扭曲了前王朝时期的历史，而且就古埃及、美索不达米亚和以色列而言，还歪曲了它之前的思考。古埃及的九柱神被转化为诸神王朝的统治者，九柱神自身就是前王朝时期神谱著作的产物，埃及的大小神祇被排成了一代代传承的诸神。神的谱系被剥夺了其个性面貌，原始材料被安排进王朝的形式中。

政治灾难可以推动对秩序和秩序起源的思考。这一关联性，就古埃及而言，具有很大的可能性，这就促使我们考虑其他类型的思考，并检验它们是否也展现了类似的关联性。正如我们所看到的那样，苏美尔君王表将王朝追溯到大洪水时代，与库

---

*　诺姆（Nome）是古埃及行政区划等级，相当于省。

[15]　译文参见 John A. Wilson, in: *ANET*, S. 444 ff.。

提安时期苏美尔人短暂的权力复辟有关。贝鲁索斯的新巴比伦

式思考当然是建立在此前美索不达米亚人相同类型的思考之基础上，但除此之外，这种思考也受到了塞琉古王朝恢复帝国秩序的直接推动。玛涅托的例子与之类似：与图灵纸莎草的思考模式的相似性不容置疑，但拉吉得王朝（Lagiden）在埃及建立希腊化帝国秩序也激发了作者编纂《埃及史》，正如与之同时的贝鲁索斯的《巴比伦史》题献给安条克·索特（Antiochus Soter）* 一样。以色列的例子则显得没有这么明确。确实，我们可以辨认出灾难、流亡、归回的模式；但以色列历史起源论的问题远远超出了帝国秩序恢复的问题。关于这些问题，我们还应该进一步探讨，但即便如此，我们也可以说，将非常古老的零散材料组织成为庞大的历史起源论形式，是灾难及其后续时期所产生的结果。最后，让我们来参考一下中国的历史起源，此处不拟作深入讨论。作为对历史王朝之前历史的追溯，中国的历史起源论问题也是在周朝衰落期间变得引人注目，并在新帝国时期直到汉代才得以定型。列举这些数据表明了一种可能性，即实际上在政治灾难和历史起源论思考之间有着直接的联系。

　　从埃及不同类型的例子中，我们对历史起源论的性质有了新认识。历史起源论被证明是相对较晚的符号形式：在神－人秩序成为思考的客体之前，历史必然已经走过了相当长的历程，并且也发生了许多严重的社会灾难。更为重要的是，历史起源论是从实际事件来思考追溯到其宇宙起源的这个初步的特征，现在则可以更加准确地表现了出来。就埃及的例子而言，由于历史中抹去了众所周知的前王朝时期的统治者，更决定性地证明，符号系作者并非关注一般的实际历史，而是仅仅关注体现

---

* 即安条克一世。

98

神-人秩序的那一部分确切事实（res gestae）。但这一部分的构成是怎样的？谁是主体，谁是秩序的代表性载体？很明显，它既不是随机选出来的某一个社会，每种思考中也并不包含多个社会。确实，苏美尔君王表讲述了一个从天上降临到某个美索不达米亚城邦国家的君王统治谱系。但关注对象并不是相应的自治城邦社会及其顺序，而是由不同城邦国家统治者所依次传承的帝国统治。帝国及其君王统治只能有一个。在埃及的例子中，秩序的载体仍然是一位统治者统治一个社会；帝国的解体和地方统治者的崛起则等同于混乱无序。秩序载体的单一性特点表明诸神之下的人类社会的秩序应理解为同一个秩序，对帝国秩序的思考实际上隐藏着对全人类秩序的理念。理解这一点很需要想象力，因为从我们现代的立场来看，我们已经习惯于将某一古代社会视作众多社会中的一员。一位古代美索不达米亚、埃及或是中国的符号系作者在所在的帝国中生活时，他认为自己就是生活在全人类唯一的组织中，而我们认识到这一点是有一定困难的。一个人作为人的属性与他在帝国社会的成员身份之间的关系如此紧密，以至于在某些情况下，用于表述的语言是完全相同的。例如，意为"埃及人"的象形文字，也有"人"的意思；更为严格的例子是，习语"人子"（sohn eines Menschen）是指一个有一定社会地位的埃及人的儿子。尽管从现代立场看来，将人的地位与某一社会的成员身份紧密联系起来，甚至仅仅与该社会统治阶层的成员身份联系起来，将是一种令人遗憾的身份约束或歧视，但从古代符号系作者的立场看，人的观念是在诸神命定下创建帝国后才能得以发现的。因为从氏族社会到城邦-国家，更进一步社会范围扩大到包含全部文明地区的帝国，是作为创造性努力而经历的，人在其中获得了对自己、对一个四海之内所有人皆同的秩序的神圣起源分化意识。在关于帝国的确凿无疑的事实中,上帝之下的人类作为历史主体突显出来。这里我们开始接触到历史起源论思考的根深蒂固和扩展性的更深层来源。

<h2 style="text-align:center">VI</h2>

历史起源论是一种符号形式,在帝国秩序中展现自身的人类秩序的经验,正是通过这种符号形式得到了表达。然而,人类一体的观念不仅涵盖帝国成员和同时代其他社会成员,而且也包括过去、现在和未来生活在神圣意旨下的所有人,这一观念尚未分化;这一经验及其自我表达仍然是紧凑的(kompakt)。帝国的秩序,尽管对于超越组织的人类观念可以忽视不计,却成为这一观念的桎梏。因此就产生了以下问题:什么样的经验有可能打破这一处于帝国秩序之内的对人类秩序的严格限制?在埃及和美索不达米亚的案例中,人们几乎无法发现对于这一问题的答案;这一经验及其符号化仍然是紧凑的。人们或许会指出埃赫纳吞(Akhenaton)作品中帝国观念的松散,在他的颂歌中,法老接受亚述人和利比亚人作为帝国社会中的人,但这些早期发展并未被历史起源论思考所吸纳。但在以色列的案例中,关于人类的观念已有了很大程度的分化,以至于神学阐释者们认为其完全脱离了古代东方其他民族中所盛行的符号体系。这一看法走得太远,因为尽管由于广泛分化造成了明显的不同,但有一种类型的共同体仍然存在,对我们理解近东早期文化具有最重要的意义。不过,神学家们所赞成的根本对立极具启发性,使得我可以开始分析以色列的案例及其呈示的内涵。

在对《创世记》的注释中,戈尔哈德·冯·拉德写道:

　　以色列并未简单地在原始神话到其自身属世生存之间画出一条直线。追溯到神话的这条直线是城邦宗教的特点，城邦的政治共同体只能认真对待其自身。(古巴比伦最初的王表开头说道："当王自天上降临，王在埃立都[Eridu]……")《创世记》中的理念则与之不同：在原始时代开始的线从挪亚到亚伯拉罕并非毫无中断，而是首先进入了普世各族之中。当以色列从亚伯拉罕时代向前回溯时，在这条线回溯到最初起源点时，存在一个关键性的中断，那就是各族的家谱[《创世记》第 10 章]。这一中断意味着以色列认为本国乃是万国之中的一国，没有抱着幻想也没有带着神话来看待自身。以色列对于耶和华的经验，将发生在历史领域内。对于圣经神学而言，插入各族的家谱则意味着与神话的完全脱离。⑯

　　这一段引文精确地阐释了明确的区分点：《创世记》第 10 章中的各族家谱把人类的观念引入了以色列人的思考之中；以色列，尽管她是上帝所拣选的民族，但同时也是万族的一族。但对于我们而言，与其说以色列对于耶和华的经验发生在历史领域是这一普遍主义的人类观念的结果；还不如说人类历史是由以色列对于耶和华的经验所构成，各族的家谱也正是因此而被插入其中。因为荆棘火焰和西奈山的启示是上帝直接对人的启示，没有任何帝国统治者作为中介，而把人直接置于上帝之下。自西奈山之后，以色列人代表着全人类，赋予了对人类生存的真理的新洞察，这个真理适用于每一个人。自西奈山事件后，也正是因为西奈山事件，就出现了人类的历史，以及关于人类历史的

---

⑯ G. von Rad, *Das Erste Buch Mose*, S. 120f.

不同知识。但正如我们所观察到的那样,新洞察并未消解历史起源论的思考形式;相反,却被吸纳到历史起源论的符号体系之中。无疑,在以色列,历史媒介被人们经验和认识的分化精确性远远超出与之毗邻的帝国文化,但历史媒介并未实现完全的自主;而是必须服从宇宙论类型的历史起源论思考。符号体系的这一组合让我们注意到影响圣经叙事的经验动机的多样性。

　　与埃及和美索不达米亚的案例不同,以色列历史起源论确实不只有一个组成中心,而是有两个:大卫王朝的建立和西奈之约。帝国的创立,尽管是较晚的事件,却提供了编著《历代志》最早的动机,因为著名的"大卫王纪"(《撒母耳记下》第9—20章;《列王纪上》第1—2章)构成了叙事的核心;叙事以大卫的崛起为开端,讲述了帝国的故事,一直到耶路撒冷的陷落。如果说帝国的创立是动力,帝国历史是历史书写的主题,那么其状况就与周边的近东社会原则上是相同的。但就将确切事实追溯到宇宙起源而言,以色列的模式就与周边帝国具有根本性的不同,因为在圣经历史起源论的里面,帝国历史之前的诸世纪中所发生的事件(例如出埃及、西奈之约和征服迦南地),在埃及或美索不达米亚历史中并没有对应物,以色列正是通过这些事件成为上帝拣选的子民。他们的记忆通过仪式得以保留,现存最古老的记载可能保存在《申命记》26:5b-9:

> 我祖原是一个将亡的亚兰人,
> 下到埃及寄居。他人口稀少,
> 在那里却成了又大又强、人数很多的国民。
> 埃及人恶待我们,苦害我们,将苦工加在我们身上。
> 于是我们哀求耶和华——我们列祖的神,
> 耶和华听见我们的声音,

101

> 看见我们所受的困苦、劳碌、欺压，
>
> 他就用大能的手和伸出的臂膀，
>
> 并大可畏的事与神迹、奇事，
>
> 领我们出了埃及，
>
> 将我们领进这地方，
>
> 把流奶与蜜之地赐给我们。

　　出埃及离开帝国文明的阴间（Scheol），旷野流浪，发现上帝，与上帝订立圣约并进入迦南地，这些事件不能像埃及前王朝时期的统治者们一样被抹去。离开宇宙论体系的文明以及进入上帝之下的自由都是具有显著意义的历史事件；一旦如此理解，这些事件就必须在灵性上占据比任何帝国的创立都要优先的地位，以色列国的创立也不例外。但这就为历史起源论思考制造了一个难题。如果帝国社会并非秩序的唯一载体，谁可以作为历史起源论的行动主体展现出来呢？

　　以色列符号系作者依靠部族社会的范畴解决了这一问题。人类被视为一个由先祖亚当繁衍而成的宗族；帝国创立之前，直到西奈之约时期，是部族联盟的历史；再向古代追溯，是众族长的历史；在此之前，是挪亚时代的人类；再古的话，就是亚当时代的人类。神话王朝被家谱和各族家谱所取代。然后通过强调上帝与人类代表之间圣约的神圣家系，也就是与挪亚订立的圣约（《创世记》9：9），与亚伯拉罕的圣约（《创世记》17：1—8），以及西奈之约，这一普遍历史又被缩小为代表性的人类历史，因而这些具有划时代意义的圣约将人类历史划分为四个阶段，分别是从亚当到挪亚，从挪亚到亚伯拉罕，从亚伯拉罕到摩西，从摩西到当下。帝国的创立曾经一直作为历史书写事业的主导动机，如今则在符号体系层面从属于对全人类意义重大的事件。应该补充的是,四福音书改变了时代和时期的模式,以便把来自大卫家的弥赛亚作为更深入相关的人类历史中意义重大的事件:《马太福音》(1:17)共划分了四个时期:从亚当到亚伯拉罕,从亚伯拉罕到大卫,从大卫到被掳(公元前 6 世纪),从被掳到基督。[⑰]

在以色列的历史起源论中,很显然处在上帝之下的人类生存秩序表明:帝国历史被人类历史所替代,人类历史自身成为了思考的媒介。如果现在我们再问一遍上文提出过的问题——为什么被掳时代和后被掳时代的符号系作者们,尽管对历史的理解不同,都为自己戴上了历史起源论之轭——我们就再一次遇到了对帝国历史和灾难的经验。在存在列国的时期,通向西奈之约中共同人类的最初途径尚没有失去;由于先知们反对民众和王室倒退到古埃及和亚述的宇宙论神话形式,它甚至变得更为明晰。尽管如此,人类的观念与通过上帝所拣选子民及其政治组织来实现人类观念之间的关联如此紧密,以至于帝国的分裂,以及此后各分裂王国的毁灭,成为了历史起源论思考的动机性经验,正如帝国的创立催生了历史书写一样。《聂菲尔涅胡预言》展现了埃及历史起源论得以生长的灵性氛围,《诗篇》第 137 篇也展示了灵魂的困扰,由此产生了以色列的相关思考:

103

> 我们曾在巴比伦的河边坐下,
> 一追想锡安就哭了。
> 我们把琴挂在那里的柳树上,
> 因为在那里,掳掠我们的要我们唱歌;
> 抢夺我们的要我们作乐,说:

---

⑰ 关于圣经叙事的组织核心,参见 *Order and History* I, Baton Rouge 1956, Kap. 6, §§ 2-3。

"给我们唱一首锡安歌吧！"

我们怎能在外邦唱耶和华的歌呢？
耶路撒冷啊，我若忘记你，
情愿我的右手忘记技巧。
我若不记念你，
若不看耶路撒冷过于我所最喜乐的，
情愿我的舌头贴于上膛。

耶路撒冷遭难的日子，
以东人说："拆毁！拆毁！
直拆到根基！"
耶和华啊，求你记念这仇。
将要被灭的巴比伦城啊，
报复你像你待我们的，那人便为有福。
拿你的婴孩摔在磐石上的，
那人便为有福！

　　这一值得注意的文献，试图将上帝和他的国度卷入古代东方的帝国战争之中，这里流露的情感不同于如下现象中产生出的情感的困惑：祭司文本中的历史起源论、第二以赛亚对受苦仆人的描述、妥拉和拉比教导、马加比式宗教狂热、和平主义基督教。

VII

　　以色列的例子表明，当人类的观念从宇宙帝国的秩序中区分出来时,历史领域中的神话思考根本没有被放弃,在宇宙帝国的秩序中,人类的观念仍然被紧凑地包含在其中。即便历史领域被视为是在上帝之下的人在社会实存中的展现,如同以色列的情况一样明确,然而人对起源的思考仍旧延续于历史媒介中。上帝与人、世界与社会,在宇宙世代的神话整体中仍然紧凑地保持着统一。凭借人类生存于社会和历史的经验,作为时间意义的当下对于永恒秩序的意义就被展现了出来;凭借理智的洞察,世界起源与终结的问题可以被认为是时间流逝的二律背反;但历史和哲学都不能消解神话时间和神话故事的基本形式。历史也许可以更为透彻地理解为人类与上帝相遇的特定领域;但即便历史的符号体系在社会经济中占据决定性主导地位的情况下,历史也不会切断与神话之间的联系,尽管这些联系可能会是相当松散。这一表述不仅适用于古代;历史起源论的主导地位深深渗透到当代:即便是黑格尔,当他对于早期诸文化的开端进行估算,而与传统上确定的大洪水时间相冲突时,也认为有必要为自己进行开脱。[18]

关于符号体系普遍存在且占据支配地位的这些思考,应该作为我们研究希腊诸类型的前奏——作为防止过早得出结论的预警,因为对较早的近东案例的研究可能已经引入了这样的偏见,即所有的历史起源论必然从一个帝国的当下回溯到其神圣的起源上。如果情况是这样的话,那么希腊就不会存在历史起源论式的神话思考,因为并不存在一个希腊帝国,可以为符号体系提供现实基础。如果我们回到我们的定义,即历史起源论是在历史媒介中对起源的思考,我们就会遇到一系列看起来是这一符号体系的变体的现象,尽管它们在内容上与近东历史大相

104

---

[18] Hegel, *Vorlesungen über die Philosophie der Geschichte*, hrsg. von Brunstäd, S. 69.

径庭,因为古希腊的"历史媒介"有一个完全不同的架构。但希腊历史及其结构,以及对之的批判性分析,都存在着大量问题;我们另有文章处理这些问题,[19]此处我们只要提及与我们的问题直接相关的一两点。

尽管并不存在一个希腊帝国,但在各希腊化城邦国家之上,却存在着一个希腊文明,希腊的史学家和哲学家认为,其与美索不达米亚、埃及或波斯文明是相同类型的社会。尽管希腊文明从未经历过将自身组织成帝国的内生式过程,但人们认为它有能力组织成帝国形式,从而成为历史兴盛和灾难的潜在主体;此外——这也是对本研究最重要的一点——希腊文明被认为是历史起源论思考的潜在主体。我强调希腊文明成为神话思考的主体的潜力,是因为要证明这一点在技术上存在着困难,希腊人既没有编年性记载,也没有足够完整的传统历史,最重要的是他们没有年表。因此,从来就没有一部现存的、可确定纪年的希腊历史,其长度超过五十年——也就是一个人能够从自身经历及其上一代人的记忆回想的时间。在近东,可供符号系作者们利用的历史事件数不胜数,但在古希腊却付之阙如——因为没有皇家或庙宇的档案来保存希腊历史的事实和发生时间。要到很晚才有史学家试图为相对少为人知的史实建构年代框架,当时已是公元前 5 世纪的下半叶,海勒尼科斯(Hellanikos)将阿戈斯(Argos)的历代赫拉(Hera)女祭司、雅典的历代执政官和东方历史的年代并列。迟至公元前 4 世纪,提麦奥斯(Timaios,约公元前 356—前 260 年)在其《西西里史》(*Geschichte Siziliens*)一书中引入了奥林匹克计年法,这是一种粗疏但必要的计年工具;直到公元前 3 世纪,埃拉托色尼(Eratosthenes,约公元前 284—前

---

[19] *Order and History* II, Baton Rouge 1957, Kap. 1: "Hellas and History".

200 年)才为希腊历史中从特洛伊陷落开始的诸多重大事件确定了具体的年代。已知历史的短暂和记载的晚近成为希腊罗马时期史家们激辩的主题,而在西方征服东方之后,东方的作者们开始反驳此种带有偏见的看法,即只有希腊人才有批判性的、可靠的历史。约瑟夫的《驳阿皮安》(*Contra Apionem*),原标题可能为《驳希腊人》(*Gegen die Griechen*),正是东方人反驳希腊史家的一部著名作品。下文中,我会很快回到约瑟夫的问题上去。

106

我们必须承认,希腊的符号体系是历史起源论性质的,它具有如下特征:

(1)并不存在千禧年式甚或世俗化范围的确切事实的轨迹。从相对较窄的历史视角来看,思考最多只能在一些彼此相隔久远的史诗和神话事件之间进行,此后就不得不直接跳到绝对起源点。

(2)希腊历史起源论也服从此前所显示出的规律,此类思考是由政治灾难和秩序恢复的经验所推动的。

(3)由于灾难并不牵涉帝国制度或泛希腊制度的崩溃,人类灵性和道德的衰落这一具有普世意义的问题就成为了主角。此外,由于从失序中恢复不可能发端于帝国制度的复原,对秩序的思索倾向于发展成为一个普遍性的人类秩序哲学。

(4)由于希腊社会,尽管(a)生活在亚细亚大帝国的阴影之下,自身却并未被帝国统治形式所桎梏,并且,(b)没有被迫经历帝国形式代表所的人的生存,因此,希腊社会对于超出希腊以外的人类也保持开放。正如以色列产生了各族的家谱一样,尽管出于结构不同的动机,古希腊人也写出了地理志(Periegese),也就是对当时已知人类世界的普世性综述。赫西俄德和希罗多德所创造的符号体系可被视为是这方面的典型。

古希腊类型的历史起源论在其最早的例子——赫西俄德描

述世界诸时代的神话中——得到了最纯粹的体现。严格来说，
《工作与时日》（*Erga*）第106—179行中所讲述的逻各斯（*logos*）

107　是一部人类谱系史，但其中包含人类各种族的故事并非事出无
因，这个故事以"世界诸时代"而广为人知。尽管最初的三个传
说中的种族的出现，是由于诗人有意创造一个与其神谱中三代
诸神谱系相对应的三代人类谱系，第四和第五个种族显然揭示
了整个逻各斯的历史起源论意图，也就是说，将现世人类的混乱
无序解释为诸神所命定的一个历史阶段。这一逻各斯显示出纯
粹的希腊类型特征：首先，最为狭窄的历史视野，仅仅包括公元
前8世纪末诗人自己在其城邦中所经历的恶行；此后，从这一狭
窄的视野开始，秩序与失序的问题就被提升到人类行为的普世
高度；最终，从这一严格受限的现在，诗人直接跳到了范式性的
秩序起源上。甚至没有提及（或无法提及）此前诸黑暗世纪中任
何确切事实的过程，荷马史诗中的英雄时代就作为拥有完美秩
序的时代，被直接放在了堕落的黑铁时代之前。除了荷马对迈
锡尼社会的简短描述之外，赫西俄德根本没有任何史料（柏拉图
在其《法律篇》中，还向前追溯到米诺斯的立法及其神圣起源）；
史诗时代之前是三个造物时代（黄金时代、白银时代、青铜时
代），这些时代的受造之物几乎不具人的特性，尽管他们也被称
为人。既然英雄时代之前的三个种族是由神谱中相对应种族的
神所创造的，这一建构整体而言与埃及历史起源论思考紧密相
关。埃及历史起源中，人类统治者之前是三个神的王朝。这一
关联是否由于了解东方思想所致，仅据现有史料是无法判
断的。[20]

　　赫西俄德阐释社会中人类生存秩序的努力中，包含着进一

---

[20] Zu Hesiod vgl. a. a. O., Kap. 5 : "Hesiod".

步发展的极大可能性,但这一可能性在公元前 5 世纪之前希罗多德的作品中并未显现出来。现在,我们将其作为希腊历史起源论的第二个例子进行考察。

就希罗多德而言,符号系的结构仍然存在,原则上与赫西俄德的相同,但大量地理志的内容却如此彻底地改变了其表现的形式,以至于大多数读者几乎没有意识到这两者之间结构的相似性。让我们从动机性经验开始:那就是对希腊社会生存的灾难性威胁,以及马拉松和萨拉米斯大捷之后脆弱的权力平衡的恢复。这一经验对每一种历史起源论思考都是典型的动机,从而决定了其历史视野远远广于赫西俄德。秩序的扰乱不再是如同在阿斯卡拉(Askra)这样的小城中轻微地违反正义这样的问题,此时的场景已经是世界性的,在希罗多德的视野中,亚欧冲突影响着整个人类。基本的人类秩序,在赫西俄德那里也是一个问题,而现在则以普世人类作为新载体。由于希罗多德的普世性关注,他不仅超越了赫西俄德,也超越了近东范围的思索,甚至超越了圣经叙事。圣经中尽管也有各民族的家谱,但其叙事仍坚持将上帝拣选之民作为秩序的代表性载体。古希腊对人类秩序的体验与以色列不同,在荷马史诗中即已出现,希腊人将希腊-亚细亚人的冲突当作对人类共同秩序的扰动;希腊人和特洛伊人都处于人类共同秩序支配之下,服从共同神祇的意旨。人类生存中明确的悲剧感,让一个名叫埃斯库罗斯的人,在其悲剧《波斯人》(Persern)中,像哀悼自身的伟大经受了悲剧般衰落一样来哀悼敌人的衰落。

在希罗多德的作品中,虽然视野已经得到了普世性扩展,但时间维度上并没有可以观察到的延长。冲突的确切事实以公元前 547 年居鲁士对吕底亚之战为开端,以公元前 478 年征服塞斯托斯(Sestos)为结束,仅有约 70 年时间。鉴于希罗多德生于

108

公元前 485 年,他的时间视野延伸幅度不超过其出生之前半个
世纪。与近东历史起源论所整合的漫长实际历史相比,这些都
是微不足道的数字。覆盖范围广泛的地理志,确实为更为久远
的历史提供了信息,例如埃及人的历史。但这些记录仅仅相当
于历史记录(*historiai*),也就是对调查结果的书面报告;它们既
没有整合到历史编撰的语境中,也没有在希罗多德的思考主线
中发挥任何作用。希罗多德的主线从波斯战争直接跳跃到荷
马史诗时代,与赫西俄德的主线一样突兀。但这一主线并未在
那里结束。希罗多德将之倒推越过另外四次欧亚冲突,直至第
一个秩序动荡时代。结果就是一系列对正义的侵犯:腓尼基
人对欧洲的伊娥(Io)的蹂躏,克里特人对亚细亚的欧罗巴
(Europa)的蹂躏;希腊人对亚细亚的美狄亚(Medea)的蹂躏;特
洛伊人对欧洲的海伦的蹂躏;希腊人对特洛伊的战争;波斯人
对希腊的战争。在不到三页的篇幅中,这一系列事件跨越了从
冲突伊始到波斯战争现阶段的时间跨度;在 I,6 开始了对确切
事实的叙述,包含在世界环游志之中。因此,希罗多德历史作品
中向绝对起源点追溯的内容,篇幅上几乎与赫西俄德的作品旗
鼓相当。

　　这一追溯的特点是,将神话和传奇材料转化为历史事件(与
以色列人将同样类型的材料转化为族长历史的手法类似),以及
基于可能激发过阿那克西曼德(Anaximanders)灵感的哲学假设
而对材料进行分类。由于对秩序的破坏都是成对出现的,因此
罪恶和救赎将彼此平衡,按照阿那克西曼德的论断,事物出自无
定(Apeiron),也将归于其源头,根据时间的裁决对彼此的不义
互施惩罚和补偿[残篇 B2]。希罗多德也借克罗伊斯(Krösos)
之口说:有一人间万象之轮不断运转,不可能让同一个人永远
享受好运(《历史》I,207)。他书中主宰事件进程的法则并不包

含神话意象的成分;希罗多德不需要神祇来推动世界。凭借将材料转化为历史事件的方式,他通过一系列事件追溯到人类的第一次行动。这一系列事件本身始自阿那克西曼德的本原(arche),始自无定。㉑

VIII

希腊历史起源论本身在犹希迈罗斯(Euhemeros)的《圣纪》(*Hiera Anagraphe*)中有一个简短但并非意义不大的续篇;传统上将该著作归类为"小说"或"乌托邦作品"。首先,我想描述一下这一特殊符号系起源的情境。

将希腊历史起源论与东方历史起源论区分开来的第一个特点是希腊已知历史的简略,这是由于缺乏编年性记载和传统史料作为历史编纂的基础。希腊思想家们清楚地意识到了这一事实——在《蒂迈欧篇》(*Timaeus*)中,柏拉图借埃及祭司之口向索伦(Solon)说道:"哦,索伦,索伦,你们希腊人永远是孩子;希腊人中根本没有老人!"[22B]第二个显著特点与第一点密切相关,就是对人的本质的认识取得重大突破以及认识到帝国所有人口作为其载体的可能性。只有希腊人——如希罗多德——既没有将帝国社会,也没有将包括所有希腊人在内的开放社会作为历史主体,而是将普天下的人类作为历史主体。因此,在古希腊,也只有在古希腊,才存在这样的情况,即符号系可以适用于亚历山大大帝征服欧亚所有人类居住地域所建立起的新帝国架构。笼统地称之为"帝国架构"较为适宜,因为就组织结构而言,这一征服不能维持,不得不分裂为几个并存的帝国。此外,人们

110

㉑ Zu Herodot vgl. a. a. O. , Kap. 12, § 1:"Herodotus".

很难说存在一个帝国社会,因为其全部人口从未拥有稳定的社会结构。最后,通过帝国征服所统一的人类,既没有共同的帝国神祇,也没有共同的帝国性宗教。在亚历山大大帝普世性规划的阴影下,为这一不够明朗的情境创建历史起源论符号系的努力,最终不可避免会呈现出怪异的形态。时间维度原本就从未超过中等长度,现在更削减为零,因为这一"架构"并没有足够的稳定性,来赋予时间以一致性。

约公元前 300 年,当卡山德(Kassander)的朋友犹希迈罗斯(Euhemeros)试图将此模式符号化时,该符号体系只能采取对普世希求的社会秩序的映射形式;出于外交上的慎重起见,他将故事的发生地放在了潘查岛(Panchaea),一个虚构的印度洋中的岛屿。作为对社会秩序的规划,犹希迈罗斯的作品属于该时代中"乌托邦"这一类,称之为"王者之鉴"较为合宜。因为关于这些作品是否确实属于乌托邦(在托马斯·莫尔[Thomas More]所造的该词的意义上)一类的问题,必须对每一部作品进行单独的分析。不过在这里,该问题只需要一笔带过,因为我们主要关注的,是犹希迈罗斯著作中将其社会规划描述为普世性神圣统治者的创制这部分内容。以埃及历史起源论的方式,犹希迈罗斯将这一岛屿社会中具有普世性约束力的秩序溯源到一个诸神王朝取得立定秩序之功绩的起源上。

犹希迈罗斯写道,在潘查岛上,矗立着宙斯三主神(Zeus Triphylios)的神庙,宙斯创立神庙之时,仍然是人类居住地域的统治者,在人间居住。在神庙中,立着一个刻有乌拉诺斯(Uranos)、克罗诺斯(Kronos)和宙斯的伟迹金碑。乌拉诺斯是地上第一个君王,他是一个公正而仁慈(*euergesia*)的人,熟知天体的运行,最先向天上诸神献祭,因此被称为"乌拉诺斯"(意为"天")。㉒ 历史起源论思考的原则，即将历史追溯到其神圣开端，由此得以保留。但特定社会确切事实的历程成了普世性社会规划；作者不得不从这一规划直接跳回到神圣王朝。

犹希迈罗斯的符号体系有两个特征值得关注。第一个特征是其建构所具有的"埃及"特点。尽管我们有把握认为神圣王朝先于世俗统治者的观念起源于埃及，但由于犹希迈罗斯明确区分了始终是神祇的天神和擢升为神祇的世俗统治者，这一事实导致情况更为复杂。这一区分体现在狄奥多罗斯（Diodoros）对犹希迈罗斯观念的概括中，此概括原本附于潘查岛故事之前；对此的区分通过尤西比乌的著作得以保留：某些神祇永恒不灭，如太阳、月亮、其他星体和风，以及具有与之类似特性的东西；其他神祇则是生活在地上，由于对人类的恩泽（euergesia）而获得不朽的荣光和名声。关于仁慈君主（euergetes）位列诸神的希腊化观念，似乎已与埃及人的观念融为一体。但不幸的是，考虑到阿卜德拉的赫卡泰欧斯（Hekataios von Abdera，约与犹希迈罗斯同时）在其《埃及志》（Aigyptiaka）中将区分两类神祇的做法明确归于埃及人，仁慈君主观念中的希腊化特点本身就值得怀疑。根据赫卡泰欧斯的说法，正是埃及人认为，一方面存在着永恒的天上诸神，如天体、元素等，另一方面则存在着尘世的（epigeios）神祇，其中一些神祇有着和天上诸神同样的名称，从前也是凡人，但作为他们仁慈统治的回报，他们获得了不朽之身。某些尘世的神祇甚至被认为曾经当过埃及的统治者。㉓ 随后，在前面引用关于埃及历史起源论思想在赫里奥波利斯以及孟菲斯两

㉒ Das von Eusebius, *Praeparatio Evangelica*, 2. 2. 59 B‑61 A, 残篇保存于 Diodorus Siculus VI, 1, hrsg. von C. H. Oldfather (Loeb Classical Library). Felix Jacoby, *Die Fragmente der griechischen Historiker I‑A*, Leiden 1957, No. 63, fragm. 2.

㉓ 保存于 Diodorus Siculus I, 12‑13。

地的不同变体的段落中,赫卡泰欧斯继续讨论埃及的神祇王朝。他的记载可靠与否,是否因受到希腊化影响而改变了埃及传统,我们无法判定。当然犹希迈罗斯的问题并不像通常所谓的"犹希迈罗斯论"(Euhemerismus)引导我们相信的那样简单,即视"犹希迈罗斯论"作为希腊怀疑论的一类,接近于无神论。

112　　　第二个特点是关于犹希迈罗斯作品的题名 *Hiera Anagraphe*。很明显,该题名对"圣史"概念的产生发挥了一定作用。恩尼乌斯(Ennius,公元前 239—前 170 年)将犹希迈罗斯的作品译为拉丁文,拉克坦提乌斯(Lactantius,约公元 260—约 340 年)在引用拉丁文译文时,称之为《神圣历史》(*Sacra Historia*)或《神圣书卷》(*Sacra Scriptio*)。㉔ 此外,拉克坦提乌斯在提及犹希迈罗斯时,还称他搜集了"朱庇特及其他被称为神祇者的事迹"(*res gestae Jovis et ceterorum qui dii putantur*)。从这些文献中可见,*hiera anagraphe* 这一用语既有书面记录的含义,也表示记录的主题,两个含义都表示在历史起源论符号体系意义上的历史。这双重含义与狄奥多罗斯的叙述相当契合,据狄奥多罗斯所述,他自己发现了在宙斯三主神神庙内金碑铭文中记载的诸神的事迹(*praxeis*)和确切事实(*res gestae*)。通过狄奥多罗斯作品所保留下来的阿布德拉的赫卡泰欧斯(Hekataios von Abdera)作品中的用词法表明,*hiera anagraphe* 本身可能是指埃及历史中的祭司所记载的内容。综合这些事实来看,很可能 *sacra historia* 源自埃及语,并以犹希迈罗斯的《圣纪》及其拉丁译本为媒介,进入了西方词汇体系。目前对此问题可以谈的不多,因为今天视为理所当然的用语 *historia sacra et profana*(神圣历史和世俗历史),很明显其词源和含义从未被系统研究

㉔ Lactantius, *Divinae Institutiones* I, 11, 33.

过。无论如何，虽然传统上认为奥古斯丁区分了这两个概念，但他并未使用过这个词组。在《上帝之城》(*Civitas Dei*，XVII. 8)中出现了 *scriptura sancta* 和 *libri divinae historiae*，意指《旧约》各卷书；在 XV. 9 中的 *historia sacra* 也具有同样的意义；这一用法和埃及人对 *hiera anagraphe* 的用法一致。更早一些的年代，在苏尔比基乌斯·塞维鲁斯(Sulpicius Severus，约公元 400 年)的《编年史》中，*historia sacra* 用于指称基督、使徒和教会的故事；而 *sacrae litterae* 涵盖了 *historia sacra*，并与 *historici mundiales*（世俗历史）相对。㉕

IX

历史起源论符号体系并非从一个抽象的空间和时间中所产生，而是与它们各自具体社会的确切事实的进程紧密相连。当更古老的宇宙论帝国被上升中的普世性帝国所征服，就形成了一系列新问题。因为更古老的符号体系尽管继续被利用，但现在不得不为在普世性帝国中的位次而彼此竞争。我们已经通过贝鲁索斯和玛涅托的案例说明了这种竞争的开端的情况。巴比伦和埃及的祭司们几乎是同时采用了历史起源论的符号形式，以希腊文记录下各自社会的历史。但在新的政治情境下，塞琉古王朝和拉吉德(Lagiden)王朝则试图利用融合的帝国文化来稳定其统治。在竞争中，自身社会的原生性和久远性似乎是事关名誉的大事，因为约公元前 1 世纪中叶，狄奥多罗斯在撰写《通史》(*Koine Historia*)这一普世性人类通史时，反思了希腊史家和蛮族史家的自命不凡，两派史家都宣称人类起源于其所属

113

㉕ Sulpicius Severus，Vorwort der *Chronik*.

的部族。狄奥多罗斯决定不纠缠于各种编年表中悬而未决的问题,因而公正地同时记载了几种不同的说法。㉖ 由于这一现象目前为止尚未命名,我称之为历史争竞(*Historiomachie*)。最后,我将概述这一斗争中的各主要阶段。

与东方的同行相比,希腊史家处于劣势,因为并不存在具有足够时间长度的可靠希腊历史。上文简述了希腊人如何试图从传奇材料中重建可追溯到特洛伊之战的希腊史。这一过程始于前 6 世纪的古希腊散文家,终于埃拉托色尼(Eratosthenes,约公元前 284—前 200 年)。阿波罗多罗斯(Apollodoros)将埃拉托色尼的原稿改编为诗歌,编入所著《编年史》(*Chronik*,成书于公元前 144 年),并将之献给波格蒙的阿塔罗斯二世(Attalos II von Pergamon,公元前 159—前 138 年在位),由于诗歌的形式更为人喜闻乐见,遂得以广泛流传。随着帝国的权力逐渐西移,罗马人发现他们与希腊人之间的情势,正如当初希腊人与东方人之间的情势一致。在《罗马古史》(*Romaike Archaiologia*)中,哈利卡纳苏斯的狄奥尼修斯(Dionysios von Halikarnassos,公元前 30—前 7 年为其盛年时期)告诉我们希腊民众对这一情况的看法:

> 希腊民众仍然完全不了解罗马的早期历史。大部分人都被一种错误的看法所误导,而这种看法完全是基于道听途说。这一看法认为,罗马的创建者是一群野蛮的游民和匪徒,甚至出生的时候就已经不是自由民了;罗马崛起为世界主导者的秘密不应该归于其正义、对神的敬畏或其他道德品质,而应归功于命运女神不受道德支配的无意识行

114

㉖ Diodorus Siculus I, 9.

动——她将最丰厚的礼物赠给了最不配接受礼物的臣仆。恶意中伤的人连篇累牍地控诉,抱怨命运女神将希腊人的特权给予了最卑贱的野人;实际上还有一些史家敢于将这一立场作为永久的记录放入所著的史书,这种情况下就不必提一般民众了。[27]

这就是狄奥尼修斯编纂《罗马古史》时的舆论背景。在此书中,他将欧恩诺特里安人(Önotrier)和佩拉斯吉安人(Pelasger)等希腊部族的迁入作为罗马历史的开端,是在特洛伊之战之前。罗马人就是希腊人,罗马人的历史是希腊历史的一部分。[28] 应该指出,大约与狄奥尼修斯同时,维吉尔将罗马史与特洛伊战争联系在一起,尽管他没有狄奥尼修斯那样的雄心,直接把罗马人作为希腊人。

犹太人反罗马起义以及耶路撒冷陷落(公元 70 年)之后,约瑟夫也加入了这种历史争竞的行列。狄奥尼修斯的《罗马古史》成书后百年,约瑟夫发表了与之相对应的《犹太古史》(*Ioudaike Archaiologia*)。他从强有力的立场进行写作,因为这样就把创世的故事置于西方人最早的记忆之前。并且,希腊和罗马考古学不得不依赖于神祇和英雄故事,而这些神祇和英雄的品行往往很可疑,因此约瑟夫能够提出一个正面的例子作为对比,那就是犹太人的立法者摩西。尽管年代久远的叙事提供了很多机会让人能够进行虚构或错误的建构(*pseude plasmata*),然而摩西却始终只纯粹而真实地谈论上帝。最后,由于认为摩西生活在他所处时代之前两千年,约瑟夫斯可以自豪地指出,即便是异教

---

[27] Dionysios von Halikarnassos I, 4.
[28] Dionysios I, 11 ff.

中最大胆的诗人也从不敢将他们诸神的诞生时间定得这么早。㉙
他关于犹太人历史更古老、更可靠的主张遭到了人们的质疑，受
此怀疑刺激，他决心全面攻击希腊的历史编纂。为了此次攻击，
他献上了晚期作品《驳阿皮安》。约瑟夫将希腊历史编纂中不确
切、美学化以及没有可靠史料作基础就堆砌在一起的作风，与埃
及、巴比伦、腓尼基和犹太历史著作相比较，认为后四类文明都
很早就掌握了写作技艺，并认真保存了档案。㉚

115 历史书写上的竞争终止于基督徒那里。基督徒在不止一种
意义上结束了这一竞争。这不仅因为基督徒是整个地中海地区
灵性秩序竞争中的幸存者，而且因为他们将枯燥乏味的年代古
老之争转化为通过对所有现存史料进行比较评估，形成人类年
表和历史的竞争。在亚历山大里亚的克莱门特（Clemens von
Alexandaria，约公元 150—215 年）所著《杂录》（*Stromateis*）关于
编年表的一章（I，101—147）中，这一转折清晰可见。我们首先
讨论该章中历史书写竞争的方面，这一方面恰巧也是可笑的方
面，因为在犹太-基督教传统的灵性等级和试图以时间在前证明
其等级这两者之间出现了不一致。

在《杂录》的 105.1，克莱门特写道："由此证明摩西活在早
于狄奥尼索斯（Dionysos）被尊为神的 604 年之前，如果狄奥尼
索斯真如阿波罗多罗斯《编年史》所说，是在珀尔修斯王
（Perseus）在位第 32 年被尊为神的话。"在《杂录》的 106.2—3
写道："但普罗米修斯生活在特厄帕斯（Triopas）的时代，也就是
摩西之后的第七代；由此可知，根据希腊神话，摩西生活的年代
远在人类出现之前。此外，里昂（Leon）这位写作过关于希腊诸

㉙ Josephus，*Ioudaike Archaiologia* I，15 - 16.
㉚ Josephus，*Contra Apionem* I，6 - 27.

神作品的作者,说希腊人将伊希斯(Isis,古埃及生育女神)称为得墨忒尔(Demeter),她生活在林克斯(Lynkeus)时代,也就是摩西之后的第十一代。"107. 2 中,克莱门特同意他所引用的品达(Pindar)诗句"要到很晚阿波罗才出世"。107. 6 中说:"由此我们证明,摩西在时间上不仅先于诸位贤者和诗人,而且先于大多数希腊神祇。"关于诸贤者的时间先后,130. 2 作出论断:"因此很容易看到,所罗门与墨涅拉俄斯(Menelaos)同时(墨涅拉俄斯生活在特洛伊战争时代),比希腊诸贤早很多年。"㉛

　　《杂录》中的这些段落再次引起了我们对历史起源论一个特点的注意,而这一点无论怎样反复和重点强调都不为过,那就是将神话材料吸收到历史媒介的思考中。正是通过历史起源论,神话故事才首次转化为历史事实,神祇才转化为历史人物。伊希斯和得墨忒尔、狄奥尼索斯和阿波罗成为了有明确纪年的历史人物,结果是克莱门特不用改变方法,就可以对神祇的进行考证,并提出关于基督的年代的论证(I,145—146)。无论是图灵纸莎草上的神祇王朝,还是圣经中的创世神话,或进而言之,犹希迈罗斯以及阿卜德拉的赫卡泰欧斯著作中的神祇,最终是道成肉身——"历史"的伪实在(Realitätszement)遍及对神圣的各种象征中,通过基要主义或字面主义坚持将它们当成"事实",这已经和自由的神话创制(Mythopoietik)互不相容;不论这神话创制来自孟菲斯的神学体系,还是来自荷马、赫西俄德、埃斯库罗斯、柏拉图,都是如此。在符号的创制中,基于此的类比真理的意识遭到了毁灭,主要的原因之一(还有其他原因)是通过历史起源论将符号体系"历史化"。克莱门特的论点读起来半是谐谑,半是窘迫,均源自这种毁灭的粗鄙。今天在圣经主义和去神

116

㉛ 由 O. Stählin 翻译,见于 *Bibliothek der Kirchenväter*, 2. *Reihe*, Bd. XVII, München 1936。

话化的争论中，以及关于基督的"历史性"的讨论中，我们仍能看到这个问题。

　　历史书写的竞争，尽管其本身并无积极结果，却似乎通过"理性的狡计"（List der Vernunft），产生了一个重要的结果。因为竞争的各方不得不彻底在史料允许的范围内，研究自身的历史，以使之以最有利的方式呈现出来。此外，由于竞争是通过比较和辩论进行的，每一方为了取得成功，必须熟悉另一方的材料和论点。进而言之，更加古老的竞争产生了经验性历史的年表，不论该年表有多少缺陷，多么不准确；年表中开始填入各种事件，关于事件的年代则是竞争各方争论的对象。在《杂录》中，克莱门特没有完全依赖圣经的叙事，而是综合运用了所有存世的希腊人（136—139）和蛮族人（140—143）的纪年史料，以及晚至康莫德斯（Commodus）皇帝的罗马帝王史。历史书写竞争的意图不经意间产生了古代近东和地中海地区各民族的历史，不论其形式多么原始。形成中的新的纪年类别，经由凯撒里亚的尤西比乌（Eusebius，约公元 260—340 年）所著的《编年史》（Chronica，被认为是第一部编年体世界通史），决定了直到公元16 世纪西方的世界历史编纂形式。随着新的编年体史书的出现，我们已经进入了新阶段，历史起源论的问题变成了世界历史之起源的问题。

据于自然而正当*

在古典哲学中,"据于自然而正当"是一个符号,哲学家借助这个符号来阐释对人的正当行动的智识经验。通过从斯多葛派开始到如今都尚未被完全克服的哲学教条化过程,这一智识诠释的符号已经逐渐脱离其经验基础,并在"自然法"的名号下转变为诸学派思考的一个主题。在现代的法律史中,自17世纪以来,这一主题——作为宣称具有永恒不变的有效性的一套规范的观念——已经产生了显著影响,尽管其智识前提尚未充分解释清楚。不幸的是,甚至在我们身处的时代,关于自然法的辩论虽已获得了重新讨论的动力,但这些激烈的争论严重受制于讨论对象的主题特征,原因就在于这种主题性已经脱离赋予其意义的经验。我们将尝试探查教条化哲学所探讨的固定主题的背景,并设法重构这一智识诠释的符号。

在更广泛的理论语境中,即在亚里士多德的 *physei dikaion*（据于自然而正当）语境中,首次将"正当"和"自然"这两个术语

---

* 首次发表于 *Sonderausgabe der Österreichischen Zeitschrift für öffentliches Recht*, Wien 1963, Bd. XIII, Heft 1-2: Das Naturrecht in der politischen Theorie, hrsg. von F. M. Schmölz, S. 38-51。——原注

关联在一起进行表达，我们将会对这个表达的语境进行考察。这一实例显然值得我们关注，不仅因为它是首次出现此类的表达，我们希望从中能把握这个符号的经验基础，更主要因为亚里士多德的 *physei dikaion* 本应在任何地方和任何时刻都有效，但同时又是 *kineton*（易变的），是处处可变之事物。因此，这个原初概念的内容在很大程度上不同于后来惯常的用法。从一个含义如何转变到另一个含义这个问题当然需要一种更为准确的探究，尤其因为这还是个有待填补的空白。不过，该问题超出了本计划的范围。我们的目标将是澄清 *physei dikaion* 的含义并揭示它的一些哲学意涵。

118

I. Physei Dikaion

Physei dikaion 这一术语出现的那段文本缺乏明晰性，以至于很多人以为《尼各马可伦理学》(*NE* 1134b18s) 中的这一特殊段落并非出自亚里士多德之手。这是可能的，但是我不愿走得这么远。实际上，我们目前拥有的似乎是一个最早的版本，可能是一个口述笔录。任何自己已经努力尝试去洞察这个庞大思想综合体的人，在阅读这段文本时，都将看出一种多重思想系列彼此交错。为了将这些相关的系列放进一个循序推进的次序之中，这一页应该再次被仔细加工一遍。这段文本不清晰的原因是因为 (1) 那些概念超出了一般与特殊的逻辑模式；(2) 术语 *physis*（自然）在那些不多的句子中被赋予了不同的含义，以致于只有专业的读者才能大致地判定哪个含义适用于哪个段落。缺乏明晰性的第一个原因牵涉到 *philosophia peri ta anthropina*（有关人的事务的哲学，*NE* 1181b15s）——亚里士多德这样界定不仅包括伦理学也包括政治学的作品——的总的情形。这是

更为深刻的原因,因此我们必须首先讨论它。一般而言,一旦这种影响概念建构的欠清晰的主要缺陷得以消除,那么 *physis* 这个较为含混的术语也就能够很容易得到解决。

据于自然而正当的概念建构缺乏明晰性,其根源在于整个作品对城邦理论的主导兴趣,只有通过在更大的理论语境中的文本解释才能消除。为此,特别相关的是《尼各马可伦理学》第五卷的结构和《政治学》中的诸种定义(1253a38ss)。

在《政治学》的上引段落中,亚里士多德表述了三个基本定义:

(a)正义(*dikaiosyne*)是一种**政治事务**(*politikon*)。

(b)正当(*dikaion*)是**政治共同体**(*koinonia politike*)的次序(*taxis*)。

(c)司法判决(*dike*)是对于何为正当(*dikaion*)之裁定。

我们从这些定义推知,亚里士多德想要将正义与正当问题,与城邦之间建立一种实质性的关联。因为正义是政治事务(*politikon*);正当(*dikaion*)仅仅与城邦有关,而不是与某个其他种类团体的秩序有关;最后,司法判决,无论将其理解为立法的法律原理还是法官的判决,都关涉城邦共同体框架内的正当。这些概念所展现出那些表述,不可被泛化为一种亚里士多德“法哲学”,也不可相反地从其与城邦的关系中得出结论,认为这些表述对其他团体类型无效。这些表述将被理解为“首要与城邦有关”。

《尼各马可伦理学》第五卷奇特的结构确证了这一解释准则。亚里士多德一开始将正义区分为一般意义上的正义和狭隘意义上的正义,随后他又将后者再分为分配正义和交换正义。在相当全面的探究之后,他突然意识到(1134a25),研究的对象实际上是一般的正当和政治的正当(*politikon dikaion*)的关系。

119

之前在有关一般意义上的正义的章节后的讨论就显得是大段地
离题了，由此我们回到了——"我们不该忘记"——原来的话题：
政治的正当（*politikon dikaion*）。这一新的起点始于重新正式的
划分：政治的正当由自然的（*physikon*）正当和惯例的（*nomikon*）
正当组成；这里不考虑惯例的正当，因为根据定义它只关注无差
异性（*adiaphora*），即本质上无关紧要的事物，如交通规则、度量
衡；最终，研究集中在关注自然的正当（*physikon dikaion*），即关
于事物本质的正当。在这两部分的任何一个部分之内，概念建
构都清楚地按照一般与特殊的结构展开；含糊不清是出现在断
裂处，在那里，一般意义上的正义突然和城邦联系在了一起，"政
治的正当"概念被引进来。

那么，什么是政治意义上的正当呢？亚里士多德如此定义：
"它是自由而平等之人中间的正当，他们为了得享自足而分享一
种共同生活。因此，在政治意义上不自由和不平等的团体中没
有政治正当，而只有某种类比意义上（*kath' homoioteta*）的正
当。"为了给出该定义之理据，他继续说："因为正当只能存在于
律法（*nomos*）所治理彼此关系的人们当中，而律法只存在于有非
正义（*adikia*）行为的地方。这又只有在自由而平等的人们当中
才可能，因为只有在他们当中才有关于正义（*dike*）的司法判决，
来区分正义和非正义。"这些段落没有给出论证，而是产生了一
个特有的在自身中并不确定的意义循环，在其中正当和城邦及
其自由而平等的公民之间的诸种关系紧密关联，而属于其他团
体的人们之间的关系沦入一种同样特有的非本质的模糊状态
之中。

这些并不确定的含义还通过这些句子所引进的术语 *nomos*
而获得了进一步规定：应该由 *nomos* 即律法来统治，而不是人
来统治。统治者仅仅是**正当**的护卫者，而该正当就是在自由而

平等的人们中分配和交换所得到之物；如果统治者违犯正当，按他自己的利益行事，分配给他自己超过他作为平等者所应得的，那么他就因此而成为一位僭主。因此对于亚里士多德而言，礼法（nomos）的统治并非随意采纳实定法的一切内容，事实上只有在礼法具有完全确定的、本质的内容时才能谈及礼法的统治。

现在我们能够来消除由于亚里士多德对城邦的主导兴趣而引起的诸多含糊不清的问题了。

首先，在这个问题中要注意诸含义的多层次性。这些概念首要地涉及作为一个本质的正当秩序之表现形式的城邦，因此，在这一层次上，显得好像正义、正当、法律等等仅仅涉及城邦才相互关联。然而，既然亚里士多德知道由这些术语提出的这些问题也涉及在城邦之外的其他团体中生活的人们，就推展了含义的第二层次，用以回应那些超出城邦共同体界限的问题。亚里士多德承认不仅有一种 politikon dikaion，而且也有一种 despotikon（主-奴）、patrikon（父-子）和 oikonomikon（夫-妻）dikaion——只不过后者作为一种 homoion，即"类似物"，必须区别于城邦的本质的正当。其他诸团体的正当绝不应该被否认是 physikon，只要它也在一种"类似物"的 modus deficiens（有缺陷的方式）中理解自身——但是亚里士多德关于这些自然正当的其他类型没有谈很多，因为它们无益于对 politikon 事物的追问。本质的正当因而与历史的具体的城邦之正当关联在一起，而关于其他类型团体之正当秩序的问题只在追问之余描述。

121

在 politikon 事物的主导地位之下，没有自然法可被设想为对于所有人和社会永恒不变，或者用来和可变的实定法相对照。这是因为城邦的正当，城邦的 nomos，自身就是 physei dikaion，就是据于自然而正当，只要将城邦的 nomos 理解为构成了在自由而平等的人们中律法统治所维护的秩序。城邦的正当不是现代意义上的实定法，而是本质的法，在其中方才出现了在 *physei dikaion* 和人的任意立法中的可能出轨这两者之间的张力。固然，城邦的 *nomos* 也是被立为法的正当，并且作为被确立的正当而有约束力，但是这种特性在等级上低于以下问题：立法的内容是 *physei*（据于自然），还是出于人的傲慢？亚里士多德的这一 *nomos* 概念似乎并不在原则上区别于赫拉克利特的和索福克勒斯的旧有概念。我们在赫拉克利特那里发现了这样一句话（B114）：所有属人的律法（*anthropeioi nomoi*）都由一种属神的礼法（*theios nomos*）滋养，这一神法随其意愿而统治，并满足所有事物，甚至超乎满足。此外，索福克勒斯的安提戈涅提到那些不成文的不可变更的神的命令（*nomima*），它们的最初显现没人见过；她不想因为遵从出自一个人自我臆想（*phronema*）的法令而在诸神面前犯罪（*Antig.* 450 - 470）。在亚里士多德那里，*theios nomos*（属神的礼法）被 *physei dikaion* 所取代，因而 *nomos* 不再服从神的标准，而是服从自然的标准。通过这一标准的转变，已经改变的是什么，或者，是否有任何事物已经改变，这只有通过一种更准确的探究才能够确定。

缺乏明晰性的第二个原因是术语 *physis* 变动的含义。现在，首要的原因已经排除了，我们能够在 *physis* 的不同含义的基础上分析文本了。

122　　　政治的正当或者是 *physikon*（自然的）或者是 *nomikon*（约定的）。*Physikon* 在任何地方都具有相同的有效性（*dynamis*），是独立于人们思想的事物，而 *nomikon* 指的是那些可以用这一或那一方式来规定的事物，因为它们显然在本质上无关紧要。在这些定义之后，亚里士多德中断了他的思想序列，征引了一种流行的意见：很多人认为所有正当都是 *nomikon*（约定的），因为尽管自然的不变性是时时处处都相同的——比如火在此处和在波斯同样燃烧——但是正当似乎事实上服从于变化。针对这种观点，他论证说，"正当是可变的"这个句子完全不适用于诸神，然而在人们当中，即便有明显的自然的正当，它也依然总是可变的（kineton）。他补充说：辨认哪些是据于自然而 dikaia，哪些不是，这是容易的。

如果理解 physis 这个词有物理的、神的、人的自然这三种含义，而亚里士多德没有指明在各个具体场合他使用的是三个含义中的哪一个，那么，该文本的困难就可以解决。而且，在这段急促的言词中没有准确地区分作为 nomika（约定的事物）根据的任意立法和关涉 physika（自然的事物）的绝非任意而是严格界定的立法。这可能很容易引起误解：当亚里士多德谈到 physikon dikaion，在一个地方把它当作是处处有效的（当他指涉它的神圣本质的时候），在另一个地方又把它当作是可变的（当他指它是通过具体情况中的人来实现的时候）。甚至当他谈到 ta me physika all' anthropina dikaia（那不是自然的而是属人的正当事物）的时候，实际上还是不能确定他用 physika 意指物理意义上的自然，还是神圣本质的自然。唯一确定的事情是：anthropina（属人的事物）不是与 physika 相对的 nomika，而是第三种意义上的 physika，即自然事物在人这方面的实现。

我们可以这么总结：physei dikaion 是处于神的不变本质和具体情况下人的可变性两者之间张力中的据于自然而正当。

把 anthropina 和 physika 进行对照（NE 1135a3）的这个章节以一个句子开端，由于混乱的语境，它很少被注意，尽管对亚里士多德的伦理学和政治学来说，它有根本的重要性。亚里士多德作了以下对比（NE 1134b35ss）：nomika 基于同意和效用，比如批发和零售采用不同标准的度量。那些用来度量的东西，适合市场的情况，对于 dikaia（正当的事物）来说也是真实的，它

们不是 *physika* 而是 *anthropina*，因为甚至诸多政体（*politeiai*）也不是各处都相同，尽管只有一种政体（*politeia*）是依照自然（*kata physin*）的，即最佳政体。在这个段落中，正如我们已提及的那样，*anthropina* 被理解为从人这方面实现的自然事物，因此它们并不与 *nomika* 相等同，而只与它们进行对比——这 *tertium comparationis*（进行对比的两个事物的共通之处）是对特定情况的适应。

这个章节之所以重要，首先是因为在结束有关 *politikon dikaion* 的那段文本时，它提示读者，政治正当的内容是最佳政体，亚里士多德在《政治学》VII‐VIII 已经概述了最佳政体的模型。与后来认为自然法是永恒之典范、不变之法则非常不同，在此，据于自然而正当等同于 *ariste politeia*（最佳政体）之范例。因此，关于 *physei dikaion* 的研究万不可被理解为一套独立的教诲，它可以进一步被发展为一种"自然法原则"；相反，它直接导向政治科学的核心问题，社会的正当秩序问题。就该章节的提示而言，它对于亚里士多德的 *episteme politike*（政治知识）的总体结构也是重要的：模型之概述只是试图抓住据于自然而正当的不变的一面，而《政治学》中具体政体之描述则展示了人为实现该模型的各种尝试样态的全部范围。正如两种研究相互影响一样，只有把它们结合起来才构成政治科学的整体。

然而，据于自然的不变的正当与其实现的变化方式之间的张力出现在城邦之中，我们已经认识到城邦的一系列难题是亚里士多德概念建构的主导兴趣所在。既然城邦据于自然而为最佳共同体（*koinonia*），作为整体的正当取决于在四个层次上是自然的。第一，它是据于自然而正当，因为城邦作为一个历史的社会类型，据于自然而是最好的；第二，它是自然事物，是就它区别于 *adiaphora*（无关紧要的事物）而关涉人的本质来说的；第三，它是张力之中卓越的自然事物,处处有效,在这方面它类似于赫拉克利特的 *theios nomos*(属神律法);第四,它是可变的自然事物,是城邦具体政体中的 *anthropeioi nomoi*(属人律法)。

这些就是对有关 *physei dikaion* 文本的评注。

II. Phronesis

据于自然而正当不是作为一个永远正确的命题对象而给出的,相反,它的存在方式在人关于正当的具体经验中,这种正当是不变的、处处相同的,而在它的实现中却又是可变的、处处不同的。我们在此具有的是一种生存张力,它不可能在理论上被消解,而只能在经验它的人的实践中被消解。调和它的两极不是容易的任务。我们知道梭伦对自己的改革抱怨说:"辨认正当判决的不可见尺度是非常困难的,然而只有这个尺度包含了所有事物的正当界限。"(*Solon* 4.17)这一不可见的神性尺度非常容易丢失,一旦失去,取代它的就是追求自身特殊利益的立法者的任意。为了稍许成功地完成这一棘手的任务,人需要一种生存的能力,一种让他在张力两极之间进行调和的人的特殊品质。亚里士多德称这种能力为 *phronesis*(明智)。

Phronesis 作为调和能力所引起的诸多问题与城邦中正当秩序和现实秩序之间的张力是并行的。在处理据于自然而正当的时候,亚里士多德让 *politikon* 主导他的概念建构;类似地,不是仅在处理 *phronesis* 时,而是在处理一般德性论时,他在平衡生存性张力的观念之下展开这一推演。就我所知,这一全面的构思尚未受到很多关注,然而正是这一构思给一门伦理学所担承的工作赋予了份量,而且不仅仅对亚里士多德伦理学来说是如此。为了表征其在哲学中的位置,最好称其是伦理学的一种存

125

在论。

亚里士多德存在论的意图表现在他把一种更高的真理归给具体的行为,而不是归给伦理学的一般原则。在《尼各马可伦理学》1107a28ss 中,他在定义了德性是诸极端的中道之后,紧接着就评论了在伦理学中一般概念的价值。他说,我们不必详述一般原则,而是必须着眼于 hekasta,即具体的事实和事例。在人的行动的科学中,一般原则可能有着更广泛的应用范围(或者:被更广泛地接受,koinoteroi [更高程度的一般性]一词也有这个含义的),但是那些具体事物是 alethinoteroi,也就是说,包含了更高的真理。其原因在于以下事实:在行动中,我们处理具体的事物(hekasta),必须哲学地适应它们。当其他科学致力于提出具有最广泛可能的应用范围的最高一般性原则时,在伦理学中,对这些一般性相对地不感兴趣(可能是因为它们反正已经普遍地被知晓了)。正是在较低的抽象等级上,在关于特定德性学说以及在决疑论中,我们触及那些真正重要的事物,亚里士多德把更高的真理归给这些较低的等级。

然而,将一种较高的真理归于那些较低的等级,这决非理所当然。即使具体的行为被认为更加重要,为什么一般原则和定义应该比个别事例中的判定更少“真理”?在真理和具体这一等同中,突然出现那种今天几乎忘却了的哲学知识,伦理学既不是道德原则目录,也不是此在(das Dasein)从世界的复杂性中抽身并退缩到一种充满张力的预备状态或末世论的期待之中,就像我们时代实存主义(existentialistisch)的灵知派所做的那样,而是具体情况下行动的现实中的生存真理。此处所涉及的既非有关不变的据于自然而正当的正确原则,亦非对不变的真理及其可变的现实之间张力的敏锐意识(或许还带有悲剧的言外之意),而是可变性本身,亦即 kineton 本身,以及将之提升至其真理之现实中的方法。生存的真理在它变得具体的地方被获取，这地方即是在行动中。

行动之 *kineton* 是人获取其真理之所在。那并不意味着更加抽象等级上的伦理学对行动的真理而言是多余的，因为具体事例中的正当行动要求针对不变的正当，考虑张力中正反两方面的意见，而理性考虑的前提是伦理知识。然而，正是在提出该问题时，亚里士多德基于自己的经验在他认可的正当行动中考虑到其他不经过伦理知识的中介就获取真理的可能性。在《欧台谟伦理学》（*Eudemischen Ethik*）中，他谈到正当行动的 *tyche*，即正当行动的运气。他论证说，如果在根据背后又有根据，考虑的理性（*nous*）在给出根据时又没有一个绝对起源和开端（*arche*）——在神之中的开端，那么考虑将没有终点。为具体行动给出根据，是存在之中的一个运动的部分，它发端于神，终结于人的行动。正如神推动（*kinei*）宇宙中的一切，神性也推动在我们之中的所有事物（*EE* 1248a27）。固然，在我们之中的神性经常通过知识（*episteme*）、心灵（*nous*）和德性（*arete*）来推动，但它也能不借助这些工具而通过 *enthousiasmos*（灵感）直接推动。除了智慧者确定能够正确行动，不明智者（*alogoi*）通过预见（*mantike*）也确定做出正确的决定。这种不借助知识和经验工具（*organon*）的行动中的真理可靠性，使其拥有者成为幸运之人，也即 *eutyches*。

关于幸运之人的反思揭示了伦理学和存在论——一种尚有明显的宇宙论特征的存在论——之间的关联。从作为第一因的不动的推动者开始，存在运动经由宇宙大全一直降至人类领域中最终的被推动者，降至人的行动。如果据于自然而正当因此被表征为 *kineton*，那么，以"可变的"来翻译该术语，虽然是正确的，但是最好补充被所有运动之起源所推动的宇宙论含义。这一宇宙论的暗示也应该使我们避免把在具体事例中有不同表现的东西直接理解为现代意义上的历史个别细节。亚里士多德用城邦的政体举例,说明据于自然而正当之可变性,它们虽然属于我们今天称为历史的领域,然而,对希腊思想家而言,它们表现为一种非历史的存在领域的存在。我们不要忘记亚里士多德援引市场里的情况所作的功利主义的比照,对市场而言,或此或彼的尺度可能足够了。这个问题此刻不能更详细地提出来,因为我们触及了一个对历史进行界定的理论问题,它在今天几乎还没有被提出来。

无论这些界定可能是什么,对亚里士多德而言,历史的和非历史的变动都关联到基于神性的被推动者。这个运动可能采取从人之中的神性 *arche* 直至其行为的捷径,也可能运用理性、知识和习惯养成的德性这些工具。幸运的不明智者不是常例,明智者才是。不过,明智者基于他的知识来考虑,这种知识可能被整理,并引入在普遍性程度上与其不同的持久的定理形式之中,这种形式被称为伦理学。就知识的这种恒常状态是被神性用作达至其在行动现实中的真理的工具而言,伦理学自身是终结于 *kineton* 事物的存在运动的一个阶段,其创立是服务于不动的推动者的一件作品。伦理学的哲学成就作为引致行动之真理的神性运动的一部分而享有其尊严。

伦理知识和考虑是存在运动的一部分,这一洞见为伦理学的存在论奠定了基础。然而,人处在推动者和被推动者之间,或参与或不参与存在的运动。决非所有人都明智或幸运;恰恰相反,大多数人通过快乐(*hedone*)来决定他们的行动(*NE* 1113a35)。因此下一步要探究的是身上同时发生知识和考虑的人的概念。

对存在运动参与的程度,决定了人的等级,最高等级的是

spoudaios 之人，spoudaios 之人是欲求真正可欲求事物的成熟之人，是正确地判断每事每物的人。所有人都欲求善好事物，但是他们关于真正善好事物的判断却因快乐而变坏了。如果我们试着通过民意调查在任一给定的人群中去寻找真正的善好事物，那么我们将得到和采访人群的不同品性一样多的不同答案（NE 1113a32），因为每一品性都把他所欲求的事物当作善好的。因而我们必须询问 spoudaios 之人，他由于"看到了在具体事物（hekastois）中的真理"而不同于其他人，因为他相当于他们的尺度（kanon kai metron）（NE 1113a34）——一个方法原则，这是我们"经验论的"社会研究者应该去了解的。

　　处理 spoudaios 之人的章节非常清楚地表明，对亚里士多德而言，不能将据于自然而正当视作一套自然法，一套永恒不变的命题，因为具体行动的真理不能通过归于一般定理之下来确定，而只能通过询问 spoudaios 之人来确定。一个行动的辩护不诉诸一个不变的正确法则，而诉诸于人的生存的正当秩序。然而，正当秩序之生存，其标准是它对存在运动的参与性，亦即，人对神性的敞开；敞开本身不是被给予的一个定理，而是一个事件。因此，伦理学不是一组定理，而是一个存在事件，它给自己发言权来谈论它自身。

　　伦理学的存在论通过关于 phronesis 的理论完成，这种德性——对于亚里士多德来说是在人之中的存在运动的位置——成为现实，同时得以谈论。Phronesis 是正当行动的德性，同时是对行动进行正当论述的德性。文本没有为 phronesis 的一般表征提供任何进一步的线索。不过，柏拉图的一些预设被间接地提到，却由于宇宙论思考的主导而没能表述清楚。在我们转向细节之前，应该先对《理想国》中的德性学说以及亚里士多德的德性学说与其的关联说上几句。

柏拉图区分了三种德性——*sophia*（智慧）、*andreia*（勇气）

和 *sophrosyne*（节制）——通过它们各自在灵魂中的统治而决定三种类型的性格，而第四种德性 *dikaiosyne* 监视其他三者上下秩序的正当关系，决定灵魂的整体秩序。基于此一特征，柏拉图的 *dikaiosyne* 近于——尽管不是同于——亚里士多德的"更广泛意义上的"正义。在《理想国》四个主要德性的封闭体系之外，*phronesis* 作为在人之中活动的德性起作用，当它有份于对善好理念的 *opsis*（观看）的时候。灵魂的自我敞开是一种彻底塑造整个生存的德性，主要德性体系在这一对生存的塑造活动内运作。为了和特定作用的德性相区别，我们称之为生存的德性。亚里士多德的 *phronesis* 也是一种生存的德性，但是它的生存特征在宇宙论思考的氛围中不够清楚，因为它是被一种超越经验激活这一点没有说清楚。此外，亚里士多德将德性二分为伦理德性和理智德性，将 *phronesis* 归于理智德性之下的分类模糊了这一经验的特征。二分本身又源于亚里士多德和柏拉图的不同。对后者而言，将行动与城邦作对比依然是相对不受质疑的，因而他对此类二分不感兴趣。相反，亚里士多德将 *bios theoretikos*（沉思生活）确立为人类生存形式之最高阶。这一生存形式在宇宙的原初经验、超越的方向和内在的目标设立之间含糊不定。关于 *philia* 的论述证实了用伦理德性和理智德性二分不能很好地估算德性（*NE* 8-9），这一论述关系到一个被非常广义地理解的多层次现象，其核心是对神性 *nous* 的爱。超越经验这一柏拉图遗产显示自己的效力，迫使亚里士多德承认他称之为 *philia* 的德性，作为理智之爱的它包括对神的爱，也包括对我们自身及同伴中的神性的爱。这一部分探究影响深远，被看作有关 *imago Dei*（上帝的形象）问题的特别哲学性洞察。此外，在关于 *philia* 的论述中，柏拉图的超越经验和共同体秩序之

间的直接关联也再度出现。因为理智的 *philia*——作为神性
nous 的爱居于所有人之中并且对于他们是共同的（赫拉克利特
的作为 *xynon* 事物——即作为共同事物——的 *nous* 的回
声）——成为 *philia politike*，成为政治共同体中的中心德性。事
实上，亚里士多德甚至试图从特定类型的 *philia* 推导出共同体秩
序的几种类型，特别是政体秩序的类型（相关的篇章，*NE* 8.9 -
11，成为一篇"小"《政治学》；不幸的是，它和"大"《政治学》的关
系还几乎尚未被注意到）。很明显，亚里士多德确实知道生存的
德性，但是未能如此清楚地表征它们，亦未能将它们区别于其他
德性。至少就他的描述而言，其中三个德性可能确定被看作是生
存的德性，他在《尼各马可伦理学》V 中的伦理德性之下处理"更
广泛意义上的"正义，在《尼各马可伦理学》VI 中在理智德性之下
处理 *phronesis*，在《尼各马可伦理学》VIII - IX 中处理 *philia* 本
身。

现在，让我们逐一来看亚里士多德关于 *phronesis* 的探究的
要点。具体如下：

（1）*Phronesis* 是考虑对人来说何为善好与有用的一种德
性。然而，不是每一种有关目的及其手段的考虑都被归入
phronesis，而仅仅是关于善好生活（*eu zen*）的考虑（*NE*
1140a26ss）。通过限制为"整体的 *eu zen*"，这一德性的拥有者
等同于 *spoudaios* 之人，即成熟之人；但是就他是 *phronesis* 的拥
有者而言，他被称为 *uphronimos*。

（2）着眼于可能行为的考虑，可能既与不能被改变的事物无
关，也与不能被实现的目的无关（*NE* 1140a32s）。*Phronesis* 不
是不变的世界次序的知识，它仅仅相关于人的事务（*anthropina*），
进而又仅仅相关于它们之中可能是有意义的考虑对象的事务
（*NE* 1141b8 及以下）。这些章节中的"可变性"必不可混同于

kineton。据于自然而正当在如下意义上是可变的，在每一情形下它的实现是不同的。然而，在有关 *phronesis* 的这一章节中，亚里士多德没有谈及 *kineton*，而是严格地涉及行动的可能性，亦即某事物有无能力不同于自身所是的可能性。因而，行动可能影响该事物变化，也可能没有。

131　　（3）*Phronesis* 因而区别于知识（*episteme*）的理智德性，知识能使我们从原则得出结论；区别于智性（*nous*）的理智德性，智性能使我们认知第一原则；区别于智慧（*sophia*）的理智德性，智慧作为知识和智性的结合关涉到神性事物（*NE* 6.6-7）。最后，*phronesis* 必须区别于技艺（*techne*），技艺确实关涉到可能变化的事物，但是它制造人造物，因而不是在自身之中有其目的的行动（*NE* 6.4）。

　　（4）*Phronesis* 和政治知识具有同样的特征（*hexis*）。两者作为德性是一致的，尽管一般而言，正如亚里士多德清楚地指出的那样，倾向于根据行动的类别进行区分，诸如在私人事务的行动（更狭义的 *phronesis*）和政治问题之间区分（*NE* 6.8）。这一等同对理解以下这一点是重要的，*phronesis* 被理解为永远包含政治知识。

　　（5）*Phronesis* 不同于智慧（*sophia*），因为智慧是关于最高贵事物（*timiotata*）的知识。声称政治知识或 *phronesis* 是最高类型的知识（*spoudaiotate episteme*）是荒谬的，因为人不是宇宙（*kosmos*）中最好的事物（*ariston*）。*Phronesis* 实际上是有关每种生物（*zoa*）之有益与善好的知识，并且这种有益与善好对人和不同种类的动物来说是各自不同的。不同的生物可以只有一种 *phronesis*，对它们就可以只有一种医术。不可以由于人比动物位于更高等级而以术语 *sophia* 来称人的 *phronesis*，因为有据于自然而比人远为神性的事物，例如，最高程度的可见之物

(*phanerotata*)，它们组成了宇宙(*NE* 6.7)。

通过以上这些要点的肯定和否定规定的概述，可以得出结论：亚里士多德的思考是由宇宙的经验支配的，宇宙中有不同种类的事物，其中也有人。人不是在一个变成内在的世界中的最高本质，在其中他在所有其他世界本质之上，而只在超越的神之下。相反，他是一个"物"，在宇宙中在他之上有更高的东西，亦即天体诸神(*phanerotata*)。*Phronesis* 因此成为一种人借以实现他的 *eu zen* 的知识，成为对人-物而言特定的参与宇宙秩序的方式。就人最佳地实现他生存中的这种参与性而言，他是 *phronimos* 之人，仅就他据有其自身种类事物中的最高等级而言，他是 *spoudaios* 之人。在 *zoa*(生物)中的更高存在等级由天体诸神占据，我们通过智慧德性知道它们，因此 *phronesis* 不是最高(*spoudaiotate*)种类的知识。此外，它完全不是严格意义上的科学(*Wissenschaft*)，即原则以及原则所派生原理的知识(*Wissen*)，它只在这个意义上是 *episteme*(知识)，即"某种知识(*Wissen*)"。在宇宙-经验压力之下的这些限制在受柏拉图遗产襄助的《尼各马可伦理学》中引起某种困难：与政治科学知识一致的 *phronesis* 因此被认为是 *episteme kyriotate* 和 *architektonike*，即人的至高和至要的知识，是它赋予所有其他知识在城邦中应有的位置(*NE* 1094a27 及以下)，而这个刚被提升到最高等级的关于城邦的科学，立刻又被表征为精确程度较低(*akribeia*)的知识，通过它我们至多只能获得真理之概貌(*NE* 1094b12ss)。因此存在一个矛盾，其备受争议的方面取决于亚里士多德不惜任何代价坚持保留 *phronesis* 作为一种知识的特征，它不是在一般原则中而是在变得具体的行动中拥有它的真理。他的探究因而一再回到这个问题。在 *NE* 1141b14 及以下中，*phronesis* 不仅是一般的知识，而且是具体事物的知识，亦即 *hekasta* 的知识。

因此,不懂一般原则的人有时候可能比其他具有此类知识的人在行动上更有效(*praktikoteroi*)。亚里士多德依然在 *NE* 1142a24s 中强烈坚持 *phronesis* 和**最终的**具体事物相关,因为 *praktikon* 事物,亦即确实有效的事物,是 *eschaton* 事物,最终事物。(在这一点上,*praktikon* 事物的含义范围是值得注意:此处相关的与其说是行动的伦理方面不如说是行动的有效方面,直至有效的巫术。)

133　　亚里士多德在这一点上的坚持引起了最后的问题:*phronesis* 究竟能否作为正当行动的知识被充分表征,因为此类谈论方式在知识和行为之间设置了对象性这一距离,而这正是亚里士多德想要消除的。对他来说,这一知识归于具体的行动之中,而行动是知识的 *eschaton*(最终);知识是行动,行动是知识的真理;隔离两者的不是主体和客体的距离,而是存在运动中的一种理智张力。亚里士多德将 *phronesis* 区别于 *synesis* 和 *eusynesia*——正当理解和判断的德性(*NE* 6.10)——证实了他事实上已有的哲学意图。*Synesis* 具有和 *phronesis* 一样的范围,但不等同于它,因为 *phronesis* 通达命令,命令将做什么和不做什么,而 *synesis* 是正当的判断及理解(*kritike*)的德性。*Synetos* 之人,亦即具有良好判断的人,知道如何正当地评价行动,但并不因此成为 *phronimos* 之人,即正确而有效地行动的人。聪明的判断有其价值,但它不是行动。既然 *synesis* 事实上在知识和行为之间设置对象性的距离,这正是它和 *phronesis* 有别之处,后者就必须在存在论上被理解。亚里士多德所称的 *phronesis* 或政治知识的这一德性是生存的德性;它是存在运动,宇宙的神性秩序在其中达到它在人类领域的真理。

什么是自然？ *

对于任何"据于自然的正当"的主张，或者无论支持还是反对"据于自然的正当"，除非我们知道什么是自然，否则我们必定是无效地去理解这些主张的含义。迄今为止，我们所查阅的文本让我们相信，亚里士多德所生活于其中的那种传统，可以远溯到柏拉图之前，从悲剧作家到更为古老的哲人那里，并且当亚里士多德谈及自然时，他将此理解为存在。在此背景下，"自然"这个词被用来表示在存在运动中所涉及的各种经久不变的结构，包括了诸神和人、有机物和无机物——换而言之，"自然"一词指的是一些存在的构成之物。但是，这些都只是推断。在哪里我们能够以更精准的程度知道自然是什么含义呢？

就这个问题而言，任何去寻找答案之人都首先要思考《形而上学》（*Metaphysics*）Δ 的哲学辞典，这一部分对于自然以及与之相关的概念都给出了精确的定义。但是，这个资源还是会让人感到失望。在这一部分，通过有机物和人造之物的各种经验性

---

* 首次发表于 *Historica*，*Studien zum geschichtlichen Denken und Forschen*，hrsg. von H. Hantsch，E. Voegelin und F. Valsecchi(= Festschrift für Friedrich Engel-Janosi)，Wien 1965，S. 1 - 18。

模式,以三种方式的定义发展出了自然的概念:即(a)质料;(b)形式或形状(*eidos kai morphe*),以及(c)形式和质料在一个事物中的联合(*Met.* 1014b - 1015a5)。现在,在读完了这个辞典之后,如果有人会因此认为获得了关于形式和质料构成的动物和雕像的形而上学知识,并且感到骄傲时,我们不想破坏他的雅兴;然而,我们却必须要自问:在人和社会的领域中,一个人能够用这种知识做些什么,在这些领域中,什么是其正当的秩序?当我们回顾有关于"据于自然的正当"的那些文本时,就会立刻认识到在此种背景下**自然**一词并不适合于《形而上学》Δ中的定义。当亚里士多德自己尝试将他的形式和质料的模式应用到社会时,他也面临各种无法解决的困难:在《政治学》(*Politik*)III中,他忠实地按照自己的那些定义,设想宪法作为城邦的形式,而公民则是城邦的质料;然后,亚里士多德通过严谨的逻辑推断得出这样一个结论,即任何对宪法进行革命性的改变都必然产生一个不同于先前的新的城邦(也就是,在(c)所定义的自然之意义下,由形式和质料组合成的事物)。这就产生出一个问题,当雅典那些支持民主政体之人每一次推翻僭主,或者寡头取代了支持民主之人的权力时,都产生出了一个新的雅典,和先前的雅典除了名字之外没有任何共同之处;甚至亚里士多德也认识到这点,不禁慨叹,如果是这样的话,那对于有形而上学天赋的政治家们去追随他的理念,就不应当期待当政治家们在一个缺乏延续性的立场上,去选择拒绝尊重先前政体所欠下的公共债务;最终,和我们一样,亚里士多德的兴趣是雅典如何在它宪法改变的期间去维持它的身份认同,然而他却留下了这个无法解决的难题(*aporia*)。

当人们尝试将《形而上学》的概念框架应用到具有灵魂(作为**理性**或**理智的灵魂**[*anima rationalis* 或 *intellectiva*])的人时,

135

将灵魂的功能作为形式，而将身体作为质料时，同样也会产生类似的困难。初看，在表面上，它似乎应用在人上面时会具有更好的延续可能性；这不同于频繁变更自身宪法形式的社会，因为人具有生命的持久性，对他而言只有一种形式。（我假设人仅有一个灵魂而不是诸多灵魂——哲人和圣徒对此都具有一致的看法；这就意味着我排除了古埃及人所认为的他们有数个灵魂的观点，同样也排除了现代某些心理学家们所突出展现的精神的韧性，而主张人是没有任何灵魂的观点。）然而，即使人只有一个灵魂，在时间进程中，却因为社会形势的改变从而产生出特殊的绝境时，人仍旧面对一些与上述相类似的困难。因为灵魂与神圣永恒的特殊关系，从而在奥秘的生命中成为造成这些困难的根源。因为我们是生活在时间之内的人，所以我们不可能全面地去审视这个问题；然而通过经验，我们却能够知道并且可能也让我们产生疑惑，那就是，是否形式（Form）这个词足以表达灵魂的这种形而上学的情形。让我们来参考一下哲人和圣徒们的经验。

从毕达哥拉斯到柏拉图的古希腊哲人们都共享了这样一种伤痛的经验：身体是牢狱，而且是灵魂的坟墓，不仅如此，当死亡将灵魂从尘世生命的疾痛中释放出来的时候，我们还亏欠治愈之神感谢的祭物。但是，这些过程只有呈现在具体经验中才达到了顶峰，很显然，灵魂可能表达出人的不满以及与身体相关联的欲望。这种疏离性让人几乎不会对于这样一种形式抱有期待，不会认为该形式能够稳固地在它的质料中塑造其特征，并且能对质料进行普遍地支配。这种关联揭示出灵魂还不是形式，身体并不是被赋予了一种令人苦恼的坚固的形式，而是依赖于灵魂的意志，并且拥抱和紧握住灵魂。为了解释这种比较奇特的关系，哲人们并没有使用任何形式-质料的模式去解释这点；

136

相反,他们求助于史前的堕落神话,在堕落神话中注定了灵魂在尘世生存期间会驻留在身体的牢狱中,或者在最后审判和灵魂转世的各种神话中,灵魂转世并且最终被释放到真正的永恒存在中。当灵魂和永恒具有关系的时候,通过借用适当的语言,这些神话赋予自身符号从而表达灵魂的命运。

哲人们所模糊表达出的意向也同样被圣徒们用来表达他们的喜乐。圣徒的灵魂中也有它自身对于永恒的视野,但是如果圣徒的灵魂如同哲人的灵魂,那么就也轻视和贬低时间、身体和此世,然而,通过福音书所展现的实在,无疑在任何方面都是对良善之人最好的设定。进而通过基督,上帝的恩典在人的本性中引起改变,产生一种适合于这些改变并类似于神话的语言。我们听见人们谈及改变、归信、更新和重生,新创造,以及用一位新人代替了死去的老我这种伟大的转变。这种形式(*morphe*)是变化(*metamorphosis*)的主体,是从形式(*forma*)到改变(*re-formatio*)。圣奥古斯丁的修辞文采毫不疲倦地用各样新的词语表达出这样一种存在的经验,即一种转变的,一种离开时间的维度转向永恒的变化:从形式变化到形式……从模糊的形式变化到清晰的形式……从残缺的形式变化到美好的形式(*de forma in formam mutamur... de forma obscura in forman lucidam... a deformi formam in formam formosam*),并且最终,从信心的形式转变到意象的形式(*de forma fidei in formam speciei*)(《论三位一体》[*De Trinitate*]XV,8,14)。当托马斯将灵魂和身体的关系严格用形式和质料的框架进行表达时(《神学大全》[*Summa Theologiae*]I.76.1)符号的表达问题就变得更为突出,因此当托马斯在处理灵魂因为恩典而产生改变这个问题时,他被迫采取一种反神话性的构想来进行处理(*ST* I - II,110,2,ad 3):恩典的状态(*habitus*)不是灵魂的突变,而是新创造；人是从虚无中重新被创造出来（*in novo esse constituuntur ex nihilo*）。在神话中，事物能够变化，他们能够更改成各样的形式，却不会丧失他们的身份的特性。按照托马斯严谨的语言，对于被认为以形而上学-理性的方式全面思考过的各样启示真理而言，其中的事物是不能够发生突变的，相反一个新事物必须取代旧的事物，一个新的起源正如旧的一样是从无到有的创造（*creation ex nihilo*）；这不是奥古斯丁所说的形式的突变，而是一种超自然的形式（*forma supranaturalis*）被添加到自然的形式（*forma naturalis*）中。

让我们对于思考"什么是自然"这个问题所做的这个预备工作进行一些总结。

如果我们所说的自然意味着是存在秩序的恒量，那么很显然，人和社会所包含的远远要比形式-质料框架所决定的更为复杂。但是，如果我们直接套用亚里士多德的经典模式中的形而上学的概念，让传统的概念适用于今日时，那么只有形式，而不是运动的常量，在形而上学中能够被构想为存在的自然（本质）。因此，一个更为广义的自然概念被放入变得相对狭义的形而上学的概念面前，或者更为准确地说，"什么是自然"这个综合性的概念，它已经因为形而上学的发展而使得其含义所指的范围变得狭义。对于亚里士多德而言，这个问题非常明显并且尖锐，因为他是一位哲人，而不是一位体系化之人，并且他也不会允许自己的那些定义妨碍他对于实在的洞见。在自然正当（*physei dikaion*）部分，亚里士多德所谈及到的自然就不是《形而上学》意义下的形式；同样，在《政治学》I，他对于城邦本质（自然）的处理就和卷三中的形式—质料问题截然不同；实际上，在《政治学》III 中，他真正使用了对于自然的形而上学的定义，他允许在定义和实在之间的冲突展现出来，并且留待解决该问题，却并没有

138　担心可能遭到思想不一致的指控。本质上，这个奇特的问题延续至今尚未解决。如果有人想要对此追根溯源的话，如果可能试图去解决这个问题，那么这个人就必须回答这样一个问题，这个已经在我们思考的过程中干扰我们思考的问题：为什么希腊思想史中，对于"自然"的综合哲学概念会沦落成为狭隘的形而上学中"形式"这个概念呢？

对于存在根基这个问题的清晰阐释中，古希腊思想家们清楚对于事物自然（本质）（*peri tes physeos*）的哲学思考是众多其他思考的一个构架。在《形而上学》A的历史纵览中，亚里士多德讲述了米利都的泰勒斯（Thales），在爱奥尼亚哲人中第一位提出了自然（*physis*）的问题，并且断言水是万物的起源（*arche*），对这个问题进行了回答；他进一步主张，甚至早于他的时代之前，诗人们就已经将其隐藏在了奥克诺斯（Okeanos）和泰希斯（Tethys）作为万物形成（*tes geneseos pateres*）的先祖神话；最终，这些被柏拉图使用到了哲学中，柏拉图称这种神话的较古老的形式为**神学化**的方式。因此，关于存在根基的问题上至少有两种构架类型，用今日的话来说，一种是神话性的构架，一种是哲学性的构架。按照亚里士多德的建议，我们首先应当将这个问题的爱奥尼亚形式和与之相近的、起源于埃及的宇宙起源神话进行比较。

在为数众多的埃及教派崇拜的中心，不同的神被作为宇宙的创造者得到人的敬拜：在赫利波利斯（Heliopolis），人们崇拜的是腊神或阿图姆（Atum），太阳之源力；在象岛（Elephantine）崇拜的是克努姆（Khnum），在陶匠的旋盘上创造了万物的神；在底比斯，人们崇拜的是阿蒙神——隐藏的风之神；在孟菲斯，崇拜的是卜塔神——大地之源力。如果我们一一列出埃及诸神的名单，也就列出了如下的元素，也就是水、气、火和土，连同爱奥尼亚人认为的万物起源在一起，这两者同样都是试图在元素之力中发现宇宙（kosmos）的起源。这些关于存在的起源或开始的相同的思考类型，要么在亚里士多德称之为"神学性"的符号媒介中进行，要么就是在称之为"哲学性"的符号媒介中进行。亚里士多德类型中的"神学性"思考，是对宇宙起源的思考，使用了从宇宙原初经验中所产生出的神话语言，其中也包括了对于统治宇宙的诸神的思考。第二种变体使用的是哲学语言，这种语言是作为我们仅仅能够言说的经验表达而产生的，按照亚里士多德的术语的定义，多神论的诸神是被排除在这种经验之外的。因此，在哲学研究的诞生中，引起了从充满诸神的宇宙进入到了一个祛神圣的万物秩序中，并且，与新被发现的万有者（das All）特征关联的神圣根基也依然模糊不清。古希腊思想家们所命名的"存在"，将自身揭示在这些哲人们各不相同的经验中；自此，对于哲人们而言，"存在"已经成为了关于秩序和自然的一切论题的主题。

令人困扰的将"存在"进行清晰表述的各种问题，是由于在初次尝试时无法把握其分化运动所产生的。爱奥尼亚人尝试通过用一种物质性的起源（arche）将其等同于存在的本质（自然），这不过是一种思想进程的开始，迄今尚未得出结论而终止这个问题。我们用三个主要交织的问题来简要地概述一下希腊思想发展到亚里士多德时的特征。这些特征包括：（1）哲学与神话的联系以及哲学从神话中的分离；（2）神圣与存在之间的关系；（3）人与自身对于存在的认识之间的关系。

在第一种关系中，我们注意到爱奥尼亚人试图依赖宇宙起源形式的思考；在这种情况下，思考就借用了神话的形式，以故事或叙述来讲论关于宇宙的事件。尽管对于爱奥尼亚人，万物的起源不再是诸神团体中的一员，从一开始，其观点就认为万物起源开始于一位神的推动力之手造成了一系列事件,通过一切方式影响存在的经验,并且一直到如今。神话故事的形式在爱奥尼亚人的存在之上,添加了生成特征,一种神话性的 *genesis* 特征。但是,我们一旦对它独立性的结构进行研究时,因为存在不仅仅是作为一种存在之流而被人所经验,而且存在还揭示了在它的波动中具有的各种持久、重复的形式,作为生成的存在的本质(自然)必然被它的不变的、重复的形式特征所补充。这些经验引起了对作为永恒不变的存在的思考。当这些经验被超越经验所强化时,在面对"进入存在而消亡时"(《巴门尼德篇》[*Parmenides*]B 8,21),就能够将存在的永恒特征提升到存在真理的高度上。事实上,就逻辑而言,真理如果不是压制意象的力量,而是被意象的力量所压制时,真理就倾向于对作为真正存在的形式进行哲学思考。自从开始对作为"生成存在"的存在本质(自然)进行原初的洞察,这种洞察就返回到对宇宙的原初经验和神话中对此的表达上,从而使人们能够定义形而上学,将之狭隘地定义为对于形式-质料模式的洞察,并作为极端反神学性的哲学思考形式。

在第二个关系中,当存在的秩序不再包括多神论的诸神时,神圣与存在之间的联系就留在了特定的不确定性中,在《阿那克西美尼》(*Anaximenes*)残篇中就可以感受到这种关系。一方面,这位爱奥尼亚的思想家说,"正如我们的灵魂,存在的气,将我们作为一种规定的原则聚合在一起,因此能够呼吸,并且气(*pneuma*)拥抱着整个宇宙"(B 2);因此,阿那克西美尼似乎也设想作为自然的一种元素统治着存在,甚至也可能产生了诸神(A 10)。另一方面,在这种摇摆不定的特点中,他说传统上人们认为气就是神(A 10)。在回顾中,阿那克西美尼持有的物质性(*hyletic*)起源的思考仍旧很接近于埃及人的宇宙论思考的类型；但是，当我们进一步审视时，又似乎隐约觉察到出现一种非神话性的神作为存在起源的可能（因为气不是诸神中的一位，而是上帝），这里就消解了各种物质元素所承担作为宇宙起源的责任。如果我们考虑到"上帝—气—灵魂的统治者"这个等式，我们就能够意识到这点，灵魂具有某些超越经验面对着上帝，并且将自身的经验作为在存在中向上帝敞开之地，我们也将会获得涉及神话的一种崭新的哲学化的关系，我们在柏拉图的著作中就能够发现这种类型。特别是在《巴门尼德篇》中，柏拉图谈到，悬置（suspension）的状态唯独通过超越经验而被打破；反之，通过这种洞察，促使人认识到作为超越者的神圣与世界的关系的经验方面，这些经验成为了一种内在性的，也就是涉及上帝的此世经验。唯独在这种分化之后，人才不再需要神圣的存在去释放出神话性的和遗传性的存在，才进入到它的来临中；相反，至此，神圣存在能够进入到与此世的关系中，作为这个世界超越-创造的造物之主。因此，存在经验和超越经验彼此紧密地联系在了一起，在这个意义上，爱奥尼亚人通过超越经验，将关于存在的仍旧笼统浓缩的经验，以完全多样性的方式展现出来。只有根据神所施行的超越经验，人连同世间的事物，才能够获得相对的自主，从而才有可能将自身带入到普遍存在的共同性中。

141

当因为宇宙的瓦解，诸神变得无处可归时，他们重新确立自身在上帝真理中的位置，并且因此，神圣存在与世界的关系也就变得清晰起来，接着，一旦这种关系以存在经验的语言进行解释时，这种清晰又引发出一些新的问题。这些困难只能慢慢通过如下几点来消除一些晦涩不明。为了避免冗长的历史研究的回顾，我们将它们概括如下：

（1）哲学经验中的存在并不是一个添加到事物之中，被发现的新实体，它早已被赋予了原初的宇宙经验。

（2）存在的经验不同于事物的秩序：（a）在它们的自主性上；（b）在它们彼此之间的关系上；（c）在它们与其起源的联系上。存在的经验发现了宇宙的秩序。

（3）存在的神圣根基不是在此世所存各事物类型中的一种存在之物。

（4）在这个世界的事物存在中，除了它们自主存在的秩序以及它们彼此关联的秩序外，也有一个神圣的、非此世的存在根基这一秩序维度。不存在仅仅只具有内在性的事物。

（5）这个世界不能彻底被理解为是自主存在之物关系的总和。即使当直接被经验到的关系被外推到无限时，这点也是不可能的，因为无限前推依旧是一个世界-内在性事件。宇宙内充斥诸神的奥秘并不由于宇宙分解为上帝和世界的超越经验而得以克服和抛弃。将此世解释为一个纯粹、内在的经验复合体是不可能的，即便按照今日理论物理学的中心议题也是如此。

根据以上所谈的，我们就可以更为清晰地理解那些历史中的具体问题。

存在的经验将宇宙瓦解，先前的宇宙以一种紧密浓缩的方式组成，其中也包含了诸神，现今，我们必须以存在秩序的语言对此重新解释。换句话说，从此以后，我们必须通过对涉及存在之秩序的哲学，来思考此世-超越的上帝。这项使命是哲学必须承担的——因为，如果存在不是从神圣存在的创造性临在中所发出，那么什么事物，在哪里将会有世界的存在秩序呢？然而，这里我们将面对这样一种困难，即神圣存在和世界性的存在并不是位于空间分割线两端的事物。相反，一旦宇宙被超越的经验决定性地瓦解，那么超越和内在性是隶属于存在的记号。现在，存在就不是无，而是在宇宙（**不是**在这个世界）的原初经验中，在"各种事物"中所赋予的秩序关系的网络，我们需要正确地理解这个网络存在。因此，当我们对于存在进行思考时，存在自身就不是一件事物（论题1），前哲学性、宇宙性的事物具有一种将自身暗示为存在模式的倾向。正如《巴门尼德篇》中，相比于存在在真理中发现自己的根基，当上帝成为存在的模式，世界的存在就下沉到了意见（doxa）的状态中；当非神圣的事物提供出存在的模式时，那些从世界性存在而来的断言，甚至也包括了谓词sein本身，只能够通过类比应用于上帝。在对于存在的客观性思考层面，这种绝境是无法得以解决的。为了解决它们，哲人必须承认这点，原初宇宙经验的诸多形式仍旧出现在他关于存在的思考中，并且他的哲学中，也必须包含一种紧密浓缩的神圣-世界性宇宙的原初经验之真理。因为这个宇宙可能也被存在的经验分解为一个神圣存在和一个世界性存在，但是这种分化性的知识并不能消除上帝和世界之间的存在纽带，即我们所称为的宇宙（kosmos）。

如果在所有哲学思考的背景中，对关于存在的宇宙纽带思考逐渐衰弱时，那么就会出现无神之世界和无世界之神这样众所周知的危险；在一个无神之世界，世界被约化为虚无，不再是一个世界，却仍旧被当成存在之物关系中的纽带；一个无世界之神，约化为只是存在之物，以至于不再是神。当这种约减成为生命的事实，并且当一位完全的上帝（Vollgott）和一位存在的上帝（Seinsgott）之间必然产生张力时，这样的约化就导致了现代性的极大的痛苦，从而就回响起了帕斯卡尔《纪念》（Mémorial）中的话，"哦，亚伯拉罕的上帝，以撒的上帝，雅各的上帝，不是哲人们和智者的上帝"。柏拉图意识到了哲学思考的宇宙背景，并且谨慎地将对于存在的思考从神话中分离出来：超越观念的那些问题就属于了关于思考存在的辩证法问题；灵魂的命运和审判的问题（《高尔吉亚篇》[Gorgias]、《理想国》），秩序和失序的循

143

环的问题(《政治家篇》[*Politikos*]),以及经由造物主的创造的
问题(《蒂迈欧篇》)却都是通过神话来进行表达的。

　　在第三和第四项中,存在的秩序和对它进行认知的人两者
之间存在着关联,而存在的经验行动让我们遭遇到了与这两者
之间相关联的问题。对人而言,存在的秩序可能难以理解,与这
种可能性相反,具有认识秩序原则之能力的人可能面对的是一
种失去秩序的存在;在心灵的秩序和存在的秩序之间,这种真实
的状态显示出了一种不同寻常的一致性。今天,人们如果注意
到这种一致性,就算一开始,都会感到奇特;这也反映在了爱因
斯坦的格言中:"关于宇宙,唯一一件不可理解的事就是它的可
理解性。"或者,作为一种替代,这种一致性可能以哲学的基本问
题出现,通过与现代客观主义思想的艰辛对抗,能够让那些清楚
自己所承担的义务之人获得真理——正如海德格尔在他的《理
性的原则》(*Satz vom Grund*)中所做的那样。古希腊思想家们
直接拥有经验,而只需要对此进行解释。赫拉克利特
(Heraclitus)指出了逻各斯这个术语具有两种含义,也就是,作
为按照事物进入存在的秩序所赋予的含义,以及作为按照事物
的本质(*kata physin*)解释这些事物(*hekasta*)的辩证法式教导讨
论。巴门尼德也直截了当地指出:"对于思(*noein*)和在(*einai*)
是同样一件事。"存在的经验在人自身和宇宙中唤醒了秩序的实
在;只有当一个人生活在这种运动中时才是一个觉醒的人,他和
其他人共同分享着对于这个唯一世界(*Kosmos*)的意识,这些人
是和沉睡者不同的,那些沉睡者生活在他们自己私人的世界中
(《赫拉克利特篇》[*Heraclitus*]B 89)。在存在经验的背景下,原
初的宇宙经验维护着自身,在其中,人与他所处的环境中的事物
是同质的。这是一种伙伴关系,在其中参与哲学思考之人被提
升到对连接思与在的共同体之秩序具有清醒的意识。这些与存

在关联的知识仍旧保留在古希腊思想中,一直延续到柏拉图和
亚里士多德的时代。对于柏拉图而言,正如赫拉克利特,哲人是
一个觉醒之人,他传递给他的社会关于其正确秩序的知识,然而
僭主则是梦游者,僭主来自于虚化的梦界,公开地满足自己的贪
欲和公然犯罪。对于亚里士多德,spoudaios 之人是完人,他处
在存在的宇宙-神圣运动所渗入的最高层次上,并且由于这样的
特性,他是伦理的创造者,传递给社会关于什么是据于自然而正
当的知识。基于存在之思的这个宇宙背景一旦丧失,这个完人
的经典概念就会面临完全之神的概念中所面对的同样危险:
人,被约化为一种存在,变成被理解为仅仅是内在性世界中的存
在之物;并且在他与存在秩序的关系中,他不再是一个伙伴,而
是被化简为一个认知主体。

　　我们必须再一次叩问这个问题,为什么在古希腊思想史中,
哲学性的自然概念被逐渐狭隘化为作为形式的"自然"这个形而
上学的概念。我们先前的概括已经解释出了原因:对存在进行
新思考所具有的问题,很显然只能一步一步地掌握。在哲学方
面,存在的自然(die Nature des Seins)概念承认或者依旧保存
着,原初宇宙经验所代表的一种生成;然而,形而上学的宇宙概
念却倾向于将事物的自然等同于被形式所秩序化的存在层面。
在亚里士多德的《形而上学》Δ 中,我们可以明显地发现出现在
这两种倾向之间的张力;在非常明显的段落中,亚里士多德通过
恩培多克勒(Empedocles)的陈述对此进行了解释。在这个版本
中(在 Diels-Kranz 版本的文本 B 8 中是不同的),亚里士多德向
我们传递出这样的信息,其中引用了恩培多克勒的话:"没有什
么事物存在是具有自然(physis);只有被混合的事物能够聚合
和分离,并且'自然'不过是人赋予混合之物的名字。"这里,恩培
多克勒斯似乎想要说,事物存在的实在建立在一种其要素聚合

144

和分离的实现中,而不是在所构想的它们那短暂的生存中。接着,亚里士多德添加了令人惊讶的反神话性注释:即一个事物要么是自然,要么生成于自然,一方面,这个事物已经具有了其存在的要素内容,只有具有了这个事物的理念或形式(*eidos kai morphe*)时,我们才能称之为它的自然(本质)。对于恩培多克勒斯而言占主导地位的生成问题,被搁置一旁,而形式受到重视。鉴于这种主导地位之争,我们必须问我们自己这些问题,为什么这两个自然的概念会彼此产生张力? 为什么不能够彼此没有冲突,将一个作为另外一个概念的补充呢?

145　　　这种张力的产生并非是在思考方面,比如因为技术上的困难而无法找到合适的术语——即便今日这两个词自身也足以产生这样的问题,这些术语我们也没有完全正确的把握。这个张力产生真正的原因是由于以下这个事实所产生的情感堵塞引起的:对于存在的经验同时也是对于上帝的经验。

　　目前的概述已经证明,宇宙的分化开始于爱奥尼亚人对于存在的经验,然而只有通过后来的思想家们对于超越的经验才能够完成这种分化。共享宇宙的伙伴们分为在上帝另一侧的由相对自主的万物构成的世界,以及超越这个世界之存在的神圣根基。在这两端,在作为存在的人中产生了这种分化,然而在人里面,上帝和世界彼此相遇在多样的经验之中,这些经验引出了丰富的词汇,如爱(*philia*)、信(*pistis*)、盼望(*elpis*)、爱欲(*eros*)、归信(*periagoge*)、转向(*epistrophe*),等等,作为对应于这些经验的描述。当这个世界中存在之物的自主自然(本质)出现时,同时也就产生了上帝的本质(自然)的问题;没有被理解为超越此世的上帝,就不可能有任何具有万物的世界在上帝的此一侧,且具有自主的本质。并且在任何地方,一旦上帝和世界被存在的经验所分离时,转而就会出现人的问题,当人经验到存在的秩序时，随之也就经验到自己对此的经验：伴随着作为存在的自我的经验，这个秩序的经验者就产生出了关于他自身秩序的真理知识，因此也就了解了他的本质（自然）。这种本体论的复合体只有被当成整体时，我们才能对其有理解。如果将它的成分隔离开而不考虑他者，那么哲学思考就会变得没有意义。

当存在的经验将自身从宇宙的原初经验中分化开来的时候，它就留下了一个新的上帝形象，一个创造者的形象以此作为存在秩序的生成者。甚至早在柏拉图所创造的造物主神话之前，在埃斯库罗斯（Äschylus）的普罗米修斯的叙事中，就已经表达了在回应上帝的造物主形象时，人类的那种僭越行为；通过这样的叙事，我们能够估量这种对新的塑造性力量的着迷。这种对于上帝的全新经验变成了扰乱之源，在这些扰乱中，存在的形式支配了存在的生成。接下来的例子可能很好地阐明了这点，即从神的创造者形象这个经验中散发出了强烈的启明之光。

在《蒂迈欧篇》中，创造者是娴熟的工匠，他通过在质料上添 146 加形式来创造宇宙。在《政治家篇》中，政治家被视为是宇宙的统治者（Kosmokrator），他将形式加入到社会中人的灵魂的材料之上。在《智者篇》（*Sophistes*，265 E）中，柏拉图在人的行动和神圣行动之间刻画了两条脉络："我设想，被我们说成是自然所造之物是神的技艺之工的产物，而被人所造之物则是出自人的技艺之工。并且因此，这里就有两种产物（*poietike*），一种是人的，一种是神的。"在《形而上学》A 中，亚里士多德进一步对这个观念进行了探讨。亚里士多德延续了对于爱奥尼亚哲人思考的论述，问了自己一个问题，怎样的原因可能导致质料的变化，因为树木不能够自己成为床，或者成为青铜雕像。火、土或者其他的元素如何能够使得事物变得善好或者美观呢？因为这些事物的特性不能够被归咎于自主变化或偶然，人们必须寻找事物之

外的其他原因（aitia），尤其是寻找运动的起源（arche）。亚里士
多德的前人那些混乱的观念，在某位思想家（阿那克萨格拉斯
［Anaxagoras］）那里变得清醒；他宣称努斯（nous）不仅仅呈现
（eneinai）在有生命的存在中，也呈现在自然中，并且这是秩序
（kosmos）和一切事物安排（taxis）的原因（aition）。这就非常清
楚地说明了为什么亚里士多德将他的自然概念放在人工制品的
模式中，即便他意识到在哲学思考上这个步骤并不充分。除此
以外，这里还有一个令人感到惊讶的特征，那就是只有根据作为
造物之主的上帝的经验，自然才能够是可以被理解的。在这种
经验的压力之下，上帝的形象和人的形象才彼此协调。我之所
以强调相互性，是因为如果只是强调一方，那么在很大程度上这
种对应就会被误解，以至于有人使用那种神人同形同性论的老
套词汇，从而试图坚持赋形的上帝是从赋形的人类形象中推断
出来的误解。这种假设预先就设想，存在一个自主的和排他性
的人的内在经验，根据这个经验，人能够衍生地塑造为上帝的次
级形象，但是这个假设将违背我们先前所建立的本体论复合体
中不可分离的原则。确切而言，完成这种存在经验的分化是由
于将存在秩序的实在与知识真理之间能够进行协调而获得的，
将在（einai）和思（noein）协调在一起，通过对人自身存在进行有
意识的秩序化，将存在秩序的神圣创造和在其中人的参与协调
在一起。通过正确的行动，对人和社会进行的秩序化成为了治
理宇宙的秩序化的一部分。正如我们所回顾的那样，对于亚里
士多德而言，成熟之人是这样一种人，在不动的动者中所产生的
存在运动中，他处于这个运动所渗入的最高层次上；并且，在伦
理上要求他作为一个受造之人的尊严，在其中，存在的秩序化运
动能够清晰地在人类的领域中表达出来。因此，人的形象中具
有上帝的形象，就被理解为一种符号化的表达，表达出了人的经

验和神圣存在根基之间的彼此协调。

对于亚里士多德而言，即使上帝的创造经验迫使他强调自然作为形式和样式，但是，在更为广阔的哲学思考视野中，仍旧包含着作为生成中的存在所保留的开放性。这个背景下特别有趣地涉及了究因论，在《形而上学》A 中，因为起因和生成的问题直接涉及了爱奥尼亚哲人的存在经验和对其意义的分析。在文本（参见 994a1）开始的陈述中，一定存在着某个确定的起源（arche），并且事物的原因（aitia）在数量不是无限的。在事物的生成中，它们能够从它们的物质（hyle）中非无限性地回归（ienai eis apeiron），作为肉身归于尘土，尘土归于气，气归于火，并且反反复复（ad infinitum）。相反，在无限地递减秩序下，人是不能够追随这条原因之链，因此，开始于更高的方式（如从火开始，到水；从水开始，到土；等等，如此反复），一些其他的存在就被生成了，而不会达到最终的产物。但是，非常特殊的是，在人的行动及其目的的领域中，存在一个无限的回归是不可能的（《形而上学》994b9）：

> 所以这是目的（telos），也就是，此类的目的不是为了导致其他的事物，而是其他别的事物为了它的缘故。因此，如果此类具有最后一项（eschaton），这个过程就不是无限的（apeiron）；并且如果不是这样的话，它也将会失去目的和理由。但是，任何主张一种无限回归之人，都没有能够注意到这点，他们已经毁灭了善的本质（ten tou agathou physin）。因为如果人无法达到一种限度时，就没有人能够去做任何的事情。那么，在这个世界上就不存在努斯（nous）；因为具有智识（noun echon）之人通常是出于某些目的而行动：因为目的（telos）是界限（peras）。

这一看似松散的段落需要我们对其进行充分理解。质料的关键是原因（aition）这一概念，以及这一系列的起因是有限还是无限地追溯到它的起源（arche）中。对于这一文本理解的困难源自这样一个事实，即原因（aition）这个浓缩的术语基于三个不同的复杂含义。首先，这个词具有的含义就是我们今天所说的"原因和结果"的这个意思，也即，在时间进展中作为内在现象的因果关系。对于在上帝此侧的世界中存在之物的本质（自然）而言，正是原因（aition）的这一个含义引发了对该本质的讨论；这些事物的本质（自然）既在它们的自主中，也在它们的彼此关系中，无论是时间还是空间或者作为因果序列中的状态，来自从当下任何一点的无限回归都包含了这些关系。在《物理学》中，亚里士多德明确赞同宇宙的时间维度的无限性。托马斯则追随了亚里士多德的这一观点，从而导致他求助于启示来支持他所确信的观念，即世界是被造的，因为并不存在用哲学的立场来反对在时间中的世界的无限性。

原因（aitia）的第二种含义和第一种含义具有重叠。这个词意指四种起因（质料因、动力因、形式因和目的因），总体而言这种四因说更多是应用到有机物的层次上而不是存在的事物上。在亚里士多德的形而上学中，这种有机体系的经验被描绘为一种独立的因素，在自然的定义中起到了作用，并且也粉饰了人的本质（自然）这个概念，在这里有机物的形式（forma）适用于支持将自然定义为形式（这本身还是依赖对造物主的经验）。就人作为内在世界形成之物这个观念而言，该观念主要就是被有机物的模型所影响，认为人是可以实现一个内在世界中的幸福（eudaimonia）。当讨论转向人类行动的目的因时，才涉及了第三种原因（aition）的含义，我们将通过努斯（nous）而面对人类存在秩序的问题，并且唯独在这个领域，亚里士多德否定了因果链条中的无限递归。对于行动而言，亚里士多德坚持认为在这一系列中加以限制终结（peras）是一个必不可少的条件，否则除了努斯（nous）外，最高的善和行动的意义都将会被毁坏。

　　原因（aition）这个词不同的含义一定不能用模糊性来消解其中各个含义的不同，我们必须要承认，这些不同的含义是关于存在之思中所展现的一个阶段。在这个阶段中，存在秩序的问题已经分化了开来，但是还没有完全从它们的宇宙论背景下分离出来。按照我们对于本体论复合体的分析，可以说，原因（aition）的第一种含义就涉及了存在，而存在作为超越经验的结果，被当成是"内在性"的标识。在"上帝此侧"的存在，被我们称之为"世界"，并没有产生起源的问题（除了在超越世界的意义上），但是却涉及一个无限回归的问题。如果我们追问，是否这个"世界"在时间上具有开端，那么，将存在秩序的实体化进入到存在之物，就已经将自身陷入到了这个问题中，因为我们已经忘记了不存在一个"存在"和"世界"；相反，存在和世界是涉及宇宙的诸秩序关系，我们始终生活在其中。关于起源的问题，这个起源或开端，并不是从存在的经验中产生的，而是属于前哲学的宇宙原初经验。这些经验的符号差别具有不同的层次，因为这个限制，导致这种宇宙的原初经验只能够以不同的形式呈现出来（一直到对存在的哲学分化）：在神话领域中，以宇宙起源的思考形式呈现了出来；在启示的符号体系中，它被描绘为从无到有的神圣创造；在哲学上，被视为这个世界的存在根基的问题。在哲学思考中，这种新的分化就是经验着存在秩序以及自身与存在秩序相调谐的实体——人——所伴随产生的经验。这种经验所产生的问题来自先前所谈的原因（aition）的第三种含义上，作为人类行动的意义问题反过来迫使自身去追寻对起源问题的重新阐述。

在这个意义上,起源的问题被重新阐述,就不再是探求世界的起源问题,而是关于通过人与神圣努斯(nous)的协调而将人融合在存在的秩序中。为了在这种融合的独特性中能够领会到这种融合的一体性,我们就必须避免如下的错误理解:努斯既不能够和以色列的上帝的灵(ruach)相互混淆,也不能够和古希腊式的、基督教的或灵知派的灵(pneuma)相混,或者也不能够混淆于启蒙运动的理性(ratio),也不能混淆于黑格尔的精神(Geist)。按照古希腊思想家们严格的理解而言,努斯是人类的秩序根基与存在根基相调谐的所在。但是,因为亚里士多德将人的行动之局限和努斯联系在一起,产生了关于这个所在的问题,所以亚里士多德探究了上帝的造物者形象,以及这个根基自身赋予了人具有一致的形象的正当性。正如亚里士多德所留下的关于这些形象的探究一样,他对于行动的界限(peras)的探究使得将人的本质(自然)定义为形式,因为当由努斯而产生一个关于行动之界限的问题时,这并没有涉及形式,但是形式却只有通过行动才能够得以实现。因此,就其核心而言,人的本质(自然)是对根基进行追问性认知和认知性追问中的开放性。通过这种开放性,秩序超越了一切内容、形象和任何的模式,从存在根基中流向人的存在之中。

为了描绘我称之为努斯的经验,我已经谈论了关于追问性认知和认知性追问的问题,因为此类经验不是对"某物"的经验,而是对人类自身并非根基的知识进行追问的经验。人类自身并非根基的知识包含着起源的问题,并且在这个问题中,人类被揭示出是作为一种生成面向着所是,即使不是作为一种在存在之物时间中的生成,而是来自存在根基中的生成,也是如此。对于持久和重现的形象(Gestalten)的经验,是在作为时间性生成中

的存在之中，我们在其中遇到作为形式的存在；在探究作为形式
的存在时，同时也在探究创造主的形象的努斯经验中，我们所面
对的是来自存在根基中的生成——生成在事物起源的神话传说
中那种前哲学化的表达。通过传说中的时代，神话展现的不是
在这个世界中的生成的时间，而是源于存在根基的生成。在这
里，我们不能够处理神话哲学引出的那些重大问题。这个问题
在这里被一带而过，只是因为它与亚里士多德的究因论如出
一辙。

　　来自《形而上学》A 的这一段文字非常值得我们注意，因为
在爱奥尼亚哲人关于存在作为起源的思考中起作用的那些要素
出现在那里，作为因果链条的纽带，而这种因果链条要求有一种
限度。所以，对于因果关系的限度的要求实际上和在这个世界
时间中的因果关系链条所组成的现象没有关联，相反，这个要求
只是包含了从存在之根基所流出的生成，这种生成在此根基上
确实具有它的限度。因此，亚里士多德假设这个限度已经内在
包含着这样一个前提，即这些要素被认为是存在根基的各种实
体。但是，当这种生成从存在根基中涌流而出时，就以宇宙起源
论和爱奥尼亚哲人关于存在的思考的方式表达了出来，它被归
为原因（aition）的概念之下（这具有正当的历史理由），这个概念
也被用来命名在世界时间中的因果关系。正如通过因果链条来
代表生成一样，对于所谓上帝存在的各种证明这一整类脱轨而
言，生成提供了一切的前提。因为类似"至大的卜塔神给了诸神
生命"，或"存在之物的起源是无定"，或"起初，上帝创造天地"，
都不是关于在世界时间中的事物的命题，而是以故事的时间在
讲述从存在之根中涌流出的生成的故事。神圣存在的"存在"作
为行动者呈现在这些神话中，并不能够以世界-内在性的方式得
到"证明"。这种存在的类型并不需要任何证明，因为神话的真

151

理是由它自身作为一种符号所构成的,这种符号直接指涉了作为特定存在的生存经验,而这一特定存在并非以自身为根基。该经验也始终暗含着存在起源的问题;反之,起源的问题又意味着这个问题所处理的是关于存在根基的知识;关于存在根基的知识则暗含着对以自身为根基的存在的特性的知识。关于上帝存在的证明不能够对这一经验的复合体添加任何东西。此外,这些以亚里士多德为开端的关于上帝的证明,对于今日而言仍旧是一种无法解释的现象,因为康德关于这些证明都基于某些谬误之上的论证,并没有解释它们为什么首先被提出来。当努斯被贬低为一种世界-内在性的理性(*ratio*)并且与此同时这种理性被实体化为一种真理的自主之源时,一个人只有认识到它是神话自成一类(*sui generis*)的形式,此人才更有可能接近这个问题的答案。

152　　我们已经达到了对于"什么是自然?"这个问题进行探究的目的。让我们扼要地重述一下这个问题的主要论述步骤。在第一部分,我们必须要考察作为事物之形式的自然之定义,并且发现该定义是不充分的。第二部分处理了这样一个问题,即在古希腊思想史中,那种以存在经验为开端的,更为广义上的"自然"的哲学概念,为什么会被狭义化到作为形式的"自然"的形而上学概念上。第三部分解释了关于上帝作为造物者的经验所激发的对于这个概念的狭义化。第四部分也就是最后一部分处理了亚里士多德的努斯经验,探究了关于上帝作为造物者的经验的背景,同时也证明了人的本质(自然)的核心是人的存在向着追问和认知存在之根基的开放性。

人文主义者的帖木儿形象[*]

我们很难精准确定人文主义者何时开始关注帖木儿（Timur）。由于这一问题尚未成为晚近历史研究的对象，其起始时间的判定完全依赖于对相关文献知识的博通。就本文作者所知，论及这位伟大征服者本人的记载，最早见于波吉奥［布拉乔利尼，Giovanni Francesco Poggio Bracciolini, 1380–1459 年］的一封信件，年代比帖木尔辞世晚一代人还多一些。这位人文主义者在信中提到了两种博取名声和荣耀的途径：荣立战功和钻研学问。他不想详细探讨哪一种途径更有价值，但他确实指出，战功的威望已经降低甚多，以至于不能期望可确保获得名声和荣耀。统治者和将领们最辉煌的战绩湮灭无闻，因为时代缺乏有心之人写下他们的丰功伟绩。波吉奥认为，他所处的时代就是如此。为证明这一论断，他援引了帖木儿的丰功伟绩，"仅仅过去了不到五十年"，其声名和荣耀已经湮灭，几乎被抹煞，尽管其功业丝毫不逊于史书中最辉煌的战绩。极少有人还记得这位伟人，而他的功业实际上已被遗忘。由此可见，最值得赞誉的活动就是那些不需他

[*] 首次发表于 *Zeitschrift für öffentliches Recht*，Wien 1937，Bd. XVII, Heft 5, S. 545–582。

人之助便可传之久远的活动。这封信倡导人们"致力于文字考据"（*ad literarum studia*）。①

---

① *Poggii Florentini Oratoris et Philosophi Opera*，Basel 1538，S. 344 ff.

"那么，既然通往真正荣耀和名望的道路有两条，一条是投身疆场厮杀，一条是从容研求学问，我不会探讨哪一条路更好。但我确实敢绝对肯定，军事训练在我们的时代已经完全不合时宜，因而不可能由此获得根基稳固的声名；至于另外一条［路］，走这条路获得的任何名声和声望，都得自于学术。确实，君王和大将的战绩，无论如何辉煌宏大，绝大多数在不到一代人的时间里，就会被埋没和忘却，永远湮灭，除非被最博学之人载录史册，才能永葆不朽声名。纷繁人事，如非学者之才将之保留，莫不随岁月流逝，任时光消磨。尽管时间过去还不到五十年，帖摩波兰努斯这位卓越的最高指挥官的声名，就已湮没并且几乎被抹煞。尽管他的事迹达到了最为光辉和出色的程度，其卓越之处显然可与史上任何大将或最高指挥官相提并论。他攻占了众多为人工防线和自然天险拱卫的城市。一次次消灭了无数的敌军，在一场战斗中他击溃了二万人，捉获其大突厥人指挥官。他击败了人口众多的国度，无数王国服从于他的统治，统辖的军队与薛西斯皇帝一样多。他军纪严明，其军营如市坊般齐整。帖木儿从不允许麾下大批人马的供应出现短缺，也从未遭遇厄运，但却缺少开明的史家为之立传。极少有人记得这位拥有如此地位的人物，没有人铭记他的功业，有的话也是寥寥无几。因此应该认为，记忆乃世间最为高贵之物，仅靠自身行动之力，不需他人臂助便可使人名垂万古。"（Nam cum duplex sit ad veram gloriam et laudem cursus, alter per rei militaris exercitium, alter per ocium literarum, non discutiam nunc uter alteri sit praeferendus. Id vero constanter affirmo, et bellicam disciplinam penitus nostris diebus extinctam, ut nulla solida laus ex ea oriri possit, et illam quicquid famae et nominis apud posteros adepta sit, literarum beneficio consecutam. Jacerent enim sepultae atque obrutae perpetua oblivione Regum atque Imperatorum res gestae quantumvis illustres atque magnificae, quippe quae raro aetatem hominis excederent, nisi doctissimorum virorum industria immortalitati dedicarentur. Consenescunt enim omnia et vetustate conficiuntur, quae doctorum hominum ingenio carent. Extincta et pene deleta jam fama est, licet infra quinquagesimum consistat annum excellentissimi illius Imperatoris quam Tamburlanum cognominaverunt, cuius opera adeo praeclara et egregia extitere, ut cuiusvis eorum qui unquam fuerunt Ducum aut Imperatorum verissime possint conferri. Expugnavit urbes plurimas arte ac natura munitas. Saepius hostium exercitus innumeros prostravit, quadraginta milia hominum una acie, capto Duce qui Magnus Turcus vocabatur delevit. Maximas vastavit nationes, regna plura in suam ditionem redegit, habuit numerum militum parem Xerxi. Militaris disciplina adeo viguit in illo, ut castrorum ordo simillimus esset compositae civitati. Nunquam commeatus tanto hominum numero defuit, nunquam adversam expertus est fortunam, verum qui caruit scriptorum luce. Memoriam tanti viri paucissimi jam tenent, et ejus gesta nulli, aut admodum pauci meminerunt. Quam ob rem praeclarissima omnium ea debet haberi, quae ad aeternitatem sui nominis consequendam nullius alterius egeat adminiculo, reliqua vero suo opere atque adjumento nitantur atque consistant. ）

我全文翻译了波吉奥的信件，以免过多引用关于帖木儿的段落；译文保留了原文的文风，如果语气有所改变，我将在正文中说明。——沃格林注

　　总而言之，许多人赞同波吉奥认为关于帖木儿的记忆已经
湮没的论断。这主要是基于这一事实：此后论及帖木儿的作者
们，其史料知识部分直接或间接地来自于波吉奥。而波吉奥本
人——如果我们相信他经常作出的暗示——从帖木儿军中士兵
的口述中收集了这些知识。②

　　但还有其他迹象表明，不应过于从字面意义上理解这一论
断。此后的作者们详细描述史料，其中收录了对描述帖木儿性
格必不可少的趣闻轶事，而波吉奥的叙述中并不包含这些内容。
因此应认为其他史料也有利用价值。另外，埃尼阿·西尔维
奥·皮考罗米尼（Enea Silvio Piccolomini［教宗庇护二世］）在著
作中一再提及帖木儿及其战役是之前一代的重大事件，他所使
用的语气，使得波吉奥并非首个给皮考罗米尼提供信息的人这
一假设显得合理，尽管后者确实从波吉奥那里获得了丰富的细
节内容。此外，时代稍晚的一位波吉奥著作的编辑者对上述信
息的直接传播提出了怀疑。这位编辑者惊讶地发现，波吉奥据
称与帖木儿的士兵有过接触，但竟不知道他们统治者的姓名，而
只知道"帖摩拜兰努斯"（Tambellanus）这样错误的拼写形式。③

154

---

② *Poggii Bracciolini Florentini Historiae de varietate fortunae libri quatuor*. Ex MS
Codice Bibliothecae Ottobonianae nunc primum editi，et Notis illustrati A Dominico
Georgio. Accedunt ejusd. Poggii Epistolae LVII. quae nunquam antea prodierunt.
Omnia a Joanne Oliva Rhodigino vulgata. Lutetiae Parisiorum. M. DCC. XIII，S.
37："ipse enim novi，qui fuere in ejus castris."（因为我本人认识那些和他一个阵营
的士兵。）

③ *De varietate fortunae*，S. XVI，在乔安纳斯·奥利瓦·罗蒂吉纳斯（Joannes Oliva
Rhodiginus）撰写的前言（*Prefatio*）中写道："并且，我非常惊讶波吉奥声称认识许
多帖木儿的士兵，却不知道这位最高指挥官的正确姓名。波吉奥竟然和几乎无以
数计的作者一样，记载了巴耶塞特被像个野兽一样锁在笼子里。"（Illud porro sum
maxime admiratus，quod Poggius qui，ut ait，multos Tamberlani milites noverat，
verum hujus Imperatoris ignoravit nomen，et eadem pariter quae innumeri pene
scriptores，narraverit de Bajazethe，cavea in modum ferae incluso.）当然，这些怀疑并
不能完全令人信服。波吉奥自己在《命运无常》中补充说，当"汗"的名字首次出现
的时候，"sic enim vulgus appelat"（事实上这是平民的叫法），这可以解释为波吉奥
确实意识到了名字的问题。另一方面，乔安纳斯·奥利瓦认为如果一个人文主义
者首先获得这一信息的话，不大可能不加透露。这一论点并非没有道理。

　　只有通过检索比本文作者所知更多更广泛的文献，才能对这个问题进行更精准的阐释。

　　无论具体案例中情况如何，看来可以肯定，总体而言，大量事实显示出，波吉奥是第一个关注帖木儿的传统人文主义者。他可能是专门关注这个蒙古人战功的第一人：他对所处时代及其自我的自负，显然是被古代英雄主义的过度泛滥和反复赞颂激发出来的。波吉奥将帖木儿及其丰功伟绩作为叙述中心，是为了证明他所处时代在英雄事迹方面不遑多让；而且，英雄事迹的荣耀无法比拟且远逊于学者的荣耀，因为后者不需要史家的支持。

　　导致这一新近关注的刺激因素和思维模式需要更仔细的检视，以便了解这位高贵而意义重大的征服者形象的发展过程的某些方面，而这一发展过程开始于波吉奥的记述。对所发布的关于帖木儿的事实的选择，是由波吉奥按反对赞颂古代的原则决定的。④ 他称赞了自己所处的时代，意在证明此时代所完成的

_____

④ *De varietate fortunae*, S. 35：“虽然古代事迹被认为是杰出的，也就是说，对那些事迹的评判，是由贵族才子们赋予它们的荣耀和宏大的比例所决定的。尽管如此，我们这个时代在每一领域都涌现出成功的范例，无论就其伟大还是荣耀而言，绝不比那些古代的成就逊色，由于没有作者的生花妙笔惠及（现代的事迹），因此被黑暗所笼盖，在品评人物时也无人提及。”（Nam licet antiquiora illa habeantur praeclara, quippe quae tanti aestimantur, quantum illis nobilia ingenia decoris atque amplitudinis attulerunt, tamen saeculum hoc nostrum nonnulla in utramque partem exempla fortunae prodidit, priscis illis, neque magnitudine neque gloria, postponenda, quibus quoniam lumen scribentium defuit, jacent in tenebris, neque in ore hominum versantur.）

　　S. 36：“不过，我们很久以来一直缺乏［好］作者；由于他们的缺位，我们时代的丰功伟绩，诚然伟大而且许多事迹都很杰出，却因消逝而永远湮没。我也不是一个遗忘当前却缅怀过去的人，这样的人如此偏爱古代，完全依赖于过去，以至于会不合时宜地藐视我们时代的人物，确信我们时代所完成的任何事迹，都无法与过去的世代相比拟，并且否认当代也有出色的专注于文学的天才。”（Nos autem jamdudum scriptoribus caruimus, quorum inopia nostrorum temporum gesta, magnifica sane et egregia nonnulla, in oblivionem perpetuam labuntur. Neque enim is sum, qui praeteritorum memoria praesentium oblitus, adeo antiquitati faveam, ut ex ea totus pendens omnino contemnam aetatis nostrae viros, nihilque in ea factum judicem etiam cum illis prioribus conferendum, in quo non scribentis ingenium elucesceret.）

　　另见第 77 页，作者狠狠地嘲笑了古代的诗人和史家，这些人借助于语言和艺术，使无足轻重的小事也显得意义重大；而现代的事件远远比之更宏大、更重要。

功业至少和古代的功业一样伟大，如果不是更重要的话；因此波
吉奥不遗余力地关注帖木儿的事迹，因为对他而言这些事迹特
别符合其意图，他把这些事迹归入古人曾采用过的范畴进行展
示——但在数量上却增加了。波吉奥首先描写帖木儿从其族人
中崭露头角，借助各种谋略，成为统治者；接着叙述他征服了邻
国；随后描写了帖木儿率领大军征服小亚细亚，击败了统领同样
规模大军的土耳其苏丹。然后，波吉奥称赞了安营扎寨之术，军
纪之严明，军队后勤补给之有效；他逐一列举了帖木儿获胜的战
役和征服的城市；突出强调了围城战术；将帖木儿作为总司令的
特点与汉尼拔相比，称赞了帖木儿的尚武精神，并以一段关于在
这位无往不胜、满载而归的统治者治下，撒马尔罕如何宏伟庄严
的描述结尾。⑤ 波吉奥就是无法理解，为何这些事迹会逊色于亚
历山大大帝、大流士或薛西斯的功业，"对这些古代蠢事的记述
连篇累牍"（*quorum stultitiam multis voluminibus antiquitas
decantavit*）。而对于这一段应获最高赞誉的历史，"其中包含了
战争的严酷和艰辛，叙说了布置的营帐，摆出作战队形的训练有
素的军队，为数众多的英勇士兵，坚韧不拔的指挥官，所消灭的
敌军，所征服的君王，荡平并占领的诸多地域，强行攻占的城市，
觊觎并夺取的统治权，最高司令官所应获得的赞美和荣耀一应
俱全。"⑥接下来一句中，波吉奥的语气出现了明显的讽刺，他连
串引用了古代战争记载中的标准语汇，以建立起一个同样适用
于帖木儿的值得赞美的比较标准："虽然他时常陷入酣战，却总
是百战百胜；他总是选择最安全的地点扎营；凭借训练有素的部

155

---

⑤ 对帖木儿的描述，参见 *De varietate fortunae*，S. 36ff.，另一段对帖木儿赫赫功业
　的描写，只是第一段文字的缩写，没有提供任何新信息，该段出现在波吉奥的晚
　期作品中，参见 *De humanae conditionis miseria*，in Poggii Florentini Opera，
　Straßburg 1513，fol. 44 v°，45r°。

⑥ *De varietate fortunae*，S. 37f.

属,他频繁与所有的军队激战,将无数敌军推向绝境,彻底消灭;他击败了斯基泰人(Scythas)、波斯人、米底人(Medos)、亚美尼亚人、阿拉伯人、亚述人,征服了亚述和亚细亚:许多君主在战场上溃败而逃,被他击败、消灭和俘虏。他的大军征服了大量由壁垒和天险拱卫的城市,他拥有一位最高指挥官应有的一切。"⑦

就这样,波吉奥提供了史料的基础构架,后世的作者们增加了一些轶闻,和波吉奥的叙述一样,这些轶闻的来源我们也不能确定。不管怎样,他的叙述没有为这些零碎材料最终会揭露什么提供任何线索。这些材料只有离开了同古代历史之间不满和讽刺的对比,进入对帖木儿本人的直接关注这一完全不同的领域,才有其意义,才能呈现出帖木儿本人的形象。但波吉奥的语气不断回响,并在经过对同一主题漫长的变换之后,最终以新的力量再次迸发。这是对其所处时代自负和自豪的语气,对膜拜古代的厌恶,对自己时代的伟大充满信心,他的时代万事俱备,只欠能够像宣扬古代伟绩一样将之昭显于世人的作者。他的自豪是一种对其所处时代不顾一切的自豪,这个时代在悲惨的表现形式上绝不逊色于其他任何时代。最终,正是这种自豪,随着人文主义发展到其终结人物勒卢阿(Louis Le Roy),转变成了这样一种历史哲学的信念,即征服者——按照雅各布·布克哈特(Jakob Burckhardt)的说法,"强有力的破坏者"——的威严外表,确保了有永久价值之事迹的伟大。

波吉奥以帖木儿作为当代伟大人物的范例,显示出与某些思想的相似性,由于多种原因,这些思想值得研究。波吉奥滔滔不绝地讲述帖木儿、帖木儿所取得的胜利、巴耶塞特(Bajasids)[一世]的大败[公元1402年],将这些事件组合成一个命运安排

---

⑦ a. a. O. , S. 38.

的事例；实际上，波吉奥的代表作就是对命运女神（fortuna）的研究[De miseriis humanae conditionis]。与命运女神问题的相似性也体现在晚期人文主义者对帖木儿的描述之中。紧随波吉奥之后的这一发展，其主要驱动力量之一就是两种趋势的竞争：一种是就事论事，描述这位伟大的统治者和武士本人；另一种则是利用他的生平，罗列其事迹，作为描述命运女神的方式。整体而言，波吉奥之后一个半世纪的发展趋势是针对帖木儿本人的独立关注逐渐增长，但直到该时期末，也没有引起与命运女神观念联系的减弱。即便是由勒卢阿所塑造的帖木儿最后的伟大形象，也和波吉奥一样，是收录在一部讨论历史哲学的书中，书名为《论宇宙万物之变幻无常》（De la vicissitude ou varieté des choses en l'univers）。

　　波吉奥认真而详细地讨论了命运女神的观念。与布克哈特在其著名篇章中的风格相似，波吉奥以分析关于好运和厄运的判断为开篇。关于命运女神的威力，历史学家、诗人、演说家和哲人确实有很多著述，而口头议论就更多了，似乎所有人事都听从命运女神摆布。皇帝、国王、王公、贵族、没有头衔的人，甚至平民，都相信命运女神处于他们之上，统管着他们的行动；人们乞灵于她时，称之为幸运（secunda），诅咒她时，称之为厄运（adversa）；吉祥出现，人们称赞她的伟力，不祥降临，他们咒骂她的不公；他们相信她能惠赐财富，也能将之夺走，她能赐予荣誉和统治权，也能撤回；不仅是平民百姓这样议论她，智者也是如此。⑧ 布克哈特完全限于这一判断分析的框架之内，熟练地探寻其所有的分支；波吉奥却在几句介绍之后，就进入了一种类似关于命运之本体论的探讨。对他而言，好运与厄运不再是或多

157

----

⑧　a. a. O. , S. 25.

或少值得怀疑的关于历史进步的判断的内容，而是具有特定结构的不容置疑的实在。他哀叹道，尽管普世信仰命运，并对之众说纷纭，但几乎没有人进行过有意义的尝试，说明她到底是什么。他随后对关于命运的性质的一些更重要观点进行驳斥。首先，波吉奥攻击了亚里士多德认为命运等同于偶然原因（causa accidens）的观念。他无论如何也不能同意：一个幸运或不幸的事件不能够准确定义为意料以外（praeter propositum）或超乎想象（praeter cogitatum）之事。当未曾预期的事件阻碍了行动者的计划，无论该事件幸与不幸——与一般看法相反——该事件并非命运所为。波吉奥也反对托马斯的建构，托马斯的建构将亚里士多德的推理路线推向终结：即使意外事件不由某人意志（praeter intentionem hominis）而发生，意外事件仍然产生于一个堂皇的、激励我们向之前进的意图，尽管我们并不自知（intentione superba ad id inclinante nos，licet inscios）。在波吉奥认为是关键点的这一方面，托马斯的观点与亚里士多德并无不同，也就是说，命运作为无数的原因（causae）之一，属于有目的的行动系列范围中无法预期的因素。相反，波吉奥确信，假如一个人来到市场，没想到却遇到另一个人，偿还了他已经差不多忘记的欠款，这样的例子不能算作好运。亚历山大大帝或凯撒的好运并不是他们意料**之外**的要素，而是一个推动和巩固的要素。好运的发生并非无法预期，而是与希望和预期相一致；好运并不只是偶然与计划相符，而是经常作为确定和具体的事件出现，并且在发生之前就可作为依赖。

波吉奥试图借助此类表达和复述，至少能勾勒出在命运女神统治下幸运和不幸的生命历程的形式类型。要完全将之描绘出来，即便对于教宗的书记员和手稿搜求者来说，似乎也并不明智。为了阐明他的意图，他没有直接讨论，而是转而采用了上述对亚里士多德和托马斯的审慎的批评，并且说明了普通人和古代人的观念。因此他看似随意地提到，命运女神的作为涉及到更高的东西，揭示出比偶然原因（*causa accidens*）更有力的秩序规则，"某种任意摆布人类的神力，所作所为既不稳固，也不确定"（quaedam divina vis volvens ac versans res humannas pro libidine, nihil a se firmum, nihil totum praebens）。并且，这一力量"有利时为吾等带来回报；不利时则带来最深重的灾难"（qua blandiente, suis commodis, adversante, maximis calamitatibus afficiamur）。随后，波吉奥引用了泰奥弗拉斯多（Theophrastus）的话："人之生命由命运女神所宰制，而非智慧"（*vitam hominum a fortuna non a sapientia regi*）。最后，他反驳了塞涅卡（Seneca）的观点，即智者不受命运女神所统辖，因为她不能带走任何自己未曾赐予之物，而美德（*virtus*）并非来源于命运。通过进一步研究，波吉奥得出结论，塞涅卡的理论需要修正：不受命运女神统辖的并非智者本人，而是智者的美德和理智，因为智者的肉体生命和任何其他人一样，都在女神掌控之下。波吉奥引用神学家的观点进行总结，所谓的命运女神并非他物，而是神的旨意对个体事件的干预。波吉奥对这一观点未作补充；整篇文章给人这样的印象：引用神学家的观点是为了保护自己，而他自己则相信命运女神是一种决定幸运或不幸的生命历程之形式的力量。⑨

---

⑨ *De varietate fortunae*，S. 25 ff. 我们的论文在所有基本点上与瓦尔瑟（Walser）所著《佛罗伦萨人波吉乌斯：生平及著述》相同，参见 *Poggius Florentinus, Leben und Werke*，1914，*Beiträge zur Kulturgeschichte des Mittelalters und der Renaissance*，hrsg. von Walter Goetz, Bd. 14, S. 237 ff. 。另参维尔内·凯吉（Werner Kaegi）的观点："与大多数先辈相比，波吉奥对生命中，特别是历史进程中，非理性元素的体验更为敏锐，这位教宗使节让帖木儿事迹的目击者向他讲述，他的灵任由命运女神以狡猾的恶魔形象神秘地升上天堂，不受上帝管制，任意挥舞命运之轮，盲目地摧毁一切，其中既有渺小和无关紧要者，也有伟大和高贵者。"（转下页）

在讨论波吉奥思想的这一方面时,我们涉及了更多的细节,目的是凸显出他本人赋予这些思想的意义以及这些思想对此后人文主义者的意义。即使没有一位人文主义者敢于明确表示他认为全能的主也受到了一个异教女神法力的限制,大多数作者所显示出来的对命运女神的信仰是如此强烈,以至于评价这位征服者的形象的努力,都或多或少地与将事物发展过程视为描述命运女神的方式这一趋势不断交叉。

不过,将此种交叉及其导致此形象神秘强化的结果简单视为缺陷,也是不正确的。相反,形象的强化导致在反思过程中加入了部分事实,但是在此后历史编纂和人物描绘中,在心理方法和实际的因果方法的主导下,这部分事实将会丧失,而这一点是非常晚近才重新被提出的。正如历史科学和政治科学努力超越特定的因果链条,将民族与国家的命运的展开类型化,勾勒个体命运前进的类型是一条方法正确的途径。这样,马克斯·韦伯的"领袖魅力"(Charisma)概念就是一个尝试确认好运中个人性决定因素的例子。基于同样原因,弗赖尔(Freyer)主张决定引发偶然事件,甚至在了解世界之前就将给世界分类,并且当灵魂敞开,好运像姐妹一样在中途与之相遇。[⑩] 这显示出,如果在某种情境下有一个活跃且积极的意志,该情境可提供的机会。此类决定因素还可以包括傲慢(hybris),或歌德《未完成之歌》(Ürworte)中的天才、运气、爱欲、命运、希望(daimon, tyche, eros, ananke, elpis);在此类因素影响下,生命的结构开始成形。

波吉奥对该问题的理论解答是错误的,因为他未能从多个

(接上页)(Ernst Walser, *Gesammelte Studien zur Geistesgeschichte der Renaissance*. Mit einer Einführung von Werner Kaegi, Basel 1932, S. XXVI.)

⑩ Hans Freyer, *Pallas Athene. Ethik des politischen Volkes*, Jena 1935, S. 35.

维度来处理；他没有从机会、自由选择和特定情境下的约束中将个人性决定因素的问题分离出来；相反，他将命运女神的形象理解为一个有些粗枝大叶、不分青红皂白的命运决定者。尽管如此，他的尝试仍然比大多数后人的努力更胜一筹，因为后人的这些努力只处理了问题的某些方面，并将命运女神主要视为幸运女神。波吉奥对命运女神的观察则涵盖了整个范围：她作为幸运女神（*fortuna secunda*）和厄运女神（*fortuna adversa*），既是支持因素，也是阻碍因素。帖木儿的命运以及他的幸运女神的命运之所以得到波吉奥的关注，还因为它们与巴耶塞特的命运及其厄运女神的命运之间细微的联系。波吉奥的反思超越了一个幸运者的孤立表象，是从与他人命运相纠缠的角度来观察此人。在此种性质的案例中，经常会发生一个人的幸运是通过他人的厄运来获得的情况。因此，对波吉奥而言，此现象是作为整体出现的，超越了个人幸运与不幸的范畴，由于人类关系总体的不确定性，导致了他的思考以人之为人的悲惨（*miseria humanae conditionis*）这一极度悲观的观点告终。⑪ 这一观点以波吉奥为起始，并未从后世的人文主义者中完全消失；几乎每一位描述帖木儿的人文主义者都谈到了其敌人的厄运。尽管如此，两种命运的权重虽然在波吉奥这里保持了平衡，此后却逐渐向帖木儿一方倾斜，以至于征服者的伟绩更具魅力，对人类命运的分享不得不让步于对成功的渴慕。

160

---

⑪ 波吉奥晚期作品中关于帖木儿的注释以下列句子作为结论："这样不仅导致了城市的完全毁灭，还导致了王国的彻底灭亡，这就是我们悲惨境遇的首要原因。实际上所有的人事，无论如何伟大崇高，都分享着同一命运：我们的劳动成果没有什么能传之久远。"（Ita non solum civitatum，sed regnorum quoque strages maxima facta est：quod praeci-puum argumentum esse dinoscitur nostrae infoelicitatis. Omnia profecto humana quantumvis ampla，ac magnifica suum fatum sortientur：ut nil perpetuum in nostris operibus reperiri possit. ）*De humanae conditionis miseria*，in der Straßburger Ausgabe der Opera von 1513，fol. 45 r°.

　　波吉奥关于帖木儿的信息为此后建构这位征服者的形象提供了核心内容，由他勾勒的命运轮廓成为进一步阐释其特点之形态的起始点。

　　一位孜孜不倦的作者利用其时代和空间所提供的所有材料，按照应有的尺度第一次将帖木儿及其事迹描绘出来，这位作者就是埃尼阿斯·西尔维奥·皮考罗米尼。[12] 通过敏锐的感官，他记录下了可感知的一切，加之他对文体形式的强烈感觉和无限广博的知识，让他一次次刻画出清晰和圆满的人物。形式的创造看似无心为之，但在叙事的极度愉悦中，其写作成果恰巧成熟为形式完美的历史事件、风景、城市风光和人物速写。[13] 这些创作表面上的随意性并没有使得阐明其内部秩序的工作变得轻松。不止一次，而是在多种场合多次出现，帖木儿的外表凝固成了一个确定的形象，而所要突出的特征并非始终如一。

　　理解这种形象之产生的一个自然途径，可通过重复提及征服者的事迹和这位教宗的生平在时间上的接近来获得。语境本身不需要这样的暗示；尽管如此，文中却有三处明确提到帖木儿的名字，这两个人的生命出现了交叉。第一次是蒙古人胜利之

---

⑫ 参见皮考罗米尼的自我描写："我口我手抒我心。"（Ego qui omnia dico et scribo quae vel in animum vel in buccam veniunt.）Brief an Joannes Campisius, *Aeneae Sylvii Pii Pontificis Epistolarum Liber*[致教宗庇护二世书信集]. Abgedruckt in: *Aeneae Sylvii Piccolominei Senensis, qui post adeptum pontificatum Pius eius nominis Secundus appellatus est, opera quae extant omnia, nunc demum post corruptissimas aeditiones summa dili-gentia castigata et in unum corpus redacta*[存世作品全集：锡耶纳人埃尼阿斯·西尔维奥·皮考罗米尼，升为至高无上的教宗后，尊号庇护二世。底本非常不准确，现在经最精心的整理和修订后，并入全集出版], Basel 1571, S. 534.

⑬ 关于该项能力，参见 Jacob Burckhardt, *Die Kultur der Renaissance in Italien*[《意大利文艺复兴时期的文化》]; besonders II. Band (11. Auflage, 1913), S. 22, 52, 55. Ferner: Georg Voigt, *Enea Silvia de' Piccolomini*, Berlin 1862, II. Band.

战的开端,纪年确定在"约在我们两人出生之前十年"(anno circiter decimo priusquam nasceremur);⑭第二次,士麦那城(Smyrna)的毁灭被记载为"存留在我们父辈的记忆中"(in patrum nostrorum memoriam);⑮第三次,帖木儿的征服被确定在"我们的少年时代"(nostris puerilis)。⑯这些细节不仅仅是代替具体的纪年;它们标志着安卡拉之战与教宗担忧土耳其的危胁之间的明确关系。这些细节解释了为什么皮考罗米尼如此频繁、如此广泛地提到帖木儿,为什么他对亚历山大大帝和凯撒等其他伟大征服者的描述,在帖木儿的形象之前黯然失色。⑰

这些描述本身具有彻底的伴生性质,主要穿插于记述亚细亚和欧罗巴的宇宙志性质的作品中;这些作品概述了人类世界,以古代作者的技巧为范本。与地理描述和环游记述交织在一起的是对当地居住的民族及其历史、英雄人物的叙述。叙事并未试图增进对某一民族或王国的历史发展的理解,但却如同持续描述一处风景的特点,在其领地上层层累积了从人类创始至今的事件。就皮考罗米尼而言,帖木儿本人并未出现在一个类似于在我们时代历史编纂中习惯使用的语境中,即集中描述蒙古诸汗国的扩张,成吉思汗的帝国,以及拓展其领地的诸汗国。皮考罗米尼著作中提及帖木儿的最广泛历史语境是"争论哪一人

161

---

⑭ *Historia rerum ubique gestarum quam alii Cosmographiam et mundi universi historiam appellant*[世界勋业史,又名宇宙志和世界通史,收入《全集》], Opera omnia, S. 313.

⑮ a. a. O. , S. 342.

⑯ *Aeneae Sylvii*, *de Ritu*, *Situ*, *Moribus et Conditione Germaniae*, *descriptio*[记德国的宗教风俗、地理位置、习俗和环境,收入《全集》], *Opera omnia*, S. 1060.

⑰ 这种对帖木儿事迹的强烈欣赏,与几乎已被遗忘的波吉奥的主张相矛盾。尽管如此,必须考虑到这一事实,在《命运无常》和皮考罗米尼的《亚细亚》之间,加入了君士坦丁堡陷落和突厥人向巴尔干的渗透。这些事件必然改变了针对帖木儿问题的一般态度,让关于那位一度克胜突厥威胁之人的记忆,重获生机和重要性。

群最早定居于小亚细亚，谁是这一区域享有最杰出军事声誉的指挥官"（disputatio qui primum populi Asiam minorem coluerint，quique duces apud eam praecipue claruerint）。⑱ 在这一争论（*disputatio*）中，三个层次的事件累积在小亚细亚的领地上；其中两层，底层和顶层，在数量上相对薄弱，而中层则占据了主体。底层包含了《圣经》历史——只有四个简短的句子就结束了。随后是由荷马版的希腊史诗组成的厚厚的一层，叙述了与小亚细亚相关的诸神和英雄。这一史诗架构中交织着关于亚述人和埃及人扩张的某些细节，这些细节也有着该架构的基本色调。此后是四个更短的句子，列出了从吕底亚人到波斯人、马其顿人、罗马人、拜占庭人等的一系列帝国，以土耳其人的帝国为结束。最后，书中记载帖木儿在一场恶战中击败了土耳其人，但这场恶战像闪电一样，摧毁一切之后迅即消逝："帝国未经一战，又回到了土耳其人手中。"⑲事件的序列按照年代顺序排列，但却是非历史的；其三重结构与事件进程的内部关联并非一一对应；相反，这三重结构反映了该时代的三种文化以及对类似主题分类的模式：圣经中的古代；史诗中的古代，正如荷马眼中的古代；⑳希腊化-基督教关于帝国更替的学说。㉑ 在此处插入帖木儿崛起的内容相

---

⑱ *Kosmographie*，*Asia*，*Opera omnia*［《全集》］，S. 381 f.

⑲ "现在希腊人被突厥人所征服，帖木儿［正如前文所述］曾将突厥人打得全面溃败，但如同闪电一般［消灭了一切之后］，他迅速消失了，因而未经一战，突厥人又重新掌控局势"（Graecos autem Turcae eliminarunt，quos Tamerlanes［ut ante diximus］magnis affecit cladibus，sed tanquam fulgur［cum omnia pertrivisset］brevi defecit，et res ad Turcas sine controversia rediit），a. a. O.，S. 382。

⑳ 文章将虚构与真实混为一体，主体材料来源于神话、寓言和小说。但文章的意图已经说明了"真相"："我们在寓言中寻求琐事，在历史中追求真实和庄重。"（Nugas in fabulis，in historia verum quaerimus et serium.）参见 der *Praefatio* zur *Kosmographie*，a. a. O.，S. 281。

㉑ 关于君权传递（*translatio imperii*）的问题，参见 Alfred Dove，Der historische Begriff des Mittelalters［《中世纪的历史观念》］，in：*Ausgewählte Aufsätze*，München 1925。

当困难,因为蒙古人的王国仅仅是在其外围最大时短暂侵入了 162
地中海帝国(imperia)的地域。帖木儿是一击就带来毁灭的"闪
电",但为时短暂,没有对帝国(imperium)带来更多影响。

关于帕提亚帝国(Parthia)及其历史的描述产生了最重要的
帖木儿形象。该形象出现在帕提亚帝国历史末期。帕提亚帝国
历史的主要部分,作为对东西罗马帝国与帕提亚人争斗的记述,
到目前为止,在现实政治上比小亚细亚事件的集合拥有更具重
要意义的内容。尽管如此,观察事物演进的角度则是以地中海
区域为中心。在此种情况下,帕提亚人以及帖木儿也是作为异
质体从外界侵入地中海区域的西方历史。蒙古人攻击的核心区
域及其位于哈喇和林的中心几乎没有进入皮考罗米尼的视野范
围;㉒只有极少的记载传递了关于蒙古帝国的信息,其重点明显
落在中国汗国时期[元朝]。㉓ 在这些环境中所呈现出来的帖木

㉒ 此种知识的迹象可在下文中显露出来:"帖木儿统治着这些[帕提亚]人,据信他
们今天处于大汗统治之下,尽管大汗的帝国据称幅员最为广大,但仍然无法到
达,我们的人民对之几乎一无所知。"(Thamerlanes his [Parthis] imperavit, hodie
sub magno Cane degere creduntur: cuius imperium quamvis latissimum esse traditur,
nostratibus tamen inaccessum ac pene incognitum est.)In der Asia, Opera omnia, S.
317。

㉓ 因此,举例而言:"在我们的时代,我们将中国的东方斯基泰人当做大汗的子民,
因为他们是这样称呼其皇帝的"这句话是基于尼古拉斯·维内图斯(Nicolaus
Venetus)的记载,显然是指中国汗国(a. a. O., S. 288)。翻过几页(S. 291),文中
再次提到了中国及其汗,汗的疆土从药杀水外(ultra Jaxartem, 即今锡尔河)开
始,意味着在地理上包含了蒙古。所引用的维内图斯的记载下一次只提到了汗
在汗八里(Gambaleschia, 即元大都,今北京)的居所。让人奇怪的是,皮考罗米
尼明显没有见过13、14世纪的行记。他唯一的来源似乎就是维内图斯,此人又
名尼考罗·德·孔蒂(Niccolo dei Conti),孔蒂在亚洲的旅行时间是在1414年到
1439年之间。实际上孔蒂在旅行中并未越过巽他群岛,但其记载却从其它来源
羼入了关于中国的信息。这一情况一方面说明了为什么关于在中国的蒙古汗国
还会出现在孔蒂的报告中,尽管蒙古汗国早在十四世纪已被明王朝所取代。另
一方面它也显示了皮考罗米尼在未见原始文献的情况下,是如何了解到蒙古帝
国的版图范围的。关于孔蒂的信息,参见《意大利百科全书》(Enciclopedia
Italiana)中马里奥·郎盖纳(Mario Longhena)的文章和文中引用的相关 (转下页)

儿形象几乎没有或完全没有触及地区、氏族或历史的基底深处。帖木儿的形象包括按年代列举的这位统治者的生平，其中穿插了轶闻逸事，这两者的准确性都值得怀疑。尽管如此随意，帖木儿的形象在皮考罗米尼的笔下获得了如此的密度和力度，作为描述帖木儿的范型，其影响持续了一个多世纪，直到路易·勒卢阿最后宏大的重塑，将之像浮雕一样固化下来。

就内容而言，皮考罗米尼笔下的帖木儿形象结合了许多信息和轶事，而其他作者准确抄录并按同样顺序列出了这些信息和轶事；在此过程中，此一形象的要素中的某些可能被忽略，也可能新增；尽管如此，要素的框架保持基本不变。下面是这些要素的列表，附上标题，以便于识别。

（1）帖木儿卑微的出身

（2）与最初伙伴的交往

（3）由河中向小亚细亚的首次扩张

（接上页）文献，以及玉尔（Yule）的 *Cathay and the way thither*，London 1866, Bd. I, S. CXXXVI ff. 进而言之，孔蒂所采用的东亚记载对我们所提出的问题具有特别意义，因为它给出了一个相当可靠的结论，皮考罗米尼对帖木儿的知识来自于波吉奥。孔蒂的行记由波吉奥作为其《命运无常》（De varietate fortunae）的第四卷出版。波吉奥敬献给尼古拉斯五世（Nicholas V）的版本最晚于 1450 年上呈，收藏于梵蒂冈图书馆。庇护二世相当严格地抄录了波吉奥写本中孔蒂的记载。参见 Waldemar Sensburg, Poggio Bracciolini und Nicolo de Conti in ihrer Bedeutung für die Geo-graphie des Renaissancezeitalters, in: *Mitteilungen der k. k. Geograph. Ges. in Wien*［波吉奥·布拉西奥里尼和尼考罗·孔蒂对文艺复兴时期地理的意义，《维也纳皇家及帝国地理学报》］, Bd. 49, 1906, S. 263 und 354 ff. ；另参 Mario Longhena, I manoscritti del IV libro del *De Varietate Fortunae* di Poggio Bracciolini contenenti il raconto dei viaggi di Nicolo de'Conti, *Bollettino della Società geografica italiana*［波吉奥·布拉西奥里尼《命运无常》第四卷手稿，包含尼考罗·德·孔蒂的行记，意大利地理学会会刊］, Bd. VI, 2, fasc. 1‑6, 1925. 我们可以很有把握地认为，教宗庇护二世不仅熟悉第四卷，而且也熟悉其它部分，并在其著作《亚洲》（*Asia*）的第 1461 页中利用了所有的信息，另参 Voigt, *Enea Silvio* II, S. 334 ff.

（4）安卡拉之战大捷

（5）巴耶塞特的命运

163

（6）安营布阵之法

（7）士兵的军纪

（8）在叙利亚及埃及获胜

（9）征服大马士革

（10）陶里斯（Tauris）的计谋

（11）三种大帐的故事

（12）对热那亚商人的回答

（13）与汉尼拔的比较

（14）撒马尔罕（Samarkand）的富庶

（15）哀叹未找到伟大史家（歌颂他的事迹）

（16）帖木儿死后王国的衰亡㉔

㉔ *Asia*，*Opera omnia*，S. 313. "帖木儿血统上属于帕提亚人，这个普通士兵英勇无畏，行动敏捷，远迈侪辈，不久即成为多个部族的领袖"（Thamerlanes, genere Parthus, gregarius miles, adeo inter suos viventis et corporis agilitate excelluit, ut brevi multarum gentium dux fieret）（第 1－2 节）；"从此他成为帕提亚人之主，此后将斯基泰人、伊比利亚人、阿尔巴尼亚人、波斯人和米底人置于治下；他侵入了美索不达米亚和阿尔美尼亚，横渡幼发拉底河，统帅四十万骑兵和六十万步兵，将我们称之为小亚细亚的地方夷为废墟。"（quibus Parthorum imperio potitus, Scythas, Iberos, Albanos, Persas, Medosque sibi subegit; Mesopotamiam invasit, atque Armeniam, transitoque Euphrate, cum quadringentis millibus equitum, sexcentis millibus peditum, omnem Asiam quam minorem appellamus, obtrivit.)（第 3 节）

"他在战场上击败了阿尔美尼亚之王巴耶塞特，突厥人中最强大的王。巴耶塞特统领同样数量的骑兵和规模庞大的步兵保卫自己的领地。帖木儿杀死了二十万（巴耶塞特的）士兵，活捉了巴耶塞特。"（Regem omnium potentissimum Pazaitem Turcarum dominum, cum pari equitum numero, et magnis peditum copiis, fines suos tutentem, apud Armenos proelio superatum, ducentis millibus hominum interfectis, vivum cepit）（第 4 节）；"将他像野兽一样锁在笼中，作为人类境况中一个不寻常且令人吃惊的例子，（帖木儿）带着他走遍了亚细亚。"（caveaque in modum ferae inclusum, per omnem Asiam circumtulit, egregium et admirandum humanarum rerum spectaculum.)（第 5 节）

"他的营垒布局如同城市，每一兵种各居其位，各司其职，一切准备有序"（Castra eius in urbis modo ordinata fuere, statuto cuique arti loco, atque in （转下页）

（接上页）partes suas distributis exercitiis, ut omnia in promptu essent)（第 6 节）；
"维持生活的必需品他总是保持充足，防止被劫，每样东西都安全分享：士兵中从未出现骚乱或兵变，他从未遭遇过厄运。"（ad vitae usum necessaria summa semper rerum copia inveniebatur, cum nullus esset latrociniis locus, tutoque omnia compartarentur: nulla umquam seditio, nullus tumultus inter milites fuit, adversam fortunam numquam expertus est.)（第 7 节）

"横扫从塔纳尔河到埃及的亚细亚之地，他抢占、劫掠、火焚了士麦那、安条克、塞巴斯蒂安、特里波利斯、大马士革以及许多堡垒拱卫的城市。他与埃及的速檀开展并使之大败，一直将之赶到培琉喜阿姆（位于尼罗河东河口）之外；他已准备好入侵埃及，但却被广大的沙漠和荒地所阻；作为一个身经百战的人，他愿意接受任何对他人而言艰苦困难的挑战。"（A Tanal flumine usque ad Aegyptum, universam Asiam percurrens, Smyrnas, Antiochiam, Sebastiam, Tripolim, Damascum, multasque validissimas urbes vi cepit, diripuit atque incendit. Soldanum Aegypti bello superatum, lutra Pelusium repulit: Aegyptum ingredi parantem vastae solitudines et deserta loca averterunt, virum belli artibus insignem, ad ea maxime obeunda promptum quae ardua et dura caeteris videbantur.)（第 8 节）

"他占领了大马士革，由于该城原有城池上部(堡垒)看来太难攻取，他在其对面建起了另一个堡垒，比原堡垒更高，突袭占领了堡垒；不过他遭受了重大损失。"（Damasco capta, cum arcis antiquae expugnatio difficilior videretur, constructa e regione altera, quea antiquam altitudine superaret, vi cepit: quamvis multa suorum caede.)（第 9 节）

"卡法是一个热那亚人之城，是位于切尔松涅索斯·陶里卡［即今克里米亚］的一个殖民地，距离辛梅里安·博斯普鲁斯不远；当帖木儿决定侵入此地，他先行派出了斯基泰人交易商，答应按低于常规的价格收购珍贵毛皮。他知道黄金可以藏起来，但毛皮不能埋藏；此后不久就宣战了，战争机器开始运作，城市被武力占据，他夺去了黄金和毛皮。"（Capha urbs est Genuesium, colonia in Taurica Chersoneso, non procul a Bosphoro Cimmerico: hanc cum Tamerlanes invadere statuisset, Scythas negociatores praemisit, qui praetiossisimas animalium pelles minori quam consueverunt precio venundarent, sciens aurum abscondi posse, pelle suffodi no posse: moxque bello indicto, admotis urbi machinis, expugnata vi atque armis civitate, et auro et pellibus potitus est.)（第 10 节）

"当他包围一座城市，第一天他扎下白色大帐；第二天扎下红色大帐，第三天扎下黑色大帐：他坐在白色大帐中时投降的都将被饶恕。红色大帐预示着每户户主之死；黑色大帐表明全城将被夷平，一切都成灰烬。据传说一个人口众多的城市由于疏忽没有在第一天投降，就派出了一队身穿白衣手拿橄榄枝的童男童女，以平复君王的怒火：他(帖木儿)命令骑兵将所有人践踏而死，并焚毁了所占领的城市。"（In obsidionibus urbium, prima die albo tentorio utebatur, secunda rubeo, tertia nigro : qui se dabant in albo sedenti, salutem consequebantur. Rubeus color moriendum patribus familiarum indicabat: niger civitatis excidium, et omnia in cinerem convertenda. Fama est populosae cuisdam civitatis, quae prima die deditionem neglexisset, pueros, puellasque omnes in candida veste ramos olivae praeferentes exivisse,（转下页）

　　与土耳其历史和巴耶塞特一世围困君士坦丁堡相关而产生的另一帖木儿形象的诸要素，补充了这一材料列表。如果不是帖木儿的胜利迫使巴耶塞特放弃围城，君士坦丁堡可能已经落到土耳其人手中。当我们将上述列表中的项目分类并加上标题，就出现了如下结构：

（接上页）ut principis iram placarent：illum omnem ab equitatu conculcari atque conteri iussisse，et urbem captam incendi. ）（第 11 节）

　　"有一次一个热那亚人，同时也是他的家族成员，问他为何如此残忍无度：他由于激动而暴怒，面目扭曲，眼冒怒火，他回答说：你认为我是一个普通人吗？你错了：我是上帝之怒和降临人间的破坏者：以后小心，我在场的时候不要见到你，除非你愿意因为质问我而被惩罚。热那亚人离去了，确保这个暴君永远看不到他。"（Interrogatum aliquando ab homine Genuensi，qui ei familiaris esset，cur tanta crudelitate uteretur：Commotum ac veluti furentem，distorta facie，ac spriantibus ignem oculis，respondisse. Tu me hominem esse arbitraris? Falleris：ira Dei ego sum et orbis vastitas：caveto ne posthac mihi occurras，nisi velis interrogationis tuae poenas dare. Abiit Genuensis，neque ulterius oculis Tyranni objectus est. ）（第 12 节）

　　"那些见过帖木儿的人说，根据记载中对迦太基人（汉尼拔）的描述，他像汉尼拔：没有人比他更坚忍不拔，没有人惩罚劫掠比他更严苛，因为只有他自己才有劫掠而不受惩罚的权利。如果劫掠是针对与他对阵的敌人，他将之视为英勇之举。"（Ferebant qui Tamerlanem viderunt，cum Hannibali fuisse similem，secundum ea，quae de Poeno scribuntur：nihil eius animo severius，nihil magis quam latrocinia vindicasse，ut ipse unus esset，qui latrocinari impune posset. Quaerebat tanquam virtutis opus quibuscum bellum gereret. ）（第 13 节）

　　"击败了无数的国王和暴君，摧毁了众多省份，他率领军队，满载所征服国度的战利品返回家乡：他看到商人之城［即撒马尔罕］内充斥着各族的战俘，还将这座城市用俘获自敌人的战利品装点起来。"（Deletis regbus ac tyrannis permultis，vastatis pluribus provinciis，onustum de victarum gentium spoliis exercitum in patriam reduxit：et civitatem Marchantem condidit，quam variis generis captivis replevit，et hostium spoliis exornavit. ）（第 14 节）

　　"事实上，如果某些杰出人才重新发现他的事迹，这些事迹完全可列为人间领袖最光辉的伟业"（Quod si alquod excellens ingenium eius acta reperssent，inter clarissima ducum gesta legerentur）（第 15 节）；"当他辞世而去，留下了两个儿子，将继他之后成为统治者。但帕提亚帝国由于两个儿子的不和而分裂，再也未能崛起。"（vita functus，duos filios reliquit regni successores，qui discordia laborantes effecerunt，ne Parthorum imperium rursus posset emergere. ）（第 16 节）

　　对该段落的完整翻译，让我们可以与前引波吉奥的叙述相比较，确定增加了哪些材料。如前所述，我们没有关于材料来源的详细信息。

（1）帖木儿的军事实力及其现身的影响力

（2）有关神之怒（*ira Dei*，其含义与前一形象第 12 项相同）的轶闻

（3）帖木儿的残忍和破坏（大马士革）

（4）巴耶塞特的命运（增加细节而扩充篇幅）㉕

最后，与描述德国相关的一个基本要素发挥了作用。皮考罗米尼讨论了国家富裕或贫穷与其政治效能关系的问题。他指出，亚洲国家的贫穷并未阻止它们形成大帝国。他将帖木儿及其部众作为例证之一，这些人从极端贫困的斯基泰之地骤然崛起。㉖

㉕ *Europa*，*Opera omnia*，S. 395.

　　"如果不是帖木儿这个强大的斯基泰人国王象洪流一样侵入并扫荡面前的一切，战胜了试图进攻和抵抗他的巴耶塞特，并在一场大战及大屠杀中抓获了他。这就是帖木儿，各部族的恐惧，其大军据称多达 12 万人，超过薛西斯和大流士让河水为之干涸的军队。"（Ni Tamerlanes ille Scytharum praepotens rex，instar torrentis ipso incursu atque impetu cuncta prosternendo et vastando，Pazaiten ipsum occurrere ac reluctari conantem，magno proelio et ingenti strage superatum in Asia cepisset. Hic est ille Tamerlanes terror gentium，in cuius exercitu duodecies centena millia hominum fuisse traduntur，Xerxe ac Dario maior，quorum copiis siccata flumina prodiderunt. ）（第 1 节）

　　"他宣称自己是上帝之怒，他的名字也不乏残忍的意味。"（Iram ipse se Dei vocitavit，nec nomini crudelitas defuit. ）（第 2 节）

　　"他夷平了众多亚细亚的名城，杀人如牲畜，不分男女老幼。他摧毁了叙利亚最尊贵的城市大马士革，并将之付之一炬。"（Multas ac praeclaras Asiae urbes delevit，homines tanquam pecora trucidavit，non aetati，non sexui pepercit. Damascum nobilissimam Syriae urbem diripuit atque incendit. ）（第 3 节）

　　"用餐时，他强迫巴耶塞特戴着镣铐在桌下象狗一样吃东西；上马时，把后者当做脚凳。"（Pazaiten caten vinctum prandens，quasi canem sub mensa sua comedere iussit，ascensurus equum，eo tamquam scabello usus est. ）（第 4 节）

㉖ *De ritu*，*situ*，*moribus et conditione Germaniae*，*descriptio*，*Opera omnia*，S. 1060.
　　"那里也突然出现了最为强大的帖木儿，以简单的方式封锁了阿尔美尼亚、卡帕多西亚、亚细亚、卑斯尼亚、西里西亚和叙利亚，并将最华贵之城大马士革付之一炬。他身上洋溢着精力和勇敢，提供大量黄金比贫穷更能教育他。"（Unde et fortissimus ille Tamerlanes erupit，qui nobis puerilis Armeniam，Capadociam，Asiam Bithiniam，Ciliciam Siriamque vallavit，et nobilissimam urbem incendit Damascum，viris fortibus et animo excellenti，praeditis saepius auri copia quam in opia docuit. ）

对这组要素的评价取决于所选择的比较标准。后文我们会将这组要素与阿拉伯和波斯史家的作品比较；我们将不得不得出结论，与 14、15 世纪东方历史学重要著作相比，这组要素无论是在内容还是方法上都相当一般。但在欧洲文艺复兴文学的框架中，这组要素在创造伟大征服者、统治者、帝国奠基者形象上所起的重要作用必须给予高度评价。皮考罗米尼描述的形象及形象片段与一些与之同代或稍晚时代的其他作者的著述相比，单就内容而言就明显胜出一筹。例如，巴托罗密欧·萨奇（Bartolomeo Sacchi）在其《教宗伯尼法九世传》（*Leben Bonifaz IX*）中的记载就只有寥寥几句："那时帖木儿死去了。他击败了土耳其人，将他们的王缚上铁链随行。他让阿尔美尼亚、波斯和埃及都失去了统治者。如果当时基督徒想重新征服耶路撒冷和圣墓，将会非常容易。"㉗在这一语境下，只有在帖木儿作为战胜尼科波利斯（Nikopolis）的强大征服者的战胜者时，他的出场才值得关注；巴耶塞特被关在笼子里这一事实（有人怀疑其准确性）显然给了萨奇如此之多的满足感，以至于他不愿隐去这一细节。从文中可以相当明显地看出，这一细节被表述出来，不是为了描写帖木儿，而是彰显对基督教世界之敌人的惩罚。另一方面，惩罚的观念值得注意，因为这显示出在这个重要的历史时刻，一个重大的政治和军事机遇被错过了；这一点皮考罗米尼并

164

㉗ Platinae in vitas summorum pontificum ad Sixtum quartum pontificem maximum opus，1479（"普拉提那著，截至西斯笃四世的历代教宗传"，1479，《伯尼法九世传》）；该书未分页。"那时帖木儿死去了，他击败了突厥人，将他们的王缚上铁链随行；他让阿尔美尼亚人、波斯人、埃及人、叙利亚人都失去了统治者，因此当时基督教徒很容易就能重新征服耶路撒冷和主的圣墓。"（Hoc tempore quo mortuo Tamburlano；qui thurcos superaverat；eorumque regem cathenis vinctum，secum trahebat；armenios；persas；aegyptiacos；assyrios；sine gubernatoribus reliquerat；qua ex re facile christianis tum fuisset Hierusalem；ac sanctum domini sepulchrum recuperare．）

未提及,尽管布克哈特用委婉的措辞断言,皮氏年迈时仍保有足够气力去为十字军东征计划失败悔恨而死,这样一个人必然曾有过这样的想法。这一想法的缺位,比任何其他特征更有说服力地表明,他多么重视创造这样的形象,对他来说,历史的实际语境相对而言毫无意义。

帕尔梅利(Palmieri)《编年史》(*Chronicle*)中 1403 年的记载没有提供更多的内容。下面是其中包含的要素:(1)强大的武力;(2)卑微的出身;(3)安卡拉之役;(4)巴耶塞特的命运;(5)攻打大马士革的胜利之战;(6)罪恶或罪人的惩罚者(*ultor peccatorum*),与神之怒(*ira Dei*)的轶事相对应。㉘ 奥博特斯·

㉘ *Eusebii Caesariensis Episcopi Chronicon*;*quod Hieronymus presbyter divino eius ingenio Latinum facere curavit*,*et usque in Valentem Caesarem Romano adiecit eloquio. Ad quem et Prosper et Matthaeus Palmerius demum et Ioannes Multivallis complura quae ad haec usque tempora subsecuta sunt adiecere*(凯撒里亚的优西比乌斯主教的编年史,神父耶柔米利用上帝所启示的才能,运用罗马式修辞以拉丁文写成,上至瓦伦特皇帝时代。普洛斯波、马太乌斯·帕尔默里乌斯和爱奥尼斯·马尔提瓦利斯最后加入了一些事件,续写至我们的时代),Paris 1513,fol. 149 v°:"帖木儿,掌控着难以置信之权力的最高指挥官,死去了。他是鞑靼人,出身卑微。他指挥着如此庞大的军事资源,其营帐中超过十二万人。这样巨大的兵力在战争中击败了突厥人,帖木儿将他们的最高指挥官用金链绑着,系在他所乘坐的战车上,仿佛庆祝胜利一样;然后他击溃了阿尔美尼亚人,打垮了波斯人,击败了埃及人。他毁灭了埃及人。他几乎夷平了大马士革。无论他的名字传到哪里,其回声都充满了威胁,似乎他是作为罪恶的可怕惩罚者被上天派来的。"(*Tamburlanus incredibilis potentiae imperator moritur. Fuerat apud Tartaros natus humili loco*;*et tantas vires adeptus ut supra duodecies centena hominum milia haberet in castris. Qua multitudine atritis bello Turcis*:*eorum imperatorem cathenis iunctum aureis*,*currui quo vehebatur quasi triumphans adiunxerat*;*Armenos praetera prostravit. Subverterat Persas Destruxerat Aegyptios. Damascum pene deleverat. Et quocumque eius transcenderat nomen sola fama quasi fuisset missus adeo peccatorum ultor terribilis imminebat.*)关于本编年史各作者之间的复杂关系,参见 *Storia della letteratura Italiana*(《意大利文学史》),6. Bd.,Neapel 1780,Teil II,S. 21 ff. 我们手头有 *Cronica generale della creazione del Mondo finora suoi tempi*(《从创世到他们时代的编年体通史》),根据泰拉波西(Tiraboschi)的说法,这本书经常与优西比乌斯和阿奎塔尼亚的普洛斯波(Prosper von Aquitanien)的编年史著作合并印行。帕尔梅利生活的年代是公元 1405—1475 年。

米拉欧斯(Aubertus Miraeus),优西比乌斯《编年史》的后代续作者,所写内容实际上节选自皮考罗米尼。[29] 希佩里(Cipelli)是土耳其史专家,提供了一段由于帖木儿的出现导致君士坦丁堡围城得以解除的叙述,并将其叙事仅限于提及安卡拉之役和巴耶塞特的命运。[30]

---

[29] "Auberti Miraei Chronicon," in *Rerum toto orbe gestarum Chronica a Christo nato ad nostra usque tempora. Auctoribus Eusebio Cesariensi Episcopo, B. Hieronymo Presbytero, Sigeberto Gemblacensi Monacho, Anselmo Gemblacensi Abbate, Auberto Miraeo Bruxell. Aliisq*("奥博特斯·米拉欧斯的编年史",收录于《自基督诞生至我们时代的世界勋业史》,凯撒里亚的优西比乌斯主教、B. 耶柔米神父、格姆布洛克斯修道院的西格伯特修士、格姆布洛克斯修道院的安塞尔姆斯修道院长、奥博特斯·米拉欧斯·布鲁克瑟尔等著》), Aliisq., Antwerpen 1608。

[30] *Ioannis Baptistae Egnatii Veneti de Origine Turcarum*(《论突厥人的起源》,威尼斯的爱奥尼斯·拜普特斯塔·艾格纳提乌斯著),以历史著作合集的形式重印,标题为: *Bellum Christianorum, Praecipue Gallorum, contra Saracenos, anno salutis M. LXXXVIII. pro terra sancta gestum: autore Roberto Monacho*(《基督徒的战争,主要是我主第 1088 年法国人与萨拉逊人争夺圣地之战》,罗伯特斯修士撰), Basel 1533。希佩里生活的年代是公元 1473 - 1553 年。

我只从相关文本中节选了一些关于帖木儿某一典型性格的较短评论。实际数量要大得多,在 16 世纪其数量增多。引文如下,我不打算提供穷尽性的列表:

a) *De origine et rebus gestis Turcarum liberI.* Nicolao Euboico Saguntino autore.(《关于土耳其人的起源和勋业》,第 1 卷,尼古拉斯·欧泊伊克斯·撒衮提努斯撰)Datiert: Neapel, 20. Juli 1476 (收录于查尔康戴尔[Chalcondyle]论土耳其的著作, 1556 年), S. 187. 该作品告诉我们,如果不是帖木儿的到来迫使巴耶塞特撤兵,并在此后在安卡拉击败他,拜占庭帝国将会陷落。同一作品也出现在拉姆斯(Ramus)的版本中: *Otthomanarum familia, seu de Turcarum imperio historia*, N. Secundino Autore, addito complemento Io. Rami, a capta Constantinopoli usque ad nostra tempora, Viennae Austriae(《奥斯曼皇室,或突厥帝国史》, N. 塞昆迪纳斯著,爱奥尼斯·拉姆斯附录,自君士坦丁堡陷落至我们的时代), 1551 年(收录于拉姆斯的 *Archiducum Austriae ex Habspurgenis familia Historiae et res gestae* [《来自哈布斯堡王室的奥地利大公们的历史和勋业》], Wien 1551)。

b) *Rerum Turcicarum liber tertius. Qui continet breviter res Turcicas in annos singulos distributas*, eodem Ioanne Ramo autore(《突厥纪第三卷,包含土耳其纪全书缩略版》由同一作者约翰内斯·拉姆斯按年份排列),收录于查尔康戴尔著作(1556 年), S. 215。

c) *De origine regum Turcarum compendiosa quaedam perioche, per Andream a Lacuna Secobiensem collecta*(《土耳其人诸王起源简述一种,安德里亚·阿·拉库纳·塞克比恩西斯辑》)收录于查尔康戴尔著作(1556 年), S. 215. 拉古(转下页)

（接上页）纳（Laguna［原文如此，当为 Lacuna——译注］）生活的年代是公元1490—1560年。

d) "Informatione di Paolo Giovio A Carlo Quinto Imperadore Augusto"（帕奥罗·吉奥维奥呈查尔斯五世奥古斯都的报告，1531），收录于 Sansovino，*Historia universale dell' origine，et imperio de Turchi*，Raccolta da M. Francesco Sansovino Cavaliero Angelico di Costantino（《土耳其起源及帝国史》，M. 弗朗西斯科·森索维诺·凯瓦利埃罗·昂格里克·迪·君士坦丁诺辑），In Venetia 1573，f. 228。帖木儿的干涉导致了君士坦丁堡的获救。（森索维诺的 *Historia* 的较晚版本有 Venedig 1600 和 1654）。吉奥维奥报告的德语版题为 *Ursprung des Turkischen Reichs bis auff den itzigen Solyman*，durch D. Paulum Jovium，Bischoff Nucerin，an kaiserliche Maiestat，Carlum V. inn Welscher sprach geschrieben，ernach aus dem Latin，F. Bassianatis，Verdeutscht durch Justum Jonam. 1540. *Eingeleitet von Melanchthon und gefolgt von einem Brief Luthers*（《突厥王国的起源，下至当代的苏莱曼皇帝》，努瑟琳主教帕奥罗·吉奥维奥以意大利文写就，呈查尔斯五世皇帝陛下，后 F. 巴斯安纳提斯译为拉丁文，儒斯塔姆·约纳斯译为德文，1540 年。美兰其通作序，序后附路德的信件）。拉丁文本名为 *Mahumetis Saracenorum Principis，eiusque successorum Vitae*（《萨拉逊君主穆罕默德及其继承者传》），巴斯安纳提斯（Bassianates）译，1543 年。

e) "Pauli Jovii Novocomensis de Legatione Moscovitarum libellus，ad Ioannem Rurum archiepiscopum Consentinum"（"帕奥罗·吉奥维奥·诺沃克门西斯出使莫斯科公国行记，呈康森提纳斯大主教爱奥尼斯·鲁鲁斯"），由 Simon Grynaeus 收入 *Novus Orbis*［《新世界》］，1555，S. 488；对撒马尔罕的讨论中提供了关于帖木儿的资料。

f) *Mathiae a Michov de Sarmatia Asiana atque Europea，libri duo*（两部关于亚洲和欧洲萨尔玛提亚人的书，马提尔斯·米赫夫著），由 Simon Grynaeus 收入 *Novus Orbis*，1555，S. 458 以及 469。

g) *Gl'Annali Turcheschi overo Vite de' Principi della Casa Ottomana*. Di M. Francesco Sansovino（《来自奥斯曼王室的土耳其君主生平年鉴》，M. 弗朗西斯科·森索维诺著），Venedig 1573，S. 39 ff.

h) 沃尔夫冈·德莱西斯勒（Wolfgang Drechsler）的《编年史》（*Chronicle*）有多种版本：*De Saracenis et Turcis Chronicon Wolfgangi Drechsleri，etc. Argentorati*，Anno，M. D. L. 其他版本：Chalcondyles von 1556，*Curionis Sarracenicae Historiae*，1567；Sansovino's *Historia Universale*，1573，以后版本，为赖斯其乌斯（Reiskius）的扩充增补版，1689 年出版于莱比锡（这一版在引言中提到了许多其它版本）。值得注意的是 1689 年版中描述帖木儿 1403 年死去的套语："帖木儿，整个东方的恐怖，暴君之中最高贵者，离开了这个世界。"（Tamburlanus totius Orientis terror，tyrannorum nobilissimus，e vita migrat.)

i) *De rebus Turcicis Commentarii Duo accuratissimi，Joachimi Camerarii Pabenpergensis. A filiis nunc primum collecti ac editi*（《两部最准确的突厥纪事》，帕本伯格的约阿希姆·卡美拉里乌斯著。首次由其子编辑整理），Frankfurt （转下页）

　　我们对形象的内容所进行的检查乍一看很奇怪。如果说真正起作用的是该形象所产生的效果，人们对内容的要素分类又是为了什么目的呢？这一程序实际上是有意义的，因为内容要

（接上页）1598，S. 47 und 85. 卡美拉里乌斯生活的年代是公元 1500—1574 年。

　　k) Series imperatorum Turcicorum，*De causis magnitudinis Imperii Turcici*，*et Virtutis ac Felicitatis Turcarum in bellis perpetuae*：*Uberti Folietae lucubratio*（《历代土耳其皇帝：论土耳其帝国伟大和土国人在战争中始终英勇和好运的原因：优博特斯·弗里埃塔沉思录》），Lipsiae 1594.

　　l) *Cosmographia*，*Das ist Beschreibung der ganzen Welt*，*etc.... Erst-lichen... durch ... Sebastianum Munsterum an den Tag gegeben*（宇宙志，即对整个世界的记述等……由塞巴斯蒂安乌斯·门斯特乌斯首度出版），Basel 1628，S. 1456 f.（又见第一版，Basel 1544，S. 576f. ）以下我引用了这一［整］段，因为这是我所知的唯一一个重要的德文版：

　　"然后在公元 1400 年，鞑靼人之王帖木儿从药杀水畔的撒马尔罕城而来，他是帕提亚、斯基泰、伊比利亚、阿尔巴尼亚、波斯和米底亚的主人，此后又侵入了美索不达米亚和阿尔美尼亚，率领四十万兵横渡幼发拉底河，像闪电一样在亚细亚横冲直撞，在小亚细亚与土耳其皇帝巴耶塞特对战，在杀死成千上万土耳其士兵之后，生擒了他，用金链锁起来，将他锁在笼中随行，通过公开展览或表演在全亚细亚面前展示。当他［帖木儿］用餐时，土耳其皇帝不得不像条狗一样在他桌下吃；当帖木儿想要上马时，巴耶塞特必须在马旁边像个脚凳一样卧着。这个帖木儿征服了土耳其人，纵横小亚细亚，攻占并焚毁了士麦那、安条克、塞巴斯蒂安、特里波利斯、大马士革及众多其它城市。他是个令人生畏的人，只攻击那些征服起来非常困难和棘手的地方。当他包围城市，第一天会扎下白帐；第二天红帐；第三天黑帐。如果他坐在白帐中时被围的城市投降，就会被宽恕。如果坐在红帐里时投降，流血就不能避免。当他坐在黑帐里的时候，这表明他将把这城夷为平地。有一次他包围了一座人口众多的城市，由于该城不想在第一天投降，而是晚些时候打开城门，让童男童女穿上白衣，手中拿着橄榄枝来见他，以平息他的怒火。他当即下令让骑兵用马蹄将他们踩死，城市付之一炬。有一次一个人问他，为什么他对人如此残暴，他回答说："你以为我只是个凡人吗？你错了，我是上帝之怒，世界的毁灭者。"但由于帖木儿拖着土耳其皇帝走了那么久，不断对皇帝进行极大的侮辱，虽然最终释放了他，但［巴耶塞特］因羞辱而不久后死去。其他作者写他在狱中悲惨地死去。"

　　m）*Prognosticon. Weissagungen und Urtheyl... Durch... D. Antonium Torquatum gestelt... Im Jar Christi M. CCCC. LXXX.* —Nach folgends auß dem Latein eigentlichen verdeutscht/ und zum theyl erklärt / Durch Casparum Goltwurm Althesinum（预兆：预言与判断……D. 安东尼乌斯·托尔阔图斯作于我主 1480 年——此后由拉丁文译为德文/部分内容由卡斯帕鲁斯·格尔特乌姆·阿尔迪西努斯注释），Frankfurt 1558（未分页）。格尔特乌姆关于预言的注释叙述了巴耶塞特的被擒及被囚禁于笼内的情况。

素的分解与该形象结构的可见原则相对应,形象结构利用了这些要素。至今所列明的和那些尚未列明的作者通过连续列举材料成分实现形象的效果这一事实,主要是由于各形象间比较所产生的直接印象导致的。此外,这些形象在其产生时是如何被理解的,皮考罗米尼作品所附的索引为之提供了文献证据,在索引中,帖木儿的形象被按照与我们相似的方式分解。我们引用过的教宗《全集》(*Opera omnia*)中标题的索引包含了如下列表:

(1) 帕提亚人帖木儿的坚忍不拔

(2) 围城中帖木儿大帐的不同颜色

(3) 帖木儿可憎的残忍

(4) 帖木儿征服士麦那

(5) 帖木儿,各族之恐怖

(6) 帖木儿,神之怒

(7) 帖木儿火焚大马士革城

(8) 斯基泰人之王帖木儿战胜土耳其人

(9) 帖木儿的残忍

(10) 帖木儿的家乡

该列表可能让人怀疑是编纂者过于热衷于主题索引的结果。当我们看到热那亚公爵巴提斯塔·弗莱格索(Battista Fregoso)的《回忆录》(*Memorabilien*)这样的著作时,这一怀疑也可排除。[31] 模仿瓦勒里乌斯·马西穆斯(Valerius Maximus),弗

---

[31] *Bap. Fulgosii Factorum dictorumque memorabilium libri* IX. A. P. Justo Gaillardo Campano, in Paris. Senatu advocato, aucti et restituti. Praefixa est eiusdem Gaillardi, De utilitate et ordine historiarum praefatio, deprompta ex suis institutionibus historicis(浸信会教徒福尔格西乌斯著,《值得回忆的事情和格言》,9 卷,由巴黎上院顾问 P. 儒斯特斯·盖拉尔都斯·凯姆帕努斯补正,同一盖尔都斯 (转下页)

莱格索编辑了一部庞大的回忆录,收集了历史上重要人物的生平,根据道德哲学的观念组织这些轶闻。这部著作是皮考罗米尼的帖木儿形象中可以找到的那类基本史料的冗长记录。此种编排的目的不言自明,并且被作者和译者(从拉丁俗语译为拉丁语)作为生活中何种行为应该模仿、何种应该避免的说明。㉜以下是所用的一些范畴的例子:"王权"(de maiestate)、"坚忍"(de fortitudine)、"贫穷"(de paupertate)、"孝行"(de pietate erga parentes)、"军事战略"(de militaribus strategematis)、"学识出众的女子"(de foeminis [sic] quae doctrina excelluerunt)、"不寻常的死亡方式"(de inusitatis mortis generibus),等等。在总共89个此类范畴中,也包含了帖木儿形象中较为重要的元素。被皮考罗米尼组合起来产生了形象的个别片段,在弗莱格索那里仍

166

(接上页)作题为《论历史的有益性和秩序》的序言,节选自其"历史的教训"),Paris 1578. 弗莱格索生活年代是公元 1453—1504 年。本书写于 1483 年弗莱格索失去其公爵领地之后。

㉜ 引自弗莱格索的前言:"我的习惯总是从日常阅读中随笔记下什么应该模仿,什么应该避免,这样可能有希望从我们的生活中得益。"(Is mihi mos simper fuit, ut ex quotidiana lectione mea, ea annotarem, quibus vel ad imitandum, vel ad evitandum, in vita fructus spes aliqua proponi videretur.)译者凯米卢斯·吉里努斯(Camillus Gilinus)在其前言中说:

"如果一个民族的历史得以延续,就应该得到所有人的高度赞誉,因为正是那些对正确或错误行为的记忆保留了其历史,为读者提供了像明灯一样的东西,显示出人们应该避免什么或遵循什么;毫无疑问,从自世界之初直至我们的时代所有的言行中,推荐应该避免或遵循的榜样,应该认为是非常重要的,最多除去那些瓦勒里乌斯·马西穆斯已经指出的内容。"(Nam si continuata unius gentis historia, mortalium omnium judicio magni est facienda, quod servata per ipsam memoria eorum, quae vel recte, vel perperam gesta fuerunt, quasi lumen quoddam legentibus proponit, eorum quae aut vitare homines, aut sequi debeant: procul dubio maius hoc censendum est, in quo ad evitandi vel sequendi exemplum, ea proponuntur, quas ab orbe conditio usque in haec tempora dicta atque facta sunt, illis dumtaxat exceptis quae Valerius Maximus annotavit.)

提拉波希(Tiraboschi)在《意大利文学史》(*Storia della letteratura italiana*, 6. Bd. , Teil II, S. 105)中将《回忆录》称为"la Storia delle virtù e de' vizj"(美德与罪恶的历史)。

然保持分散,并分配在适当的项目之下。在"军纪"(de militari disciplina)这一项目下有一个关于对一位抢劫的士兵进行残酷惩罚的故事。[33] 在"出身寒微、声名卓著"(de iis qui humili fortuna orti clarum sibi nomen vendicarunt)的项目下,我们找到了一个更长的段落,描述帖木儿从卑微的环境中上升到统治者的地位。这一段落组合了众多我们在皮考罗米尼著作中确认的要素,还添加了某些新材料使之更为丰富;我们愿意提供如下列表:

(1)暗示各事件之间时间上的相邻性

(2)与其他统治者的比较

(3)平凡的出身

(4)与他最早的伴当的交往;藉此组成了扈从队伍,我们称之为同谋团体(conjuratio)

(5)他的崛起

(6)他名字的释义

(7)帝国的扩张

(8)撒马尔罕[34]

---

[33] Fregoso, *Memorabilia*, fol. 71 v°.

[34] Fregoso, *Memorabilia*, fol. 104 v°, 105 r°:下文列出了一些重要的新材料,在较晚文献的形象中也再次出现过:"在牧羊人中长大,并在儿童游戏中被牧羊人们选为国王,利用诡计和不断的努力他让他们立下誓言,迫使他们对之效忠。然后他命令他们卖掉自己的牲畜,这样就能摆脱贫穷的生活,获得武器。凭借这些兵力(总共500人)他在战斗中击败了过去在那些地区成队放牧以获得保护的商人团体,通常称为商队,并以在为同伴分配战利品中的公正和慷慨而闻名。牧羊人对他们的新生活方式毫不后悔,而且以明显的忠诚和爱戴依附于他。为了控制这些掠夺者的放肆行为,波斯国王派遣一位率领一千骑兵的指挥官前往那些商队被抢掠的地区。这位指挥官被抢劫者的首领召去谈判;受抢劫者(首领)花言巧语和哄骗的影响,与之化敌为友。同时在波斯王及其兄弟之间产生了不和;劫掠者的首领们支持国王兄弟的利益,为他夺得了王国,控制了大多数军队,同时他们假作要去控制外国,并迫使百姓起义,短时间内他就(转下页)

在"禁欲和节制"（de abstinentia et continentia）这一项下，弗莱格索讲述了一个找到珍宝的农民的故事；帖木儿并未索要珍宝，而是让那个农民保留着。[35] 最后，在"傲慢自大"（de superbia）一项下，我们见到了巴耶塞特命运的描述。[36]

对于皮考罗米尼的形象创造以及那些与之相联系的整个系列的形象创造的理解，弗莱格索的《回忆录》增添了更深层的含义。即便在第一印象已属于形象的情况下，各要素的不连续性仍然是形象建构的基础。要素的顺序实际上由各形象的内在规律所确定：只有将历史材料限定为对角色刻画有意义的要素，各形象的印象才能得以完整体现。[37] 如果材料的范围确实超出了被赋予描述能力的轶事层面，并且交织着战争的描述、战略的反思、蒙古帝国组织的信息等，形象的有效性将受到相应程度的损伤。经过这一削减到仅剩对角色描写有效的材料的过程，本

167

（接上页）从劫掠者之王变成了波斯人之王。"（Inter pastores ipse nutritus et puerilibus ludis a pastoribus rex creatus, astu novaque industria eos ut iureiurando imperata se facturos pollicerentur, impulit. Pecora igitur venundare eos, atque ut a tam inopi vita se vendicarent, arma equosque comparare iussit. Hoc numero（ad quingentos enim pervenerant）quasdam mercatorum societates, quae per eas regiones magno numero praesidij gratia commeare solent, et vulgo Caravane dicuntur, armis devicit, atque in partienda praeda adeo se inter comites iustum liberalemque praestitit, ut mutatae conditionis pastores non modo non poeniteret, sed fide amoreque enixius ei devincirentur. Ad compescendam praedonum audaciam mille equitibus dux in eius regionis fines, ubi haec adversus mercatores gesta erant, a Persarum rege missus, cum a latronum duce in colloquium vocatus esset, latronis arte verbisque delinitus ex hoste comes eius factus est. Interim inter Persarum regem fratremque eius orta controversia, fratris causam latronum duce susceperunt: cui postquam regnum asseruere, maiori exercitus parte ab eo impetrata, dum cum eo fingunt in exteris gentibus Imperium parare velle, compulsis ad rebellandum populis brevi se qui ante latronum princeps erat, Persarum regem fecit.）

[35] fol. 137, r° et v°.

[36] fol. 329 r°.

[37] 正如上文对波吉奥作品的分析中所说，材料的限定和选择由可回溯到古代的模型决定。

已稀少的材料来源,其含义内容就经历了重大变化。战略上必需的叙利亚和埃及之战,其目的被剥离,以便给出一支寻求扩张的军队的印象;从阿拉伯撤军是受到荒原和疾疫的限制,却被重新阐释为出于敬畏之心,取消了对伊斯兰圣地的入侵。帖木儿的统治权势,尽管很难从外部衡量,绝不是不可思议的现象;但却被归入"从穷困潦倒的境地崛起到世界大国的创建者"这一类别中;对崛起的描绘完全是绘画式的,没有提供原因的解释,也没有把卑微的出身确证为历史事实。

　　限制材料使用以及对历史事件重新阐释的过程,导致了对征服者形象的一种孤立。像弗莱格索一样,皮考罗米尼缺少蒙古历史内部联系的内容的知识。但他们在对历史情境的反思中,也缺乏意愿让一个伟人的出场消失在历史时间的行进及其力线中。材料从历史中收集,但却用来树立起一个非历史的形象。因此该形象处于这样一个晦暗不明的背景上:刚从可怕的危险中暂时解脱出来,又要怀疑这一危险可能是由另一个更加可怕的危险召唤而来。帖木儿诸多形象的其中两个我们已经通过其实际内容有了密切了解,在一个半世纪中产生了一系列帖木儿形象,其精神内涵是由恐怖事件和解脱事件,以及与这些事件逐渐增加的距离所决定的。这些精神基调,以及用于生产形象的材料的改变和形象厚实度的改变,决定了对这位征服者人格理解的波动范围和深度。现在我们将转向这一人格,因为这是从他的形象中产生的。

　　该形象中可见度最高的部分,同时也是对征服者的人物塑造中最容易想到的:列举帖木儿的权力范围得以持续扩展的凯旋、胜利和战役。无论帖木儿人格核心的性质是什么,其权力大小是根据征服的空间范围和所战胜各国的武力强弱来衡

168

量的。每一个形象中，我们都直接看到了关于武力表现及武力增长各阶段的描述。并且，由于征服涉及时间维度上增长的展示，这一描述同时也提供了安排其他用于人物塑造的材料的年代框架。这一呈示技巧为皮考罗米尼所利用，后世作者进行了模仿。它没有把人物形象与历史分离开来，而是允许通过配置历史材料来象征性地表现其本人。但该技巧并不是不言而喻的，也并非唯一的技巧。例如，我们发现此时期的阿拉伯作者就分别处理历史和人物塑造。就形象的效果而言，这种对人物的象征和感官呈示技巧可能有利，也可能有害。它增添了形象的光彩，逐步增强了人格的内在力量，如果征服史变成了一长串被征服地区和城市的名字，一系列战场和被击败的君主的名字的话；它也会产生妨碍和破坏性的效果，如果呈示性叙述透过名字的外表，深入到背后，通过解说事件发生的原因来详细介绍历史事件的话。将历史知识嫁接在这些材料的编排之上的每一次尝试，都产生了瘫痪性的效果，因为嫁接的效果依赖于内部节奏和历史事件的压缩，而历史事件分布在跨越多年的外部时间维度上，其中布满了具体的战争活动。皮考罗米尼处理了呈示的内部时间维度，这是一个成功之举；征服扩张没有被表述为一次致命的突击，而被轶闻材料的引入打断了两次。两组材料或多或少地相互平衡，从而产生出一个不变的稳定和动态共存的整体形象。㊳就弗莱格索而言，这并不构成问题，因为他将所构建的形象分解成各个部分。只有在较长的讲述帖木儿从卑微出身中崛起的段落中，才用一句话将征服的线索附加到关于出身的叙述中。不过，这句话的分量如此之弱，并不能让

㊳ 这让人联想起《全集》(*Opera omnia*, S. 313)中塑造的帖木儿形象。

该形象生动起来。^㊴ 另一方面，这一要素在帕奥罗·吉奥维奥（Paolo Giovio）的帖木儿形象中占据了主导地位；^㊵"一系列名字"压倒了轶闻材料，其效果只是由于介绍安卡拉之役中所用战术的几个细节而稍受影响。凯姆比尼（Cambini）的土耳其史^㊶以类似方式详述了征服史；在书中，安卡拉之役的战术细节也有类似的妨害效果，尽管整体而言其结果较吉奥维奥的版本更加显著，因为其余材料要素所占比重更大。佩鲁·麦克西亚（Pero Mexia）^㊷对帖木儿的研究在外部范围上基本相同，但最终分量较小，因为这位西班牙史家利用了所有现存史料，使其余材料获得了不应有的重要性，让他的描述涵盖范围更广，并在文中插入了自己的思考。最后，就勒卢阿的研究而言，^㊸征服的叙事占据了

㊴ *Memorabilia*，fol. v°，105 r°. 描述征服的那句话如下："他将阿尔美尼亚、叙利亚和巴比伦尼亚以及其他人口众多的国家收入了波斯版图。"（Hic Persico regno Armeniam，Syriam，Babylonemque，atque ingentes alias gentes addidit.）

㊵ *Pauli Iovii Novocomensis Episcopi Nucerini Elogia virorum bellica virtute illustrium veris imaginibus supposita，quae apud Musaeum spectantur，in libros septem digesta*（《因尚武精神闻名者的墓志铭，附博物馆藏真人图像，分 7 卷》，努瑟琳主教帕奥罗·吉奥维奥·诺沃克门西斯著），Basel 1561. 初版可溯至 1548 年，S. 165 - 173.

㊶ *Commentario de Andrea Cambini Fiorentino. Della origine de Turchi，et imperio della Casa Ottomana*（《佛罗伦萨的安德里亚·凯姆比尼注，论土耳其人和奥斯曼帝国皇室的起源》），1538，fol. 4 r°- 7 v°.

㊷ *Silva de varia lecion，ultimamente emmendada y anadida por el auctor，y con diligentia corregida y adornada de algunas cosas utiles que en las otras impressiones le faltavan*（各类读物杂辑，经作者准确校勘和增补，并通过其他印本中未收的部分有用材料校正和润色），Venedig 1553（Sevilla 第一版，1542），fol. 187 v°- 192 v°：记杰出的指挥官和最强大的国王帖木儿大王，记述其征服的王国和省份，以及军纪和作战艺术。（*Del excellentissimo Capitan y muy poderoso rey el gran Tamorlan，de los reynos y provincias que conquistò，y de su disciplina e arte militar.*）

㊸ *De la vicissitude ou varieté des choses en l'univers，et concurrence des armes et des lettres parles premieres et plus illustres nations du monde，depuis le temps où a commencé la civilité，et memoire humaine jusques à present. Plus s'il est vray ne se dize rien qui n'ayt esté dict paravant：et qu'il convient par propres inventions augmenter la doctrine des anciens，sans s'arrester seulement aux versions*，（转下页）

大量篇幅，我将在适当的时候更详细地讨论。

与战争扩张的范围和节奏有密切关系的是一组轶闻，暗示了成功行动必不可少的理性和技术手段。如下叙述军事组织的内容占据显著地位：安营扎寨时的布局，士兵们严明的军纪，禁止抢掠以赢得百姓的信任，确保后勤补给顺利运作，战利品的公平分配，等等。此外，在该项下面还列有战术和战略，围城技巧特别是用于攻占大马士革的技巧，有限范围的战役（例如关于攻占卡法［Capha］的描述，以及帖木儿夺取城市居民财富时所采用的策略）。最后，系统性地激发畏惧和恐怖被强调为确保成功的方法，其方式就是无情地屠杀所有抵抗者。

这一组的内容让我们更接近了这位征服者本人，因为其行为最大的目的理性已经表现出来。最狭义而言，目的理性这一范畴就是指，为追求某一特定目的的一连串行为的一般适当性。不过，当可以对有目的理性的一系列行为与作为整体的一个人的潜在目的秩序之间的关系进行考察时，目的理性就有了远为重大的意义。此人的行为模式可以典型地定序为一种经验性现象，只有部分行为具有目的理性。有目的理性的系列行为中穿插着指向人生更广泛情境的要素，这些要素由各种心理态度和意识倾向所决定。即便是在意识模式的范围中，就经验而言，行为的目的理性会被定期打断，并由于与不同的目的相冲突而被

170

（接上页）*expositions, corrections, et abregez de leurs escrits.*（论世事无常和世界最强盛的领先国家间武力与文辞的较量，上起文明及人类记忆之开端，下至当代。以及对那些以前从未言说的，是否确实无从置喙；通过我们自身的发明增长古人的知识，而非仅限于版本比勘、解释、校正、概述，是否正确。）Par Loys Le Roy dict Regius. Au Tres-Chrestien Roy de France et Poloigne Henry III.（路易·勒卢阿著，又名雷吉尔斯，献给法国和波兰最虔诚的基督徒国王亨利三世。）du nom, Paris 1576, fol. 97. r° et v°.

限制在缩短的路线上。因此，如果提到帖木儿征服的目的理性，在狭义上，主要是指在方式选择上的高度目的性。其次是指一个人有目的理性的行为极其有序，就其方式的理性而言，此人将征服的目的推得异乎寻常的远，而该目的又没有与不同类型的其他目的相冲突。皮考罗米尼的帖木儿形象中的轶闻，以及其他作者所描绘的类似形象中的轶闻，引起了对此类形象背景中隐含的制度之思考，而文艺复兴时期的史家对这些制度并不熟悉。这些浮现在脑海中的制度是蒙古帝国的制度、军事组织、蒙古军法典、关于马背作战在多大程度上是有意识理性发展的结果的问题、军官队伍的培训、围城的技巧、成吉思汗及其军师们所发展的战略的传统残余，等等。并且，这些制度运作之无情揭示出帝王控制的力量，蒙古存在的秩序的所有其他目标不得不让步。轶闻的目的是让人理解征服意志的狂热，西方作者对这一点明显很陌生，大多数人觉得不可理解。征服动力的目的理性从未被如下因素打断：同情心、对不同生活方式的尊重、对高层次文化的尊重，或某一人群自由独立存在的意愿。帖木儿征服的边疆由军事上无法征服的荒漠、瘟疫、某位统治者死亡、继承者之间对王位的争夺所限定。

在这里闪现的对个人而言处于核心地位的意义部分，是由目的理性的问题所触发的——特别是在征服者态度中的虚无主义特征问题——该意义部分的全部重要性，只有在我们研究来源较晚的蒙古汗的正式国务信函和敕谕时，才得以凸现出来。人文主义者对此现象的感觉掺杂着恐惧、惊讶和某些不解。并且，由于他们对帖木儿行为的兴趣，他们由问题的核心转变了话题，部分是受到他们对东方政治的关注，部分是由于他们倾向于反思历史。关于巴耶塞特命运的故事集中体现了他们的态度，以及他们理解力所能达到的界限。自巴耶塞特在安卡拉之战中失败被囚,据说帖木儿给他戴上了铁链,锁在笼中,将诸般虐待和侮辱加诸其身,如踩着巴耶塞特的后背骑上马鞍,用餐时将他像狗一样放在桌下,把吃剩的东西扔到他身上。每一位西方作者都或详或略地描述了这件轶闻,每个人都一方面明确无误地沉溺于对基督教敌人之命运的幸灾乐祸,另一方面在这一情节的模式化特点中找到乐趣。将被征服的敌人锁上镣铐,踩着其后背上马鞍,似乎是由傲慢自大(*superbia*)引起的标准行为的重要部分。在《回忆录》中,弗莱格索在三处记述了这一情节,其特点相同。④ 对这一层意义解释,也附上了其它或多或少深入反思的阐释。皮考罗米尼认为,巴耶塞特被囚于笼中是"人类事务状态不寻常和不可思议的景象"(egregium et admirandum humanarum rerem spectaculum)。弗莱格索将该轶闻归因于征服者的傲慢自大,然后进一步发展了皮考罗米尼所精炼总结的命运无常的思想。弗莱格索得出结论,帖木儿在此情况下的行为"无论如何也不是由命运无常所控制的",并想象这个胜利者的无礼(*insolentia*),以及被征服者的极度的求生欲望(*vitae nimia cupiditas*)帮助后者忍受了耻辱。⑤ 凯姆比尼并未评价帖木儿的行为,只提及了被征服者令人怜悯的不幸遭遇(*calamita* [*sic*] *miseranda*)。帕奥罗·吉奥维奥基于皮考罗米尼和弗莱格索的框架,述及了帖木儿的傲慢自大和无礼,以及野蛮心灵

---

④ *Memorabilia*, fol. 329r°.

⑤ 弗莱格索的反思是唯一一个对巴耶塞特能够忍受屈辱表示惊讶,唯一一个在其中发现心理困扰。这位热那亚公爵是个好战的贵族;在其《回忆录》中他在对其子的序言中写道,他[其子]应该培养文才(litterae),但不应该因此忽略了武道:"如果确实不清楚文才和武道在哪些方面有所区别,人们认为这两者的差异之大,就如同奥林匹克运动会上的胜利者与街头传报员的差别一样。"(Si quidem illud non obscurum est, ubi literae atque arma non disiuncta sunt, tantum militarem virum ab literato differre, quantum olympicis ludis victorem a praecone, mortales distare putaverunt.)

（*immanis animus*）——无论对落败的伟大统治者强加何种能想象得到的耻辱，都无法满足其野蛮的心灵。不过，他确实加入了另一条轶闻，把同样的行为描述为"正义惩罚的唯一范例"（*singulare iustae severitatis exemplum*）。这条轶闻说的是，一个热那亚商人规劝帖木儿，对待被征服统治者的方式不够光彩，对此勃然大怒的帖木儿回答说，他所惩罚的并不是一位伟大的高贵的统治者，而是一个阴险和背信弃义的人，这个人为了谋取权位不惜杀害兄长。对帖木儿行为的这一重新阐释，将傲慢自大和无礼变成了对正义特别敏感的迹象，为由勒卢阿所最终完成的转型——为这位征服者本人赋予骑士风度——铺平了道路。在内容更全面的沉思录中，佩罗·麦克西亚（Pero Mexia）讲到了帖木儿的人格，用"最彻底地享受他的胜利"（gozando todo lo posible de la victoria）这句话来解释这位胜利者对待被征服者的严酷。对帖木儿性格形象中享受、愉悦的方面的强调，与吉奥维奥作品中对野蛮心灵的满足的强调相同，似乎被另一个维度所丰富，因为傲慢自大的罪恶是与本能的、施虐狂式的特征相联系的。但是，除此而外，对命运的捉摸不定和俗世功业的虚空思考获得了如此显著的地位，以至于帖木儿的例子变成了证明命运特征的证据，甚至到了这样的程度，命运作为某人性格表征的作用几乎完全消失无踪。㊻

㊻ *Del excellentissimo Captan*，fol. 190 r°：

"读到这里的人没有理由不仔细看，因为这是一个明显而有说服力的例子，人们不必尊重此世的滔天权势和高官显爵。因为这样一位让人敬畏、手握大权的伟大君王，仅仅一天之后，就落到了如此卑微和低贱的下场。早晨他还是无数人的主宰，所有人都畏惧他，俯首听令。第二天晚上他就成了奴隶，一个像主人的狗一样的伴当。所有这一切竟然都出自一个不久之前不过是牧羊人的无赖之手，根据其他人的说法，只有一把剑，而且这个人竟然如此伟大，以至于同时代其权力和版图全世界无人能及。前者〔巴耶塞特〕出身比任何人都高贵，但只过了一天，就沦落到最低下卑贱的地位。"（El que esto leyere no es razon que passe sin （转下页）

（接上页）grande consideracion，porque cierto es grande documento y exemplo，para tener en poco los grandes poderes y mandos deste mundo. Pues a un Rey tan grande，tan temido y poderoso，solo un trance de un dia lo pudo baxar a tan vil e baxo estado que en la manana se viesse senor de infinitos hombres y temido y obedescido de todos，y ala noche se viesse esclavo，compañero ygual con los perros de su señor. Y que le viniesse esto por mano de hombre，que huvo tiempo que no tenia mas que un cayado de pastor，o segun otra opinion una sola espada，y que este pudo venir en tanta grandeza，que non hallasse en su tiempo ygual en el mundo，en poder y señorio. Y el otro que havia nascido el mayor de todos，un dia bastasse a hazello el mas abatiodo y baxo.）

　　戈蒂埃（Gaudier）所讲述的一件轶闻有了细微的差别，参见 *Annales Sultanorum Othmanidarum A turcis sua lingua scripti*：... a Ioanne Gaudier dicto Spiegel，... translati Joannes Leunclavius nobilis An-grivarius，Latine redditos illustravit et auxit，usque ad annum 1588，Editio altera，Frankfurt 1596，S. 19（奥斯曼速檀年鉴，土耳其人以土耳其文写成，艾奥纳·戈蒂埃[亦名施必格尔]译为拉丁文，由安格雷瓦里乌斯贵族约翰内斯·吕文科拉维斯插图并增补至公元1588年，第二版，Frankfurt 1596，S. 19）。书中有一段安卡拉之战后帖木儿和巴耶塞特的论辩。帖木儿问巴耶塞特如果结果对后者有利的话，他将如何处置俘虏。"我们知道吉尔德伦汗（Khan Gilderun，当为 yilderim 的误拼，土耳其语雷电之意，即巴耶塞特——中译者注）是一个残忍暴躁的人，他在大怒中不无讽刺地回答说：就我来说，如果命运让你落在我手中，我将把你锁在铁笼中，随后带走。一听到这个，帖木儿立即下令准备好铁笼，把巴耶塞特关在里面，像关在监狱里一样。"（Tum Gilderun Chan，quem ferocis et iracundi animi hominem fuisse accepimus，non sine bilo respondisse fertur：Equidem te，si fortuna propitia meam in potestatem venisses，ferrea conclusum cavea mecum hinc inde circumduxissem. Quo Temir audito，mox e ferro caveam parari iussit：et in eam，carceris loco，Baiazitem inclusit.）正如 Soranzo 在《奥斯曼帝国》（*Ottomanus Lazari Soranzi Patricii Venit*，*sive de rebus Turcicis liber unus*，*in tres partes divis*，MDC，200）中所述，当说到可以彻底杀死一位土耳其人速檀的时候，这则轶闻就带有了另一层含义。此后多年这一轶闻又出现在一部德文著作中，即《土耳其编年史，又名土耳其人起源及到来等历史简述》，M. 卡斯帕鲁斯·毛莱尔（M. Casparus Maurer）撰，第三版（*Tuerckische Chronica*，*Oder*：*Kurtze Historische Beschreibung*，*von der Tuercken Ursprung und Ankunfft etc*…. Beschreiben：Durch M. Casparum Maurer，3. Aufl. Nürnberg 1663 [es gibt eine Ausgabe von 1659]），S. 21。

　　现存还有一个较早的 1659 年版，题为《巴耶塞特在希腊的暴行及其最终如何被帖木儿抓获并锁入鸟笼的记述》（*Was Bajazeth fuer grausame Tyranney in Griechenland geuebet und wie er endlich von dem Tamerlan gefangen und in ein Vogelhaus eigesperrt worden*）。同一轶闻几乎可在注 31 中列出的所有著作中找到，直到批判历史学时代，仍然极其顽强地持续存在，甚至吉本（Gibbon）也再一次讲述了这则轶事。这就更加值得注意了，因为对此事怀疑的声音早在 16 世纪就已经出现了。森索维诺（Sansovino）就是一个例子，他在 1573 年成书的（转下页）

　　傲慢自大、无礼、野蛮的心灵和可憎的残忍（*nefanda crude-litas*），以及心灵的贪求无厌，都表现了一个狂野的缺乏任何内在约束的征服力量，与帖木儿从一无所有开始获得权力时的形象的各要素之间有紧密联系。似乎那是权力诞生时最初的例子，而另一刻则显示了帖木儿在其威权的顶端，此时人和神之间的界限已经抹掉了。

　　皮考罗米尼在其帖木儿形象中仅仅粗略勾勒了"出身"的要素。我们知道他是帕提亚人血统，据说曾是普通士兵（gregarius miles），他身手矫健，这让他很快就成为一大队人的领导者——紧接着他的影响惊人地扩大。弗莱格索是第一个提及同谋集团

（接上页）《突厥年鉴》（*Annali Turcheschi*）中确实提到这一轶闻，但还补充说："由于没有在希腊作者中看到记载，我既不否认也不承认这一事件。"（Le quali cose non trovando io negli scrittoti Greci, non niego ne affermo.）一部17世纪翻译的土耳其编年史，将笼子的记述释读为误解："在一些土耳其历史文献中写道他被锁在笼中；如果确实如此的话，斯雷费迪诺（Scereffidino）无疑会以最高的赞誉和炫示提到；但由于富尔米尼王（King Fulmine）憎恶肮脏的鞑靼人，担忧自己的荣誉和声望，他让人把自己放在担架上抬着走。这确实符合国王出行的方式，因为他的高贵地位，他无法忍受每天被敌人看到。由此可见，很明显那些无知的人不能区分笼子和担架。"（Et in alcume Historie Turche si trava scritto, che sia stato serrato in una gabbia; il che quando fosse stato vero, Scereffidino senza dubbio haverebbe fatto mentione diciò, con somma lode e vanto: Mâ perche il Rè Fulmine abhorriva la vista di quei sordidi Tartari, et era sollecito del suo honore, e riputatione, però si faceva protare in lettiga. E veramente convenivasi à quel suo stato di farsi portare in quella maniera: essendo stato impossibile al suo grand'animo di lasciarsivedere ogni di al suo nemico. Onde si scorge, che quei ignoranti non hanno saputo discernere tra la gabbia, e la lettiga.），载 *Chronica dell'Origine, e Progressi della Casa Ottomana.* Composta da Saidino Turco eccelentissimo Historico in lingua Turca. Parte Prima. Tradotta da Vincenzo Bratutti.（《奥斯曼皇室起源与发展编年史》，杰出史家土耳其人赛义迪诺以土耳其语写成，第一部分，文森佐·布拉图提译）Vienna 1649, S. 230. 最新的研究将该轶闻溯源为语文学上的理解错误："由于对一个土耳其文单词的错误解释，该词既可以指笼子，也可以指带有铁栅栏的房间，导致吉本和那些声名不及吉本的历史学家犯下了错误，误以为伟大的亦勒迪里木（Yilderin，土耳其语，尾音当拼写为-im，意为霹雳闪电——中译者注）被装在了铁笼里面。"载 Herbert M. J. Loewe, The Mongols, in: The Cambridge Medieval History, Bd. IV, S. 683.

（coniuratio）的故事的作者，目的可能是让这个"出身"易于理解。他特别强调，帖木儿并非出身皇家或其他贵族世家，帖木儿的父亲实际上是一个贫穷的牧羊人。在牧羊人中生活时，帖木儿在一次儿童游戏中被选为王，他略施计谋，让他的同伴们向他效忠。他们归附于他之后，帖木儿命令他们出卖牲畜，购买马匹和兵器，并在他们的帮助下开始了抢劫商队的生涯。波斯王派出的平叛军首领向他投诚，服从了帖木儿的权威；凭借约 1500 骑兵的联军，他开始了成功的政治交易，并进一步扩展了他的权力。[47] 凯姆比尼也和皮考罗米尼一样，描写帖木儿出身寒微，却投身于军事生涯，这展示出伟大军事领袖应有的心理和身体素质。帕奥罗·吉奥维奥对关于帖木儿军事事业的叙事加以完善，加入了与同谋集团有紧密关系的特点：他向我们描述帖木儿被军中伙伴推举为最高指挥官（imperator）。[48] 佩鲁·麦克西亚总结了弗莱格索的叙述，并更详细地描述了同谋集团。[49] 提及最高指挥官的文本，同提及牧羊人之王的文本一样，为帖木儿的发迹提供了简洁的背景，而帖木儿由于天生的领袖气质和素质，成为了背景的中心。

173

权力扩张的另一极，从人向神的转变，表现在叙事转向帖木儿的不可阻挡和无情杀戮时所产生的形象中。我们已经从皮考罗米尼的作品中看到，"诸民族之恐怖"（terror gentium）形象所需的所有实质要素都得到了充分发展。帖木儿出场的强制性在

㊼ 参见注 34 的引文。

㊽ Elogia virorum bellica，S. 166："而且在欢呼声中被推举为最高指挥官。主要是凭借其威名，他从无数渴望战争和掠夺的部族中召集了如此之多的军队，以至于据说只要军队一出发，人员就会耗尽给养，驮畜就会吃尽牧场。"（Caeterum acclamatus Imperator，una praesertim nominis authoritate ex innumeris gentibus belli praedaeque avidis，tot copias contraxit，ut proficiscentibus alimenta viris，et herbida pascua iumentis defutura crederentur.）后文列出了加入其队伍的部落和部族。

㊾ Del excellentissimo Captian，fol. 166 rᵒ.

三色大帐的故事中以符号形式成功保存,具有令人印象深刻的图画式效果。据说,无论何时包围了城市,帖木儿第一天扎下白色大帐,作为愿意饶恕城市居民的标志;第二天,他命令扎下红色大帐,作为他将杀死所有户主的标志;第三天的黑色大帐则预示着全城将被毁灭。最后,跟这个故事以及关于一个第一天没有投降的城市遭受可怕的大屠杀的记载相关的是一则关于帖木儿回答的轶闻,同我们早些时候看到的与巴耶塞特命运相关的轶闻相似。还是一位商人问他为什么给予这样严酷的惩罚,帖木儿显示出最大程度的愤怒答道:"你认为我是个平常人吗?你错了,我是上帝之怒,世界的毁灭者。"在弗莱格索的帖木儿形象中,这一要素付之阙如。凯姆比尼和皮考罗米尼都讲述了这个故事,但凯姆比尼完全从本能心理学层面出发,对帖木儿无餍的征服和破坏动力提供了另一种解释。[50] 帕奥罗·吉奥维奥以帕尔梅利(Palmieri)已经提出的思想完成了这一形象:帖木儿确实是上帝之怒火,是被派来惩罚这个堕落时代的人民的。[51] 佩罗·麦克西亚提请我们特别注意这一事实,即这一结论是由帖木儿本人做出的。[52]

174

---

[50] *Delle origina de Turchi*,fol. 7 r°. "在主宰中实现了最高欢乐之后,他仍继续追求其正统事业——与他人交战。"(Havendo conlocato la somma della felicita nel dominare andava continuo ricercando,come cosa virtuosa di molestare gli altri con la guerra.)

[51] *Elogia virorum bellica*,S. 171. "他将自己视为全能上帝之怒火,被派来对这个堕落时代的人们施加惩罚。"(Se Dei maximi iram esse,quae depravati seculi mortales ulcisceretur.)

[52] *Del excellentissimo Capitan*,fol. 191 r°. "但人们必须相信,上帝允许这样是由于人民的罪恶,经他之手来惩罚那些君主和国家。即便这一点似乎也是他所说,他也这样看待自己。"(Pero es de creer que lo permitia Dios por peccados de los hombres,y para castigar con la mano de aquel aquellos reyes y gentes. Y aun esto paresce quel mismo lo dixo y se tenia por tal.)

　　个人的领袖魅力，契约的达成，破坏性征服被提升到执行上帝的意志，这些是人文主义者在创造帖木儿形象中所达到的最深层的意义。我们现在将讨论勒卢阿的研究，他的研究并没有提供新的材料；但作者的心灵力量，被该时代历史事件所激发出来的同情心，他所集聚的感官表达的活力，让他所创造的形象远超其他同类形象。这些品质也使之看起来是命运的一种独特、伟大而神秘的集中展现，时不时扮作征服者爆发出来。㊾自皮考

㊾ 勒卢阿的研究为人文主义形象建构的文学问题提供了建设性洞见。技术上说，正如其他作者一样，勒卢阿是一个剽窃者；他没有进行原始文献的研究，没有进行其他思考，就抄袭了他的先辈。要证明这一点并非易事，因为一般来说，引用总是被避免——勒卢阿也忽视了引用。就其帖木儿研究而言，我确实可以找到其来源，那就是佩朗迪纳斯（Perondinus）所著的《帖木儿传》（*Vita Tamerlanis*）：见 *Magni Tamerlanis Scytharum Imperatoris* Vita à Petro Perondion Pratense conscripta（斯基泰伟人帖木儿传，佩特鲁斯·佩朗迪纳斯·普拉特尼斯著），查尔康岱拉斯（Chalcondylas）的 1556 年版本的重印本。大英博物馆藏有单行本，Florenz 1553，S. 235 - 248. 佩郎迪纳斯的著作不再属于我们此处讨论的人文主义形象的范围。它的内容比我们一直在分析的简短作品更广泛，共有 14 张对开页。勒卢阿的著作已被认为足够了，共有 3 张对开页，包含了大量的历史材料——很有可能辑自查尔康岱拉斯、弗朗茨斯（Phrantzes）、杜卡斯（Dukas）斯班都基诺斯·坎塔库泽内（Spandouginos Cantacuzene）等拜占庭史家的作品，这些史家当时正处于逐渐为人所知的过程中。佩郎迪纳斯的《帖木儿传》跨越了人文主义形象结构和历史编纂的边界，以罗埃文克劳（Loewenklau）为例，当时历史编纂的发展受到了地中海东部（拜占庭、土耳其）史家的影响（*Historiae Musulmanae Turcorum，de monumentis ipsorum exscriptae，libri XVIII*. Opus Io. Leunclavii（木速蛮突厥人史，转抄自他们的杰作，共 18 卷，约翰内斯·罗埃文克劳撰），Frankfurt 1591；第 7 卷全卷，S. 341-370，所写的都是帖木儿。勒卢阿如此利用佩郎迪纳斯的著作：截取著作的片段，将之拼接起来，原文段落一字不变，有时语序变化一下。在文后尾注勒卢阿文句的译文中，我们找到了来自佩郎迪纳斯作品的段落。勒卢阿自撰的短句简介了这些片段，将之连接起来。佩郎迪纳斯范围广泛、文字流畅的《帖木儿传》，其形象本来几乎不成其为形象，通过这样的方式逐步加强，成就了我们前文中所述的伟大。其成就的成功程度可通过与差不多同代的朗尼塞卢斯（Lonicerus）比较来衡量。后者也利用佩郎迪纳斯的材料勾勒出一个形象——但结果几乎没有给人留下印象（*Chronicorum Turcicorum，in quibus Turcorum origo，Principes，Imperatores，Bella，Proelia，Caedes，Victoriea... exponuntur etc. Tomus Primus. Omnia nunc primum bona fide collecta, sermoneque latino exposita, a Reverendissimo et doctissimo viro, D. Philippo Lonicero, Theologo*（《土耳其史第一卷，叙述了土耳其人的起源、土耳其人的君王、最高指（转下页）

（接上页）挥官、战争、战役、屠杀、胜利》，上述所有资料现由最受尊敬、最博学的神学家迪·菲利普斯·朗尼塞卢斯首次原文收录并附拉丁文注释），Frankfurt 1578，fol. 14 v°–15 v°. 下文列出了佩郎迪纳斯各章的标题，意在传达出该作品的结构、内容和范围。

1. "De progenitoribus Tamerlanis"（记帖木儿的祖先）
2. "De nativitate Tamerlanis et eius adolescentia"（记帖木儿的出生和青少年时代）
3. "De initio principatus eius et aliis gestis"（记帖木儿统治的开端和其它业绩）
4. "De provinciis per eum domitis et in ditionem receptis"（记帖木儿征服和统治的省份）
5. "De Hemanuelle Byzantii Imperatore a Tamerlano auxilium implorante adversus Baiazithem Turcarum regem"（记拜占庭皇帝曼努埃尔二世·帕里奥洛加[Manuel II. Paleologus]求帖木儿援手对敌突厥人之王巴耶塞特）
6. "De responsionibus a Tamerlane legatis Byzantii datis"（记帖木儿对拜占庭信使的答复）
7. "De apparatu bellico Tamerlanis contra Baiazithem Turcarum regem"（记帖木儿用于攻打土耳其人之王巴耶塞特的武器）
8. "De congressu Tamerlanis cum exercitu Baiazithis"（记帖木儿与巴耶塞特军队的遭遇战）
9. "De numero occisorum utrinque, et aliis gestis"（关于双方被杀士兵的数量及其他功绩）
10. "De dedecore ac vilissimo suppplicij genere quibus Bajazitem affecit, et de eiusdem morte"（记巴耶塞特所遭受的耻辱和侮辱性惩罚以及巴耶塞特之死）
11. "De severitate eius in redarguendo quoddam gemarii [?] dictum"（记帖木儿驳斥对其进谏的严厉）
12. "De liberalitate et magnificentia, quibus erga Hemanuellem usus fuit"（记帖木儿款待曼努埃尔二世的慷慨大度和壮观仪式）
13. "De honoribus Tamerlani collatis per universos Parthiae populos, et aliis gestis"（记帕提亚所有民族授予帖木儿的荣誉和其它功绩）
14. "De bellis per eum gestis in Aegypto, et in aliis regionibus"（记帖木儿在埃及和其它地区发动的战争）
15. "De Damasco urbe per eum obsessa et expugnata"（记帖木儿包围并征服大马士革）
16. "De Capha per eum subacta, et aliis gestis"（记帖木儿征服的卡法[Capha]和其它功勋）
17. "De tentoriis, quibus in oppugnandis urbibus utebatur"（记帖木儿围城时所用的营帐）
18. "De saevitia et crudelitate eius contra victos et supplices"（记帖木儿对待被征服者和哀求者的野蛮和残忍）

（转下页）

罗米尼和吉奥维奥的时代以来,勒卢阿时代的思想风尚已经历
了彻底的转变。对那位教宗而言,帖木儿崛起的年代如此接近,
从生存角度来说,他通过回忆就可以封闭历史视野。蒙古帝国
前史的重要性要排在后面,而且就其内容而言明显无人知晓。
整个场景被土耳其人带来的危险和君士坦丁堡的陷落所主导;
帖木儿尽管表现出异类和野蛮的倾向,但作为土耳其强权的唯
一对手,得到了一定程度的同情。就内容而言,帖木儿性格形象
显示出与古代风格的宇宙志模式的类同性。最后,它割裂了与
这一根基的联系,并在对古物的好奇心和对世俗伟业虚幻性的
说教性沉思这样的总体背景下停止。帖木儿崛起的神秘性以及
他寻求主宰的绝对意志也被考虑在内,并生动细致地展现出来,
但并未引发更加寻根究底的人格分析。就勒卢阿而言,这些假
设中许多已经在 16 世纪下半叶发生了变化。首先,安卡拉之战
和君士坦丁堡陷落之间经历了五十年的巨变,到勒卢阿的时代
又已经过去了一个世纪。其他构成直接威胁的危险,也就是法
国宗教战争带来的混乱,实际上隔断了他的视野。对他以及许
多他同时代的人而言,这些战争的巨大物质和精神破坏,预示着
欧洲文明的毁灭。此外,勒卢阿的历史视野就其范围而言,远远

175

（接上页）

19. "De saevitia et atrocitate eius in dictis"（记帖木儿对待治下臣民的野蛮和
暴行）

20. "De severitate et gestis eius circa castra"（记帖木儿的严苛和安营扎寨的功
业）

21. "De statura Tamerlanis, et moribus eius"（记帖木儿的体貌和举止）

22. "De disciplina eius circa rem militarem"（记帖木儿在军中施行的军纪）

23. "De religione eo animadversa"（记帖木儿遵行的宗教风俗）

24. "De uxore Tamerlani et liberis eiusdem"（记帖木儿的妻子和儿女）

25. "De eodem, et aliis operibus eiusdem"（记帖木儿本人和他的其它事务）

26. "De morte Tamerlanis, ac de cometa praenunciante mortem eius"（记帖木
儿之死及预言其事的彗星）

广于皮考罗米尼。勒卢阿——可能懂得阿拉伯语㊸——熟悉蒙古帝国的历史，清楚了解成吉思汗的性格，知道蒙古对 13 世纪欧洲所构成的危险。这一知识，配以当时法国国内事件引起的深深的悲观主义情绪，导致他产生如下想法："肤色、衣着、形体相异"的民族涌入欧洲来破坏其物质和精神文化。㊹ 这一深藏内心的悲观主义在勒卢阿时代被乐观主义倾向的反向运动所阻碍。勒卢阿本人对其时代在旅行、发现、发明和科学艺术成就的惊人发展充满热情。他将所有这些发展解读为一个上升时代确

㊸ 这是我的假设，因为在《时运无常》(De la vicissitude)中非常显著地广泛列举了阿拉伯科学家、哲学家、医师，见 De la vicissitude, fol. 87 v°，还因为存在着类似下列引文的各种记载："我非常想顺便提及的是，人们必须记住，并非所有的知识都包含在这两种语言[即拉丁语和希腊语]中，不应该轻视阿拉伯语，因为阿拉伯语文献中包含了相当大部分的知识。"(Ce que j'ay bien voulu toucher en passant：à fin que l'on sache tout le scavoir n'estre compris en ces deux langues, et que l'Arabique ne doit estre méprisee en contenant une bonne partie.)

㊹ De la vicissitude... fol. 114 v°：

"在脑海中我已经预见到几个民族将涌入欧洲，他们的体型、服色和风俗都与我们不同，就像哥特人、匈奴人、伦巴第人、汪达尔人、撒拉逊人那样。他们将摧毁我们的乡镇、城市、城堡、宫殿、神庙：他们将改变我们的礼俗、法律、语言、宗教；他们将焚毁图书馆，毁坏在其占领的国家中所有他们认为美丽的东西，以废弃荣誉和美德。我预见到各地将爆发内战和国家间的战争，宗派和异端被煽动起来，亵渎他们所见的一切，神界和人界都不例外；我预见到饥荒和瘟疫威胁人类；自然的秩序，天界运行的规律，元素的和谐都被打破；一方面，洪水将要到来，另一方面，极端的热浪和非常猛烈的(地)震。(我看到)宇宙因这样那样的扰攘而濒临终结，随后给一切带来混乱，使世界回复原初的混沌状态。"(Je prevoy des-ja en l'esprit plusieurs nations estranges en formes, couleurs, habits se ruer sur l'Europe：comme feirent anciennement les Goths, Hunnes, Lombars, Vandales, Sarrasins, qui destruiront nos villes, citez, chasteaux, palais, temples：changeront moeurs, loix, langues, religion：brusleront bibliotheques, gastans tout ce qu'ils trouveront de beau en ces pais par eux occupez：à fin d'en abolir l'honneur et vertu. Je prevoy guerres de toute pars sourdres intestines et foraines：factions et heresies s'esmouvoir qui prophaneront tout ce que trouveront de divin et humain, famines et pestes menasser les mortels：l'ordre de nature, reiglement des mouve-mens celestes, et convenance des elemens se rompant, d'un costé advenir deluges, de l'autre ardeurs excessives, et tremblmens tre-violens. Et l'univers approchant de la fin par l'un ou l'autre desreiglement, emportant avec soy la confusion de toutes choses, et les reduisant à leur ancien chaos.)

凿无误的表征,并从中鼓舞自己对一个不幸时代可能有的光明结局抱有希望。在这一绝望和希望的困难抉择中,帖木儿的崛起为勒卢阿提供了全新的惊人的意义,而波吉奥已经预示了这一点。正如皮考罗米尼一样,其含义被从其亚洲环境中剥离出来,并因而被视为对历史伟大规律的验证。勒卢阿相信,每一个暴力的历史时代都以一支好战力量的出现为导引,随后是一个文化繁荣的时期。正如亚历山大大帝及其战争出现在古希腊文明的开端,凯撒及其征服出现在一种世界帝国文化的开端,帖木儿也出现在文艺复兴时代的开端。由于勒卢阿坚信该征服者的重大意义是由历史规律决定的,由于勒卢阿在灵魂深处产生的激动,而且他又具有无可否认的才华,能够以堂皇的气势分析帖木儿的崛起,因而就产生了一个为自身作见证的形象:

> 正如我们是通过标志着每一转折点的伟大的武士和伟大的军队来了解其他时代的,对我们来说,这一时代的奇迹应该以战无不胜的伟人帖木儿为开端,约在我主诞生后1400年,他以其威名让世界为之胆寒……
>
> 命中注定帖木儿要完成伟大的功业,他在儿时游戏中就被伙伴们选为国王,他在青年时代的极度贫困中,就证明了自己的慷慨大度远胜他人。但他显出了远见,像一个胸中孕育伟大构想的人一样对待这次选举,让他们发誓效忠于他。一旦他们发誓遵守他的命令,永不背弃他,他迅速领导他们,命令他们抛弃放牧这样不合时宜、几乎无益的劳作,去获取荣耀和财富,武装自己,成为他的随从。他让他们确信,只要这样做,他们将超越导致他们可鄙生活的下贱卑微的地位,获得一个高贵的、梦想不到的未来。就这样,在他们的扈从下,他一步一步从山中走下来,时间一天天推移,命运向他微

笑，随着他的权威不断增长，权力也随之增大。⑯

　　这一段之后是一串多得让人喘不过气的地名，生动展现了帖木儿权力不可阻挡的扩张，以安卡拉之战和巴耶塞特被俘为

---

⑯ a. a. O. , fol. 97 r° ff. :

　　"正如我们是通过标志着每一转折点的伟大武士和伟大军队来了解其它时代的，在我们看来这一时代的奇迹应该以战无不胜的伟人帖木儿为开端。帖木儿在我主第 1400 年左右，以其威名和所统领的十二万惊人数量的大军威震世界。这十二万大军素习战事，军纪严明。他占据了亚细亚各帝国，军中没有瘟疫爆发，他毅然进军欧罗巴，一路所向披靡，直下西班牙。从西班牙渡海到阿非利加，又从阿非利加返回亚细亚。"（Or ainsi qu'avons remerqué [*sic*] les autres aages par quelque illustre guerrier, et grande puissance qui a esté en chacune mutation; ainsi semble il que les merles de cest' aage doivent commencer au grand et invincible Tamberlan, qui effroya le monde par la terreur de son nom l'an de Christ environ 1400, et par l'incroyable armee qu'il menoit de douze cens mil'combatans aguerris et obeissans, acquit l'Empire de l'Asie, deliberé sans la peste qui se meit en son ost, passer en Europe pour la subiouguer entierement iusque en Espagne. D'où il eust traversé en Afrique, et fust par icelle retourné en Asie.)

　　"天命注定帖木儿要完成伟大的功业，他在儿时游戏中就被伙伴们选为国王，在青年时代的极度贫困中，就证明了自己的慷慨大度远胜他人。但他表现出了远见，像一个胸中孕育伟大构想的人一样对待这次选举，让他们立誓效忠于他。一旦他们发誓遵守他的命令，永不背弃他，他迅速领导他们的部众，命令他们放弃放牧这样不合时宜几乎无益的劳作，去获取荣耀和财富，武装自己，成为他的随从。他让他们确信，只要这样做，他们将超越导致他们可鄙生活的下贱卑微的地位，获得一个高贵的、梦想不到的未来。就这样在他们的侍从下，他一步一步从山中走出来，时间一天天推移，命运向他微笑，随着他的权威不断增长，权力也随之增大。"（Estant donc destiné à grandes choses, par ce qu'en sa premiere paoureté apparoissoit en luy quelge generosité par dessus les autres, il fut de ses compagnons par ieu esleu Roy. Mais prenant cela à bon escient, comme celuy qui proiettoit desia hautes enterprises en son entendement, il receut les sermens d'eux. Ayans donc iuré faire ce qu'il voudroit, et ne l'abandonner point, il se constitua leur capitaine, et commanda qu'ils eussent à laisser leur bergerie come chose vile et peu servant à acquerir gloire et richesse, ains s'armassent et le suyvissent. Que par se moyen ils pourroient de la petite et basse fortune en laquelle ils vivoient contemptibles, parvenir à grande et inopinée felicité. Avec ceste compagnie descendant peu à peu des montaignes à la pleine, et prosperant de iour en iour, ainsi qu'il accrut de seigneurie, il augmenta de puissance.)

　　本段摘自 Perondinus 第 3 章，最后一句除外。

顶点。然后又是一段对一个受命运眷顾之人伟岸形象的[57]描述：

---

[57] a. a. O. ，fol. 97 r° et v°t：

　　"首先他控制了自己的国度，然后占领了帕提亚和波斯。北方，赫卡尼亚人、大夏人、粟特人、塞种人和居住在喜马拉雅山脉这一边的无数其它族群，统称为鞑靼人。帖木儿征服了爱茂乌斯山外的塞里斯人、雅利安人、德朗支亚那人，阿拉喀西亚人，格德罗西亚人，帕拉米塞人。马萨革太人全境都归附于他。此后他更进一步向东深入亚细亚，成为了比提尼亚、本都，以及今天称为安纳托利亚的整个地区的主人，此地区与黑海、普洛庞提斯、马拉伊、麦乌提斯以及辛梅里安（即克里米亚）的波斯普鲁斯为邻。然后帖木儿向右前进，征服了无以数计的城市和省份，任何阻挡他去路的国王和暴君都被压倒。他带领所有的步兵和骑兵横渡底格里斯河，侵入了乌克先人之地，这些乌克先人和苏西人，连同直达波斯湾之间所有的地区都一道被帖木儿征服。从那里开始，帖木儿跨越了托罗斯山脉，进入美索不达米亚，随后征服了米底亚，将其领地伸展到卡杜西亚人、阿玛德人、塔庇尔德的人、基尔吉提人。此后转向南方，翻越了阿曼山，下山到叙利亚及其邻邦，幼发拉底河畔的科玛根尼，再沿幼发拉底河直下阿拉伯，逼近耶路撒冷。他征服了吕底亚、弗里吉亚、卡帕多西亚人、帕夫拉戈尼亚人、米希亚人、爱奥尼亚人、多利安人、伊奥里亚人。最后，在爱茂乌斯山、红海、里海和大洋之间的土地上，没有任何人群或民族不匍匐于他的兵威之下。然后帖木儿在战斗中击败了率领二十万军队迎战的突厥人之王巴耶塞特。他俘虏了巴耶塞特，将其手臂反绑在身后，推到败军之前，确保此后他（帖木儿）被尊为全亚细亚绝对的统治者。帖木儿将巴耶塞特的背当作马镫，踩着登上马背；在桌边就餐之时，把巴耶塞特像狗一样放在桌下，将碎屑和小块食物扔到地上侮辱巴耶塞特。其余时间他将巴耶塞特拴上锁链，像野兽一样锁在笼子里。此次大胜不仅在亚细亚人民中引起了恐惧，也在其他帖木儿从未压迫过或计划开战的民族中引起了恐慌。因此与鞑靼人以 Rha 河分界的莫斯科公国，也向帖木儿进贡，并提供生力军：摩西奈人、塞尔赛图人、白叙利亚人，里海和塔奈斯河（即今顿河）之间的所有民族、以及生活在塔奈斯河以外的霍拉斯米亚人、达契亚人、塞种人，都将其自由意志交由帖木儿支配。他接受了莫斯科公国邻人诺盖人和西伯利亚这些好战民族的归顺。攻占了士麦那、撒玛利亚、特里波利斯、安条克和塞琉古王朝控制的领地。此后由叙利亚向腹地行进，他攻打了加拉太和拉巴特，屠杀了所有的居民。从此地直下埃及，迫使埃及速檀为自保而仓皇逃窜。在埃及由于沙漠的阻隔和缺水，他的进军停了下来。他唯一渴望的就是权力和在战争中取胜；他愿意发动宏大的、艰苦的征战，对作战和攻占看似坚不可摧的城池的艰辛甘之如饴，他的所作所为都是为了维持自己英勇君主和无畏指挥官的声誉。"(Premierment il acquit le royaume de son pays，puis occupa la Parthie et la Perse. Du costé du Septentrion se rendirent à luy les Hircaniens，Bactriens，Sogdiens，Saces，et autres peuples innumerables habitans deçà le mont d'Imaus，qu'on applele tous Tartares. Il assubiectit les Seres，Ariens，Drangianois，Aracosiens，Gedrosiens，Paramises qui sont outre le mont d'Imaus. Tous les Massagethes luy cederent. Consequemment entrant plus avant en Asie，vers l'Orient，il se feit seigneur （转下页）

　　在围困堡垒时，他命令第一天扎白营帐，第二天扎红
帐，第三天扎黑帐。他希望以白色代表他愿意饶恕被围之
人；黑色代表他将夷平此地；红色代表所有居民将死于剑
下。帖木儿注意到一位意大利人的才干，并将他从卑微的

（接上页）de la Bythinie, du Pont, et de tout le pays appelé aujourd'huy Anatolie, avec le prochain de la mer Euxine, Propontide, Marais, Meotide, et le Bosphore Cimerien. Outreplus marchant à dextre il conquit infinies villes et provinces, surmontant les Roys et tyrans qu'il recontroit. Et traversee la riviere du Tygre avec toutes ses forces à pied et à cheval, il envahit les Uxiens qu'il subjugua avec les Susiens, ensemble toute la contree jusques à la mer Persienne. De là passant le mont du Taur il se jetta en la Mesopotamie, puis à la Medie qu'il conquit, rendant à luy obeissans les Cadusiens, Amardes, Tapirdes, Circitiens. Et tournant vers Midy il passa le mont Amane, et descendit en la Surie, et Camagene voisine assise sur l'Euphrates, qu'il courut jusques en l'Arabie, et pres de Hierusalem. Assubjectit les Lydiens, Phrygiens, Cappadoces, Paphlagones, Mysiens, Joniens, Doriens, Eoliens. Ne laissant finablement gent ou nations entre le mont Imaus, les mers rouge, et Caspienne, et l'Ocean qu'il ne domtast, ou opprimast par ses armes. Apres il defeit en bataille Baiazeth Roy des Turcs, qui s'estoit opposè à luy avec deux cens mil combattants, et l'ayant prins luy feit lier les mains derriere le dos, et le monstrer à ses gens vaincus en estat si piteux: à fin qu'on le receust de là en avant por Roy absolu de l'Asie. Se servoit de son dos courbé au lieu de scabeau pour monter à cheval, et quand il estoit à table le fesoit demourer aupres comme un chien, luy iettant des miettes et morseaux par mocquerie. Le tenant au reste du temps enchaisné et enfermé en une chage de fer, comme lon a acoustumé tenir les bestes. Ceste grande victoire effroya merveilleusement non seulement tous les habitans de l'Asie, mais aussi les autres peuples que Tamberlan navoit oncques molestez, ny vouloit molester par guerre. En sorte que les Moscovites separez des Tartares par fleuve du Rha luy payrent tribut, et donnerent gens frais Mossinois, Cercetures, Leucosyriens, et tous les peuples qui sont entre la mer Caspienne et le Tanais se rendirent à luy de leur franche volonté. Les Corasmiens, Daces, Saces demourans outre le Tanais. Receut en son obeissance les Nogains, et Sciabeniens belliqueses nations, voisines des Moscovites. Il print par force Smirne, Sebaste, Tripoli, Antioche, et Seleucie. Puis passant de Surie en l'interieure partie, il assailit Galate et Rabate, où il tua tous les habitans. De là il descendit en Egypte contraignant le Soudan se sauver à la fuytte. Et fut empesché d'aller plus outre, à cause des desers sablonneux, et à fautes d'eaues. Car il ne desiroit rien plus se sentant puissant et hereux en guerre, que l'entreprendre choses grandes et difficiles, en traversant par lieux mallaisez, et assaillant forteresses qui sembloit inexpugnables: à fin d'estre reputé vaillant prince et hardy capitaine. ）

　　节选自 Perondinus，第 4,8,10,14 章。

商人擢升为财政大臣。这位意大利人建议帖木儿应该在其无尽权力和财富中加入仁慈，汗的脸色阴沉下来，眼中闪着怒火回答说，他就是上帝之怒，是这个腐化时代可怕的破坏者。当另一人乞求对巴耶塞特这位曾经的伟大君主发慈悲时，他［帖木儿］勃然大怒，痛骂说他并不是在惩罚一个曾因屡奏凯歌而声名远扬的君主，而是在惩罚一个残忍无情、恶贯满盈的暴君，他杀死了兄长苏莱曼（Suleiman），篡夺了政权。君士坦丁堡皇帝向汗献上他的人民、他的皇权、他的城市，就如同献给上帝指定统治整个东方的帝王一样；在这个帝王的仁慈之下，所有人都承认，希腊已从残忍暴君巴耶塞特手中解救出来。汗回应说，他不希望奴役这座最美丽的城市，它比所有其它的城市都更壮观、更富有，最近才脱离土耳其人的魔掌。汗补充说，他投身疆场并非为了可憎的傲慢、开疆拓土的无餍贪欲或是扩大势力范围。他真正的动机是愿意帮助皇帝和希腊的贵族，让希腊获得自由，他认为希腊应该保持自由。此外，帖木儿命令擒获并绑缚暴君，让其为恶行接受惩罚，并用他威胁你们的酷刑来折磨他……并且当帖木儿将南方和西方之间的一切夷为平地并付之一炬时，他并没有让人去触及圣地，而是希望圣地能不受损伤。由于尊敬他们的先知，出于某种对真主的敬畏和对宗教的尊重，他没有入侵阿拉伯。但过往一直青睐他、从未阻挡他的命运，没有给这位以其众多令人钦佩的胜利超越同侪的征服者一位学识和文才足以与帖木儿的英雄美德比肩的史家，以帖木儿应得的方式来颂扬其事迹。㊳

177

㊳ a. a. O. , fol. 97 v° et 98 r°。

　　"Il commandoit és sieges des places tendre le premier iour pavillons blancs, au second rouges, le troisieme noirs: voulant signifier par le blanc qu'il prendroit （转下页）

　　紧接着这一段，文中对文艺复兴杰出成就的描写进行了总结，并以下列论述开头："在帖木儿统治期间，开始了语言和科学的复兴。第一个从事这项事业的是弗朗切斯科·彼特拉克（Francesco Petrarca），他打开了一直紧锁大门的图书馆，拂去了古代作者经典上的灰尘和污垢。"⑤

　　勒卢阿的帖木儿形象是以皮考罗米尼为首的此类形象中最后一个。这一系列形象中断的原因，在勒卢阿的帖木儿形象中已经自我显现出来。首先，这是一个扩增了的历史形象，重新调整

（接上页）les assiegez à merci, par le noir qu'il brusleroit, par le rouge qu'il mettroit tout au trenchant de l'espee. Et comme quelque Italien qu'il avoit faict pour la dexterité qu'il trouvoit en luy, de mediocre marchant intendant de ses finances, l'advertist d'adiouster clemence à son immense puissance et felicité：il luy respondit avec mauvais visage, et yeux flamboyans, qu'il estoit l'ire de Dieu, et la ruine funeste du siècle depravé. A un autre priant qu'il eust pitié de Baiazeth n'agueres si grand Roy, parla rudement disant qu'il ne chastioit un Roy celebre par plusieurs victoires；ains un tyrant cruel et vicieux, qui avoit mis à mort Soliman son frere aisné, et privé du royaume. Et à l'Empereur de Constantinople luy offrant sa personne, seigneurie et ville, comme à celuy à qui Dieu avoit adjugé l'Empire de tout l'Orient, et par le benefice duquel tous hommes recognoissaient la Grece delivree de Baiazeth cruel tyrant, dit qu'il ne vouloit asservir la plus belle ville, plus celebre et riche de toutes, nagueres sauvee des mains des Turcs. Adioutant qu'il n'estoit entré en ceste guerre par orgueil execrable, ou par insatiable convoitise de conquerir pais, ou d'estendre sa seigneurie：mais à fin de secourir l'Empereur et seigneurs grecs, et maintenir la Grece en liberté, comme il entandoit qu'elle demeurast. Que le tyrant prins et lie portoit les peines de ses meschancetez, recevant le mesme supplice duquel il proposoit vous affliger. D'avantage ruinant et brulant tout ce qui estoit entre Midy et Occident, ne permettoit qu'on touchast aux temples qu'il laissa entiers. Et pour la reverence de leur prophete, n'entra en Arabie, meu par quelque crainte de Dieu, et reverence de la religion. Fortune l'ayant tousiours favorisé, sans iamais luy estre contraire, semble entre tantde succez admirables qui excedent l'ordinaire de conquerans, luy avoir denié un historien excellent de doctrine, et eloquence pareille à ses vertus：à fin de les celebrer dignement. "

　　节选自 Perodinus，第 17,19,11,12,23,26 章。Perodinus，第 1,2,5,6,7,9,15‑16,18,20‑22,24‑25,26 章中的内容，除了最后一句话之外，在勒卢阿的形象描述中完全没有体现。

　⑤ a. a. O., fol. 98 r°.

了蒙古历史的比例,更突出地将成吉思汗时代作为帝国创建的最初时间框架。其次,它显示了对原始文献更为准确的了解,一步一步揭示出该形象内容诸要素是否可疑或错误。派遣到蒙古汗宫廷的传教士或使节较早期的记录再一次得以公开,拜占庭史家的著作被阅读和翻译;东方语文学研究的最初繁荣,让西方熟悉了亚细亚和阿拉伯史家;通过与蒙古时代诸传统的直接接触,前往东方的新旅行传递出一个本质上受到不同诠释的征服者形象。

　　堂·加西亚·德·席尔瓦(Don Garcia de Silva)写于 17 世纪初的文字阐明了这一新看法;他是西班牙国王腓力三世(Philipps III)派往波斯帝国阿巴斯沙(Shah Abbas)宫廷的大使。席尔瓦对帖木儿的传统形象采取了坚决否定的立场,哀叹欧洲对如此重要、堪比亚历山大大帝的君主的看法竟然谬种流传。帖木儿并非欧洲作者所描写的凶残野蛮人,根据波斯传统,他是一个以对待被征服者人道、慷慨、仁慈而闻名的统治者。公正、虔诚、在胜利面前保持谦卑是他最典型的品质。关于他残忍对待巴耶塞特的故事并不真实;相反,汗以最高礼仪和荣誉对待巴耶塞特及其家人,并安排巴耶塞特的一个女儿与自己的大儿子结婚。⑩ 尽管这些论断绝对经不起历史考证的检验,但它们却是

---

⑩ *Noticias del Gran Tamurlan*, *sacadas del libro V. de los Comentarios MSS. de Don Garcia de Silva*, *de la Embajada que de parte del Rey de Espagna Felipe III. hizo al Rey Xaabas de Persia ano de M. DC. XVIII*(有关伟人帖木儿之记载,摘自堂·加西亚·德·席尔瓦手稿回忆录第五卷,席尔瓦代表西班牙国王菲利普三世率使团于 1618 年出使波斯的沙巴斯王)。由 Ruy Gonzales de Clavijo 重印于 *Historia del Gran Tamorlan*(伟人帖木儿之历史),第二版由 Argote de Molina 出版,Madrid,1782,S. 221:

　　"至于这位声名昭著的英勇君主,尽管我们知道那么多关于他的信息,但这些信息如此混乱不确,以至于如果我们认为这些本应属实的信息确实属实,我们就应该因过于粗心而受到责备,因为杰出人士的美德和勇气本值得传之后世。因为他们英勇无畏的事迹竟被允许陷入如此无人知晓的黑暗状态;此外所有(我们的史家)让他显得如此凶恶、野蛮、残忍,似乎全无人道和仁慈,而这位伟大(转下页)

对帖木儿新看法的标志。此外，它们显示了一种在原始文献方面不遗余力地精确考证人物形象的意愿，该形象必然逐渐远离那种夸张的神话形象，基于材料要素去建立具有稳固基础的形象。

（接上页）的君主本是因其人道和仁慈以及诸多君主应有的美德而出类拔萃。但在这个波斯国度里，他的名字所积聚的记忆，既来自于民间传统的结果，更来源于致力描写其生活的史家。这记忆在此时如此生动而鲜活，几乎没有人能够无视，因为这是活的记忆，人人都在谈论，甚至包括妇女和孩子，人们用诗歌称颂、用浪漫曲歌唱帖木儿的丰功伟绩；从所有这些中，人们可以断定，帖木儿本人必然与欧洲人所通常认为的迥然不同，因为除了在被征服者面前表现出强烈的仁爱、宽宏、慈悲之外，他对任何人都一视同仁，并且极其虔诚，尽管所信仰的是虚伪和欺诈的教派，但在进行任何重大事业时，他总是首先向上帝祈求胜利，其虔诚程度会得到今天任何一个虔诚的天主教徒的赞扬。尽管帖木儿外表傲慢自大，但他将取得所有的胜利都归之于上帝，都源于上帝之力，既不归功于己，也不因成就功业而自矜。"（Esteinsigne y valeroso Príncipe, aunque tenemos dél tanta noticia, es tan confusa y poco distinata, que se pudierta querellar de nuestra mucha negligencia si es verdad, como debe ser, que la virtud y valor de los varones ilustres merece que se haga de ella momoria para la posteridad, pues tan obscura y tenebrosa la dexaron de sus heroycos y valerosos hochos [sic]; demás de que todos le pintan con una fiera y bárbara truculencia, y casi ageno de toda la humandiad y clemencia, que tanto ilustra en un gran Monarca como él fué, las demás virtudes dignas de un tal Príncipe. Pero la memoria que agora hay suya en este Reyno de la Persia, asi de una general tradicion, como de los historiadores que muy particularemente han escrito su vida, aún es agora, tan viva y fresca que casi no hay quien la ignore, contandose como cosa que anda en boca de todos, aún de las mugeres y muchachos, versos y romances de sus grandes hazañas; de lo qual se colige haber sido un todo muy diferente de lo que comunmente se juzga dél en Europa, pues demás de su mucha humanidad, liberalidad y clemencia con los vencidos, guardó sumamente justicia á todos con general equidad, y tan religioso, aunque en aquella su falsa y enganosa secta, que jamás emprendió facion alguna señalada, que no fuese primero rogando á Dios que le diese victoria, con los mesmos afectos de devocion que le pudiera hcer agor un muy religioso y Cathólico Christiano; y aunque tan arrogante y altivo todos los sucesos prósperos que tenia, asimismo que los atribuía á Dios, y como venidos de solo su poder, no arrogandose á sí nada, ni ensoberbeciendose con ellos.）

引文之后是对巴耶塞特故事的修正，以及连篇累牍的关于帖木儿扩张故事的附加材料。

上天之命*

　　现存有多种蒙古汗及其将领们致欧洲各君主的信件和敕令,写于1245年到1255年之间。这些文献的作用尚未得到评价,它们对于理解蒙古人的帝国观念具有直接的意义,但除此之外,还传达出对蒙古人关于世界性帝国——一个被视为囊括了全人类的领域——观念的极为珍贵的洞见。这种普世性结构(Oikumene)反映了宇宙处于统一的神祇统治之下,而且通过反映这种神圣统治而使之得以完成。帝国的概念与扩张变成了一种仪式,皇帝作为上天之子,在这种仪式中推行上天之命。通过字面主义的方法——也即将类比解释为实际的行动——而进行的普世扩张仪式,和宇宙论帝国的仪式不同,后者通过那些一年

---

* 本文初次发表时题为《蒙古人要求欧洲诸国臣服的命令》("The Mongol Orders of Submission to European Powers", 1245 - 1255 in:Byzantion, Boston〔Mass.〕1940/ 41, Bd. Ⅹ Ⅴ, S. 378 - 413)。——原注(标题遵从东亚传统翻译为上天之命,原意是"神的秩序"。本文中的专名翻译,参考韩儒林主编《元朝史》,北京:人民出版社,1986年;陈得芝主编《中国通史》(第八卷:中古时代·元时期),上海:上海人民出版社,1997年;韩儒林主编《中国大百科全书·中国历史·元史》,北京·上海:中国大百科全书出版社,1985年;上述三书未收录的专名,以《元史》《柏郎嘉宾蒙古行纪》《卢布鲁克东行纪》《出使蒙古记》《史集》《蒙古与教廷》等原始文献及其译著为准。——译注)

一度的节日构成的时间节律,更新了宇宙秩序,而这一宇宙秩序
又是对帝国秩序的类比。将现存社会的基础和秩序视作对宇宙
中的造物与秩序的某种类比物,再也不够用了;对神祇统治宇宙
的类比被字面化为人对世上有人烟的所有地方的统治。将类比
的仪式重构为一种字面化的仪式,这种做法预设了一种转变:
实在的重点从"人作为宇宙秩序的一个部分"这一主要体验,转
到人类行动的自主上了。对权力的强烈欲望从来都是很实在
的,即便当它无所顾忌地冲向实际可能性的种种界限时也是如
此——它仍然知晓人类行动的种种界限,对这些界限的遗忘将
会是对神祇—宇宙秩序的一种侵犯——这种强烈欲望可能会以
极其强有力的方式渗透到经验领域中,以致将行动者的意识提
升到了傲慢自大(Hybris)的地步,到了可仅在意志的基础上创
造出统治者秩序的地步。当上天之命被吸纳到对权力的强烈欲
望的那种内在于世界的无拘无束之中的时候,类比的仪式就被
颠倒为一种字面化的仪式了。在这里,我们并不打算讨论使这
种颠倒——它总是一种对于人而言的可能性——得以实现并
作为一种历史性力量决定政治行动的更广阔的历史背景。提
示下面这一点就够了:字面主义的因素以不同的程度,在一切
普世性的帝国结构中出现——从波斯人针对希腊的远征,以及
亚历山大采取的对应手段,直到我们时代俄国和中国的共产
主义。[①]

　　蒙古人的文献对于政治哲学特别有价值,因为它们以典范
的纯粹性表现了字面化的仪式,并以理性的方式对它进行了阐
释。我们并不能精准确定这种阐释上的纯粹性是如何产生的。

180

---

① 关于各种普世领域的问题,参见我的史蒂文森纪念讲座(Stevenson Memorial
　Lecture):World-Empire and the Unity of Mankind, International Affairs, Bd. 38,
　1962,S. 170 – 188。

这些文献将这一仪式的创造归于成吉思汗本人,而我们则没有任何理由怀疑这一点。但若是将这视作一种直接且前后一致地转化为行动的突发灵感,则有欠考虑。最晚到 1217 年,成吉思汗在针对中国的诸次战役中耗尽了他在军事和物质方面的手段之后,似乎倾向于将花剌子模当作他的势力范围的边界,甚至还承认花剌子模沙(Shah)* 摩诃末的国度是与他的东方帝国相毗邻的西方帝国。此后数年中与花剌子模的冲突可能并不是由普世性征服的观念,而是由如下事实引发的:成吉思汗将他本人置于与摩诃末作为西方统治者相等同的地位上,这让摩诃末感到被侮辱,尤其还因为摩诃末一直觊觎蒙古乃至中国。然而再一次地,人们万万不可从成吉思汗准备自我约束这一点得出下面的结论:只是在毁灭花剌子模帝国后才激发了仪式性扩张这一观念,或者它是这种毁灭的某种结果。相反,这些反思是让我们注意如下事实:那一时期的其他统治者们也被扩张之梦萦绕着。在一个游牧民族的君王那里,对权力的强烈欲望随时都可能会促使他将对宇宙秩序的一种其本身不具有任何侵略性的类比,重构为征服世界的字面主义。这种重构是停留在思辩和讨论的领域——在不利的环境下,从这个领域撤回到类比的边界之内总是有可能的,那样我们就不会知道那些思辩和讨论的来源了——还是由统治者的中书机构** 以帝国国内行政部门抑或与外邦交往的那种法律术语来表达,并被保存到文献之中,这取决于军事行动的成败。成吉思汗及其后继者们成功了。我们关于字面化仪式的知识,来源于这些导致了使团派遣与外交照会

181

---

* 波斯语,意为君主。——译注
** 大蒙古国初期以必阇赤(bichikchi,即文书官)掌文书,1231 年窝阔台"改侍从官名",大必阇赤分别被授予中书令、中书省左丞相、右丞相等汉语名称。有鉴于此,将"Imperial Chancery"通译为"中书省"或"必阇赤"等仅涵盖一段时期的机构专名并不合适,因此通译为"中书机构"。——译注

的成功军事行动。

一　文献的历史

当我们将蒙古汗及其军事首领的信件和敕令表述为一些虽为人所知、但其作用尚未得到评价的文献时，我们就预见到了我们研究的一些基本结论。对于所说的这些文献，更为准确的表述应该是"包含了这些文献的一个幸存文本库"。尽管如此，这些文献本身只有一部分从它们的上下文中被截取、比勘，并得到了考证。那些运用到这种比勘中的考证方法，只是到最近才由伯希和（Paul Pelliot）所开发，但迄今为止还没有被运用到全部的文本材料上去；因此，我们还没有这些文献的经过考证的完整版本。此外，这些文献的性质尚未被承认为蒙古帝国要求臣服的正式法令以及涉及蒙古帝国法律的敕令和正式法规。因此，它们作为征服世界之仪式的原始文献的意义也还没有得到承认。

对于理解普世的、尤其是亚洲的帝国建构，理解这些亚洲帝国给欧洲造成的危险而言具有最高价值的那些原始文献，被人忽略了长达七个世纪。这一奇怪的现象有着多重原因。部分是因为通往更精确考察的道路被西方作者们在政治史、语文学、文化史和地理学上的种种专门研究兴趣阻塞了。另有一部分原因也对此负有责任，那就是在透彻了解异质的亚洲法律制度方面遇到的种种技术困难。但这种现象最重要的原因乃是，我们的政治理论基于那些主要以西方为导向的材料：我们还没有任何政治哲学，其概念是在对同时涵括了古代东方和亚洲社会秩序的材料进行比较研究的基础上发展起来的。

正如已经指出的，我们所讨论学科的当前状况决定了本研究的结构：在分析文献之前，我们必须进行批判性的比勘，并完成一套文献全集。这种比勘又要求通过对文本材料之历史的一项简要考察,产生材料上的种种先决条件;这一考察以这些文本材料的来源,即蒙古时期的那些使团为起点。

使团

蒙古人进入欧洲的危险促使教宗和法兰西国王向蒙古人派出好几个使团,出使期间,诸蒙古汗起草了致西方诸国的那些信件和敕令。蒙古帝国通过一系列入侵向西方扩张,并进入欧洲,这些入侵每次都是随着一位大汗的死亡而结束的。1221 年至 1224 年的第一次大规模入侵挺进到俄罗斯,但在充分利用这次胜利之前,成吉思汗死于他在中国的最后一次战役,一段时间内进一步西进扩张就不可能了。1236 年至 1242 年的第二次入侵突破到远至西里西亚(Schlesien)、波希米亚和奥地利,但在窝阔台汗的死讯(1241 年)传到军中时突然被打断了。随之而来的是,直到蒙哥汗继位为止的政权中断和短暂更迭时期使得向欧洲的远征成为不可能。从这时开始,帝国的重心向东方倾斜,而且帝国开始解体为一些分裂的汗国。除了此后一次直抵匈牙利的短暂入侵,蒙古人再也没有能力将他们的统治向西扩展到金帐汗国的边界之外了。

1242 年的进军唤醒了欧洲诸国,使之意识到威胁着他们的可怕危险。在蒙古人出人意料的撤退之后(对于西方人来说无法理解)的那些年里,欧洲列强考虑到了一些阻止将来进攻的措施。教宗英诺森四世(Innozenz IV)尝试与蒙古人达成某种谅解的做法,就属于这类措施。在 1245 年,就在他召集的宗教会议进入会期之前不久,他从里昂派遣了好几个使团到东方去。

有两个使团因为传递如今尚存的那些蒙古文献,而显得很重要。其中之一就是在修士普兰诺·卡尔平尼(Plano Carpini)

率领下去往南俄的方济各会修士使团;另一个则是在伦巴第修士阿塞林(Ascelin)领导下的多明我会修士使团,阿塞林是被派到波斯东北部的蒙古军事首领那里去的主教。

普兰诺·卡尔平尼的使团于 1245 年 4 月出发,一年之后到达伏尔加河岸的拔都的军营。鉴于教宗信件的重要性,拔都觉得自己没有资格处理它们,便让卡尔平尼使团继续前往哈剌和林(Karakorum)的帝国宫廷,使团从 1246 年 7 月 22 日至同年 11 月 13 日期间驻留在帝国宫廷。使节们见证了 8 月 24 日贵由汗即位的情景,他们于 1247 年万圣节回到里昂。他们带着帝国的信件,这些信件的波斯文原件很偶然地在几年前于梵蒂冈图书馆被发现,后由伯希和附上译文并发表。②

阿塞林的使团于 1245 年出发;修士们于 1247 年 5 月 24 日到达目的地,拜住那颜﹡的军营。他们在军营里一直留到 1247 年 7 月 25 日,并于 1247 年夏末返回,随行的还有两位蒙古使节。他们随身带着一封拜住那颜的信,以及一封贵由汗写给拜住那颜的信。

伯希和先生的研究显示,两个使团所带回的信件之间可能有某种紧密的关联。就在阿塞林从拜住那颜的军营动身返回之前不久,一位名为野里知吉带(Aldschigiddai)的特使抵达那里,他是由大汗派去的,他很可能带着对如何起草信件的一些指示,以及大汗给拜住那颜的一封信。野里知吉带将给拜住那颜的信以及大汗的信一同交给了教宗的使节们。被两个使团带回的这些信件在文本上的一致性很可能是大汗指示的结果。③

----

② Paul Pelliot, "Les Mongoles et la Papauté" (*Revue de l'Orient Chrétien*, 3e série, t. III), Paris 1922‑23.

﹡ 即 Baichu Noyan,其中 noyan 为蒙古语,意为"官人"。

③ Pelliot, a. a. O., Bd. IV, 1924, S. 118ff. und S. 129 ff.

第二组文献与法王路易九世(Ludwig IX)派出以及接待的使团有关。1244 年,这位国王举起了十字架,并且从 1245 年开始,十字军东征便在法国得到鼓吹。1245 年 8 月 25 日,路易在艾格-莫特(Aigues-Mortes)登船。9 月 17 日,他在塞浦路斯登陆,并与塞浦路斯王亨利一世(Henri I de Lusignan)驻扎在尼克西亚(Nikosia)。12 月 14 日,蒙古使节们抵达塞浦路斯,在 12 月 19 日他们来到尼克西亚,第二天他们被路易召见。他们带来了一封野里知吉带的信,后者当时是波斯和亚美尼亚的军事指挥官。这封信与蒙古当局发出的所有其他信件不同,并未命令对方臣服。信中包含对路易九世的一项请求,建议他在次年夏天发起一场针对埃及的战役,而蒙古人那时则会攻打巴格达(Baghdad)的哈里发。大体上,这封信——连同这位特使所表达的一些阐释和评说——尝试造成这样一种印象:蒙古朝廷大体上已经基督教化,而汗本人也受洗了,因此军事协定以及随后而来的战役可被视作一场针对共同敌人——即伊斯兰世界——的圣战。人们不止一次地提出了那些使节是否为冒名顶替者、信件是否为伪造的问题。伯希和对该问题的新考察产生了一些令人信服的论证,证明为什么这份文献应被视为真的。④ 这个提议是波斯诸汗此后一段时间内向法国国王们提出的一系列类似提议中的第一个。虽然如此,在此时这还是绝无仅有的,而此后立即到来的,则是与由方济各会与多明我会使团带回给英诺森四世的命令属同一类型的要求臣服的命令。

不管关于蒙古使节们是否冒名顶替的问题的最终答案是什么,路易九世认为这一讯息非同小可,值得他派出自己的使团回访。1249 年 1 月 25 日,蒙古使节最后一次觐见。1 月 27 日,他

184

---

④ Pelliot, a. a. O. , Bd. VIII, 1931 - 1932.

们开始回程,由路易的使节们随同。隆瑞莫人安德鲁(Andreas von Longjumeau)率领由几位使者组成的使团。他们很可能在1249年的四五月间抵达野里知吉带的军营。尽管如此,大汗贵由却在那时死了。面对由大汗之死造成的新政治局面,这位军事首领显然不敢私自与法国使团交涉。因此,他打发他们去摄政皇后斡兀立海迷失(Ogul-Gaimish)的宫廷,他们于1250年初抵达那里。他们在宫廷里停留的时间具体有多久,还不得而知,但直到蒙哥汗被指定为未来的大汗为止,他们都没有开始回程。在1251年4月,他们由一些蒙古使节陪同,回到了身在凯撒里亚(Caesarea)的国王路易那里。出使的结果并不如国王当初所想的那样,因为摄政皇后斡兀立海迷失将派遣使臣看作臣服的行为,并依此作出相应的反应。她托安德鲁带的信是蒙古人有名的臣服令之一,这些命令要求进贡,并警告说若不依从将会有严厉的报复。茹安维尔(Joinville)讲述了这个使团的故事,以这样的话结尾:"而大家要知道,国王为曾经派出一个使团感到非常懊悔。"

尽管如此,路易还是没有打退堂鼓。新传来的关于基督徒在蒙古人统治下——尤其是在名为撒里答(Sartach)的一位蒙古基督徒王子(他是拔都的儿子)统治下——可喜局面的报告,诱使他在稍晚一些时候派出在方济各会修士卢布鲁克(William of Rubruquis)率领下的另一个使团,希望在蒙古人问题上达成某种和平的解决。只是这一次他有了安德鲁使团的前车之鉴,行事更谨慎了;他吩咐他的使节们不要暴露他们的身份,要装作是以传播福音为唯一目的的一个私人布道团。在细心准备之后,使团于1253年5月7日离开君士坦丁堡,按预定的时间抵达撒里答和拔都汗的军营,于1253年12月27日抵达蒙哥汗的军营。他们随蒙哥来到哈剌和林,在那里他们于1254年4月5日

获得召见，然后在 8 月 13 日离开哈剌和林。一年以后，在 1255
年 8 月，他们又回到小亚细亚。得到的结果无非是一道新的帝
国敕令，一道臣服令。

　　蒙哥汗的信是由这一系列的使团保存下来信函的最后一
封。数年以后，政治局势发生了根本性的变化。在 1258 年，波
斯的蒙古王朝的创立者旭烈兀攻占了巴格达。在 1260 年，蒙
古人在埃及的玛木鲁克苏丹（Mamelukensultan）手上遭受了他
们的第一次大败。同年，随着忽必烈汗的继位，帝国的中心从
哈剌和林转到了北京。成吉思汗创立的帝国分裂为中国、波斯
和钦察这三个零散帝国的过程开始了。蒙古人的扩张力量此
后便涣散了。

文本的历史及对它们的解释

186

　　诸汗及其首领们的信件在科学史上扮演了一个奇怪的角
色。尽管关于那些使团保存了文献文本的报道被反复发表，而
且引发了相当数量的专题研究，那些文献本身吸引的关注却不
大。几乎很少有人提及它们对于我们理解蒙古人的帝国观念和
帝国法律的重要性。事实上，这些文献唤起的兴趣极小，以致甚
至没有人去搜寻这些文献的原件。正如我们在前面提到的，直
到 1923 年，它们中的一份才偶然被发现，由伯希和发表出来。
我们只是通过别的方式，从中世纪报导那些使团的作者们手中
所流传下来的拉丁文本才得知它们的存在，而且即使是这些二
手资料，也是在相当晚的时候，以一种非常不完善的方式被发
表的。

　　已发表的材料以及对它们进行考察的科学研究的主要特征
如下：

　　有一组基本的文本由博韦的樊尚（Vinzenz von Beauvais）吸

收到他的《史鉴》(*Speculum Historiale*)中了。⑤ 樊尚浓缩了普兰诺·卡尔平尼关于其使团的记述,以及西蒙·圣昆汀(Simon de Saint-Quentin)关于阿塞林使团的记述。普兰诺·卡尔平尼的记述并不包括贵由汗的信。西蒙·圣昆汀的记述不包括拜住那颜写给英诺森四世的信和贵由汗写给拜住那颜的信。这两份文献再没有其他的资料来源了,而所有后来的版本都依赖于樊尚的手稿和刊本。⑥

贵由汗交给普兰诺·卡尔平尼使团的信,1839 年由达维札克(d'Avezac)首次刊布在他出色的《短评》(Notice)中,作为他编订的卡尔平尼《蒙古史》(*Historia Mongolorum*)的序言。这本《蒙古史》和《短评》由巴黎的地理学会(Société de Géographie)刊布在《游记与传记丛刊》(*Recueil de voyages et de mémoires*)第四卷中。⑦ 更好、更完整,很可能也最可信的一个拉丁文本收于修士萨林贝内(Salimbene)的《编年史》(*Chronica*)中。它发表于 1857 年的《巴门西亚编年史》(*Chronica Parmensia*)中,但那封信没有引起注意。在 1906 年,它由 P. 戈卢博维奇(P. Golubovich)重印于《关于神圣之地与方济各修士之东方的传记与目录丛书》(*Biblioteca bio-bibliografica della Tella Santa e dell'Oriente Francescano*)第一卷中。霍尔德-埃格(Holder-Egger)在他 1913 年为《德意志学志》(*Monumenta Germaniae*)而编辑的萨林贝内的《编年史》中,带来了一个更好的文本。霍尔德-埃格在一个脚

187

---

⑤ Vinzenz von Beauvais, *Tercia pars speculi hystorialis fris vinvencij*, 1474, Buch XXXL, Kap. 51 und 52.

⑥ Pierre Bergeron, *Voyage de Frère Ascelin, et ses Compagnons vers les Tartares, Tiré des Memoires de Frère Simon de St. Quentin dans Vin-cent de Beauvais*, A La Haye, chez Jean Neaulme, 1735, col. 79–82.

⑦ D'Avezac, *Notice sure les ançien voyages de Tartarie en général, et sur celui de Jean du Plan de Carpin en particulier*, Paris 1839, S. 594 ff. 手稿文本取自 ms. Regio 2477, olim Colbertino.

注中发表了这封信的另一个文本,然而这个文本要逊色于第一个文本。在同年,普列(Pullé)在他的《意大利印度-伊朗语文学研究》(*Studi italiani di filologia indo-iranica*)中发表了第三个文本。在 1923 年,伯希和编辑并最终在《基督教东方评论》(*Revue de l'Orient Chrétien*)上发布了发现于梵蒂冈图书馆的波斯文原文。这些研究的出版日期显示,对该主题居于支配地位的兴趣倾向于地理与语文学,并且集中于欧洲政治史,也就是说,一般而言集中于基督教的历史,具体而言集中于修会历史。

由卢布鲁克带回的蒙哥汗的那些信件的版本,主要是在地理方面兴趣的支持下产生出来的。

卢布鲁克《游记》(*Itinerarium*)的最早版本是由哈克路特(Hakluyt)刊布,收录于他在 1598 年出版的《主要的航行》(*Principal Navigations*)中。哈克路特的文本是不完整的,而且没有包括那封信。下一个版本,也是包含了那封信在内的第一个完整的版本,是由珀切斯(Purchas)发表的;它被囊括进了后者的《朝圣者》(*Pilgrims*,1625 年)。英文的旅行见闻记提供了更多的版本。第一个法文版由贝热龙(Bergeron)于 1634 年发表,这个版本以珀切斯的工作为基础。1735 年在荷兰海牙重版,在相当长的一段时间里成为唯一通用的版本。第一个还说得过去的拉丁文本是由弗朗西斯科·米歇尔(Francisque Michel)和托马斯·赖特(Thomas Wright)于 1839 年发表的,载于《地理学会丛刊》(*Recueil de la Société de Géographie*)第四卷中。[⑧] 第一个不是由对游记感兴趣的地理学家或编辑出版的文本,是由范登温加尔(P. Anastasius Van den Wyngaert)修订的拉丁文本,收于《方济各修士中国事务报告》(*Sinica Franciscana*)第一卷,1929

---

⑧ *Itinerarium Fratris Willelmi de Rubruk*, Paris 1839. 信在 S. 369 ff. 。

年出版。

野里知吉带信件的情况没有那么复杂。它被收录到教宗使节奥登·德·沙托鲁（Odon de Châteauroux）写给英诺森四世的信中。从达什里（d'Achéry）的《拾遗集》（*Spicilegium*，1655—1677 年）开始，所有的版本都基于那封信被保存下来的手稿之上。尽管如此，从博韦的樊尚开始的中世纪历史学家们对它都已很熟悉。⑨

我们没有斡兀立海迷失信件的原文或拉丁文译本，只有一份浓缩的报告，这份报告似乎十分忠实地呈现了蒙古人的套语。这份报告可以在茹安维尔的《圣路易史》（*Historie de Saint Louis*）中找到。它包含在这本《圣路易史》从 16 世纪中期以来的所有版本中了。⑩

188　　整个的这一组文献是以一种相当不令人满意的方式流传下来的：

各种旅行见闻引用了这些信，却没有任何进一步的评论。

历史学家们将它们吸收到本时期实际历史的背景之下，只着意于那些使团出使的政治结果。我们极少发现有评论能超出对纯历史兴趣点的阐释。比如说，在 1758 年，德经（Deguignes）将拜住那颜信件的文本插入到其叙事中，说："这封信与大汗决意要实现的那项计划相适合。"⑪在 1824 年，最出色也最重要的蒙古史学家多桑（D'Ohsson）给出了一个没有评注的文本。霍沃斯（Howorth），一位著述宏富的作者，在 1876 年就贵由的信件评论说："它不太令人安心。"关于拜住的信以及随附的敕令，他

⑨ D'Achéry, *Spicilegium*, hrsg. von la Barre, Bd. III, Paris 1723, S. 624 - 628.（Spicilegium 第一版则收录于 Bd. VII, S. 213 ff. 。）

⑩ Joinville, "Histoire de Saint Louis, "*Recueil des Historiens*, Bd. XX, Paris 1840.

⑪ Deguignes, *Histoire Général des Huns, des Turcs, des Mongols et des autres Tartares occidentaux*, Bd. III, Paris 1757, S. 120.

是这样说的："这次通信是表明蒙古人那种令人难以忍受的傲慢的一个很好的例子。"他发现蒙哥汗的信是"以非常温和的方式"表达的。[12] 现代历史学家勒内·格鲁塞(René Grousset)展示了对该问题的更好的理解；他的评论直指问题的核心："13 世纪的这个蒙古人在世界君主国的问题上表明了与后来的查理五世(Karl V)相同的原则，因为他的封印上镌刻着这样的格言：'上天在天，贵由汗在地，汗之权乃天授，为万民之帝王。'"[13]

那些作者们关于那些使团和宗教的历史的观点，并没有更多的启示意义。因此，比如说，在 P. 巴东(P. Batton)的小册子里，我们就能发现下面的话，这句话意在对蒙哥汗的信下一定论："这封信以东方的风格写就，具有强烈的宗教特征，是对蒙古统治者那种众所周知的傲慢又一次特别好的证明。"里斯(Risch)以同样的笔调写道："所有这些信件的内容都是对鞑靼人那种令人难以置信的傲慢的证明；它们的形式言过其实且笨拙，而这就将它们与它们所插入文本的那种平衡显著区别开来，且为它们打上了真实的印记。"[14]

只有三位作者——他们之间相隔大约一个世纪——更彻底地处理过这些信件：莫斯海姆(Mosheim)在他 1741 年的《鞑靼教会史》(*Historia Tartarorum Ecclesiastica*)中，阿贝尔-雷慕沙(Abel-Rémusat)在他的《基督徒君主(特别是法兰西国王)与蒙古皇帝政治关系传略》(*Mémoires sur les relations politiques des*

[12] D'Ohsson, *Histoire des Mongols*, 1824, Bd. II, La Haye 1834. Howorth, *The History of the Mongols*, 1876-1927.

[13] Grousset, *Histoire de l'Asie*, 1876, Bd. I.

[14] P. Achatius Batton, *Wilhelm von Rubruk. Ein Weltreisender aus dem Franziskanerorden und seine Sendung in das Land der Tartaren*, Franziskanische *Studien*, Beiheft 6, Münster 1921, S. 61. Friedrich Risch, *Johann de Plano Carpini*, Leipzig 1930, S. 33.

princes chrétiens，et particulièrement des rois de France，avec les
empereurs Mongols，1822—1824 年)，还有伯希和在他《蒙古人
与教廷》(*Les Mongols et la Papauté*，1923—1932 年)的那些文
章中。如果以其标题来判断的话，即便这些著作，也主要不是由
对所讨论的这些文献对于蒙古人的统治观问题之意义的兴趣激
发出来的。虽然如此，这一语境诱使这些作者们搜集文献，并进
入对其内容的详细分析。

莫斯海姆的《鞑靼教会史》在其核心的一节中——这一节覆
盖了从成吉思汗出现直到帝国分裂为止的时期——从结果的视
角讨论了那些使团的历史。撇开对于蒙古人的傲慢的常见评论
不说，这些信件本身并未获得详尽的讨论。尽管如此，在对自己
这卷书所作的附录里，莫斯海姆搜集了当时已知的所有蒙古人
的信件与敕令，以及教宗的信件。这个附录是对可以充当对本
主题更深入探究之基础的材料的首次结集。

阿贝尔-雷慕沙的《传略》超越了单纯收集文献的范畴。该
著作也提供了蒙古人文献的一个结集，该结集作为《传略》第
二卷的附录，增加了出自波斯汗国统治时期的一些文献。但
他偶尔会对潜藏于这些信件文本之下的法律观念进行一些评
说，并将它们与中国人关于皇帝地位与帝国的看法进行对比。
至于他所发现的拜住那颜的信和贵由汗的敕令，他像他之前
和之后一些人的看法一样，认为鄙视与傲慢的语调乃是真实
性的标志。但他也指出由于蒙古汗要求全世界的统治权，因
而把那些不服从其命令的王公作为叛贼来对待。在阿贝尔-雷
慕沙看来，这一建构得自于中国的公法。[15] 斡兀立海迷失和蒙

---

[15] Abel-Rémusat，*Mémoires de l'Institut Royal de France，Académie des Inscriptions et Belles Lettres*，Bd. VI-VII，1822 - 1824，Bd. VI，S. 424 ff.

哥汗的那些信件被以一种类似的方式分析了。[⑯]同样重要的,是他对阿鲁浑汗(Arghun Khan,伊利汗国汗王)写给美男子腓力(Philipp den Schönen)*的那些信的评论。我们将在此后的语境下讨论。这些少见的评论被嵌入对蒙古人与欧洲列强之间关系的一篇全面纵览中,重点关注的是东西方接触对欧洲文明造成的影响。当阿贝尔-雷慕沙思考印在阿鲁浑汗信上的汉文印玺时,潜藏于这项探寻之下的精神动机就显示出来了。他思索道:"这些中国象形文字有个奇怪的特征,它们印在那些被转写为鞑靼字的埃及、耶路撒冷和法国的名字上。这种结合引起人们的想象;它象征着一方面由十字军,另一方面由成吉思汗的征服所造成的处于世界两端的民族之间的种种新关系。"[⑰]阿贝尔-雷慕沙同意这一观点:与由蒙古人建立的一种成熟的东方文明的接触,对于欧洲而言意味着中世纪的终结。此外他还相信,欧洲大量的发明和发现的直接原因乃是来自中国的文化传播,而且,蒙古人的征服带给上百万人可怕的苦难,这造成了种种世界历史范围的后果,使得欧洲从精神与知识上的狭隘中解放出来,而西方自西罗马帝国衰落以来就落入这种狭隘之中了。[⑱]

190

最后,伯希和的文章以自己的话阐明了13、14世纪基督教在中亚和远东的处境。文章的写作乃是由梵蒂冈图书馆大量文献的发现所促发的,在这些文献中有贵由汗写给英诺森四世那封信的波斯文原件,它占据了显著的地位。这些文献也使得对新文本的转写和翻译,对印玺的详尽分析,以及将这封新发现信件的开场白和其他那些已知信件的开场白之间的比较成为可

---

⑯ a. a. O. ,Bd. VI, S. 449 und S. 452 ff.

* 即法王腓力四世。

⑰ a. a. O. ,Bd. VII, S. 373.

⑱ a. a. O. ,S. 414.

能。正如下文将会说明的，我们并不会在每一点上都同意伯希和的分析与结论，但他对信件开场白的处理方式，以及他对信件的法律特点的强调，却已然成为我们自己分析这些信件的法律套语内容的楷模。

二 文献的鉴定

对这些信件和敕令的任何进一步的考察都有一个前提：鉴定这些文献为一些正式的文献，并判定它们的性质。解决这些前提性问题的钥匙，在对开场白的分析中找到了。这个方法最初是由伯希和在他对贵由汗写给英诺森四世信件的波斯文原件的分析中发展出来的，并被运用到了另外的文献上。我们运用191 同样的方法，尽管我们的结论会和这位卓越的东方学家的结论有相当的不同；但不应忘记，我们用以得到这些结论的方法应归功于他。

开场白问题

蒙古汗们写给西方列强的信件是以几串明显为法律套语的术语为先导的。我组合了从拉丁文本中摘录出来的这些套语中的几条，并以一种能揭示它们在结构上的平行性的方式排列它们：

A. Dei fortitudo
   omnium hominum imperator
   magno pape
   litteras
   certissimas atque veras.

B. Per virtuten eternam Dei

per magnum mundum Moallorum

preceptum

Mangu Khan

sit domino Francorum regi Lodovico，etc.

ut intelligant verba nostra.

C. Dispositione divina

ipsius chaam transmissum

baiothnoy

verbum

Papa

ita scias

D. Per potentiam Dei excelsi

missi a rege chan

verba

Elchelthay [*sic*]

Regi magno etc.

Ex hoc rogo [*sic*] recipiat salutationes istas，ut sint grate

apus ipsum.

[A. 上天气力里，

万民之皇帝

明确且真诚

致书大教宗

B. 长生天气力里

统御蒙古人（Moalli）伟大世界之

蒙哥汗

诏旨

［颁往］法王路易等人，

尔等应知悉我每之诏旨。

C. 天之圣命

由汗亲颁

拜住那颜转呈

诏命

教宗

尔当知悉

D. 上天气力里

普天下之王汗颁下

诏命

野里知吉带［原文如此］

致大王等人

谨望大王受此问候，且从中可得快慰］*

----

* 本文中蒙古来函的译文部分采用了元代硬译公牍文体风格，为避免造成读者的阅
读困难，语法和词汇上都做了相应简化，仅保留了一部分能体现元代公文风格的
词汇和句法，其中"气力里""福荫里"即凭借气力、凭借福荫之意，"我每"即我们，
"你每""他每"以此类推，"地面"为省份、国度之意。拉丁文本中的 Dei（God）本意
是天主，文中一律译为天或上天，因为虽然西欧只能用 Dei 来表述蒙古人"天"
（Tängri）的观念，但本文中所分析的主体是蒙古人的观念，因此只能以蒙古人自
己的词汇在当时汉语中直接的对应词来对译。部分译文参考了伯希和：《蒙古与
教廷》，冯承钧译，北京：中华书局，1994 年；伯希和：《柏郎嘉宾蒙古行纪；鲁布鲁
克东行纪》，耿昇、何高济译，北京：中华书局，1985 年。

A 和 B 的表达是从蒙古汗们的信件中摘录的，C 和 D 的表达是从高级军事首领的信件中摘录的。这些表达明显是依据某项特定的计划而组织起来的，而且如果它们是完整的，它们就很有可能包含如下几项因素：

a) 祝祷上天

b) 提及世界的统治者

c) 发信人的名字

d) 收信人的名字

e) 命令（*Verbum，preceptum*）的套语

f) 要求收信人确认知悉的要求

192

这些因素在拉丁文文本中的顺序并不总是相同的，其中的这个或那个因素可能会遭到窜改或者完全消失。比如说，套语 A 并未提及发信的汗的名字；除非我们把"明确且真诚"（*certissimas atque veras*）这几个词当作套语被窜改过的版本，否则在 A 中要求收信人之承认的话也未曾被提及这一点就难以解释。在开场白 B 中，对皇帝的提及并不十分清楚。开场白 D 因其例外地带有要求承认的那种谦恭的语气而显得很突出。尽管有这些差异，从 A 到 D 这几个开场白仍允许进行合理的猜测：它们可以回溯到一些相同或者毋宁说相似的蒙古文本上去。⑲

波斯文原件（文献 1）

问题的解决可能在相当大的程度上得益于对伯希和所发表

---

⑲ 以下的分析使用阿拉伯数字，引用附录中有对应编号的文件。

的贵由汗信函波斯文原件的分析。马塞(Massé)和伯希和译解了这封信,伯希和还对开场白给出了如下翻译:

> Dans la force du ciel éternel,
>
> (nous) le Khan océanique du grand peuple tout entier
>
> notre ordre.
>
> Ceci est un ordre envoyé au grand Pape
>
> pour qu'il le connaisse et le comprenne.

> ［长生天气力里
>
> (我每)全体大人民的海内汗*
>
> 诏旨
>
> 诏旨交于大教宗
>
> 知悉］

　　这个开场白是以两种语言写就的。前三行是突厥文。第四和第五行是用波斯文写的,与信件正文相同。我们完全不知道是什么原因造成了这种语言上的安排。伯希和大胆提出了一种看似合理的理论:蒙古人不想用波斯文呈现神圣的套语,波斯文是伊斯兰教徒的语言;而另一方面,蒙文在西方完全不为人所知;除此之外,它不大可能曾被转写为阿拉伯文字。突厥文的优点是在语言上和文化上与蒙文相关联,而且很有可能经常用阿拉伯文字转写。[20]

193　　　如果我们接受这一理论,我们可能不得不得出这样的结论:这个开场白除了对收信人的指称和要求知悉的套语之外,可能

---

* 英译本将 océanique 译为 universal,显然欠妥,应译为"海内"。

[20] a. a. O. , S. 27.

由于其神圣性，而具有一种相当严格的形式，而且它被不加更改地用作具有类似性质的那些文献的导言。此外还能推出，这一套语一旦被固定为原始形式，就可以被用来解释那些只以拉丁文文本形式保存下来的信件。

这份突厥文-波斯文的开场白具有充分的可信度，可被认为是蒙古人的原文文本，这一点得到了皇帝印章的确证，该印章是以蒙古文写的，并被加盖于信件的两个地方。印章的文本和开场白的文本相互支持。伯希和版本的印章文本是这样的：

> Dans la force du ciel éternel
>
> du khan océanique du peuple des grands Mongols，
>
> S'il arrive à des peuples soumises［*sic*］et（des peuples）
> révoltés，
>
> qu'ils le respectent et qu'ils craignent. [21]

> ［长生天气力里
>
> 大蒙古人民之海内汗诏旨
>
> 颁到臣服之民及抵抗（之民）
>
> 你每当敬之畏之］

蒙古文的印章文本确认了开场白中三行突厥文为真迹，它也证实，那两行波斯文是整个导言式套语的一部分。由此，伯希和将他对拉丁文本的解释奠基于突厥文-波斯文开场白之上是有道理的。

---

[21] a. a. O.，S. 22，含有 S. 127 上的一处修订。

贵由汗致英诺森四世的信（文献 2）

在分析贵由汗交给普兰诺·卡尔平尼使团的、致英诺森四世信件导言的拉丁文版本（见上面的套语 A）时，我们没有遇到什么特别的困难。拉丁文版本开场白的结构大致与突厥文-波斯文开场白的结构相应。正是出于这个原因，它对于进一步的分析才很重要，因为从拉丁文文本和突厥文-波斯文文本的比较当中，我们可以大致了解拉丁文译本偏离蒙古文原文的程度，即便翻译的过程是在蒙古帝国中书机构书记官们的严密监督下进行的。我们还得到一个总体印象，即在何种范围内，从拉丁文译本出发对蒙古文原文的含义进行的推测是可靠的。比如说，在拉丁文开场白第一行的"Dei...fortitudo"［上天之权能］中就丢失了 *eterni*（永恒的）这个意思。在翻译蒙古文中的 *dalai-khan* 的时候也有一些明显的困难，伯希和以相当成问题的方式将它翻译成"海内汗"（océanique Khan）。知悉的要求似乎被缩减为较含糊的"明确且真诚"（certissimas atque veras）了。但即便我们指出了拉丁文文本的所有这些缺陷，它依然能传达关于原文中套语的某种大体准确的意义，并且肯定没有将其含义混淆到模糊难辨的地步。现在，当我们跟随伯希和关于其他那些开场白——这些开场白给解释者造成了更严重的问题——的论证时，我们应记住这一事实。

贵由汗的敕令（文献 4）

伯希和抨击的那些开场白中的第一个，便是文献 4 中的套语，这份文献可以追溯到贵由汗，被拜住那颜附于他致英诺森四世的那封信后面。开场白如下：

Per preceptum Dei vivi

Chingischam filius Dei dulcis et venerabilis

dicit quia

Deus excelsus super omnia，ipse Deus immortalis

et super terram Chingischam solus dominus.

[奉永生天之命

上天之可亲可敬之子成吉思汗

敕曰

上天在天，覆庇万物，万世不朽

成吉思汗在地，乃唯一主宰。]

伯希和假定（我觉得他这想法是错的），这份文献是和文献 1、文献 2 相同类型的一封信；他认为第一行文字"Per preceptum Dei vivi"和蒙古文原文中的第一行相应，后者在他的版本中为"Dans la force du ciel éternel"。"dicit quia"这行文字和蒙古文中的 *yarlik*（敕令）相应，在另外一些拉丁文文本中被译作"verbum""verba"或"litterae"。虽然如此，在"Chingischam filius Dei dulcis et venerabilis"这行文字上，困难出现了。这行文字应该和蒙古人对写信人的指认相应。但将这封信归于成吉思汗，将会很荒谬，因为他死于 1227 年，而那封信无疑是由贵由汗发出的。伯希和并未排除下面这种可能，即那个名字是补写进去的，或是书吏抄写错误；但他发现，出于某些原因（我们将在适当的时候讨论这些原因），这种解释无法令人满意。他也不相信，"filius Dei"这两个词真的是文本的一部分；他推测，它们肯定是被窜入的，因为蒙古词"kagan"与听起来很相似的波斯词 *fagfur* 混同起来了，被用于指认中国的皇帝，这个词实际上意味着

"天之子"。他相信,开场白余下的部分是对稍晚时期文本(1276年之后)中发现的某种蒙古文套语的一种糟糕的解释,那套语的意思是"大福荫护佑里"(dans l'appui dela protection de la grande Fortune)。依据这种修正,开场白的文本就应该是这样的:

Dans la force du ciel éternel,

dans l'appui de la protection de la grande Fortune,

le qagan(océanique)

notre ordre.

〔长生天气力里

大福荫护佑里

(海内之)合罕

诏旨〕

卢布鲁克的文本(文献 7 和 8)

伯希和对如下假定并不十分满意:窜入或者误拼导致将成吉思汗指认为发信人。由普兰诺·卡尔平尼带回的那封信件的一些手抄本表明这种错误是可能的,但另一方面,还有由卢布鲁克从蒙哥汗那里带给圣路易的那封信。这封信以一种非常相似的套语开头,套语如下:

Perceptum eterni Dei est:

in celo non est nisi unus Deus eternus,

super terram non sit nisi unus dominus Chingischan.

Filii Dei hoc est verbum.

〔此乃长生天之命：

　在天惟有一长生天，

　在地惟有一主宰成吉思汗。

　此乃上天之子之命。〕

　　毫无疑问，译者原本就是要指称成吉思汗，因为卢布鲁克还塞进了对"成吉思"（Dsching）这个名字含义的一些注释。因此便需要另一种解释，而伯希和假定，蒙古文原文必定包含对"成吉思汗"这个名字的某种暗示。他提出如下理论：蒙古文原文版本可能包含已经提及的那句套语"大福荫护佑里"（dans l'appui de la protection de la grande Fortune），而且"福荫"（Fortune）指的是成吉思汗的福荫。在这种情况下，这句套语实际上是在祈求成吉思汗，而译者所做的，无非是将一种隐含的意思明确表达出来罢了。即便是这种解释，也无法完全让伯希和满意，他对它"持严肃的保留态度"。不过他承认，要不是这样理解，成吉思汗名字的出现就无法解释了。[22]

　　我同意伯希和的看法，这种解释不能令人满意——这出于多种原因。首先，这是一个解释技巧的问题：开场白的几乎每个片段都需要非常细密的解释，而且需要假定，各种不同的错误是为了产生人们想要的含义而造成的。而在作出许多努力之后，当我们最后得到一份可接受的文本时，它的准确性就受到了一份与蒙古人的那些突厥文-波斯文原件所使用的套语存在着实质性差异的开场白的威胁。这种解释可能对贵由汗写给拜住那颜的那封信有效，后者将这封信与他自己的信一道，只寄给教

196

_____

[22] a. a. O. , S. 124.

宗。蒙古汗们在给他们的军事首领们写信时,使用了与写给外国统治者不同的开场白,这是个合理的解释。虽然如此,在我看来如果开场白被认为极其神圣,以致于帝国中书机构不敢在一封用波斯文写成的信中将它翻译成波斯文的话,那么,非常可疑的是蒙哥汗写给圣路易的那封信会有和仅仅数年之前贵由汗写给英诺森四世的信不同的套语。

因此,我提议采用另一种解决办法,这种解决办法迫使我们对蒙哥汗写给路易的那封信进行更切近的解读。在接近由卢布鲁克传递的那份文献的四个部分中第二部分开头的地方,我们读到:

> Per virtutem eterni Dei
>
> per magnum mundum Moallorum
>
> preceptum
>
> Manguchan
>
> sit domino Francorum Regi Lodovico etc.
>
> ut intelligant verba nostra.

> [长生天气力里
>
> 统御蒙古人伟大世界之
>
> 蒙哥汗(原文如此)
>
> 敕令
>
> (需)(颁)往法国之主路易国王等人
>
> 知悉]

在这里,我们发现一句套语(我在本节稍前的地方将它称为"套语B"),它似乎更接近于波斯文信件那一类的开场白,而不是由卢布鲁克递送的文献中的导言性套语。我不是一位东方学学者，无法在语言方面证明我的观点，但我希望强调的是，这开场白中只有第二句是模糊的，而且没有使得蒙古文套语以一种可消除一切怀疑的方式明确显现出来。但在帝国中书机构监督下产生出来的普兰诺·卡尔平尼的拉丁文本中，恰恰是这一行，也留下了很大的猜想空间。在这两种情况下，一个来自拉丁文化的人，很明显不会知道如何处理 dalai（océanique）这个词。至于其他的内容，卡尔平尼文本中的那一行包含了汗头衔，但将"伟大人民"（正如印章所证明的，这指的是蒙古人民）混同于"全体人民"（omnes homines）了，而卢布鲁克的文本并不包含汗头衔，而是相当好地翻译了"magnum mundum Moallorum"（蒙古人之伟大世界）。

197

从这些事实来看，我应该认为相当合理的说法是，蒙哥汗写给圣路易的信中的正式开场白不能到卢布鲁克传递的信的开头部分去找，而是要到该文本的中间去找，从"长生天气力里"（Per virtutem aeterni Dei）这几个词开始。此外，由于一封信的正式导言不太可能要到正文的中间部分去寻找，因此我们被迫得出这样的结论：卢布鲁克的文本并不像一般人相信的那样构成**一份**文献，而是由**两份**文献组成，这就是说，一份是以刚才分析过的那个开场白开始的一封信，以及另一份文献，它似乎并**不是**一封能以波斯文原文来证实的那种类型的信。

一旦我们接受这一理论，一切的困难就消失了。我们有一封汗的信，这封信的导言与经过鉴定的开场白相接近，其相近程度至少像卡尔平尼信件的种种拉丁文译本接近波斯文原版信件一样。我们不需要任何大胆的、不令人满意的理论来将卢布鲁克文本的开篇解释成一份开场白，原因很简单：第一份文献并不是一封具有我们现在所熟悉的那种形式的信件。

包含在卢布鲁克文本中的这第一份文献的性质,我们稍后会加以考察。现在我只希望再强调一下伯希和早就承认的一点:卢布鲁克文本的导言性套语与拜住那颜作为汗的敕令发给教宗的那份文献(文献4)的套语紧密相关。这份文献是以这样的话开始的:"Per preceptum Dei vivi"(奉永生天之命);蒙哥汗的文献(文献7)以这样的话开始:"Preceptum eterni Dei est"(此乃长生天之命)。就像在这封信的开场白中一样,*preceptum* 这个词和蒙古语中的法律概念 *yarlik*(敕令)相应,因此为了将这些文献与那些"信件"明确区分开来,我们在后面应该称这些文献为"敕令"。

文献 3 与文献 5 的开场白

军事首领拜住那颜和野里知吉带的信件的开场白,更有助于说明问题。它们的第一行"[Dispositione] divina"和"[Per] potentiam Dei excelsi"在其一般含义上明显与贵由汗和蒙哥汗的信中的第一行相符合。然而,第二行则给伯希和造成了相当大的苦恼,因为他坚持在如下假设之下工作:所有文献都是"信件",而且所有这些"信件"都应该是有相同的导言性套语的。它们第二行是"ipsius Chaan transmissum"和"missi a rege terre chan"。伯希和尝试将它们解释成与后来的某些套语类似的意思,尤其是与1389年阿鲁浑汗写给美男子腓力的那封信的开场白类似。这封信的蒙古文原件被保存下来了,它是这样开篇的:㉓

Par la force du ciel suprême

㉓ 译文来自 Abel-Rémusat, a. a. O. , Bd. VII, S. 336。

Par la grâce du Khakan

Paroles de moi Argoun.

﹝至尊天气力里

　合罕福荫里

　吾阿鲁浑敕命。﹞

　　雷慕沙已经将人们的注意力引向如下事实：尽管在一般政治形势方面有变化，波斯的伊利汗们（Il-khans）使用了和单纯军事方面的首领拜住那颜所使用的相同的套语。[24] 伯希和赞同他的看法，但在阐释这个观点时却遇到了某些困难。如果拜住那颜那封信（文献 3）的开场白被当作和阿鲁浑那封信的套语类似的东西，那么伯希和就能达到下面这种重构：

Par la disposition divine du qugan lui-même

la parole de Baiju（est）

transmise.

Pape，sache ceci.

﹝奉汗亲颁之圣命

　拜住之言

　转呈

　教宗知悉。﹞

　　但如果这样重构的话，套语中常见的第一行文字就没有了。

---

[24] Abel-Rémusat，a. a. O.，S. 367 ff.

为了得到完整的套语(这和皇帝信件的导言相应),伯希和让我们在两种假设之间进行取舍。我们或者会假定,*transmissum* 这个词拼写错误,并且替代了另一个能更充分地表达蒙古文中的 *sur-dur* 的词语(伯希和译为"dans la Fortune"或者"par la grâce",意为"福荫里"或"福佑里"),或者认为,"dispositione divina"就是对 *sur-dur* 的翻译,而第一行文字"Dans la force du ciel éternel"出于这样那样的原因,在翻译和抄写这封信的过程中消失了。㉕

就像在前一例情况中一样,伯希和并不满意。在后来的种种研究中,他评论说,野里知吉带的信件(文献 5)和拜住的信(文献 3)有相同的导言性套语。㉖ 在这种情况下,拉丁译本的套语也是:

199

> Per potentiam Dei excelsi
>
> missi a rege terre chan
>
> verba etc.

> [上天气力里
>
> 普天下之王汗颁下
>
> 诏令等。]

伯希和甚至还相信,他依照这个套语来修正前一个套语是合理的;他假定拜住那封信中的 *transmissum*(传递)一词是由于抄写的错误,而 *missi*(颁下、派遣)是更好的译法;他相信 *missi* 这个词并不指"命令"(verbum),而是指"拜住那颜"

㉕ Pelliot, a. a. O., S. 129.

㉖ a. a. O., S. 166 ff.

（baiothnoy）。伯希和认为野里知吉带书信的拉丁译本比拜住书信的开场白更准确地传达了蒙古文原文的意思，这种假定的优点是提供了一种与阿鲁浑汗书信的套语更严格相符合的套语——至少在其一般结构方面如此。伯希和提出了对野里知吉带书信的开场白的如下重构：

> Dans la force du Ciel éternel
>
> dans la Fortune du qugan,
>
> Aljigidai［原文如此］，
>
> notre parole，
>
> au roi de France.

> ［长生天气力里
>
> 合罕福荫里
>
> 野里知吉带（原文如此），
>
> 诏旨，
>
> 致法兰西国王。］*

　　然而即便是这样的结果，也不能完全让伯希和满意；他这样总结自己在得出可接受的解释方面的努力：“虽然如此，‘地上之王汗派遣’是为了表明野里知吉带（Aljigidai［原文如此］）崇高身份的另一种表述，后者是由汗——‘地上之王’——派遣去以汗的名义行动的，其权力只来自于汗的‘福荫’；我们很想知道波斯文原件中准确的文句，这样才能评价其价值。”㉗

　　我也和伯希和有同样的疑虑。我很严肃地怀疑，“地上之王

---

* 法兰西之名系后出，因无元代译名，此处借用。

㉗ 同上。（原文中此处附有伯希和这句话的原文，译文从略。——译注）

汗派遣"（missi a rege terre chan）是否能理解为对"合罕福荫里"（qagan-u-su-dur）的另一种表述。在我看来，这种猜测似乎更可疑，因为一封由阿鲁浑汗写给教宗何诺四世（Honorius IV）的信保存至今，却是用拉丁文写的。[28] 在这封拉丁文信的开场白的第二行，我们读到"gratia magni Chan"这几个词。如果阿鲁浑汗写给奥诺里乌斯的那封信的译者能以"grati magni Chan"（以大汗之福佑）来非常准确地翻译"合罕福荫里"（qagan-u-su-dur），那么下面这一点就十分奇怪了：拜住书信和野里知吉带书信的译者都糟糕地翻译了同一行文字，而且**在相互不知情的情况下，竟会犯同样的错误**。在我们手头没有这些信的原件的情况下，下面这种假定似乎就是正确的：拜住和野里知吉带信件有同样的开场白，然而这开场白却和后来阿鲁浑汗书信的开场白不一样。在我看来，这种假设并不是为了走出语文学困境的某种不能令人满意的权宜之计，而是将原因归结于当时环境下可预期的情况。下述情况并非完全不可能，但确实可能性非常小：汗的那些在军事等级制中比他地位低的将军们，会使用和波斯的伊利汗们同样的正式开场白，后者和身在北京的大汗的臣属关系与前者和大汗的关系是十分不同的。在原件遗失的情况下，这种假定就更加可信了："missi a rege terre chan"这行文字与一份将军事首领指派为一位皇家使者（*missus regius*）的蒙古文本相对应。至于其他的部分，我们赞同伯希和的如下看法：野里知吉带信件的套语更可取，而 *transmissum* 则是 *missi* 的抄写错误。

结论

在从我们的分析下结论之际，下面这种说法不失公正：伯

---

[28] Abel-Rémusat, a. a. O., Bd. VII, Collection No. VI.

希和选择蒙古文开场白作为解释所研究的那些文献的起点，这
种做法是很卓越的，即便对这种选择的使用最终走入了死胡同。
借助于那些开场白，我们就能对那些文献进行鉴定和——至少
暂时地——归类了。这种方法在将卢布鲁克书信——迄今为
止，它都被当作一份单一的文献——的主体分成两份明显不同
的文献的过程中，取得了令人赞赏的成功。因此，在暂时将斡兀
立海迷失信件——它只以一份不带开场白的摘要的形式被保存
下来了——撇开不谈的情况下，我们已经为进一步的分析鉴别
出六份文献：

I.　两封皇帝的信：

　　1）贵由汗写给英诺森四世的信，以波斯文原件和拉丁
　　　　文译本形式保存下来（文献 1 和 2）。

　　2）蒙哥汗写给圣路易的信，以卢布鲁克的译本形式保
　　　　存下来，该译本以这样的话开头："per virtutem
　　　　eterni Dei"（文献 8）。

II.　由汗发出的两份皇帝敕令：

　　3）贵由汗的敕令，由拜住那颜转寄给英诺森四世（文献 4）。

　　4）蒙哥汗的敕令，成为卢布鲁克译本的第一部分（文献 7）。　201

III.　军事首领们发出的两封信：

　　5）拜住那颜给英诺森四世的信（文献 3）。

　　6）野里知吉带给圣路易的信（文献 5）。

这三组文献很明显是以它们正式的导言而被鉴定的。汗们的信
件以一种可以在贵由汗的波斯文原件中找到真迹版本的开场白
开始；在伯希和的译文中，这种开场白是这样的：

Dans la force du Ciel éternel

(nous) le Khan océanique du grand peuple tout entier

notre ordre.

Ceci est un ordre envoyé au grand Pape

pour qu'il la connaisse et la comprenne.

［长生天气力里

（我每）全体大人民的海内汗

诏旨

诏旨交于大教宗

知悉。］

敕令是以一种套语开头的，以在贵由汗敕令的开篇部分发现的那份套语为典型：

Per preceptum Dei vivi

Chingiskhan filius Dei dulcis et venerabilis

dicit quod

Deus excelsus super omnia, ipse Deus immortalis,

et super terram Chingiskhan solus dominus.

［奉永生天之命

上天之可亲可敬之子成吉思汗

敕曰

上天在天，覆庇万物，万世不朽

成吉思汗在地，乃唯一主宰。］

军事首领们的信以一种开场白开头，其最可信的形式出现于野里知吉带的信中：

Per potentiam Dei excelsi

missi a rege terre khan

verbum

Elkhelthay

Regi magni etc.

Ex hoc rogo quod recipiat salutationes istas，ut sint gratae apud ipsum.

［上天气力里

普天下之王汗颁下

诏命

野里知吉带（原文如此）

致大王等人

谨望大王受此问候，且从中可得快慰。］

三　征服世界的仪式与权利

在美索不达米亚和埃及的古代东方社会，帝国的秩序是由与宇宙秩序的某种类比来象征的，帝国的创立和维持则是对宇宙之创造的一种类比。诸种仪式作为某种已经确立，并作为宇宙之一部分存在着的东西，与帝国联系起来。建立帝国的实际过程本身，导向帝国之建立的种种战争与征服，并未被仪式化。实际上，在某些象征性创造物之中，比如在埃及的历史起源论中，在两个王国统一之前的埃及的王朝史尽管对于其作者而言耳熟能详，还是被排除于象征化之外了。另一方面，在蒙古的仪式中，王国的秩序也被假定为现成的，但只是被当作一种核心常量，它需要通过征服而扩张为未来的世界帝国。帝国追求权力

202

成为秩序之来源,而正是通过帝国追求权力的新力量,类比被写实化,而帝国的存在被转化为它不断变化的实践。在类比的符号体系中,帝国秩序对于一种超越的秩序而言变得透明了,在这种符号体系中渗入了关于某种内在的权力扩张的新教条主义;由此,现存社会的制度便和普世性征服的种种制度结合起来了。结果便是国际秩序方面的一场革命——这与由内生性的天启式倡导者们在俄国等国建立的政权,给我们时代的国际秩序造成的种种后果,有着紧密关联。蒙古皇帝在帝国中书机构与将军们的协助下推行上天的秩序,他在政治功能方面可与共产党的政治局相比,后者充当了一种内在具有天启性的历史哲学的实施者。此外,在蒙古人和现代的情况下,与此紧密相连的还有一些困难,这些困难产生于一种基本上恒久不绝的扩张和对一种稳定核心的保持之间的紧张状态:这一稳定核心的力量,就人力资源与物质资源而言,并不足以巩固扩张成果;扩张活动反作用于稳定核心的稳定性,而被征服的那些人口与文化的固定载荷,则在一段时间的破坏之后,重新维持起来。在蒙古人那里,分裂为多个王国的过程开始于成吉思汗之后的第二代人。在波斯的伊利汗国,征服的仪式变成了 13 世纪编修史书的仪式,当时合赞汗(Ghazan khan,1295—1304 年在位)任命拉施特(Rashid-ad-Din)撰写蒙古人的历史,为的是提醒他的那些志得意满、不再喜好征服的王子们记得他们已淡忘的英雄历史。在给拉施特的《波斯蒙古史》(*Historie des Mongols de la Perse*,1836 年)一书写的导论中,卡特麦尔(Quatremère)描绘了促成这一工作任务的颓废氛围:"他[汗]伤心地认识到:他的国人们在这方面陷入到无底的、可耻的无知之中了;最高阶层的人在这方面也有着普通百姓的偏见;王子们和族长们发现自己远离家族的发源地,他们所表现出来的,乃是对自身谱系、祖先的荣光的漠不关心,这些只知道自己的人,遗忘了他们祖先的名字。"*

　　对现存秩序类比性的符号化在权力欲的压力下破碎了。衰落的模式不止一种——令人想起修昔底德所记述的"米洛斯对话"(Melischen Dialog),或者对普世性帝国之秩序的重新评价(将之设想为一种排外的内在性秩序,这种秩序要通过犹太式的天启实现上天**之王国)。在蒙古人那里,类比的两端,上天-宇宙和人-社会,被教条化为对目的的表述:上天在天上统治——皇帝在地上统治。类比性象征化被一种教条性平行取代了。

　　在这些蒙古的文献中,这种平行教条主义被描绘成 *literae Dei*,即上天之命。在贵由汗的敕令中,命令是这样的:

> Deus excelsus super omnia ipse Deus immortalis
> et super terram chingischam solus dominus.

> ［在天之上天统御万物,上天不朽
> 　在地之成吉思汗,乃唯一之主宰。］

在蒙哥汗的敕令中,同样的律令表述如下:

> In celo non est nisi unus Deus eternus
> super terram non sit nisi unus dominus Chingischan.

> ［在天惟有一长生天
> 　在地惟有一主宰成吉思汗。］

---

*　沃格林所附引文原文从略。

**沃格林行文中以及译文中的 God,仍需还原为蒙古人自己的概念,当译为天,为行文统一起见,处理为"上天"。

套语的译文有所不同,但原意传达得很清楚:

[沃格林的译文:]*

　　在天有上天,唯一的,长生的,不朽的,最高的,

　　在地有成吉思汗,是唯一的和最高的主人。

　　我们必须让从类比到教条主义的转化聚集全部的动力。与宇宙论王国不同,上天之命并不涉及通过与"秩序的宇宙基础"的关系来规定秩序的含义;它也不涉及这一基础的统一性这个哲学问题,当亚里士多德引用荷马下面的话时,他心中所想的就是这个哲学问题:"多人的统治不好;只有一个人应该成为统治者。"㉔这一教条的含义从字面上来讲就是,人类只有作为一个帝国社会,才能充满意义地存在;而既然还不存在任何普世性的帝国社会,就应当由信奉这一教条的人将它产生出来。表达这一教条的特殊语言揭示出,它源出于汉语或某种与汉语紧密关联的游牧帝国的象征,即便它表现为天的,畏兀儿人(uigurisch)类型的景教(Nestorianismus)可能也发挥了作用。但这一教条是通过对类比的写实化而出现的,这种类比可以充当世界征服的最高合法准则,从它可能会直接发展出征服的合法意象。

产生中的世界帝国

　　上天之命指的是作为地上唯一统治者的成吉思汗,而事实上,他那个时候的蒙古帝国的确在扩张,但仍然只是地上的诸多帝国之一而已。从要求和现实之间的张力中,产生了大量的制

---

* 沃格林的译文按白话文风格直译,以示区别,下同。
㉔ *Metaphysik* 1076 a 5.

度和法规,这些制度和法规无法按照我们所习惯的宪法与国际法方面的范畴来归类。在蒙古帝国的情形下,我们面对的既不是一个古代东方意义上的帝国,也不是一个居于其他诸国之间的现代国家,而是一个产生中的世界帝国(*imperium mundi in statu nascendi*)。诸多领土、统治者和人民可能在事实上(*de facto*)超出了蒙古军事与赋税管理的影响范围之外,但它们在法理上(*de jure*)潜在地是帝国的成员。当帝国的权力在事实上扩展的时候,诸外邦在法理上潜在的成员资格,就被转化为帝国法理上实际的成员资格了。

我已经引进了帝国的"法理上潜在的成员资格"和"法理上实际的成员资格"这两个技术术语,因为要是不引进这些术语,蒙古人要求归附的命令在司法方面的准确含义就不得而知了。依据蒙古人的帝国概念,被颁布要求归附命令的欧洲诸国(教宗、法国国王,以及其他君主)不可能成为与汗们具有相同地位的法律主体。一位世界帝王的地位是独一无二的。在任何一点上,在任何场合,当汗的权力碰巧首次与另一位君主的权力发生对峙的时候,既不会产生法理上的和平,包括相互承认权力范围,也不会产生一种法理上的战争状态。在首次与蒙古帝国发生接触的情况下,一个外邦必须进入对"产生中的世界帝国"的某种形式上的服从关系。如果它遵从这一法律规范,它将会变为帝国的一个实际的成员。如果它不遵守,它就成了叛逆者。在后一种情况下指向外邦的那种强力,在事实上就是战争,在法理上则是帝国的行刑行为,以迫使外邦服从上天之命。

当"产生中的世界帝国"与另一种强权对峙,而且从帝国潜在的成员资格转化为实际的成员资格的问题变得白热化的时候,这就使得一种形式上的法律程序变为现实了。汗将其对征服世界的要求基于上天之命之上,他自己也受制于这一命令。

他不仅有一种源自上天之命的权利,还依据他所担负的责任而行动。他是上天管理世界所用的工具。因此,帝国的潜在成员并非只是简单地遭遇战争——汗并没有这么做的任何合法权利——借助使团的形式,他们还被正式告知上天之命本身,也被告知种种为推行这一秩序而作的决定,这样一来,他们的身份从帝国的潜在成员到实际成员的转化,就能依据一种预先提供的形式被实施了。

欧洲人对蒙古人这些命令的反应并非整齐划一。某些过去曾有机会更切近地观察过蒙古军事机器的惊人力量的君主,很快就对这种启示心领神会。他们服从蒙古帝国政权的所有政令,并在帝国内保持着或多或少可以忍受的地位。另外一些不幸缺乏必要的能力去了解它的君主,将蒙古使节及其命令视作毫无理由的傲慢和对他们的独立生存权的一种明显的不尊重。有时候,这些不明智的君主们极端到屠杀蒙古使节的地步。还有其他一些人,比如中国和德国的皇帝,尽管注意到了上天之命,但还是坚持他们那种错误的和异端的信仰,即他们凭自己的资格就是皇帝,而没有严肃对待那些命令。腓特烈二世(Friedrich II)碰到对他的同时代人而言很神圣的事物时,有一种天生的轻薄倾向——这种倾向更为他与撒拉逊人的社会交往所强化——他对要求归附的命令开了个玩笑,要是蒙古人那时不是忙于他事,这个玩笑一定已经造成致命的后果了。法国国王沉湎于一句含义丰富的妙语:既然鞑靼人(die Tataren)来自阴间(dem Tartarus),他们就应该被称作"鞑靼人"——而这个名称就这样派定给他们了。在这种命令接收者可悲地显示出对蒙古帝国政权——这个政权真的完全只关心上天之命——完全和平的、守法的意图缺乏理解的情况下,惩罚性的远征就势在必行。其中的一次就是1241年对东欧和中欧的入侵,这次入侵成了

1245 年教宗派遣使团的近因。

帝国扩张的权利

上天之命是一个产生中的帝国的最高准则。对该命令的法律内容的进一步表述，被具体化为一般的和个别的法规，这些法规意在推进它从一种潜在结构到一个实际的帝国的转化。首先是一般的规范：

拜住那颜致教宗英诺森四世的信函（文献 3）中包含以下套语：

Quicunque statutum audierit

super propriam terram aquam et patrimonium sedeat

et ei qui faciem totius orbis continet virtutem tradat.

Quicunque autem preceptum et statutum non audierint

sed aliter fecerint

Illi deleantur et perdantur.

［凡听从（此）敕命之人

得保土地、河湖及世产

得为受普世尊奉者之世侯。

凡不从（此）敕命妄动之人

任之殄灭。］

这个套语包含了涉及对服从与不服从上天之命的不同选择的一般性规则：

（1）任何服从这一命令的人都会在他的土地上平安无事。（这是一条颁布给各行政当局的行政命令，它还赋予服从的统治者们以请求援助的权利，如果他们受到军事首领们和其他当权者侵犯的话。）

（2）任何服从者都应该发誓忠于那位普世的统治者（*virtutem tradere*）。（这条规范针对即将从帝国的潜在成员资格向某种实际成员资格转化的各邦国；此外，这一规范的令人奇怪之处还在于，它提到汗的名称时说的是"受普世尊奉者"［qui faciem totius orbis continet］的统治者。这一表达可被视作对 *dalai-khan* 这一称号的准确翻译，伯希和在他对那封波斯文原文信件的翻译中将它翻译成"le khan océanique"。）

（3）任何不服从者，都会被毁灭（这是批准军事执行机构之行动的一条规范）。

207　同样的一组规范可能会在我们研究的文献中多次被发现，有时是完整的，有时则是片段，可能以同样的套语形式，或是稍有不同的形式出现。比如说，一种非常相似但所要求的选择相反的套语，可在贵由汗写给俄国南部军事首领的敕令（文献 4）中找到：

Quicunque ergo audierit et observare neglexerit

destruetur perdetur et morietur

Et quicunque voluerit utilitatem domus suae, et prosecutus

istud fuerit,

　　et voluerit nobis servire

　　salvabitur et honorabitur.

　　［故凡受（此）命而不遵之人

　　　必遭殄灭

　　　凡依其族人而求此目的

　　　且欲事我每之人

　　　必受护持及尊崇。］

　　同一份敕令在另外两处重复了进行允准的套语，还附加了对军事将领的一项命令，要求他可自主运用这些允准：

　　Et quicunque istud audire contradixerit

　　secundum voluntatem tuam faciens eos corripere studeas;

　　［凡不从此命之人

　　　你当酌情尽力擒之］

　　还有：

　　Quicunque contradixerit tibi

　　venabitur et terra ipsius vastabitur.

　　［凡违抗你之人

　　　你当穷追不舍，夷平其地。］

这组进行允准的规范似乎进一步包括了某些类似诅咒的套语;还有类似的一些套语也出现在这两份敕令中。贵由汗的敕令是这样说的:

Quicunque non audierit hoc meum mandatum

　　erit surdus

et quicunque viderit hoc meum mandatum et non fecerit

　　erit caecus

et quicunque fecerit secundum istud meum judicium

cognoscens pacem et non facit eam

　　erit claudus.

[凡不听我令之人

　　当为聋聩

凡见令不从之人

　　当为盲瞽

凡愿(承诺)归附且知悉我每息战之命而不从者

　　当为跛蹇。]

蒙哥汗的敕令给人的印象特别深刻:

Ex quo audierint preceptum meum et intellexerint

et noluerint credere

et voluerint facere exercitum contra nos,

（audietis et videbitis）

quod erunt habentes oculos, non videntes,

et cum voluerint aliquid tenere，erunt sine manibus，

et cum voluerint ambulare，erunt sine pedibus.

［沃格林的译文：］

［而那些听到我的命令并理解了

而又不想信从

并想抵抗我们的人

（你们应当听到它，也应当看到它），

他们有眼却不能看，

他们想握却没有手，

他们想走却没有脚。

这是长生天之命。］

一般性的规范接着被那些要求服从的命令和针对某些人的惩罚方面的威胁进一步具体化了。它们可以在写给教宗、法国国王和其他统治者们的那些信中被找到。波斯原文信件中的套语在伯希和译本中是这样的：

208

A présent，vous devez dire d'un coeur sincère：

"Nous serons（vos）sujets；nous（vous）donnerons notre force."

Toi en personne，à la tête des rois，tous ensemble，sans exception，venez nous offrir service et hommage.

A ce moment là nous connaîtrons votre soumission.

Et si vous n'observez pas l'ordre de Dieu et contrevenez à nos ordres，

nous vous saurons（nos）ennemis.

Voilà ce que nous vous faisons savoir.

Si vous (y) contrevenez, en quoi en connaîtrions-nous?

Dieu en connaîtra.

[现你每应诚心说：

"我每为（你每的）臣，我每尽力（于你每）。"

你本人亲率诸王

无一例外，效忠来朝

待至此时，我每乃知你每臣服。

若你每不遵天之命，又违反我每谕旨，

我每将知你每是（我每的）敌人。

我每宣谕之词如此。

若是你每违犯（此命），我每如何知道（将生）何事？

天将知之。]*

　　萨林贝内的拉丁文译本（文献 2）包含了同样的套语；在拜住那颜的信（文献 3）中，这条独特的命令要短一些。蒙哥汗对之进行了更广泛的阐发（文献 8）：

Preceptum Dei eterni est quod fecimus vos intelligere.

Et cum vos audieritis et credideritis, si vultis nobis obedire,

mittatis nuncios vestros ad nos.

Et sic certificabimur utrum volueritis habere nobiscum pacem vel bellum.

---

* 此段译文主要参考伯希和：《蒙古与教廷》，冯承钧译，北京：中华书局，1994 年，第 19 页，稍作修改。

Cum per virtutem eterni Dei ab ortu solis usque ad occasum totus

mundus fuerit in unum in gaubio et in pace

tunc apparebit quid sumus facturi.

Preceptum eterni Dei cum audieritis et intellexeritis et nolueritis intendere nec credere,

dicentes:"Terra nostra longe est, montes nostri fortes sunt, mare nostrum magnum est,"

et hac confidentia feceritis exercitum contra nos,

nos scire(? nescimus) quid possumus—

ille qui fecit quod difficile erat facile, et quod longe erat prope, eternus Deus ipse novit.

［我每要让你每知悉者,正是(此)长生天之命。

当你每听到并相信(之)时,若你每愿臣服我每,

遣使给我每。

由此我每方知你每是愿与我每和平,还是想与我每打仗。

长生天气力里,从日出到日没之地,全世界将

普(享)安乐和平,

便将明了我每所为

若你每知悉长生天之命,

而不愿(遵奉之)或者信从(之),

说道:"我每之国远不可及,我每之山宛如坚固(堡垒),我每之海既宽且广",

并报此信念集结军队对抗我每——

我每（会）知道将如何做——（而）

举重若轻、移远为近之长生天知道。］

帝国扩张的仪式

如果某个人彻底生活在对存在根基的开放之中，他的开放很可能会成为真理的一个源泉，影响他在某种具体情况下的行动，但它不是某个能推出其他命题的命题。蒙古人的平行教条主义的特殊性质并不源于面向超越的开放，而是出自权力欲的支配。上天之命是一个教条，而这样一来，它同时就能成为最高的法律准则和世界秩序方面的最高训令了。在前一节中，我们呈现了借助一般与个别规范对法律准则进行的具体化；在这一节中，我们必须考察对上天之命进行具体化并将之颁布为世界秩序的神圣训令的种种努力。直到这些努力开始运作，法律才变成扩张帝国的一项仪式。

平行教条主义——天上有一位神，地上有一位主——就是"上天之命"。这个教条在所有我们研究的文献中都是以此名称出现的。波斯文原文信件四次提到了"上天之命"（ordre de Dieu），但没有揭示它的内容；拉丁文译本（文献 2）在相应的段落里将其译作"litterae Dei"。那些敕令写出了这个教条本身，并在开头和结尾的套语之间，用庄严地提到该命令创始者的方式，将它的措辞括起来了。贵由汗的敕令是这样引入这一命令的：

Per preceptum Dei vivi

chingischam filius Dei dulcis et venerabilis

dicit quia... （接下来就谈那命令了）

蒙哥汗的敕令是这样的：

> Preceptum eterni Dei est：...

而命令之后尾随着套语：

> Filii Dei，Demugin Cingei，hoc est verbum quod vobis dictum est.

> ［此乃上天之子铁木真·成吉（Demugin Cingei）之命，此乃针对你每之命。］

另外一些套语是这样的："永生天敕命"（praeceptum Dei stabile）；"长生与不朽之天训令"（mandatum Dei vivi et immortalis）；"长生天敕命"（praeceptum eterni Dei），等等。因此，基本准则或者直称为"上天之命"，或者扩展为"上天之子成吉思汗的命令"。

从上天这个顶点，发出了神圣仪式的主旨，该主旨覆盖了我们描述过的那由种种规范组成的整个金字塔，直至最后一步的执行行为。因此，产生中的帝国在其所有阶段都是一种神圣的启示，这种启示从上天之命开始。"上天之子"这一称号似乎只与成吉思汗联系在一起，但他的后继者们如此惟妙惟肖地仿造了他们自己的副本、具体化的规范和批准文书，以致很难在源于上天之命和人的实证性法律条例之间划出一条明确的分界线。那些套语的措辞给人留下的一般印象是，成吉思汗的后继者们将他们自己视为某种神圣训令的执行者，将他们的行为视作上天之显现的一部分。由此,他们并不严格地区分从上天本身发出的行为和从作为人的他们自身所发出的行为。因此,比如说,贵由汗的敕令在开场白中将那个教条称为上天之命和上天之子的命令,进一步谈到它是"我的[汗的]这条命令"(hoc meum mandatum)。拜住那颜的信谈到"上天的永恒命令和那位统治整个辽阔世界者的敕令"。这份文本并没有说清楚,这"命令"指的只是那一教条,还是前面提到过的那种随之而来的要求服从的套语,这一套语乃是一种不仅由汗、而且也由上天设立的规范。蒙哥汗敕令中相应的套语包含这样的话:"此乃长生天之命",似乎这"命令"根本不是由汗、而只是由上天那里发出的。

帝国扩张过程带有的神圣仪式性特征,在那些套语和颁布的命令中变得明显可见。一个世界帝国的建立不止是一项强权-政治事业。汗们的敕令和信件始终与该教条之原初启示保持一致。上天之命被转化为上天向一些民族说的话,这些民族因命运之不幸而被剥夺了倾听它的机会。正如我们上面指出过的,蒙古汗们与其他统治者们的关系,并不像一种政治强权处于诸多其他政治强权之间那样,而是作为上天的信使,来启发无知者。由此,要求服从的诸多命令总是保证上天命令乃是与上天之言语的宣布联系在一起的。贵由汗的敕令中,在上天之命之后,是宣布上天之命的命令:

> Volumus istud ad audientiam omnium in omnem locum pervenire
>
> provinciis nobis obedientibus et provinciis nobis rebellantibus.
>
> Oportet ergo te, o baiothnoy, ut excites eos et notifices eis quia hoc est mandatum dei vivi et immortalis.

Incessanter quoque innotescas eis super hoc petitio-
nem tuam

et innotescas in omni loco hoc meum mandatum ubicum-
que nuncius poterit devenire.

［我每希望此命传至所有地面的所有人耳中，

传至（业已臣服）且降顺于我每之诸地面，

也传至反抗我每之诸地面。

因此，啊，拜住那颜，你每当唤醒他们，告知他每，

此乃永生不朽之上天之命。

你每当一刻不停地与他每传达你的谕令，

你每还当在任何使者可达之处传达我的敕令。］

　　此外，不止一次被重复的是，"让我的这条政令被所有人都
知道，无论他有无学识"（hoc mea ordinatio perveniat ad notitiam
cujuslibet ignorantis et scientis），以及"哦，拜住那颜，令此彰显
吧"（Manifestes igitur istud o baiothnoy）。这些命令人们作出宣
示的指令，占了敕令三分之一有余的篇幅。蒙哥汗的敕令甚至
还提到（很可能是这样的，因为这份文本在这里就烂掉，模糊不
清了）上天要求人们将这条命令传到所有民族那里去：

Quicumque sumus Moal，

quicumque Naiman，

quicumque Merkit，

quicumque Musteleman，

et ubicumque possent aures audire，

quocumque potest equus ambulare，

ibi faciatis audiri vel intelligi.

　　［沃格林译文：］
　　［不管我们是什么人，是蒙古人（Mongols），
　　　　乃蛮人，
　　　　蔑儿乞人，
　　　　或是木速蛮，
　　　　　　且无论哪里有耳能听，
　　　　　　且无论哪里有马能行，
　　　　　　你们都将在那里听到和理解。］

　　这些信将一般层面上的命令具体化了，这样就可以把交流贯彻到那些说给特定的人听的个别宣示上了。拜住那颜的信（文献 3）强调了这一点：

Nunc superbum istud statutum et preceptum ad vos transmittimus

　　［现在我每下达此崇高之敕令给你每……］

　　接着，就写出了那个进行批准的套语的种种结果。蒙哥汗写给路易九世的信详细说明了这个问题。首先，它提醒收信人，上天之命"由成吉思汗或其后继者发出，还没有传到你每这里"（nec a Chingischan nec ab aliis post ipsum pervenit ad vos）。然后，它非常谨慎地解释说，上天的命令由圣路易的使节带给了他（指的是卢布鲁克的文献［文献 7］中信件之前的那封敕令）。最后，它详细说明了为什么选择这种宣示模式，而不让蒙古使节传

递这份敕令。很明显,礼节上要求这样。

> 两个僧侣从你那里来到撒里答处,撒里答将他每送至拔都处;拔都又将他每送到我每这里,因为蒙哥汗是君临整个蒙古国的统治者。

> 但现在,为了让伟大的人民和僧侣们都和平地生活在一起,享用其财物,为了让上天之命为他们所知,我每想派蒙古使节,随同上面提到的僧侣。但他每回答我每,我每和你每之间的地面上正逢战事,一路上十分凶险,有许多恶人;这便是他每唯恐不能带领我每的使节毫发无损到达你[的地面]的原因,但倘若我每将我每的信件(附有我每的命令)交给他每,他每愿意将它转达路易国王。这便是我每未派使节随同他每,而代之以由你的僧侣送达我每发出的、书面表达的长生天之命的原因。

贵由汗的信(文献 1 和 2)并未引用“上天之命”(preceptum Dei),但好几段文字都指出,已通过交流让西方列强知晓了它,而且教宗必定熟悉它。在这封信里,就像在其他场合一样,要求服从的命令基于如下假定:接收者知晓上天的命令。

最后,意在强迫服从那一命令的行为,是以天意的展现来界定的。贵由汗的信(文献 1 和 2)提出了有关这一点的详细论证。汗以如下声明驳斥教宗对蒙古人残忍而无意义地攻击基督徒的指责:蒙古人遵守了正当法律程序的所有条款(对上天的言语以及要求服从的那种命令的宣示),况且信里说到的那些民族过去坚持他们愚昧的无信仰状态,表现出他们的傲慢无礼,还进行有组织地抵抗,杀死蒙古使节。这些罪行的自然后果便是上天的裁断和惩罚:

212

是长生天在这些国度杀死和毁灭人。任何一个人,怎能凭一己之力,没有上天之命,就妄行杀戮,他如何能做到?

这封信把这一点说的很透彻,这样教宗才能理解蒙古人过去的行为。但汗接着向教宗解释了潜藏于蒙古人观点背后的原则:

上天气力里,
从日出之地[直到]日落之地的所有地面均赋予我每。
若无上天之命,
何人如何能行任何事?

最后,汗将教宗未来若不遵守上天命令的情况下会遭受的所有处罚,完全置于上天的裁断之下了:

如果你每违反[这一命令],
我每如何知晓[会发生]什么?
上天知之。

在处罚方面进行的个别的威胁,明显总是以这样的术语来表达的,因为我们在其他几份文献中发现了同样的套语。拜住那颜的信(文献 3)是这样说的:"这一点我每不知……上天知之(illud nos nescimus. . . Deus scit)。"而同样的套语的痕迹,也能在蒙哥汗的那封信结尾部分已经朽坏了的文字中辨认出来。

213　**结论**

在成吉思汗及其后继者们的帝国概念中,关于一种现存秩序的类比性概念消解了，并被权力欲写实化了。结果便是对命令行动的一种新体验，这种体验表现为关于上天之命的平行教条主义。这种教条主义可以充当最高的法律准则，也可以充当世界秩序方面的最高训令。

就这种教条主义的法律功能而言，我们的分析表明，现今保存下来的那些文献并不是原始的和傲慢的文本，而是经过深思熟虑的行动，证明了其法律文化的高度理性化。在所有保存下来的那些关于普世帝国事业的文献中，蒙古人的文献从法律上来说是经过最精心考虑的。关于一个"产生中的世界帝国"（*imperium mundi in statu nascendi*）的概念，不可归于西方宪法与国际法的范畴之下，但并不因此而含义不明。它可以借助像"潜在的和实际的帝国"以及帝国的"在法理上潜在的成员资格和在法理上实际的成员资格"这样的术语得到合理而充分的表达。法律的各种层面的问题，以及对上天之命进行具体化的问题，一般规范、个别规范和执行行为的问题，以及被批准的规范和进行批准的规范之间两分的问题，都得到了清晰的表达。一种高度的法律形式主义允许对个别套语进行重复，但它并没有提供任何超出涉及套语的法律相关性之外的词语。

这些文献在构造上的明晰，使得澄清这些文献相互之间的法律关系成为可能。现在，这些所谓"信件"的某些章节很明显是属于如下意义上的"通信"范畴的：它们是对已收到信件的回信，其内容也是针对已收到信件的内容。虽然如此，整体而言，它们既不是私人信件，也不是在国际法意义上的外交照会，而是帝国扩张的法律行为。在法律上，它们是一种程序的正式步骤，这个程序预定要将一种法理上潜在的帝国成员资格转化为一种法理上实际的帝国成员资格。依此，它们包含了（1）一项命令，即上天之命要通过获得实际的帝国成员资格来遵守，还有（2）关于遵命或违命的法律后果的种种指令。

214　　要求服从的命令的发出,可以和一种法律工具——敕令（*yarlik*）——的传递结合起来,敕令通过关于该命令之法律基础的准确指令,而补充了这项命令。对上天和上天之子成吉思汗的指涉允许我们假定,我们在上天之命和种种后果的一般套语方面处理的,是成吉思汗的札撒（*yassa*）。那封波斯文原件似乎也支持这种假定,因为它促使那些热切期望在将来变为帝国实际成员的人,去哈剌和林接收基于札撒的进一步命令。如果这种假定成立,那些敕令就会成为关于成吉思汗的札撒之个别条款的一些指令,这些指令对于从法律上理解那些要求服从的命令来说是必需的;而这些所谓的信件也会成为基于札撒的要求服从的命令——野里知吉带的信是个例外。

就该教条主义的仪式功能而言,我们对从上天之命中散发出来的这种神圣性已经讨论得足够了,这种神圣性通过法律等级制的种种层面,一直贯彻到执行行为。总之,在当前的政治科学的状态下,这里需要一种不流于表面的评注。一位怀疑主义者可能会提出,上天之命是在柏拉图《克里底亚篇》意义上的"某个聪明人的发明",那不过是一种愤世嫉俗的主张,在这种主张的背景下,汗们赤裸裸的征服意志在运作着,并进而会认为我们无法谈及仪式。尽管如此,可以用如下事实来驳斥这种反对意见:同样的经验结构和象征结构可以在所有普世帝国构架中找到（即便有些没有这样高度的理性化思考）,尤其是在现代的种种意识形态的普世主义那里。在所有这些情况下,类比性的象征化都势必会衰落,而且会被权力欲写实化。现在,我无论如何不会否认,我事实上的确以强调的方式肯定,类比转化为教条主义的过程在没有知性骗局的情况下不会实现。实际上,这种骗局的种种形式如此切近地为教条主义的结构所规定,以至于它们的确作为典型的现象而重现了。因此,比如说,我们语带反讽地谈到了蒙古帝国政权种种"热爱和平的"意图,是影射共产主义者关于"热爱和平的民族"的陈词滥调,所有与之相对立、不自愿服从各个共产主义宗派的民族和政府,就都被贴上了帝国主义者和好战者的标签。但我的评论不止于一种启发性的比较,因为热爱和平和提供和平事实上就是这些敕令和信件的主题。"如果你们想要和平('si pacem suscipitis')并服从于我们,那么不要延误,来我们这里并讲和('pro pace facienda')。然而,如果……你们不来,我们就知道你们想要与我们开战了"(文献2)。想要和平的人服从于汗,这位天命的执行者,这就像今天热爱和平的人服从于共产主义历史形而上学的执行者们一样。进行抵制的人,或者只是想独自保持和平的人,就是想要战争的人。侵略的受害者是侵略者。因而,那骗局就藏于此事的本质之中了——也就是说,借助无限制扩张的权力意志的某种教条主义。但这种知性骗局只能以它的发起者们的信念来实行——甚至也能找到倾心于它的牺牲者们——因为它嵌入到对秩序之权威的一种超越性的来源的真实体验之中了。即便是由权力欲带来的秩序之腐败,其权威也源自经由对存在根基的开放而来的对秩序的某种真正的体验。

215

四　文献

以往蒙古文献曾有两度被搜集:在 1741 年由莫斯海姆搜集,在 1822 至 1824 年间由阿贝尔-雷慕沙搜集过。两个集子都不完备,而且所搜集的文本并不是最好的。伯希和的那些文章给出了极好的文本;虽然如此,它们中的有一些实际上只有开场白。接下来的集子追求两个目标:首先,它应该包含迄今所知的所有文本；其次，它应该包括目前可得的最佳文本。

1. 贵由汗致英诺森四世的信：波斯文本 *

这份文本是伯希和对这封信的波斯文版本的法文翻译：

216

Dans la force du Ciel éternel, (nous) le Khan océanique du grand peuple tout entier; notre ordre.

Ceci est un ordre envoyé au grand pape pour qu'il le connaisse et le comprenne.

Après en avoir tenu conseil dans les... des territoires du karal, vous nous avez envoyé une requte de soumission, que nous avons entendue de vos ambassadeurs.

Et si vous agissez selon vos propres paroles, toi qui est le grand pape, avec les rois, venez ensemble en personne pour nous rendre hommage, et nous vous ferons entendre à ce moment-là les ordres (résultant) du *yassa*.

Autre (chose). Vous avez dit que si je recevais le baptême, ce serait bien; tu m'en as informé moi-même et tu m'as envoyé une requête. Cette tienne requête, nous ne l'avons pas comprise.

Autre (chose). Vous m'avez envoyé ces paroles: "Vous avez pris tous les territoires des Mājar et des kiristan; je m'en étonne. Dites-nous quelle était la faute de ceux-là?" Ces tiennes paroles, nous ne les avons pas comprises non plus. L'ordre de Dieu, Chingis-khan et le Qā'ān l'ont envoyé tous

---

deux pour le faire entendre. Mais à l'ordre de Dieu（ces gens）n'ont pas cru. Ceux-là dont tu parles ont même tenu un grand conseil（?）, ils se sont montrés arrogants et ont tué nos envoyés-ambassadeurs. Dans ces territoires, les hommes （c'est le）Dieu éternel qui les a tués et anéantis. Sauf par l'ordre de Dieu, quelqu'un, par sa seule force, comment tuerait-il, comment predrait-il?

Et si tu dis:"je suis chrétien; j'adore Dieu; je méprise et...（les autres,）" comment sais-tu qui Dieu absout et en faveur de qui il octroie la misericorde, comment le sais-tu pour que tu prononces de telles paroles?

Dans la force de Dieu, depuis le soleil levant jusqu'à son occident, tous les territoires nous ont été octroyés. Sauf par l'ordre de Dieu, comment quelqu'un pourrait-il rien faire? A présent, vous devez dire d'un coeur sincère:"Nous serons （vos）sujets; nous（vous）donnerons notre force." Toi en personne,à la tête des rois, tous ensemble, sans exception, venez nous offrir service et hommage. A ce moment-là nous connaîtrions votre soumission. Et si vous n'observez pas（?）l'ordre de Dieu et contrevenez à nos ordres, nous vous saurons （nos）ennemis.

Voilà ce que nous vous faisons savoir. Si vous（y）contrevenez, en quoi en connaîtrions-nous? Dieu en connaîtra. Dans les derniers jours de jumada le second de l'anne'e 644（3 – 11 novembre 1246）.

长生天气力里,［我每］,大民族全体之海内汗,［这是］

诏旨

诏旨交与大教宗知悉。

在怯怜[karal，即我们的帝国*]地面……商议后，你每请求归附我每，已经你每使节奏闻。

若你每可依言而行，你大教宗，[将]同诸王一同亲来朝见，届时我每将宣谕这些源于札撒（yasa[原文如此，当为汗之敕令]）。

另外[有一事]。你每说若我领洗，乃是好事；你已告我，并请求之。我每不解你等请求。

另外[有一事]。你每说此话："你每既取马札尔人（Magyars）与众基督徒之一切地面；我因此震惊。告诉我每，他每究有何错？"你每此等言语，我每亦不解。成吉思汗的和合罕（Qa'an）均将上天之命传达，应予知悉。然[此等人]不信从上天之命。你每所言此等人甚至已开大会（council[?]**）。他每不逊，杀戮我每使臣。在此等地面上，[是]长生天屠戮他每。除非上天之命，能有何人用自身气力杀戮，如何敢为？

若你每说："我是基督徒；我崇奉上天；我鄙视并……[他人]"，你如何得知上天赦免谁，授谁大仁慈，你何以得知当说此等话？"

长生天气力里，从日出[伸展]到日落之一切地面，都被授予我每。除上天之命外，何人敢为何事？现在你每应发自内心说："我每称臣，我每献力[于你]。"你亲率诸王，所有

---

* 怯怜（Karal），伯希和原文为 käräl，当系诸斯拉夫语中查理曼（Charlemagne）的变形形式，应是对欧洲某国国王的称呼，并非我们的帝国之意。伯希和谓为日耳曼皇帝腓特烈二世，见伯希和的文献（见上一个编者注）注释31。然而此次宗教会议在里昂召开，当指法王。

**问号为伯希和所加，下同。

人一齐来朝见效忠。届时我每承认你每归附。若你每不遵（observe[?]）上天之命，并违背我每命令，我每将知你每是［我每之］敌。

我每宣谕之词如此：若你每违背［此命］，我每如何知道［将生］何事？上天将知之。

回历 644 年 6 月末（公元 1246 年 11 月 3—11 日）

2. 贵由汗写给英诺森四世的信：拉丁译文

这封信的拉丁译文是在蒙古帝国官署的监督下，从蒙古文原件翻译而成的。修士普兰诺·卡尔平尼给出了关于包含翻译程序在内的整个过程的所有必要的信息。

In die autem beati Martini iterum fuimus vocati, et venerunt ad nos Kadac, Chingay et Bala pluresque scriptores praedicti, et nobis litteram de verbo ad verbum interpretati fuerunt: et cum scripsissemus in latino faciebant sibi per singulas orationes interpretari, volentes scire si nos in verbo aliquo erraremus; et cum ambae litterae fuerunt scriptae, fecerunt nos legere semel et secundo ne forte minus aliquod haberemus, et dicerunt nobis: "Videte quod omnia bene intelligatis, quia non expediret quod non intellegeretis omnia, quia debetis ad tam remotas provincias proficisci." Et cum rescripserunt: "Intelligimus omnia bene," litteras in sarracenico rescripserunt, ut posset aliquis inveniri in partibus istis qui legeret eas si Dominus Papa vellet.

217

在圣马丁节那一天,我们再次被召见,哈达、镇海、八剌和前面提到的许多书记官前来,他们逐字给我们翻译了那封信;而由于我们是用拉丁文写的,他们也让我们为他们翻译每一个语句,渴望了解我们是否在这个那个字上用错了;而当两封信都被写就之后,他们就让我们一次、再次朗读[我们的译文],唯恐我们意外漏掉了什么,他们还告诉我们:"请注意,你们要理解全部的意思,因为倘若你们没有理解全部意思,那没什么益处,因为你们要出发前往如此遥远的地方。"而当我们回答"我们理解了全部意思"的时候,他们就将那些信(蒙古文原件和拉丁译文)又翻译成波斯文,这样在那些地方就能找到能读懂信件的人,如果教宗想这样的话。

因此,拉丁文本并不是对伯希和发表的波斯文信件(文献1)的翻译,而是对一份蒙古文原件的翻译,这份原件没有保存下来。伯希和认为,在这封信被"又译成"波斯文之后,蒙古文版本没有被交给使节们。拉丁文本作为一份独立的文献,更为重要,因为在破译那份波斯文文献的时候,伯希和在难以定夺的地方顺从了拉丁文本传达的意思。下列文本取自《小教团修士萨林贝内·德·亚当编年史》(*Cronica Fratris Salimbene de Adam Ordinis Minorum*)一书,该书由 O. Holder-Egger 编辑,收录于 *M. G. H.*,*SS.*,vol. XXXII(Hannover-Leipzig,1905 – 0913),s. 208。

Epistola domini Tattarorum ad Papam Innocentium IIII.

Dei fortitudo, omnium hominum imperator, magno pape litteras certissimas aetue veras. Habito consilio pro pace habenda nobiscum, tu papa et omnes Christiani nuntium tuum nobis transmisisti, sicut ab ipso audivimus, et in tuis litteris habebatur. Igitur si pacem nobiscum habere desideratis, tu papa et omnes reges et potentes, pro pace diffinienda ad me venire nullo modo postponatis, et tunc nostram audietis responsionem pariter atque voluntatem.

Tuarum continebat series litterarum, quod deberemus bapticari et effici Christiani. Ad hoc tibi breviter respondemus, quod hoc non intelligimus qualiter hoc facere debeamus. Ad aliud, quod etiam in tuis litteris habebatur, scilicet quod miraris de tanta occisione hominun et maxime Christianorum et potissime Pollonorum, Moravorum et Ungarorum, tibi taliter respondemus, quod etiam hoc non intelligimus. Verumtamen ne hoc sub silentio omnimodo transire videamur, taliter tibi dicimus respondendum: Quia littere Dei et precepto Cyngis-Chan et Chan non obedierunt et magnum consilium habentes nuntios occiderunt, propterea Deus eos delere precepit et in manibus nostris tradidit. Alioquin, quod si Deus non fecisset, homo homini quid facere potuisset? Sed vos homines occidentis solos vos Christianos esse creditis et alios despicitis. Sed quomodo scire potestis, cui Deus suam gratiam conferre dignetur? Nos autem Deum adorando in fortitudine Dei ab oriente usque in occidentem delevimus omnem terram. Et si hec Dei fortitudo non esset, homines quid facere potuissent? Vos autem si pacem suscipitis et vestras nobis vultis tradere fortitudines, tu papa cum potentibus Christianis ad me venire pro pace facienda nullo

218

modo differatis; et tunc sciemus, quod vultis pacem habere nobiscum. Si vero Dei et nostris litteris non credideritis et consilium non audieritis, ut ad nos veniatis, tunc pro certo sciemus, quod guerram habere vultis nobiscum. Post hec quid futurum sit, nos nescimus, solus Deus novit. Cyngis-Chan primus imperator. Secundus Ochoday-Chan. Tertius Cuiuch Chan.

[鞑靼人之主致书教宗英诺森四世。

长生天气力里,[我每]所有人之皇帝,将此明确且真诚之书信[致]大教宗。你教宗和全体基督徒商定愿与吾人讲和,向我们遣来使臣,此事业经使臣奏闻,来信中亦表此意。因此你每若要与我每和平相处,你教宗及诸王、显贵不得迟延,应即刻前来朝见,除非你每愿破坏和平。届时将听闻我每之答复及意愿。

你每多封信件中写有[建议],我每应该领洗,成为基督徒。对此我每仅简单答复,我每不解,为何必得如此。再者,你信中亦称,你每因众多人遭屠戮,尤其是基督徒,而且首先是波兰人、摩拉维亚人和匈牙利人遭屠戮而感到震惊。我每回答,对此亦不解。然而,我每不能对此事保持缄默,我每的回答是:因为他每不遵守上帝之指示和成吉思汗与合罕(Qa'an)的诏令,开了大会之后,他每杀死使节,因此上天决意毁灭他每,将他每交于我每手上。否则,若非上天行[之],凡人对凡人有何能为?但你等西方之人相信,只有你每自己是基督徒,并鄙视他人。但你每如何得知上天加恩于谁呢?而我每崇奉上天,凭借上天气力,横扫从东至西之整个世界。若非上天气力,人有何能为?若你每决意讲和,

愿为世侯,你教宗应率同基督徒显贵,不得迟延,即刻前来
求和;届时我每将知你每是否想与我每和平。若你每真个
不信上天,不信我每之信,亦不从我每劝告,不愿来朝,届时
我每确知你每决意与我每作战。未来会如何,我每不知,只
上天知道。首任皇帝成吉思汗。第二任皇帝窝阔台合罕。
第三任皇帝贵由汗。]

3 和 4. 拜住那颜的信与贵由汗的敕令

下面的文本重印自《修士樊尚之史鉴第三部分》(*Tertia Pars
speculi hystorialis fris vincensij*),1474(Copinger,II,nr. 6247),
31 卷,51、52 章。这个版本的文本要优于樊尚所有其他的刊本,
也优于该信件与敕令的所有其他版本。敕令里被我括上圆括号
的那些话很有可能是排字错误;它们在其他版本中没有出现。

关于翻译的过程,西蒙·德·圣昆汀主张,教宗的信被从拉
丁文翻译成波斯文,又被从波斯文翻译成了蒙古文(*Vinzenz*,
XXXI,47)。从蒙古文到拉丁文的翻译过程中,有可能采用了
一个与此相反的程序。我们发现了巴黎的马修(Matthaeus
Parisius)为此写的一个注解:"但正当使节们准备去往西方时,
他们的那封要被送达教宗的信经过了三次翻译,从一种未知的语
言被翻译成一种更为熟悉的语言。"[Charta autem eorum quam
papae detulerunt,ter fuit de idiomate ignoto ad notius traslata,
prout nuncij partibus occidentalibus appropinquaverunt](Abel-
Rémusat,ebenda Bd. VI,S. 426)。

Der Brief

Exemplum autem litere que a baiothnoy ad dominum

papam missa est hoc est.

Dispostione divina ipsius chaam transmissum baiothnoy verbum Papa ita scias tui noncij venerunt et tuas literas ad nos detulerunt. tui nuncij magna verba dixerunt. nescimus utrum injunxeris eis ita loqui/aut a semetipsis dixerunt. Et in literis taliter scripseras. homines multos occiditis. interimitis et perditis. Preceptum dei stabile et statutum eius qui totius faciem orbis continet ad nos sci est. Quicunque statutum audierit/super propriam terram aquam et patrimonium sedeat, et ei qui faciem totius orbis continet virtutem tradat. Quicunque autem preceptum et statutum non audierint sed aliter fecerint/illi deleantur et perdantur. Nunc super hoc istud statutum et preceptum ad vos transmittimus si vultis super terram vestram aquam et patrimonium. sedere/oportet ut tu papa ipse in propria persona ad nos venias. et ad eum qui faciem totius terre continet accedas. Et si tu preceptum dei stabile et illius qui faciem totius terre continet non audieris/ illud nos nescimus. deus scit. Oportet ut antequam venias nuncios premittas. et nobis significas si venis/aut non. si velis nobiscum conponere/aut inimicus esse. et responsionem precepti cito ad nos transmittas.

Istud preceptum per manus Aybeg et Sargis misimus mense iulio XX die lunacionis. in territorio scisciens castris scripsimus.

219

[书信

　　这是由拜住那颜送给教宗的抄本。

　　奉汗亲颁之圣命，拜住转呈教宗知悉。你每使臣来此，并将你信件传递给我每。使臣宣示重要的言辞。我每不知是你命他每说这些话，还是他每自愿如此说。且你信中写到许多人已被杀戮殄灭。上天之命永恒，而我每所发布，正是受普世尊奉者之敕命。凡听从[此]敕命之人，得保土地、河湖及世产，得为受普世尊奉者之世侯。凡不从[此]敕命妄动之人，任之殄灭。现在鉴于我每下达你每之敕令，若你每想得保土地、河湖及世产，你教宗应亲自来此处朝觐受普世尊奉者。若你每不从上天及受普世尊奉者之命，我每不知，[但]上天知道。你每来前应先遣使臣，并告知我每是否前来。若你每想与我每讲和，或与我每为敌，你每需即刻将对[我每]命令之答复传达给我每。

　　此命由我每于七月二十日交由艾别和薛里吉思亲手传递。我每在视察[我每]地面时，于[我每]营地里写下。]

Das Edikt

Hoc autem exemplum. literarum. chaam. ad baiothnoy quas ipsi Tartari vocant literas dei.

Per preceptum dei vivi chingiscam filius dei dulcis et venerabilis dicit. quia deus excelsus super omnia ipse immortalis. et super terram chingiscam solus dominus. Volumus istud ad audientiam omnium in omnem locum. pervenire. provinciis nobis（audientibus et）oboedientibus et provinciis nobis rebellantibus. Oportet ergo te o baiothnoy ut excites eos et notifices eis. quia hoc est mandatum dei vivi et immortalis. Incessanter quoque innotescas eis super hoc petitionem tuam et innotescas in omni loco hoc meum mandatum ubicumque nuncius poterit devenire. Et quicunque contradixerit tibi venabitur et terra ipsius vastabitur. Et certifico te quod quicunque non audierit（et viderit）hoc meum mandatum/erit surdus et quicunque viderit hoc meum mandatum et non fecerit/erit caecus. Et quicunque fecerit secundum istud meum judicium cognoscens pacem. et non facit eam/erit claudus. Hec mea ordinatio perveniat ad notitiam cujuslibet ignorantis et scientis. Quicunque ergoaudierit et observare neglexerit/destructur. perdetur et morietur Manifestes igitur istud o baiothnoy. Et quicunque voluerit utilitatem domus sue. et prosecutus istud fuerit/et voluerit nobis servire/salvabitur et honorabitur. Et quicunque istud audire contradixerit/secundum voluntatem tuam faciens eos corripere studeas.

［敕令

　　这是一封由汗发给拜住那颜的信的抄本，鞑靼人自己称之为上天之信。

　　奉永生天之命，上天可亲可敬之子成吉思汗敕曰，上天在天，［是］覆庇万物，万世不朽。成吉思汗在地，乃唯一主宰。我每希望此［命］传至所有地方的所有人耳中，传至［业已臣服］且降顺于我每之诸地面，也传至反抗我每之诸地面。因此啊，拜住那颜，你当唤醒他每，告知他每，此乃永生不朽之上天之命。你当一刻不停地与他每传达你的谕示，你还当在任何使者可达之处传达我的敕令。凡违抗你之人，你当穷追不舍，夷平其地。我保证，凡不听［看］我令之人，当［使］为聋聩，凡见令不从之人，当为盲瞽，凡愿［承诺］

归附且知悉我每息战之命而不从者，当为跛塞。我此条训令当令所有人知悉，无论无知者或渊博之人。故凡听到[此命]而不遵之人，必遭殄灭。噢，拜住那颜，将此言明。凡依其族人而恐受害，且欲事我每人，必受护持及尊崇。凡不从此命之人，你当自行决断，尽力擒之。]

5. 野里知吉带致路易九世的信

巴黎的马修给出了一份法文的文本（*Cornica Majora*，Luard 编，VI，Additamenta，London，1881，第 163 页起），伯希和认为这份文本是对译本的仿造；他进而相信，路易九世将它传给了布兰奇王后（Reine Blanche）。所有别的版本都基于厄德·德·沙托鲁（Odon de Châteauroux）写给英诺森四世的信。原文是用阿拉伯字母转写的波斯文。圣路易让人将它"逐字翻译成拉丁文"（in latinum de verbo in verbum）；这项工作很可能大部分是由隆瑞莫的安德鲁完成的。下面是由伯希和修复后的本子（a. a. O.，S. 161 ff.）。括号是由伯希和加的；它们将"东方人措辞的套语"（formules de phraséologie orientale）和正文的主体部分分离开了；这使得这封信的主要结构更清楚地呈现出来了。信件导论部分结尾处的括号是我加的，因为我相信，括号中的那段话也是礼节性的套语。此外，追随达沙里（d'Achéry）的解读（《拾遗集》[*Spicilegium*]，ed. de la Barre，III [Paris，1723]，S. 624-628），我在"Post hanc"这两个词前面加了一节，因为我相信，这封信的主体部分是以这些话开始的。

220

Hoc est autem exemplar epistole sive litterarum quas misit erchaltay sive ercheltey princeps ille tatarorum ad regem

Ludovicum. Et iubente rege ipso translate sunt in latinum de verbo ad verbum.

Per potentiam Dei excelsi, missi a rege terre chan, verba Erchelthay [*sic*]. Regi magno provinciarum multarum, propugnatori strenuo orbis, gladio christianitatis, victorie religionis baptismalis/corone gentis ecclesiastice/defensori legis evangelice, filio regi Francie (augeat deus dominium suum, et conservet ei regnum suum annis plurimis et impleat voluntates suas in lege et in mundo, nunc et in futurum, per veritatem divine conductricis hominum et omnium prophetarum et apostolorum, amen) centum milia salutum et benedictionum. Ex hoc rogo quod recipiat salutationes istas, ut sint grate apud ipsum. (Faciat autem Deus ut videam hunc regem magnificum qui applicuit. Creator autem excelsus causet accursum nostrum in caritate et facere faciat ut congregamur in unum.)

Post hanc autem salutationem noverit quod in hac epistola non est intentio nostra nisi utilitas christianitatis, et corroboratio manus regum christianorum, Domino concedente. Et peto a Deo ut det victoriam exercitibus regum christianitatis, et triumphet eos de adversariis suis contemnentibus crucem. Ex parte autem regis sublimis (sublimet eum Deus), videlicet de praesentia Kyocay (augeat Deus magnificentiam suam), venimus cum potestate et mandato ut omnes christiani sint liberi a servitute et tributo et angaria et pedagiis et consimilibus et sint in honore et reverentia et nullus tanget possessiones eorum, et ecclesie destructe reedificentur, et pulsentur tabule, et non audeat aliquis prohibere ut oret corde quieto et libenti pro regno nostro. Ista autem hora venimus adhuc pro utilitate christianorum et custodia, dante Deo excelso. Misimus autem hoc per nuntium fidelem nostrum virum venerabilem Sabaldin Mousfat David et per Marcum. Ut annuncient illos bonos rumores et que sunt circa nos dicant ore ad os. Filius autem recipiat verba eorum et credat eis. Et in literis suis rex terre (augeatur magnificentia sua) ita praecipit quod in lege Dei non sit differentia inter latinum et grecum et armenicum/et/ nestorinum et iacobinum. Et omnes qui adorent crucem. Omnes enim sunt unum apud nos. Et sic petimus ut rex magnificus non dividat inter ipsos, sed sit ejus pietas et clementia super omnes Christianos. Duret ejus pietas et clementia. Datum in finibus muharram. Et erit bonum, concedente Deo excelso.

［这是对野里知吉带（Erchaltay 或 Ercheltey）（一位鞑靼君王）写给路易国王的一封函件（missive）或书信（letter）的转写，而且依据国王自己的命令，被逐字翻译成了拉丁文。

上天气力里，普天下之王野里知吉带汗（Khan Elchethay，原文如此）颁下诏命。*以千千万万致意与祝福，致诸多地面之大王，毫不倦怠之世界护佑者，基督教之剑，施洗礼宗教之胜利，修士之主，福音教法之护卫者，法兰西

---

* 沃格林或英译者此处有误。不应将 Khan 和 Elchethay 混为一谈，作为一个词组处理。参照第 237 页译文，当译作"上天气力里，普天下之王汗颁下诏命。野里知吉带以千千万万致意与祝福……"。

王之子*（愿上天增加其领地，让他长久在位，在律法及世间实现其诸多愿望，现在和未来，以众生、全体先知、全体使徒神圣指引之真理之名，阿门）。谨望他受此致意，且从中可得快慰。（愿上天准许我会见此业已登陆之高贵大王。愿最崇高之造物主允许我每以爱[的精神]相聚，并安排我每会面。）

　　此致意之后，他当知悉，此信并无它意，只为[提升]基督教之优势，或是强化基督徒之权力，若上天乐意如此。我祈求上天赐基督教诸王以胜利，让他每战胜藐视十字架的敌人。由尊贵的大王（愿上天使他尊贵）之处，即贵由汗（Kyocay）陛下（愿上天增加其尊荣），我每受命而来，命令所有基督徒摆脱奴役、贡奉、劳役、赋税以及一切此等[负担]，命令他每得尊崇和敬重，无人可染指其财物，[他每的]废毁教堂得以重建，并将此记录在案，无人可禁止[基督徒]以喜悦、平和之心为我每的统治祷告。我每此时前来，全为基督徒之利益和保护，愿至尊之上天成全此事。我每派遣忠诚的使臣，可敬的赛甫丁·木偄非·倒的（Sabaldin Mousfat David）和马儿古思（Marcus），传递此[信]，这样他每便能将我每所关注的这些美好意愿，口头告知[这些]给你每。愿王子听取他每之言，信从他每。在此信中，普天下之王（愿他尊荣与日俱增）命令：上天律法中，不再区分拉丁人、希腊人、亚美尼亚人、景教徒（Nestorians）、雅各比派（Jacobites）以及一切礼拜十字架之人。因为对我每来说而言，他每全系一体。我每要求：高贵的大王不再区分这些

---

* 据中译者对拉丁文的粗浅理解，此处拉丁原文中的 filiō 似为与格，当与 regi Francie 并称，可译为"王子，法兰西王"，如译为"法兰西王之子"则与史实相违背，文义也滞碍难通。后文的 filius 当同指法王，因此译为王子。

人，而要将虔敬与仁慈遍施于所有基督徒。愿大王的虔敬
与仁慈长在。写于回历一月（muharram）末。若至尊之上
天因之喜悦，事当顺遂。]

6. 斡兀立海迷失致路易九世的信

下面的文字取自茹安维尔（Joinville），"圣路易史"（Histoire
de Saint-Louis），《历史汇编》（*Recueil des Historiens*）20（Paris，
1840）：265。对于该文本中的空白处，伯希和补上了这样的话：
"因为祭司王约翰起而反对我们（Car prestre Jehan se leva
encontre nous）。"

221

　　Bone chose est de pez; quar en terre de pez manguent cil
qui vont a quatre piez, lerbe pesiblement; cil qui vont a deus,
labourent la terre dont les biens viennent passiblement; et
ceste chose te mandons nous pour toy aviser: car tu ne peus
avoir pez se tu ne las a nous. . ., et tel roy et tel（et moult en
nommoient）et tous les avons mis a lespee. Si te mandons que
tu nous envoies tant de ton or et de ton argent chascun an，que
tu nous retieignes nous avons fait ceulx que nous avons devant
nommez.

　　Et sachiez quil se repenti fort quant yl y envoia.

　　[和平是好事，因在和平之地，四足行走者可安然吃草；
两足行走者耕田而安然获得回报；我每将此事宣谕你每知
悉，因为若非你每与我每讲和，你每无法得到和平。……我
每杀戮了这个、那个大王（此处列举了多个国王之名）。我

每命你等每年给我每送来许多金银,如若不送,我每[会]对
你每行我每对上述人等曾做之事。

你每应知,他[法国国王]因遣使而深悔。]

7 和 8. 蒙哥汗致路易九世的敕令与信

由卢布鲁克讲述的拉丁文本是在蒙哥汗宫廷上准备的。在
这位卢布鲁克的引语中,讲了下面这些话:"最后,由他传给你的
这封信已被完成,他们召见我,有人口头翻译了它。根据我通过
翻译人(他自称是)所能理解的,我写下了它的内容"(Tandem
completis litteris, quas mittit vobis, vocaverunt me et interpretati
sunt eas. Quarum tenorem scripsi, prout potui eas comprehendere
per interpretem, qui talis est),接下来就是文本的主体。

这里呈现的文本是范登温加尔(P. Anastasius Van den
Wyngaert)在《中国的方济各会士》(Sinnica Franciscana
[Florence: Quaracchi, 1929], 1: 307 ff.)中所复原的文本。范
登温加尔引入的分节和编号被略去了,因为它们和文本的含义
没有任何关系。虽然如此,我还是将到这里为止都很连贯的文
本划分成了敕令和书信。

Das Edikt

　　Preceptum eterni Dei est. In celo non est nisi unus Deus
eternus, super terram non sit nisi unus dominus Chingischan,
filii Dei, (Demugin Cingei, id est sonitus ferri. "Ipsi vocant
Chingis sonitum ferri, quia faber fuit; et in superbiam elati,
dicunt eum modo filium Dei"). Hoc est verbum quod vobis
dictum est. Quicumque sumus Moal, quicumque Naiman,

quicumque Merkit, quicumque Musteleman et ubicumque possunt aures audire, quocumque potest equus ambulare, ibi faciatis audire vel intelligi; ex quo audierint preceptum meum et intellexerint, et noluerint credere et voluerint facere exercitum contra nos, audietis et videbitis quod erunt habentes oculos, non videntes; et cum voluerint aliquid tenere, erunt sine manibus; et cum voluerint ambulare, erunt sine pedibus. Hoc est preceptum eterni Dei.

［敕令

此乃长生天之命：在天惟有一长生天,在地惟有成吉思汗独一主宰,天之子[之命](铁木真·成吉,即铁之声。"彼等称成吉思汗曰'铁之声',因其曾为铁匠,抬举日甚,故称之为上天之子")。此乃对你每之命。无论蒙古人(Moal)、乃蛮人、篾儿乞人或木速蛮,凡耳所能闻、马所能行之地,均应听闻和知悉。凡听闻我命并能知悉者,[如彼等]不信又欲抵抗我每,你每将听闻,彼等有眼却不能视物,欲取物却无双手,欲行走却无双足。此乃长生天之命。]

Der Brief

Per virtutem eterni Dei per magnum mundum Moallorum, preceptum Manguchan sit domino Francorum Regi Lodovico et omnibus aliis dominis et sacerdotibus et magno seculo Francorum, ut intelligant verba nostra. Et preceptum Dei eterni factum a Chingischan, nec a Chingischan nec ab allis post ipsum pervenit hoc preceptum ad vos. Vir quidam nomine David venit ad vos tamquam nuncius

222

Moallorum sed mendax erat, et misistis cum illo nuncios vestros ad Keucham. Postquam Keucham mortuus fuit, nuncii vestri pervenerunt ad curiam eius. Camus uxor eius misit vobis pannos nasic et litteras. Scire autem res bellicas et negotia pacis, magnum seculum quietare et bona facere videre ille mulier nequam, vilior quam canis, quomodo scire potuisset. . . . Illos duos monachos, qui a vobis venerunt ad Sartach, misitipse Sartach ad Baatu; Baatu vero, quia Manguchan est maior super seculum Moallorum, misit eos ad nos. Nunc autem ut magnus mundus et sacerdotes et monachi sint omnes in pace et guadeant in bonis suis, ut preceptum Dei audiretur apud eos, voluimus cum predictis sacerdotibus vestris nuncios Moal destinare. Ipsi vero responderunt quod inter nos et vos esset terra guerre, et multi mali homines et vie difficiles; unde timebant quod non possent nuncios nostros salvos perducere usque ad vos, sed si nos traderemus eis litteras nostras preceptum nostrum continentes, Regi Ludovico ipsi eas deportarent. Hac de causa non misimus nuncios nostros cum istis; misimus vero vobis preceptum eterni Dei eterni est quod fecimus vos intelligere. Et cum vos audieritis et credideritis, si vultis nobis obedire, mittatis nuncios vestros ad nos, et sic certificabimur utrum volueritis habere nobiscum pacem vel bellum. Cum per virtutem eterni Dei ab ortu solis usque ad occasum totus mundus fuerit in unum in gaudio et in pace, tunc apparebit quid sumus facturi; preceptum eterni Dei cum audieritis et intellexeritis et nolueritis intendere nec credere, dicentes "Terra nostra longe

est，montes nostri fortes sunt，mare nostrum magnum est，"
et hac confidentia feceritis exercitum contra nos—nos scire
quid possumus-ille qui fecit quod difficile erat facile et quod
longe erat prope，eternus Deus ipse novit.

[书信

　　长生天气力里，统辖蒙古人伟大世界，[这是]蒙哥汗诏
命，[颁]往法王路易及一切王公修士，送往拂浪人之伟大时
代，* 由此他每可知悉我每之言。[尽管]上天之命由成吉思
汗施行，但此诏旨却尚未由成吉思汗或其后继者颁往你处。
名为"倒的"之人曾冒称蒙古人使臣往你处，但他乃是骗子，
你却派使臣随他去见贵由汗。贵由汗（Keucham，原文如
此）死后，你的使臣继续前行至此汗廷。贵由之妻海迷失，
赐以纳失失（nasic）** 服饰及信札。此卑鄙妇人比狗更贱，
貌似知晓和战之事，知晓如何平定[此]伟大世界及行善政，
甚或设法知晓[一切行事]……那两修士由你处来到撒里答
处，被撒里答本人派到拔都处。因蒙哥汗（Mangucham）实
为蒙古人这一代之尊长，拔都就遣他每来我每这里。那么，
为使全世界及修士、僧侣全都安乐生活，享用其财物，为使
他每听闻上天的诏命，我每愿指[派]蒙古使臣，随同你每前
述神父。这些[神父]实言答说，我每与你每之间相隔战争
蹂躏的土地、邪恶的民人和崎岖难行的道路；因此他每恐怕

* 元代将欧洲人称为拂朗人（Franks），此处伟大时代云云，颇为费解。核对拉丁原
　文 magno seculo Francorum，确为此意。查耿昇译本将之译为"整个法兰克人的国
　土"，则或为广大地面之误。
** 沃格林在此加了问号，认为拼写有误。其实 nasic 是波斯文 nasij 的异写，这是一种
　中亚、波斯地区的著名纺织品，以丝绸等为原料并嵌有金线和珍珠，元代汉文史料
　中通常称为纳失失，也作纳石失、纳失思、纳克实。

我每使臣无法安全抵达你处，但若我每将写有我每诏令之信札交与他每（即是你每使臣），他每就能亲手将之交与路易大王。故我每未遣使随同你每使臣；作为替代，我每将那由长生天写就的命令交由前述你每的牧师，颁往你处。我每要让你每知悉者，正是[此]长生天之命。当你每听到并相信[之]时，若你每愿臣服我每，遣使给我每。由此我每方知你每是愿与我每和平，还是想与我每打仗。长生天气力里，从日出到日没之地，全世界将普[享]安乐和平，便将明了我每所为。若你每知悉长生天之命，而不愿[遵奉之]或者信从[之]，说道："我每之国远不可及，我每之山宛如坚固[堡垒]，我每之海既宽且广"，并报此信念集结军队对抗我每——我每[会]知道将如何做——[而]举重若轻、移远为近之长生天知道。]

巴枯宁的忏悔*

　　1849 年,巴枯宁被萨克森当局逮捕,他因为参与德累斯顿暴动而受审问;在 1850 年,他被判死刑。然而死刑并未被执行,因为萨克森当局同意将他移交给奥地利,奥地利政府正因他参与 1848 年的捷克暴动而搜捕他。他再次遭到审讯,并在 1851 年又一次被判处死刑。这一次,死刑被减刑为终生监禁。减刑只是走走形式,因为奥地利当局早已决定在死刑当天将他送到俄国边境,并移交给俄国当局。在俄国,巴枯宁早在 1844 年就已经被缺席审判而剥夺了贵族特权,并要发配到西伯利亚做终生的苦役——那时他拒绝服从要求他返回俄国的命令。因而在 1851 年,巴枯宁未经俄国当局审问就被直接投入彼得堡要塞的监狱,这是在执行先前的审判。

　　在要塞中,起初什么事情也没发生;巴枯宁徒劳地等待被流放到西伯利亚去。两个月之后,他牢房的门被打开,他接到了来自奥洛夫伯爵(Count Orlov)的传唤,此人是沙皇的侍从武官和

---

　　* 首次发表时标题为"巴枯宁的忏悔"(Bakunin's Confession),发表于 *The Journal of Politics*,Gainsville (Florida),Bd. 8,Nr. 1,S. 24 - 43。——原注

第三署(Dritten Sektion)*的署长。他提醒巴枯宁说,他是由沙皇亲自派来的,沙皇命他敦促巴枯宁写一份关于其罪过的忏悔书给沙皇。沙皇命令道:"告诉他,他应该像儿子写给教父那样写给我。"巴枯宁接受了这个要求;结果便是这份《忏悔书》。①

第一节 动机

写给沙皇一封关于自己罪过的忏悔书,这在革命者们中间被视作一种不光彩的表现。巴枯宁的传记作者们要么本身就是革命者,要么至少对革命的荣誉准则(*code d'honneur*)有充分的认同,感到要为他们的英雄辩护,他们极力将其耸人听闻的程度减到最低。他们的种种论点中有一些非常适宜地指出了巴枯宁忏悔时所处的环境。巴枯宁是一个先锋,而革命者们的行动准则还没有被规范化。此外,巴枯宁是一位贵族和一位官员,对于处在他这种社会地位的人来说,与他那个阶级的人们交往并不算过分。虽然如此,在这些话之外,就没有更进一步的话可说了。一些传记作者们不得不就巴枯宁的心理动机和尼古拉一世灵魂中发生的更奇异之事进行论述,这些论述则近乎纯粹的文学杜撰。②

---

* 沙皇成立的秘密警察组织。

① 关于奥洛夫伯爵来访的文献来源是巴枯宁写给赫尔岑的一封信,收录于 *Michail Bakunin's sozial-politischer Briefwechsel mit Alexander Iw. Herzen und Ogariow*,Stuttgart 1895,S. 35.《忏悔书》由 V. A. Polonski 从第三署档案中找出,发表于他的 *Materiali dlya biografii M. A. Bakunina*,Moskau 1923. 这里使用的文本是 *Michail Bakunins Beichte aus der Peter-Pauls-Festung an Zar Nikolaus I.*,hrsg. von Kurt Kersten,内有 W. Polonski 的一份"前言",Berlin 1926。

② 关于巴枯宁的忏悔,参见 Polonski 给 Michael Bakunins Beichte 写的序言,Berlin 1926;Hélène Iswolski, *La vie de Bakounine*,Paris 1930;E. Yaroslavski, *History of Anarchism in Russia*,New York 1937;Guy A. Aldred, *Bakunin*,Glasgow 1940. E. H. Carr 的优秀著作是充分的,但论述简短:E. H. Carr, *Michail Bakunin*,London 1937。

除了《忏悔书》本身之外，只有两份直接的资料可能帮助我们理解它。第一份资料是写给赫尔岑（Herzen）的信，在这封信中，巴枯宁坚持认为，在一场普通的审判中，他将要遵循在萨克森和奥地利走过的相同程序，在那两个地方，他会按照自己的原则进行坦白，但并没有交代任何的具体信息。"但在四壁围绕之中，在熊的力量之下"，他可能会感到坦然，并按照《诗歌与真理》（*Dichtung und Wahrheit*）*的方式写出忏悔书。此外，他那时的活动无论怎么说都是相当畅行无阻的，他也没有什么好隐瞒的。他只需小心不要提到任何可能会因此遭受危险的人的名字即可。"意识到我明显很无助的境况，也考虑到尼古拉精力充沛的性格，我的信是非常坚决，非常勇敢的——这也就是他为什么喜欢它的原因。"③

　　另一份资料，是在他的家人被允许探望他时，巴枯宁让他们夹带出去的一封密信。在那里，他描述了他身体健康恶化的状况，并且因为这两年的单独监禁的情况如果继续的话，他担心自己的精神状况会进一步恶化。然后，他向他的亲友们保证，他以前的信念并未改变；这些信念只是变得更为炙热，更无羁无绊了。留给他做的所有事情可以概括为一个词："自由！"这并不只是对从牢狱中解脱的渴望，而是对再次作为一个革命者进行行动的渴望。"给我行动的机会吧。在我看来，我似乎从未有过这么多的想法，从未感受到对运动与行动的如此热烈的欲望。我现在还并未死去；而正是灵魂的这种生命——它通过集中，变得更为深沉，更为有力——现在比以往任何时候都渴望表达自己，

225

---

* 歌德自传。

③ 从伊尔库茨克发出的致赫尔岑的信，1860 年 12 月 8 日，收录于 *Sozial-politischer Briefwechsel*，S. 35 ff.。在衡量这封信的价值时，人们将不得不考虑的是，它是在《忏悔书》将近十年之后写的。

它现在对于我而言，变成了苦难无穷无尽的源头，我甚至没有尝试过描绘这些苦难。你们永远不会理解，人被活生生地埋葬意味着什么，人日日夜夜每一秒对自己这样说意味着什么：我是一个奴隶，我被彻底毁灭了，我软弱无助，而身体却依然活着。"盼望着听到伟大斗争之声的回荡，却被命令保持沉默！想法甚多，却没有能力实现其中的任何一个！"感受到内心的爱，是的，尽管四壁围绕，依旧有爱，然而却不能将它给予任何事物或任何人。感到自己满是忘我精神，乃至英雄主义，致力于千百倍神圣的想法——却看到所有这些努力都被四面光秃秃的墙（我这唯一的见证者，我这唯一的知己！）给毁灭了。"④

这两份资料——它们得到了其他文本的强化和支持——让我们无需揣测，就能理解巴枯宁当时的处境。

基本的动机是简单而明了的。首先是对身体和精神上明显的衰弱感到深深的恐惧；任何会在这方面带来缓解的措施，比如巴枯宁要求恩准从事繁重的体力活，只要其他人未被《忏悔书》连累，便会被视作正当的。

然而在精神层面，处境要更复杂。在密信和《忏悔书》的某些表达形式之间似乎有某种矛盾。在密信中，巴枯宁坦然地承认，在他心中仍然有一种坚定的希望，"这里我不得不停止让我入狱的工作而重新开始，只是更加坚韧，或许还更加慎重了。"另一方面，《忏悔书》以这样的表达作结："真诚悔改的罪人 M. B. 。"矛盾是明显的，但并不简单，因为这一表达并非直接就是一个谎言。关于悔改的表达，又与《忏悔书》本身的整个内容相矛盾，在《忏悔书》中，巴枯宁频繁地表达了他的悔改，他所说的那些话使得悔改清晰可见。在一开始，巴枯宁就请求沙皇不要

---

④ 信件正文见 Kurt Kersten, *Michael Bakunins Beichts* 一书导言，S. XIII ff. 。这封信大约与《忏悔书》写于同一时间。

让他成为叛徒,不要要求他供认其他人的罪。"即便在您自己眼中,陛下,我也宁愿成为一个政治犯,去遭受最严厉的惩罚——而不愿成为无赖。"⑤沙皇具有审讯者的素质,他在页边注上:"凭这些话,他已经毁坏了信任;如果他感到了他的所有的罪过,那么只有一种完全的忏悔,而非一种有条件的忏悔,才能被视作一种忏悔。"几页之后,巴枯宁谈到了他的那种将他引向现今这种情状的哲学与政治疾病,"而我甚至到现在都不知道我是否完全被治愈了"。沙皇注上:"N. B.!"⑥此外,巴枯宁对沙皇说:"陛下,我不应向您谈起我迟到的悔改:在我的处境下,悔改就像一个罪人死后的悔改一样的无益。"沙皇并未被混淆内在性与超越性的诡计所欺骗;他注上:"错了,只要悔改出自真心,那么悔改可以拯救任何罪人。"⑦

因而,《忏悔书》并不企图欺骗沙皇。如果如此悔改的形式已经使得通过真诚悔改来打动沙皇的目的失败,那么这些悔改意味着什么呢?问题似乎只有一个答案:巴枯宁的心境是复杂的。密信表明了反叛的心境,而在《忏悔书》中,巴枯宁使自己置身在他的言语所流露出来的真诚悔改的状态之中。在某种程度上,他在沙皇面前是以一位悔改的罪人的面目出现。

这如何可能呢?巴枯宁在其早期所写的"德国的反动"的文章中的某些反思,或许就是一把钥匙。在1842年,巴枯宁区分了两种类型的反动分子:一贯的和调和的。他完全鄙视调和的类型,但并不这样看待一贯的类型。"在我们这个糟糕的良心泯灭的年代,当如此多的人为了躲在他们那些自以为是的信念之壳中不受干扰,就试图在自己面前掩盖他们自己那些原则——

⑤ Ebenda, S. 2ff.

⑥ Ebenda, S. 5.

⑦ Ebenda, S. 16.

这些原则是因为彻底的懦弱——的严格推论结果的时候,我们很感激这些人。他们是率真而又诚实的;他们想成为完整的人。……他们是诚实的,是完整的人,或者毋宁说,他们想要成为诚实的,想要成为完整的人;他们还痛恨所有三心二意之人——就像我们一样——因为他们知道,只有一个完整的人才能是善的,而不诚心的人则是一些邪恶之污秽源头。"⑧"他们的努力几乎总是源自诚实。"⑨巴枯宁和一个一贯的反动分子之间的共同点,要比他和一个想要在传统与改革的必要性之间进行调和的人之间的共同点多很多。在这个意义上,沙皇是一个一贯的反动分子,而那封给赫尔岑的信提到了尼古拉一世精力旺盛的特征,似乎表明了对这位敌人真正的尊敬。一些难以估量的因素强化了这种态度,比如沙皇并不仅仅是世俗的统治者,实际上也是巴枯宁的精神领袖,还有关于军校的回忆,关于年轻士官对于沙皇的热情拥护,而《忏悔书》最终正是以这种热情写就的。用这位密切而又令人敬重的敌人来衡量自己,当然是一种诱惑。

在密信中,巴枯宁表达他的下面这种绝望之情的那些段落中,触及了灵魂的一个更深的层次:他的自我否定和英雄般的爱徒劳无益地冲撞监狱的墙,却又被无情地破碎。巴枯宁的这种爱,他的政治欲望(eros),并不仅仅以某种游击队的方式通向革命的"神圣观念"。它也涵括了这场自由戏剧中互相对立的演员。1842 年的那篇文章对于这个问题而言是非常具有启发性

----

⑧ "Die Reaktion in Deutschland. Ein Fragment von einem Franzosen," in: *Deutsche Jahrbücher für Wissenschaft und Kunst*, hrsg. von Arnold Ruge, die Nummern 247 - 251 vom 17. ,18. ,19. ,20. und 21. Oktober 1842, S. 986 - 1001, Dresden. 以 "Jules Elysard"为笔名写成。我们引自重印版:"Michael Bakunin, Zwei Schriften aus den 4oer Jahren des XIX. Jahrhunderts," in: *Internationale Bibliothek für Philosophie*, Bd. 2,Nr. 11 - 12, Prag 1936, S. 7. "丛书"和巴枯宁的这两份出版物由 Boris Jakowenko 编辑而成,还加上了很有价值的注。本段引自第 7 页。

⑨ Ebenda,S. 9.

的。巴枯宁问自己，革命是否同样会带来反革命分子的仇恨。他的回答是："不，那配不上我们革命宣言那美好的理由。"因为它的存在，党派的片面性预设了另一种片面性的存在。革命者作为一个人，将会在与"罪恶激情"的斗争中，他也会变得片面并且充满仇恨的。但这还不是最后的结论，因为在这种情况下，革命根本就不会比反革命好。只有当"片面的、单纯政治的生存方式，在具有广泛而又持守全面原则的宗教中被克服（*aufgehoben*）了"的时候，在政治中成为一个革命的党员才是合理的。革命者必须在其反革命对手那里认识到，革命者真正怀着对良善的渴望，而且只是"因为无法理解的不幸"，他作为一个个人，才偏离了他真实的命运。"唯独对我们这些被称为'基督宗教的敌人'的人而言，'即便在最残酷的斗争中也要以具体的方式实践爱'这一点才得到保存，甚至成了我们的最高责任，它是基督的最高命令，是真正的基督徒之唯一本质。"[10]那种在敌人那里看出一位同样向善的弟兄——他甚或会是一场共同的斗争中的一位秘密伙伴——的爱，是贯穿巴枯宁一生的一种强大的特征。在俄罗斯的传说里，基督因为犹大的背叛而吻了他：在上帝面前，两者都在救赎的剧目中承担着各自的角色；其中的一个注定要背叛，这样另一个才能作为背叛的受害者进行救赎。那样的吻，基督又给了《卡拉玛佐夫兄弟》（*Brüdern Karamasov*）中的大法官。我们看见巴枯宁在革命的现象中扮演了上帝之子的角色，他拥有了真理并且宣告了真理。

228

最后，我们必须考察巴枯宁在数年以前写给安年科夫（Annenkov）的一封信[11]里所写的另一份"忏悔书"。巴枯宁告诉

---

⑩ Ebenda, S. 8.

⑪ 致安年科夫的信，布鲁塞尔，1847 年 12 月 28 日，收录于 *Sozial-politischer Briefwechsel*, S. 7。

他的朋友,他的生命已经被一些出乎他自己计划之外的,几乎不期而然的转折所决定了。"上帝知道会将我带向何方。我只感到我永远不会折回脚步,永远不会背叛我的信念。这里有我全部的力量和尊严;这里有我生命的全部真实和全部真理;这里有我的信仰和我的责任;至于其他的事情,我很少在乎。这便是我的忏悔。"他继续道,如果这听起来像是神秘主义,那么谁会不是一位神秘主义者呢?会有任何不带丝毫神秘的生活吗?"生活是这样一个地方,在那里,有一种严峻的、无限的、因而有些神秘的视域。实际上我们几乎什么都不知道;我们生活在一个活生生的领域里,这个领域被各种奇迹和生死攸关的力量所环绕;而我们所走出的每一步,都可能会在我们不了解——甚至常常极不情愿——的情况下使它们显明。"这种"严峻的和无限的视域"是对一种感受到了方向,但却没有看到任何目标的力量的完美象征。在好运与厄运(*fortuna secunda et adversa*)意义上,最出人意料的偶然之事可能会带出这样的一种力量,这种力量除了忠于它那魔鬼般的驱力之外,就没有任何别的标准了。而谁又能够说出,当沙皇读《忏悔书》时发生了什么事情呢?将《忏悔书》抛入时间的变迁之中,这种魔鬼般的驱力作为种种未知事件的潜在结晶点,在我们理解巴枯宁的行为时必须被纳入考量范围之内。

第二节　内容

《忏悔书》本身是巴枯宁写作技巧最娴熟的文学片段之一。它纵览他的生活经历,从他年轻时候上军官学校开始,又详细描述他 40 年代在法国、普鲁士、萨克森和奥地利的革命活动。因为这些内容,它与巴枯宁 40 年代后期的其他著作一道,构成了关于 1848 年和 1849 年革命事件的重要文献来源。然而,政治史上的种种问题并非我们首要关注点。我们必须探究的是《忏悔书》中某些对理解巴枯宁含有大量的犯罪与悔改内容的革命性生存而言有益的因素。因此,我们必须问的是,巴枯宁悔改的到底是什么,而悔改的动机又是什么?

　　巴枯宁从未有一刻悔改过他那样的革命性生存。他为之悔改的是它的无用。而且他的悔改乃是因为他对巴黎、柏林、法兰克福、巴登、德累斯顿和布拉格这些地方的革命事件的观察,他对那些热爱自由的共和党人深恶痛绝,因为这帮人一旦感到其财产方面的利益受到威胁时,便会转变革命的方向并背叛革命,而甘心乐意退回到保守力量的羊圈里面去。种种革命经验使得巴枯宁对西方,尤其是德国,极度鄙视。相应地,他的俄国民族情感变得比以前更温暖了;尽管当他清楚地看见了俄国的种种罪恶时,他同样发现,俄国并不像西方那么糟糕,他尤其发现,一贯反革命的沙皇这个人物的禀性与欧洲君主们相比更好,因为其他那些君主面对 1848 年的叛乱时只会可怜地发抖。"尽管我具有民主方面的信念,在最近几年里我还是深深地崇敬您,仿佛这与我的意志相悖似的。不仅我,很多其他人,波兰人和一般的欧洲人,都像我一样理解了:您是当代进行统治的领袖们中间唯一一位保存了帝国使命方面信仰的首领。"⑫

　　巴枯宁的幻灭和悔改,与他对共产主义、各派共产主义者以及 40 年代的各个秘密社团的态度有着密切关联。从巴枯宁的革命性生存的观点来看,他并没有期待将一种共产主义的财产秩序设想为革命的直接目标,以此来废除社会上的种种丑恶现象。他对没有发生"真正的"民主革命,只是财产秩序方面的单

---

⑫ *Michael Bakunins Beichte*,a. a. O. ,S. 25.

纯改变,并不感兴趣。共产主义不可避免地倾向于革命,但革命
230 不会是它的目的。由此,共产主义运动是社会衰落的某种症状;
它并不开启一条通往拯救的道路。巴枯宁在《忏悔书》中坚持
说,他从来就不是一个共产主义者,尽管他抱着巨大的兴趣追随
了这一运动,因为他在其中看到了"西欧在经济和政治方面自然
的、必然的、不可避免的发展"。西方的社会秩序腐败了,只有以
最大的努力才能维持下去。这种状态是对在 1848 年攫住了西
方国家——只有英国是个例外——的"令人惊惶的恐怖"的唯一
解释。"不管在哪里,当一个人往西欧看,他看到的是腐败、丧失
信仰和堕落,这种堕落的根源在于丧失信仰。从最高的社会层
面往下看去,没有任何人、任何特权阶级对其使命和权利是满怀
信仰的。"种种特权只由利己主义和习惯维持着。"在我看来,这
是共产主义的本质和力量之所在……:共产主义过去和现在一
样,从高层为起点至少和以底层为起点一样多;在底层,在民众
中,它作为一种模糊但却有力的要求生长着并存活着;在上层阶
级中,它呈现为对一种正在迫近的、理所当然会发生的灾难的直
觉,呈现为一种模糊不定而又无助的焦虑,这种焦虑乃是由这些
阶级自身的衰弱和坏良心造成的。"这种焦虑,以及关于共产主
义的永久的叫嚣,比起共产主义者们的宣称来,更有助于它的扩
展。"我相信,这种模糊不定的、不可见的、无形的,但又无处不
在的共产主义虽说具有各种不同的形式,但无一例外地在所有
地方都生生不息,它要比那种只在少数秘密的和公开的社团里
被鼓吹的精确而又体系化了的学说要危险一千倍。"在 1848 年,
这些社团在英国、法国和比利时暴露了其无能,此外,它们的规
划非常不切实际,以至于它们只成功了三天就偃旗息鼓了。

沙皇和革命者有着热烈的共识。对于巴枯宁对深受糟糕良
心折磨的西方社会的分析,尼古拉一世写上的注是"对"和"一条

中肯的真理"。⑬

因此，只有当经济秩序的改变作为西方革命的不可避免的伴随之物时，才会引起巴枯宁的兴趣。但西方还没有成熟到进行一场现实的革命的地步，正如1848年的种种事件所显示的那样。随着这样的醒悟，随着一种徒劳无功的生活所造成的绝望，我们触及了巴枯宁对革命的态度的核心，这不是巴枯宁所独有的，而是19世纪俄国革命者一般都有的。

巴枯宁被迫进入了革命性生存之中，因为只有在一个革命化了的俄国，一个具有他这种精力和个性的人，才能找到一个充分的行动领域。西方的革命对于他而言具有生死攸关的重要意义，因为他希望它能成为俄国革命的先兆；而俄国革命将会促使他返回家乡，并在他的国家的政治中扮演一个积极的角色。俄国19世纪的知识阶层发展成处在各个阶级之外的一个阶级，因为社会和政治秩序（在这种秩序中，即便对政府的赞扬，也被视作一种颠覆性的傲慢）并没有将在该秩序内部作出建构性行为的空间留给这样的人：他们有理智，有气质，有教养，有着成熟的人格，也有进行改革的道德意愿。在对革命的分析中已然成为老生常谈的是，当知识分子们走向对立状态时，一个政府就处在了危险之中。作为一种肤浅的描述，这种老生常谈包含某种真理。但它并未说明根本问题：知识分子们并非凭借自己的选择走向与政府对立的立场，而是因为在他们的社会里，他们没有找到任何更好、更高贵的事情可做。在具有理智和道德上的完整性的人们在要参与公共生活时就必须降低自己身份的情况下，一种社会秩序就达到了它的危急阶段。对人的人格最严重的侮辱，就是不给人这样的机会：不让极为优秀、最为宝贵的人

⑬ Ebenda, S. 7 ff.

成为社会中的一种活动力量。当一个社会达到了腐坏的阶
段——在这个阶段,它最有价值的成员们被扫地出门、排挤到社
会边缘地带的时候,结果就是,依据他们不同的个性,要么退守
到沉思生活,要么积极地抵抗,直至革命性的毁灭和犯罪。

　　在巴枯宁的时代,俄国的社会秩序已经发展出某种程度的
压迫,而这种压迫则产生出作为其相对应之物的种种极端形式
的虚无主义。在他那个时代,处在他那种社会地位的一个有教
养的俄国人可以选择坐拥财产、剥削农奴,或者选择从事行政服
务(在这种行政服务中,他就必须服从一个堕落的官僚阶层的种
种行为规则了),或者选择成为军队中的军官(那样就要在一群
毫无生气的同僚当中,在与世隔离的地方,终生面对种种单调无
趣的例行公事)。⑭ 在巴枯宁之后的一代人中,当一种理智上成

232

---

⑭ 在巴枯宁于 1847 年波兰革命的周年纪念活动上的演讲里,可以发现对压抑感的
　一种有力的冲破:

　　"我们一样,一样是由一只外来的手,由来自德国的一位君主治理,这位君主
既不理解俄国人民的需求,也不理解他们的性格,而且他的政府——蒙古人的野
蛮与俄国人的迂腐的一种独一无二的混合体——完全将民族的因素排除在外了。
结果,我们被剥夺了一切政治权利,甚至没有了所谓的'族长自由'(patriarchal
liberty),这种自由是由一些文明程度较低的民族所享有的,并且在最低的限度上
允许人们的心灵在他的本土上安歇,并将他们自己交托给他的族人的直觉。那些
东西我们一样都没有:没有任何自然姿态,没有任何自由运动是被批准给我们的。
我们几乎不被允许生活,因为一切生活都意味着某种程度的独立,而我们只是这个进行
压制与制服的巨大机器(被称作'俄罗斯帝国')上的一些没有生气的齿轮而已。"(Nous
aussi nous sommes gouvernés par une main étrangère, par un souverain d'origine allemande
qui ne comprendra jamais ni les besoins ni le caractère du peuple russe, et dont le
gouvernement, mélange singulier de brutalité mongole et de pédantisme prussien,
exclut complètement l'élément national. De sorte que, privés de tous droits politiques,
nous n'avons pas même cette liberté, patriarcale, pour ainsi dire, dont jouissent les
peuples les moins civilisés et qui permet du moins à l'homme de reposer son coeur dans
un milieu indigène et de s'abandonner pleinement aux instincts de sa race. Nous n'avons
rien de tout cela; aucun geste naturel, aucun mouvement libre ne nous est permis. Il
nous est presque défendu de vivre, car toute vie implique une certaine indépendance, et
nous ne sommes que les rouages inanimés de cette monstrueuse machine d'oppression
et de conqute qu'on appelle l'empire russe.)

(转下页)

熟且积极的生活的问题扩展到中产阶级时,情况就变得更加恶化了,因为下层阶级的知识分子们甚至得不到像巴枯宁那样的职业机会。在一个没有民众——这些民众被嵌入由他们所鄙视的某个上层阶级构成的政府组织,和他们与之没有任何接触的农民群众之间——的公共生活的国家,知识分子们面对的是毫无希望的虚无,以至于使得恐怖主义谋杀这种程度的虚无主义,都变成了一种明智的表达方式,因为对于他们中的许多人来说,它是唯一可使用的方式。监狱之墙将巴枯宁的爱破碎,但它只是社会牢狱之墙的最终物理体现,一位活跃的知识分子在这面社会的牢狱之墙上撞击,直到它被耗尽、破碎了为止。我们必须依此来解读巴枯宁那令人动容的忏悔:"倘若我在任何人身上看到了他遵循我奉之为绝对真理的那些原则的才能、手段和坚定意志,我就会甘心情愿地服从于他。我会满心欢喜地追随他,并且欣然乐意地服从他,**因为我始终尊敬和热爱基于这种信念和信仰之上的纪律**。"然后,他甚至将他的大问题转向一种个人的罪恶了:"我的本性一直有一种根深蒂固的罪恶:我热爱空想的、不寻常的、闻所未闻的冒险——这些冒险打开了某些无限的视域。在一种日常生活和宁静的循环中,我感到我一定会窒息。通常人们寻求宁静的生活,将其视为最高的善。但对我而言,宁静的生活令人绝望;我的灵魂处在持续不断的激动之中;它需要行动、运动和生命。我愿生在美洲森林的西方殖民者所在的某个地方,在那里,文明只待开花结果,生活仍然是与野人斗争、与野外自然的持续斗争,而不处于一种秩序井然的小资产阶级社

（接上页）

　　这篇演讲发表于 La Reforme,1847 年 12 月 14 日;我们的引文来自重印版,参见 *Sozial-politischer Briefwechsel*, S. 279ff. 。

会之中。"⑮

233　巴枯宁革命活动的目的是为了返回到俄罗斯,返回到一个会为他在公共生活中留有空间的俄罗斯。"只有沿着一条革命的、犯罪的道路,我才能回到我在俄罗斯的生活中去。"⑯但这样一种革命者如何能产生呢? 在《忏悔书》中,对这个问题的回答在其含义方面远远超出了直接的场合:它揭示了巴枯宁生活中的一种特征,这种特征在他往后那些年中一次又一次地迸发了出来;它充分解释了巴枯宁个人对每一个遇到他,被他人格魅力吸引的原因;它甚至超出了巴枯宁的个人生活,并展现出一种能使革命成功的力量之源。回答是这样的:"我只有一位同盟者:信仰! 我告诉我自己,信仰能移山,克服障碍,击败不可战胜的东西,并使不可能的东西成为可能;有了信仰,就已经有了一半的胜利,一半的成功;有了强有力的意志作为补充,它就能创造环境,使人成熟,团结和联合他们。……一言以蔽之:我渴求信仰,我渴求其他人信仰。"⑰

这或许是人曾给出的对恶的魔力、对从虚无中创造一种实在的魔力、对由人**从无中创造**的最完美的描述。这就是恶魔的那种服从于意志的信仰与基督教的那种服从于信仰的意志之间的对立。后来在巴枯宁那里,这种"服从于意志的信仰"表现在对种种不存在的革命社会的天才创造,以及将想象力的种种虚构事物注入现实之中的做法——这种做法产生了种种切实的效果。如果巴枯宁没有变成一个真正的革命者,他就没有变成一个天才的骗子(Hochstapler)的能力。对一种孤立意志的信仰和想象突入到历史过程中去了,实际上创造了种种环境,而且在那

⑮ *Michail Bakunins Beichte*, S. 47 ff.

⑯ Ebenda, S. 14.

⑰ Ebenda, S. 38.

些不相信这样的事情能发生的昏乱的同时代人中间,则产生了一些最难以置信的影响。独立意志的魔力首次显现之后,后来重新出现在尼采的"极端者的魔力"中,出现在列宁于那些无望的年间坚持不懈中,直到他把握了时机为止,还出现在希特勒的持久权力和"信仰的胜利"中。

虽然如此,在《忏悔书》的情绪之下,巴枯宁对"服从于意志的信仰"的强迫性特征很敏感。他承认:在努力和严肃斗争之下,他"取得了这种伪善的、矫柔造作的、暴力的信仰";他遭受"他的事业的道德和可能性方面的"种种怀疑的折磨;他"听到了内心谴责的声音";如此等等。那种既不能在马克思、列宁那里,也不能在希特勒那里发现的敏感和怀疑,似乎在巴枯宁革命活动的过程中,从他的经验里产生出来了。在政治实践中,一个人很容易发现一些阿南克(*ananke*)*式的事情,也即是这样一种命运:责任和必然性所构成的网络如此狭窄地决定了行动过程,陷入这个网络的人没有多少选择余地。巴枯宁承认,他"完全而彻底地"理解了"一种真理":统治的事务是困难的,而且需要经验;"在各个国家和民族的生命中有一些无法用日常生活的标准来衡量的较高的境况和法律,而且在高级政治中有许多在私人生活中看似不公正的、压迫性的和残酷的事情是必要的。""历史有其自身的,隐秘的过程";而且一个个人"不管有多么真诚、诚实,不管他的信念可能有多神圣",极少有这样的才能:"以其反叛性的思想,以其虚弱的臂膀,对抗命运的种种难以捉摸的力量"。⑱

在《忏悔书》中,信仰和悔改之间的张力不过就是一直存在于巴枯宁生活中的张力的最强烈表现。在考察一贯的革命者和

---

* 希腊神话中司奖惩的女神,与宙斯生下了阿德拉斯提亚,她是命运的人格化。
⑱ Ebenda, S. 43。

对敌人的爱时,我们已经注意到了早期的表现形式。巴枯宁即便在其性情最具毁坏性的时候,他也始终意识到历史戏剧中的神秘之处,和分配给演员角色的那种难以捉摸的命运。我们在巴枯宁那里从未发现马克思主义者的那种混淆:将由个人经历的偶然和社会、经济因素所决定的角色作为个性罪恶归结到个别的敌人身上。在巴枯宁里面存在着邪恶,在他的晚年也有犯罪行为和公开的撒旦崇拜(Satanismus),但在他那里,却从来没有将自己打扮成正人君子、对敌人却口喷毒气,如同卑鄙怯懦的小兽。我们必须强调巴枯宁的生存中的这种特征,因为正是与之比较,我们才更为清晰地对于某些力量进行理解,这些力量最终决定西方革命与危机中那种在政治上成功了的路线:敌意、仇恨和诽谤的力量。在这条主要路线上,我们必须看到西方道德沦丧逐渐加剧的过程:从启蒙的伏尔泰式粗鲁言论;到仇恨、道德伪善,诽谤诡计,通过马克思主义在历史中成为历史性的力量;最终到达西方社会的解体与浸没于污秽川流之中的状态,这种川流在 20 世纪西方资产阶级的种种相互诽谤中不断奔涌。这一时期塑造西方政治与文明方面命运的最重要因素,是中产阶级"随波逐流的仇恨"。

巴枯宁将俄国革命设想成泛斯拉夫革命的一部分。首要的目标就是摧毁沙皇的权力。然而,君主制政体形式的废除只是大斯拉夫人解放的开端。一个自由的俄罗斯应该领导各斯拉夫民族发起反对奥地利、普鲁士和土耳其的战争,如果有必要,也应该发起反对德国的战争,为的是将斯拉夫人从外国的统治之下解放出来。"普鲁士西里西亚的一半,西普鲁士和东普鲁士的绝大部分,也就是说,全部讲斯拉夫语和波兰语的领土,都应该从德国那里分离开。"在更进一步的横扫之下,还应促使匈牙利人、摩尔达维亚人、罗马尼亚人和希腊人加入斯拉夫联邦,这样,一个统一的、自由的东方帝国就会出现,作为与西方相抗衡的一个东方世界强权,其首都定于君士坦丁堡。[19] 革命的共和国不会依据西方自由主义的种种理念而被缔造。它不会是代议制的、立宪制的、议会制的,它也不会有任何权力制衡。民主制在这样一个国家无法通过议会代议制而得到实现:在这个国家,人民大众在政治上还没有表达能力,也无法形成自己的代表。而一个由贵族和资产阶级组成的议会却只会将压迫延续下去。"对于俄罗斯而言,必须要有一个独裁的强权,只为民众的提升与启蒙操心;这种权力在倾向和精神上是自由的,但却没有议会制的形式;这种权力出版具有自由内容的书,却不用引进出版自由;这种权力由思想相近的人们的自由合作环绕、提建议并加以支持,但却不受任何人或任何事物的限制。"独裁权力和君主权力的唯一区别,在于前者会尽快通过教育人民而使自身成为多余,而君主权力则企图通过将人民维持在一成不变的童蒙状态,将自

236

⑲ Ebenda,S. 45. 关于斯拉夫联邦——其成员国有自治权,又有共同的军事和外交政策——的细节,参见巴枯宁 1848 年的"Statuten der neuen slavischen Politik"和"Grundzüge der slavischen Federation"两篇文章,见于 Sozial-politischer Briefwechsel,S. 285‑289。关于革命的更进一步扩展,参见《某位俄国爱国者向斯拉夫人民的呼吁》(Appel aux peuples slaves par nun patriote russe):"在对压迫者宣战之时,革命因而就宣称要改变和抛弃整个的北方,要改变和抛弃欧洲的整个东方部分,宣称要解放意大利,而最终的目标是:欧洲各个共和国组成的全体联邦"("En déclarant la guerre aux oppresseurs, la révolution proclamait donc le remaniement, le bouleversement de tout le Nord, de toute la partie Oriental de l'Europe, l'émancipation de l'Italie, et, comme but final: la fédération universelle des republiques Européennes!") Appel 这一文本首次发表于 Josef Pfitzner, Bakuninstudien, Prag 1932. 这份文本是初稿,在内容上要比 Aufruf an die Slaven:Von einem russischen Patrioten 激进得多,后者由 E. K. Keil 在 1848 年首次发表于莱比锡,其标题页上的名称是:"Koethen, Selbstverlag des Verfassers"。Aufruf 这一文本由 Boris Jakowenko 在 "Zwei Schriften" 中再版并加上了注释:Michael Bakunin, Zwei Schriften aus den 4oer Jahren des XIX. Jahr-hunderts, in: Internationale Bibliothek für Philosophie, Bd. 2, Nr. 11 bis 12, Prag 1936。

己的存在永远延续下去。⑳

从巴枯宁的计划到列宁和斯大林的政治,这条线是如此明显,以至于我们都不需要进一步阐明它了。更重要的是要强调巴枯宁的"革命"概念和马克思的"革命"概念之间的差异。在下面这个问题上,这种差异变得更尖锐了:如何、以及由谁来制造这样一场革命? 在这一点上,巴枯宁表现出了他缺乏种种具体的想法。他向沙皇保证,他个人没有任何成为俄国独裁者的野心。相反,他深信他会在斗争中消逝。他那一代人的使命是毁灭,而不是建造;"建造的工作将会由另外一些比我们更优秀、更聪明和更有朝气的人来做。"㉑而如果人们问他,在对这项事业的命运如何没有清晰观念的情况下,他是如何规划一场俄国革命之恐怖景象的,他将不得不承认,他本人在设想到种种后果的时候,也感到战栗。革命的俄国农民们在其残忍行为方面具有兽性,而他还记得普希金的话:"噢,主啊,拯救我们脱离俄国这种毫无意义和仁慈的叛乱吧!"他一方面希望大众的那种狂热和野蛮能被限制,另一方面又因这样的想法而感到欣慰:在历史上的某些时候,一场可怕的灾难是必要的。㉒

对巴枯宁而言,对革命的过程与策略的这种态度,并非一种短暂的情绪。发动革命的愿望——希望从恐怖中会产生出诸多有益的力量,这些力量会建筑起新社会——在晚年一直持续。

---

⑳ *Michail Bakunins Beichte*,S. 46. 关于仁慈的、"临时的、铁一般的独裁"的观念,在巴枯宁身处西伯利亚的那些年里反复出现。巴枯宁与东西伯利亚的地方长官摩拉维夫(Muraviov-Amurski)结成了亲密的友谊,后者是他的一位表兄。帝国的建造者和革命者之间显然找到了许多共同的基础,因为在 1860 年 11 月 17 日从耶尔库茨克写给赫尔岑的信中,巴枯宁详细地赞扬了摩拉维夫的一些美德,说他是真正的民主人士,"绝对是我们中的一员"。他似乎相当严肃地在预期俄国的一场革命,预期在一位像摩拉维夫一样的独裁者领导下的一场泛-斯拉夫解放运动。参见致赫尔岑的信,收于 *Sozial-politischer Briefwechsel*,S. 11 - 29。

㉑ *Michail Bakunins Beichte*,S. 48.

㉒ Ebenda,S. 49。

在 1871 年的一份小册子里,巴枯宁表述了一些原则方面的问题。他坚持认为,在各个民族与各种人群中,人的尊严只表现在"自由的本能,表现在对压迫的仇恨,以及借助反叛的力量,反对世界上任何具有剥削与统治特征的事物"。㉓ 在"自由的本能是反叛的源泉,是人的尊严的本质,而灵魂的反叛是历史的主要驱动因素,一旦反叛开始,自由的领域就会以某种方式出现,而不必太多考虑技术性细节"这样的"坚定信念"之下,巴枯宁使自己与马克思那种有计划的"科学社会主义"体系对立起来了。他接着说道,"德国专制的共产主义者们"的学派已经提出了唯物主义的原则,即人类历史"即便在人类的集体与个人生活的种种理想表现形式中,在其种种理智的和道德的、宗教的、形而上学的、科学的、艺术的、政治的、司法的,以及社会的发展形态中",也不过就是经济事实的反映罢了。"这一原则若是从一种相对的观点来看,它具有相当深刻的意义,并且是正确的;但如果将其绝对化,当作一切其他原则的唯一基础和首要来源,那它就完全是错的。"㉔对于巴枯宁来说,在他也接受如下这一点的情况下,唯物主义的历史概念便包含某种相对真理:社会世界,尤其是精神在人身上的具体表现形式,乃是基于人的动物性基础之上,而动物性基础又基于物质之上。精神是物质进化的顶点。但精神只是因为不是无机的,而是包含了精神,才能成为物质的顶点。物质向人类的提升意味着,将思想和反叛这些独立的原则从物质的束缚下解放出来。对单纯动物性的否定,从物质中结出灵魂反叛的花果,这便是构成历史的新的独立因素。㉕ 处于反叛中

237

㉓ Bakunin, *L'Empire Knouto-Germanique et la Révolution sociale*, in: Michel Bakounine, Oeuvres, hrsg. von James Guillaume, Bd. 2, Paris 1907, S. 455.

㉔ *Sophismes historiques de l'Ecole doctrinaire des communistes alle-mands*, Oeuvres, Bd. 3, Paris 1908, S. 9 – 18.

㉕ *Dieu et l'Etat*, Oeuvres, Bd. 3, S. 18 ff.

的自由而独立的灵魂的原则与由被经济条件所决定的思想这两者之间的对立,以及随之而来的两种革命策略之间的对立,仍然是当今的巴枯宁主义者和马克思主义者之间的议题:一方相信,无需威权的领袖,自由之人的个性和能力就能够从类似革命性的思想中产生出秩序;在另一方,则信仰历史必然的进程,这一进程通过在历史意志的执行者们的威权统治下的那些不太具有革命性灵魂的行动,而得以进步。㉖

革命的意志不受关于历史必然性的教条主义概念束缚,使得巴枯宁具有了一种相当广阔的政治想象力。在《忏悔书》中,他透露,在1848年,有一次当法兰克福议会激起针对所有德国人的泛斯拉夫主义仇恨到了一定的高潮时,他曾经想过求助于沙皇本人,请他充当泛斯拉夫解放运动的领导者。在巴枯宁看来,不仅仅波兰人,还有普鲁士和奥地利的所有斯拉夫人,此时都会听从沙皇的号召,参加一场针对德国和整个西欧的战争。他起草了请愿书,但又撕毁了它,因为他认为这种尝试不会有什么结果。实际上,沙皇对这个主意并不热心。对于巴枯宁的保证,即所有斯拉夫人都会追随他的号召寻求解放,沙皇在页边进行了批注,写道:"我对此并不怀疑;而且我将会成为一场斯拉夫人的马萨尼罗式(Masaniello)革命的首领;不,谢谢你!"㉗

第三节　阴影

就巴枯宁的命运而言,《忏悔书》本身的直接影响为零。他

㉖ 关于对两种对立立场的一种比较好的对比,参见一位现代巴枯宁主义者 Erwin Rholfs 给巴枯宁的《全集》第 1 卷写的序言（1. Bd. der *Gesammelten Werke Bakunins*, Verlag »Der Syndikalist«, Berlin 1921)。

㉗ *Michail Bakunins Beichte*, S. 53.

仍然留在彼得堡要塞里。在他的晚年,《忏悔书》似乎像个阴影一样悬在那里。在 1863 年的波兰起义期间,巴枯宁在斯德哥尔摩参与了这场运动。在这期间,第三署准备了一份包括《忏悔书》和一些其他文献在内的小册子。它从未被付印,但巴枯宁突然断绝了与波兰人和斯德哥尔摩左翼的关系。在 1870 年,巴枯宁参与了里昂人的暴动。那时又有一个类似的小册子被准备好了,而巴枯宁又从前台退出了。那些希望将一切恶毒都堆积在沙皇政权上的作者们就认定,在威胁出版小册子与巴枯宁的退出之间有某种关联。尽管如此,没有任何证据表明有这样一种压力存在;而另有一些理由,足以说明这种退出。[28] 唯一确定的就是,不管在幕后发生了什么,俄国政府从未公开利用过《忏悔书》,尽管它的出版会使巴枯宁在革命者圈子里颜面尽失。

---

[28] 关于巴枯宁生命中的种种事件,参见 *Michail Bakunins Beichte*,S. XVI。

约翰·斯图亚特·密尔：
讨论的自由和准备讨论[*]

就在一个世纪以前，约翰·斯图亚特·密尔出版了他的《论自由》一文。他讨论了公民和社会的自由，讨论了社会能合法地施于个人之上的权力之本质和种种局限，并且还专门讨论了良心、思想和讨论方面的自由。他关注的是进行讨论的**自由**，而今天要考察的主题，是为了讨论所作的**准备**。当我们讨论的是关于讨论本身时，这种强调重点方面的变更就不是随意的。让我来澄清是什么原因促使我以与密尔相反的方式来处理这个主题。

从两个方面来讲，我们现今思想界的状况与密尔1859年写作这篇文章的时候具有相当大的差别。这两个方面都与这位英国哲学家对进步的信念有关。第一个涉及他关于西方社会之秩序及其直接演化的概念。密尔认为，现代西方社会的秩序是通过理性讨论的媒介而建立在自由讨论的基础上。他将这个社会视为一个主要由具有责任感的个体所组成的原子化的社会，这些人不仅感到他们有责任通过讨论来解决议题，也准备好了这

＊首次发表于 *Erziehung zur Freiheit*，hrsg. von A. Hunold, Erlen-bach-Zürich/Stuttgart 1959，S. 355-372。——原注

样做；尽管他可能感到了这种原子化的自由在某种程度上会具有危险性，但他还是认为，这种危险可以通过理性讨论的媒介来加以规避。这便是他写这篇文章的目的。因此，密尔并不是盲目的乐观主义者；但是，密尔也与托克维尔或雅克布·布克哈特相反，他足够乐观地相信，他所认识到的这些危险，可以通过理性的方式加以杜绝。他将理性个体视为人类的息息相关的、文明的要素，他通过描绘这种理性个体的图景来判断社会秩序的境况，这意味着：他是以自己本身的图景来进行判断；而且他还将社会的绝大部分人——他们组成了危险的焦点——视作历史进步中的阻碍因素。

理性主义者们的这种信念被上世纪的种种事件所粉碎，尽管还有许多人依旧继续分享这种信念。第二个方面涉及密尔的"人的本质"这个概念，也即他的哲学人类学（人论）。古典政治哲学家们也同样认为社会秩序是基于以理性进行的劝服之上的——而密尔的社会秩序观无疑仍旧在古典传统之中。然而，柏拉图和亚里士多德却知道在人类之中潜能（可能性）和现实性之间的张力；并不能推出，因为人在本性上会对理性作出回应，所以他们实际上就会在某种具体的、历史的境况下接受理性的支配。在18、19世纪对进步的信仰之下——密尔分享了这一信仰——生命在潜能与实现之间的张力便被纠缠进了一种实现人的本质的历史过程中。而当存在的张力以历史的方式变得扭曲时，就出现了我概述过的那幅值得注意的社会与历史的图景，在这幅图景中，目前的这种类型的人具有了人必不可少的重要特征，这些特征被视作是社会与历史方面强有力的要素，而其余的人则陷入到一种相对无关紧要的、具有惰性的大众的默默无闻中，或者最多被认为是具有一种社会不稳定因素的地位。这种哲学思想及其修正在经历百年之后，无论是密尔关于人本身所

240

勾画的图景,还是围绕他而建立的社会和历史的图景,在理论上仍旧不能够被接受。

依据这些已经改变了环境而言,我会按照如下方式进行探讨:首先,我将描绘出在密尔眼中关于讨论的自由*的问题,以及对它造成威胁的种种危险。第一部分将导向该问题的理论性的方面,对此方面密尔没有进行处理。第二部分以柏拉图的《普罗泰戈拉篇》为例,我将会在古典的意义上重新思考这个问题,并且会围绕讨论的意愿**为中心对这个问题进行讨论。在第三和第四部分,我将会分别详细地研究在柏拉图著作中涉及讨论的意愿时所产生出的两个基本问题。

241

一

在《论自由》一文中,三种独立且又彼此综合的观念被以一种非常明显的新颖的方式联系在一起了:(1)威廉·冯·洪堡(Wilhelm von Humboldt)关于个人主义与自由主义发展的观念;(2)英国人关于改良自由主义(Reformliberalismus)的观念;(3)很大程度上孔德第一阶段的,即所谓的"思想阶段"的实证主义。

从洪堡那里产生出这样的观念:个人必须塑造与发展他自己的人格。虽然如此,在洪堡看来,在一种希腊城邦类型的绝对民主制下,这一点是无法实现的,因为人必须限制其个性,并且首先的职责是作为一个负有责任的公民,这个公民与其他人协调一致,在城邦的生存所需要的决断上,他们必须作出政治的决断。鉴于法国大革命以及革命中民主式的思想恐怖的统治,洪

---

* 以下或译"讨论自由"。
**以下或译"讨论意愿"。

堡得出这样的结论：一种基于法律统治的普鲁士类型的君主制，对于个体的发展，才是最适合的政体。洪堡认为，君主应以其民事与军事方面的手段，控制一切政治议题，并且因而让公民自由发展其个性。密尔赞同对一个人最大的恩惠便是使其个性得到发展的观点，但他相信，这一点在不列颠的宪政生活类型的条件下同样能很好地实现。在他看来，虽然伴随着拿破仑三世势力的崛起发生了许多事件，但是现代领土国家的广阔的空间性似乎确保了社会压力不会像在希腊城邦里那样对个人是灾难性的。这个主张似乎给《联邦主义文集》*的作者们提供了贯彻他们代议制共和国理念的一个机会，而不会使个人自由陷入到一个范围狭小的绝对民主制所不可避免遭受的那些危险的威胁之中。他进而相信，教会和国家之间的分离，以及属灵的私人领域与世俗的公共领域之间的分离，确保了一定程度的自由，而这种自由是古代的神权城邦所无法保障的。密尔认为，如果从根本上，宗教的秩序脱离了国家的控制，那么国家对自由造成任何威胁的主要因素就不复存在了。因此，在原则上，个人的自由似乎与大不列颠关于自由、议会制宪法的概念是相互融洽的。

　　第三个观念复合体是孔德的，与文明史相关。对于个人而言，正如对于作为一个整体的人类而言，主要需要考虑的事情是密尔所用的一个几乎无法翻译的概念而表达的所谓"人类的**改进**（improvement）或改善"——"改进"这个词融合了洪堡的"教化"（Bildung）和孔德的"进步"（Fortschritt）的意思在内。"**改进**"是密尔的人类学中一个基本概念。尽管在他的文章中，他集中关注自由，将它作为核心主题，在其带来的种种福祉之重要性排序中，他对自由的考察是由不断地进一步促成"改进"这唯一

242

---

* 旧译为《联邦党人文集》，并不准确。

的目标所引起的。首要的福祉,是"一个作为不断进步的存在的人的永恒利益"。政治便是推进这种利益所要求的东西。例如,在那些文明程度较为低的民族中,专制是一种合法的政体形式,因为它能够让那些野蛮人"提高"。直到"人证明了他具有应用自由平等的讨论来改进其自身的能力"时,自由才能够作为一项政治原则。密尔主张,人类已经获得了"通过说理与劝服来指导其对自身的改进的那种能力"——至少"在我们于此处需要切身关注的那些民族中"是如此;而既然如今人们已经实现了这种状态,自由就变成了一种合法的政治要求。密尔尽力强调,他并未利用"抽象的权利"的主张;作为一项实践的政治公理,根本没有像一种自由的权利这样的东西,当然也根本没有像自由讨论的权利这样的东西。不管我们是否同意密尔有关文明程度的看法,我们却都必须接受这样的观点:"讨论自由"这个观念,其本身并不是一个绝对的原则,而是一项工具,在个人与社会的演化过程中,当历史状况变得成熟时才能够使用它。

因此,对于密尔而言,讨论自由和个人自由都是制度,这些制度依赖于大量的事物。在古代的城邦民主制下,因为城邦的社会压力与崇拜形式,它们根本无法呈现出来;在代议民主制类型的领土国家里,只有属灵领域被分离和排除在政治领域之外时,讨论自由和个人自由才变得有效;但是文明如果还没有实现由理性的人所组成的社会这样的程度时,它们也不会存在。在任何情况下,它们都不是原则,而只是社会秩序的工具。

243　　现在,即便在最有利的境况下,这些危险还威胁着已经文明化的现代社会。密尔认为,处在英国宪政史上的特定境况下,国家自身是所有政治危险中具有威胁性最小的事物。他认为,不需要对国家抱有如此大的担心,因为,就传统而言,政府一向被视作公共利益的敌人,因而大众的意见对此具有极大的警惕性。

他断定，对于个人和作为整体的自由远远更具威胁性的是一些社会压力，尤其是由不列颠中产阶级所施加的那些社会压力。密尔是在1850年晚些时候写作本文，那时中产阶级的新道德达到了其侵略性的顶峰，也能通过运用社会的（而不是国家的）认可，迫使人服从。并且，让密尔害怕的是，产生这种压力的大众具有了他们政治权力的意识，并开始利用国家机器达到他们自己的目的时，事情将会变得更糟。在最后，密尔超越了这一视域，他看到了由奥古斯特·孔德（Auguste Comte）及其《实证政治体系》（*Système de Politique Positive*）所塑造的意识形态大众运动的危险之处。他感到这里会出现社会加于个人之上的某种专制，这种专制将会远远超过古代哲学家中厉行最严格纪律操练者的要求——他想到的很有可能是柏拉图。这样，在其本质特征方面，密尔对那种境况所设想的景象具有惊人的明晰性：老式的民族国家相对而言是无害的；但在日常、普通的民众对于一致性的狂热则内在蕴藏着巨大的危险；甚至更大的危险，则是在议会宪法多数制下，渴盼强迫服从一致的多数人可能会攫取权力；并且这里面最大的危险是，某些孔德类型的意识形态改革家可能会在社会上获得成功。

尽管密尔在政治上对自由疑虑重重，他还是没能认清人的问题，也就是说，只有当一个人生活在社会的绝大多数人不再是"个体的人"时——在他使用这个术语的意义上而言——这个危险能够威胁到个体；还有就是密尔没有认识到这样一个事实，即绝大多数的人不单包括令人厌恶和鄙视的中产阶级构成，也包括许多像孔德这样的知识分子，这些人构成了对于他人自由的危险，在孔德使用"个体"这个词的意义上，他也是一个对他人的自由构成危险的"个体"，因为他本人是一个渴望获得权力的顽固的意识形态者。孔德关于"进步"的教义误导了密尔，使他将

改良自由主义的气氛投射到人类的未来中去，并阻止他认识到
人的本质方面所面临的危险——尽管密尔的目光足够敏锐，可
244　以觉察到这些危险。这可以很好地解释他的意图——这意图今
天看起来很荒谬：在理性论争和宪法保证的协助之下，勾勒出
人类的历史戏剧；但讽刺的是人类对自由的渴望以及获得自由
的能力却不如命运那般强大。

二

即便对基本权利和自由权的最可靠保护，也无法保障那些
应受保护的利益都得到保护。只要涉及"人的周边利益"这个范
畴，这一陈述的真理明显被自由和社会革命史所证实：我们全
都知道，对财产的保护没有将一分钱放进穷人的口袋。但在私
人的核心利益方面，它的真理对公众意识很少或根本不产生任
何影响。事实上，只有极少数人认识到了如下事实：意见并不
是思想，对一种意见的修辞性的阐述并不等于对某个问题的理
性讨论，而且对讨论自由的正当捍卫也并没有使人对讨论作好
准备。为了从功能性自由转向实质性自由，转到思想与讨论的
具体特性上，请允许我转而来看看柏拉图《普罗泰戈拉篇》中对
这个问题古典的处理方式。

美德是可教的吗？这便是这篇对话中的主角普罗泰戈拉和
苏格拉底所讨论的问题。普罗泰戈拉将他的立场视作政治技艺
（*techne politike*）的教师。如果城邦的公民不具有正义、智慧、敬
虔和勇气这些美德，这个城邦就不可能存在；并且首先，年轻人
必须学会在私人与公共事物中作出明智判断（*euboulia*）的美德。
普罗泰戈拉的职业便是教授美德（*kalokagathia*）给年轻人。两
个人之间的争论遵循下面的一般路线：普罗泰戈拉认为，他决

意要教授的那些美德事实上是可教的；苏格拉底表示怀疑。为了在这两种相互冲突的意见之间解决问题，苏格拉底尝试将普罗泰戈拉引到关于美德本质的讨论中去；苏格拉底说，只有当明白了什么是美德的时候，争论的问题才能得到解答。普罗泰戈拉抵制苏格拉底的努力：演讲者希望讲话，而不是被引入到一种问答论争中去。虽然如此，苏格拉底还是迫使他进入一场讨论，并将论争引导到了如下结论：倘若美德的根源在知识（*episteme*）中，它便可教。如果知识是美德的本质的一部分，那么很明显，一切可学来的东西都可教。

245

谈到本文的主题，论证有两个阶段是富有意义的：（1）普罗泰戈拉试图阻止对问题进行理性讨论；（2）美德中的知识因素，作为其可教的条件。

对于苏格拉底的要求，即要普罗泰戈拉解释美德在多大程度上是可教的，普罗泰戈拉以他众多通常的演讲之一进行回应。在希腊文本中，这篇演讲有十页的篇幅，需要耗费二十到三十分钟的时间来讲。这是一份出色的演讲，以普罗米修斯的神话作为装饰，与常识中的智慧紧密缠绕在一起，这一演讲中甚至还机智地提及节期成功上演的戏剧。正是在这种类型的演讲中，一位智者——今天我们会说"一个知识分子"——习惯在他的听众面前谈笑风生，同时又以其演讲术的煽风点火阻止温和的质疑者，并使后者的问题显得很荒谬。苏格拉底被迷住了；他渴望从这位智者口中迸出的每一个词，仿佛他永远都百听不厌；而只有当他十分确信普罗泰戈拉要结束了的时候，他才开始反击——在形式上很彬彬有礼，但在客观内容上却毫不留情。他说，这种演讲是当政治家们想压倒质疑者时，他们在大会上所使用的手段。对应一个精确问题的不是一次精确回答，而是一场新的冗长的演讲，而当演讲结束的时候，所有人都忘了问题最初的出发点讲的是什么。这就不可能将演讲者固定在主题上；主题被淹没到有趣却又十分不相干的离题话，种种对于权威的引用，带有倾向性地选择的一些例子和自命不凡的空话的洪流中去了。倘若一位主讲人对另一位主讲人的所有论点的回答，都是一场持续半小时的演讲，那么对一种观念的详细考察，以简洁论证与反证的形式出现的讨论——在问题解决之前，这种讨论可能需要五十个回合的论断和反驳——就变得不可能了。冗长，是阻止理性讨论的最有效方式之一。苏格拉底以令人信服的方式，将这些意思说得非常清楚，以至于普罗泰戈拉明显感到，暂时是要被迫服从游戏规则了。

246   然而，这种冗长做法的下一次爆发却导致了一场危机。苏格拉底再次坚持简短和精确，但这一次，普罗泰戈拉被激怒了。他说，他曾参与过许多次口角之争；但如果他接受了他的对手们提出的论争条件，如今"普罗泰戈拉"就不会被人从希腊人中想起了。于是苏格拉底起身，很惋惜地说他还要赴另一场约，而时间不允许他留下来倾听他的伙伴的有趣但又有些冗长的论述了，并准备离开。借助这一姿态——这种姿态在《高尔吉亚篇》的一种类似处境下又出现了——柏拉图建立了一条如今极易被人忽略的原则：演讲的自由也包含了拒绝聆听的自由。演讲的自由服务于理性的讨论这个目的；任何一个为了阻止讨论而滥用它的人，都是在打破文明社会所接受的游戏规则；这种侵犯要求社会的制裁；而当较温和的警告形式没有任何效果的时候，人们除了在冒犯者面前转身离去之外，就没有别的任何选择了。

    这次对话中的处境是由其他人的插入而得以缓和的。普罗泰戈拉答应遵守规则，而论争便得以持续，并在苏格拉底的如下论题中达到其高潮：一切美德都根源于知识（*episteme*）。

    如果美德是基于可加以交流的知识，那么美德便是可教的。

不幸的是，苏格拉底的这个论题常常遭到人们的误解，它的意思并不是说一个人可以被道德说教提高。它毋宁是基于如下论点之上的：没有任何人故意行一件恶事或可鄙之事。但如果那一时刻的激情或欲望决定了他的行动，那么他的过失的原因就在于他的无知（amathia），也就是说他没能清楚地看到怎样做才是对的。一个人选择错误的方式，是因为他对自己的行动的种种后果的评估有误。如果他知晓了最终的那些后果，他的行动就不会草率，而是会有相当细致的考虑，然后他会选择正确的方式。就如视角有误时东西的比例显出偏差，那一时刻的欲望也扭曲了被欲求的事物，并使得它显得比其实际所是的更重要——依照时间的正确视角来看。依照时间的正确视角来看，正确的行为变成了一个权衡利益的技艺问题，在这个意义下那权衡的技艺（techne metretike），就成了正确行为之技艺的关键：在直接的视角下显现的力量，就被更大的视角下进行权衡的智慧克服了。因此，让自己受欲望支配便是"最大的无知（amathia）"，而基于知识（episteme）之上的智慧则是"一切人类事物中最高级的"。并且，这种权衡的技艺是可教的。

　　虽然如此，这不止是像"诚实是最好的政策"或"放纵毁坏健康"这样的日常谚语，尽管这类常识视角的知识也属于此列。在柏拉图的意义中，知识（episteme）不仅关注孤立之物的恰当性，还关注作为一个整体的"生命的拯救（soteria）"。《普罗泰戈拉篇》的思想脉络在"知识可教"的诸种条件下达到了顶点，这一脉络实际上指向了第二篇智者对话，即《高尔吉亚篇》，后来也指向了《理想国》和《法律篇》。因为，能见到人类活动的最广阔视角乃是整个生命本身，而整个生命终止于死亡。柏拉图关注活生生的灵魂的拯救，在死亡中，灵魂必须面对最后的审判，关于最后审判的神话（mythos）在《高尔吉亚篇》和《理想国》中得到了发展。权衡的技艺（*techne metretike*）就是从死亡角度（*sub specie mortis*）来行动。而在《法律篇》中，柏拉图以"神是尺度"的原则来对抗普罗泰戈拉的"人是尺度"（*home mensura*）的原则。知识（*episteme*）是正确行为的基础，而无知或无知（*amathia*）导致行动中的错误，它们绝不可被视作对可定义或能被用来交流的行为的那些规则的拥有与否，而必须被视作生存论的范畴。这样，这种能导出行动之尺度的知识，便揭示其本身为在超越中达到人类命运的完满的生存论知识；而无知（*amathia*）便是对永恒命运无知的生存状态。我们视这种塑造了个人的超越性知识为美德的条件。

在理性讨论的问题上，就产生出了对我们的许多同时代人而言很可能显得荒谬的句子：关于人与社会的生存中的秩序的理性讨论，只有在知道了超越性完满的条件下，才是可能的。当这种知识缺乏的时候，讨论将会为无知（*amathia*）所支配。而无知或愚笨的症状，便是人们不愿意进行讨论，不愿意讨论的根本原因就在于参与谈话之人不愿意进入关于超越问题的讨论。

248　　　现在，我将会对于那些想要避免进行理性讨论的人所使用的方式进行简要地概括，然后回头简要地考察一下"无知"（*amathia*）这个问题。

三

只有当社会秩序所属的存在秩序从整体上全面地被看待，并被追溯到其超越性根源时，社会秩序方面的种种问题才能得到理性的讨论。如果知识（*episteme*）的这一条件没有得到满足，讨论就会堕入正反两方的一种单纯的修辞辩论；讨论所获得的不是通过分析性追问而得出的结论，相反我们只是获得讨论无法解决的种种论题（*topoi*）。亚里士多德认识到了这两种思想形式之间的差异，这促使他区分《分析篇》（*Analytica*，科学讨论的逻辑）和《论题篇》（*Topics*，演说者的逻辑）。我们在这里想要处理的是在《论题篇》所涉及到的那个部分的各个方法，这些方法是在一场讨论中参与者用来阻止社会秩序问题被追溯到与超越相关的问题上的种种方法。在我们现代社会，阻止理性讨论的这种技艺已经被简化为一门技艺，要详尽处理这个主题，将需要一部内容极为广泛的专著——很不幸，目前还没有这样的一部专著面世。在这里，我不得不仅限于列举这种技艺的一些变种，它们日常出现于那些声称要进行一场理性讨论的辩论之中。

第一组可以说包括了柏拉图要与之争辩的那些智者的一切伎俩。这些伎俩尽管简单，却非常有效。它们的根本原则是，它们必须把限制口头讨论的那点时间消磨尽净，借助的手法是冗长赘言，岔开到无关的话题上去，是堆积引语，是诉诸于权威，如此等等。以这种方式，任何连续性的论证都将成为不可能；而如果演讲者真的是高手，那么整个问题就会变得极为模糊，以至于没有任何人能再知道它究竟在谈论什么。

第二组伎俩也为柏拉图所知，但直到最近才被发展成一门技艺，或许可被归入"后楼梯心理学"。运用这种技巧的演说者，在其论证中根本不直接关注所讨论的问题，而是围着它打转，并从后方攻击其对手，影射他的对手的论证脉络基于他所以为的某些心理动机之上。他试图通过安排带有偏见态度的证据，来诋毁对手的论证，他将这种证据归于他的对手在政治或经济方面的种种利益。在种种极权主义运动中，这种人身攻击的技法已经完全彻底地变成了政治讨论的一项原则，乃至在政治科学领域，使用此技法常常被视作演讲者作为极权主义意识形态理论家的特征标示。这种假定在我看来未免太过头了；因为我们

249

不可忘记,正是因为有了马克思主义和精神分析,这种后楼梯心理学才变成了整个西方世界的那些平庸之人(而我们时代的许多大人物必属他们之流)所参与的一项社会游戏,因此个人使用这种技法不过表明了其一般标准上的理智的贫乏。

第三种阻止讨论的方法与后楼梯心理学非常相近,是"分门别类"的策略。演说者通过断定他的对手的论点可以被归为某种确定的"立场"——无论其性质是政治的、宗教的、还是理论本质——的结果,来回避所讨论的问题。而一旦某种论点被归为与某种立场有关的,它就可以被视作已经被粉碎了,因为它被归类的那种立场总是一种被怀有轻蔑贬损的意图所选定的立场。对被选定的立场的选择,表现了个体批评者个人性的反感;因而同样的论点可以被归于多种多样立场中的任何一种,这要取决于哪一种最合这位批评者的胃口。这样的策略所提供的丰富的变化形式,可以从我本人遭受过的变化多端的种种归类看出来。在我的宗教立场上,我曾被归为一位新教徒、一位天主教徒、一位反犹主义者、一位典型的犹太人;在政治上,被归为一位自由主义者、一位法西斯主义者、一位民主社会主义者,以及一位保守主义者;而在我的理论立场方面,则被归为一位柏拉图主义者、一位新奥古斯丁主义者、一位托马斯主义者、一位黑格尔主义者,一位存在主义者、一位历史相对主义者,以及一位经验怀疑主义者;在最近一些年,质疑的声音经常说我是一位基督徒。所有这些归类都是由大学教授们和那些拿了学院学位的人们作出的。在思考我们的大学的状况方面,他们提供了大量的素材。

第四种方法借助体系性的教条主义,将我们带入了逃避的境地。在关于价值判断方法论的意见(doxa)里,下面这一点是一个原则问题,既不是智者派的伎俩,也不是心理学的逃避:"价值"和"价值判断"属于主观教条的领域,而没有进入理性讨论的领域。这一原则赋予其追随者们好几种优势：（1）本体论、哲学人类学、以及在"各种善"与"美德"方面的伦理指导，这些方面的种种信条，全部可以归入"价值判断"之列并被扫除到一边去，而任何将它们引入讨论之中的企图，都可被打上"不科学"的烙印。（2）演说者自己的种种价值将抵挡不住理性的分析，这些价值无疑可以被作为前提引入，因为尽管它们很可能也是主观的，但它们一点都不比其他的价值更主观。对这些价值的批判性分析可能会遭到合法的拒绝。（3）既然社会秩序的整个灵性与理智的方面在原则上都作为"评价"而处在科学的领地之外，那就没有任何必要掌握关于它的理论了。这省去了很多麻烦。没有任何必要了解关于哲学的任何事情，不必阅读柏拉图和亚里士多德，抑或懂希腊语。我自己的经验促使我得出这样的结论：对基本问题的无知的权利，在学术圈子里乃是这种方法（以及随之而来的事情）之所以流行起来的不可低估的根本诱因。一般而言，在原则上，对秩序问题的理性讨论被关于"价值判断"的意见毁灭了。

最后，我们看看新实证主义社会科学方法，这种作为阻止理性讨论的技法。价值中立方法的拥护者们驳斥在科学上赞扬"诸种价值"的可能性，但他们承认，历史与社会科学的主题乃是基于它们与价值领域的联合。实证主义者们更进一步主张，这一主题基于这样一种方法，他们极力借助对他们乐意当作自然科学方法的东西进行大量或多或少含糊不清的分析，来证明这种方法的科学特征。灵性或知识（*episteme*）的领域，在上面列举的其他那些方法中对所讨论的问题都间接地施加了某种影响，但基于如下理由，它被绝对地排除在了基于精神现象的基础之外，而这种精神现象领域是处于经验观察和量化的领域之外。即便是在修辞方面辩论这种讹误的形式下，关于价值的诸种论题（*topoi*）这个根本性问题的讨论，也被视作是再也不被允许的了；它遭到实证主义者们的绝对拒斥。

对于上述方法的枚举已经足以说明一切。它会显明这类现象之多样性的异乎寻常的广度。它还会让人意识到在我们社会中参与理性讨论的意愿，在多大程度上已经萎缩了。

四

在《普罗泰戈拉篇》中，关于生命的更广阔视角的知识（ep

isteme）与无知（amathia）（涉及到在人们的行动后果方面的无知）相对立。在后来的《理想国》中，这个问题得到了更为广阔的阐释。在智者的对话中，无知（amathia）被认为只对个人的非理性行为负有直接责任，在《理想国》中整体上则被描绘为这样一种无知（agnoia），是对灵魂与神的关系方面的无知。个人的愚蠢行为的根本原因要从他的灵魂的愚蠢当中去寻找，这种愚蠢以恶魔般的方式迫近神圣存在。当行动被关于事物的秩序以及人在其中的位置的一幅错误图景所推动时，这种行动便会变成非理性的；反过来说，理性的行动取决于一个人在其灵魂中具有、他的灵魂也受其影响的事物图景的正确性。在灵魂秩序的真理中，灵魂秩序作为行动秩序的发源地，柏拉图看到了认知与意欲之间的关系。在智者的对话中，假如美德基于知识之上的话，它便被当作是可教的；在后来的各篇对话中，知识（episteme）本身被描绘成关于事物秩序及它在超越存在中起源的知识。知识（episteme）在某种意义上的确可以被传授——《理想国》全篇都致力于传达这种关于秩序的知识；因此，美德仍然被视作某种可教的事物。但对事物秩序的理解进而被扩展到与存在的超越基础的正确关系上去了；因而，对上帝的反叛与自我封闭的可能性也变得可见了。一个人如果愿意，他可能会拒绝听从被传授给他的那些教训，他可以选择保持无知。虽然如此，在那种情况下，苏格拉底的前提——即任何一个人都欲求正确地行动，他之所以愚笨、缺乏智慧，只是因为他是无知的——是值得商榷的。无疑，美德是可教的——但要是学生不愿意倾听，那么教又有什么用呢？或者按照我们面临的问题来说，要是某个参与者在发展出各种躲避的方法方面展示出无穷的机灵的话，如果他顽固地坚持认为不允许讨论达至关键点，即事物秩序的这整个问题的根源明显在于人与神的关系，那么理性讨论又有什么意义呢？

252

对于这个关于"愚蠢"的问题，无论是在理论中还是在实践中，都不存在任何简单的解答。这个困难本身只有通过先知书所谈到的愚蠢的概念，才能够比古代哲学框架中所理解的概念更为清晰地展现出这个概念的含义。基本的文本是《以赛亚书》32:6：

> 因为愚顽人必说愚顽话，
> 心里想作罪孽，
> 惯行亵渎的事，
> 说错谬的话攻击耶和华，
> 使饥饿的人无食可吃，
> 使口渴的人无水可喝。

在公元前 8 世纪，先知将对"愚人"（nabal）和"愚蠢"（nabalah）的定义缩小到对神的反叛上面。因此，由于该定义被接纳到基督教传统中，它已经在整个西方世界的精神史上被采用，我们将沿袭同样的用法，并将指出，依据柏拉图的含义，对存在秩序的灵性反叛正是愚蠢之特征，它扰乱了"知识"概念以及美德的可教性。按照这种方式，我们留下"非理性"

(Unvernunft)和"无知"(Unwissenheit)(对应于柏拉图《普罗泰戈拉篇》中的 *amathia*)这两个词指代愚蠢所导致的种种灵性疾病(*pneumopathic*)后果：当人们愚蠢地反叛神时，他们便一头扎入混乱之中，并变得无法认识存在与社会的秩序了。这样一来，我们就可以将"蠢笨"(*Dummheit*)这个词用作常识——规范的、合乎理性的人(盎格鲁-萨克逊意义上的常人)在日常生活的日常事务中合乎理性地行为的能力——的对立面。信仰、理性和常识的这一系列正面积极的词所对应的将是愚蠢、非理性和蠢笨这一系列负面的词。

对于在时间和空间允许的情况下尽可能进行精确讨论的意愿方面的境况，这可能有助于对这种状况进行澄清。对社会秩序种种问题的理性讨论是可能的；而在一个复杂的现代社会中，253 这是社会秩序的条件之一——正如密尔正确预见到的那样。但讨论只有在能运用其理性能力的人们之间才是可能的；一个愚人，正如这里在技术性意义上规定的，已经失去了运用理性探讨秩序方面的基本问题的能力。从逻辑上来讲，理性能力方面的这种丧失就是密尔看到的那种正逐渐逼近的危险，尽管密尔似乎既低估了它的规模，也低估了它的历史意义。这种丧失的种种决定性表现，已经变成我们时代的种种大规模思想运动。在这片非理性之丛林里，理性的讨论被限制在尽管重要，但对社会影响相对较小的一些飞地之上。在好几个世纪的理性系统性混乱之后，要让这些飞地发挥更大的影响殊非易事。但这就是摆在我们面前的任务。

时间中的永恒存在*

永恒存在在时间中实现自身。

如果人们将这句话理解为试图用哲学概念的语言表达有关历史的某些本质，那么，随之而来的一个问题是：是否存在一种可以通过哲学分析而把握住历史的本质。因为，历史的戏剧迄今尚未完结，因此也无法给予人们像那种能够陈述各种命题的本质的事物；并且，哲学家也不作为观察者面对着这种非事物，而是在哲学化中成为他想要言说的戏剧中的演员。知识的主体面对他的客体这样的模式不适用于这样一种知识，在其中，认识的行为是属于被认识的过程的一部分。这种反思迫使我们承认，除了事物与本质的概念外，有一个存在的实在（Seinsverhalt），它包括了哲学和历史。

这种存在的实在可以划分为四种关系。在下面，我们试着刻画其特征：

* 首次发表于 *Zeit und Geschichte. Dankesgabe an Rudolf Bultmann zum* 80. *Geburtstag*，hrsg. von E. Dinkler, Tübingen 1964. S. 591 - 614；另发表于 *Die Philosophie und die Frage nach dem Fortschritt*，hrsg. von H. Kuhn und F. Wiedmann，München 1963，S. 267 - 291。——原注

（1）为了在时间中实现自身，永恒存在并不会等待哲学。哲学家在历史中出现之前，早已有数千年的历史流逝。因而，就这第一种关系而言，哲学被描绘为历史领域中的一种现象。

（2）尽管如此，哲学并非一种在时间之流的某些时刻涌现的无关的事件，然后仅仅再次沉浸于其中。相反，哲学是一种对于历史具有特殊意义的事件；因为，通过哲学事件，历史被提升为意识，作为永恒存在在时间中的实现。迄今为止，知识过去被限制在对宇宙的紧凑经验和通过神话对此进行的表达中，然后受到了超越经验的影响，从而知识通过哲学概念的构造而被分化并且完全清晰地表达了出来。因而，哲学是在哲学家中产生的一种时代意识。对于一些人而言，哲学成为一个事件，这些人意识到，哲学成为事件这一点，在历史中构成了时代，也是在先前和后来两者之间进行分化的标记。因此，对第二种关系而言，哲学是历史的一个组成部分。

（3）一种意识即使并不意指某一事物的知识时，它依然是关于某物的意识。为了把握某些哲学意识的非对象之物，我们必须考虑到：哲学成为了历史的一个组成部分，并且是历史结构的要素，这首先因为，历史是一个过程，在这一过程中，永恒存在在时间中实现自身；其次，哲学使这些过程的区分性知识成为意识。现在，永恒存在并非外在世界中的一个对象，可以被随心所欲地发现，以及要么进行研究要么不研究；相反，它是一种不可抗拒的经验，每当它闯入到时间中，就在时间中实现了自身。当它发生时，这种实现之场所是哲学家——即爱智慧者（*amator sapientiae*）——的灵魂；哲学家渴望永恒存在，并且在爱中，向它的闯入敞开自己的灵魂。没有哲学家就没有哲学，也就是说，没有那些灵魂回应永恒存在之人，就没有哲学。因而，如果历史是一种过程——在这种过程中，永恒存在非同寻常地复杂，不能够完全被涉及,而是在时间中实现自身,那么,哲学在下述确切意义上就是一种历史事件,即永恒存在作为哲学家的回应而在时间中成为实在。就这第三种关系而言,因为历史是哲学的组成部分,所以哲学成为历史的一个组成部分。

（4）在永恒存在闯入的时间中,存在其他非哲学家的灵魂,并且也不只一种闯入时间的模式。与其他超越经验相比,哲学经验的不同在于:实现的逻各斯在其中变得明晰;而用于这种经验的符号化表达是哲学概念的语言。当哲学发展出将这些认识符号化的概念时,它也使得在非哲学的符号中辨识实现的逻各斯成为可能;因此,历史的逻各斯可以借助哲学的逻各斯而被探索,并被翻译成为哲学的语言。于是,在这第四种关系中,历史成为哲学研究的一个现象领域。

这四种关系将会决定如下讨论的顺序。有必要扼要地重述 256
它们的标题:

（1）哲学作为历史领域的一种现象
（2）哲学作为历史的组成部分
（3）历史作为哲学的组成部分
（4）历史作为哲学研究的一个现象领域

在开始研究之前,为了有助于我们更好地进行理解,我们应当注意以下两点。

首先,实在可以划分为这些关系,但这种划分并不能终止其成为是一个整体而不可分的实在。这些关系不是自治之物。当我们对于这四种关系依次进行研究时,这并不意味着排除了其他三层关系。所以,在下面四个部分中,论题上的交叉、重复将在所难免。

其次,这种实在的历史现象层面非常复杂,以致在这一章中难以充分处理,而只能有所触及。因此,一切涉及历史现象的意义的命题都必须严格地放在这一背景中进行理解。它们不应被草率地普遍化为一种质料性的历史哲学。

1. 哲学作为历史领域的一种现象

哲学并非一种浮现于时间中的无关的事情,结果再次被浸没,而是历史领域中的一种现象。这个命题综合几种陈述进入了一个更高的统一;在前面对于这些关系特征的介绍中,这段话展现出了第一种和第二种的关系。对于哲学而言,(在第二种关系上)尽管哲学表现为作为历史的一个特定组成部分,但它决非决定历史结构的唯一现象。当哲学展现在历史中时(第一种关系),它因此也成为了通过其他哲学之外的现象所构建的领域中的一部分。这种综合的陈述将它的含义从"领域"的概念放到了哲学所进入的领域中,如同自身也对于自己的组成起了作用一般。通过领域,我们意指这样一个事实:历史的现象不能够脱离背景而展现出来,而只能作为意义构造的一部分展现出来。在历史领域中,去思考哲学,意味着要按照构造的意义,去考虑哲学所属的构造的范围。

因为,这些构造的变化离开了背景都不可能产生,它们的变化是更为广泛的结构中的一部分,最终也是一切已知的历史的一部分;只要我们没有一个限定性的标准,这一点就不会给下述问题一个明确回答:构造的哲学属于什么? 我们假定一些构造最小化的标准,低于这些标准,我们将会失去它的创作者所理解的哲学的意义。以下三种现象——精神迸发、普世帝国、历史编撰——的构造限定为这种最低标准。

按照回顾洞察的不同层次，作为它们所展现出来的三种现象，被理解为具独立性的决定了历史构成的因素。

浪漫主义已经将哲学理解为精神迸发的一种，这些精神迸发也属于先知、琐罗亚德斯、佛陀、孔子和老子，并且这些迸发也聚合和构成决定了人类的历史。据我所知，对于质料性的历史哲学构造而言，这些现象最早的使用是法布尔·德奥利韦特（Fabre d'Olivet）《人的社会状态或人类历史的哲学观》（*De l'état social de l'homme, ou Vues philosophiques sur l'histoire du genre humain*, 1822 年）。即使在今天，这个因素自身仍旧是一种持续的动力，例如，雅斯贝尔斯将公元前 800 年至公元前 200 年的时期解释为人类的"轴心时代"，在那时这些迸发显著增长。然而，严格来说，这种解释展现出为什么这个在构造的背景中所采取的独立因素不足以决定这一段历史时期的意义。因为，只有人们忽视或淡化其他相同或者甚至更为伟大的历史意义的精神迸发时，轴心时代的关键意义的主题才能够成立，然而，正如摩西出现在轴心时代八百年之前，而基督是在轴心时代二百年后才出现。因此，如果历史意义决定使用精神迸发的结构作为一个独立因素，那么就会丧失其所积累的特殊意义，对于哲学而言也是属于这种意义之中。"轴心时代"的解释更多地是遮蔽而非把握住了这种意义，只有当这种意义被视为由普世帝国与历史编撰组成的构造的一部分时，这种意义才会得以澄清。

第二种现象——普世帝国，和精神迸发一样，同样首先被理解为一种独立的构造因素。对于历史结构的决定而言，尝试使用普世帝国这个构造要素，就要返回到普世帝国自身的时代之中，即回溯到但以理的启示和对帝国更替（*translatio imperii*）的思考之中。最为重要的现代尝试是黑格尔的历史哲学。这可能

258

会让人听起来有些奇怪,因为人们会记得黑格尔将"诸国家"定义为"在更为明确的形式中的历史客体"。但是,当一个人实际考察了黑格尔关于国家的世界历史时,这个概念就不那么令人困惑了。因为这种考察表明,就古代和中古历史而言,"这些国家"是帝国,尤其是普世帝国。

这种结构的原则,与此同时关于它的缺陷,都能够在黑格尔《历史哲学讲义》中波斯帝国的部分发现;也就是,在这点上,黑格尔的世界历史概念作为一种帝国启示交织于但以理的启示的材料中。出于多种原因,似乎对黑格尔而言,波斯帝国在历史结构中占有关键的位置。首先,这是第一个"**现代**意义上的帝国——就像德意志帝国与拿破仑统治下的辽阔的帝国疆界;因为我们发现,这些帝国由许多国家所组成,这些国家事实上处于依附的地位,却仍然保留了自己的个性、习俗和法律"。波斯帝国作为一种超民族性结构,其制度的称谓——按照波利比乌斯(Polybius)的观点,我们能够称其为一个普世帝国——然后通过它作为第一个帝国的过程化的塑造给予了补充,这个第一个帝国不同于中国和印度,它在与亚历山大的希腊军队的冲突中屈服,已经"消逝"。波斯帝国及其命运中展现出了"历史的变迁","帝国的更替","主权的转移,这是从那以后反复重现地发生"。最后,在不同以往的意义上,波斯帝国所构成的转变,是从东方长久持续"浸没在自然中的世界"向"自由精神之原则"的转变,后者只有当它的自然性存在消亡时才能够发展产生出来。随着从东方到古希腊世界的转变,"精神告别了自然"。

在这里,我并不打算全面分析黑格尔具有重要意义的历史哲学,这是今日人们仍旧迫切需要做的事情。这里我们将自己限制在这个论述上面:黑格尔的观点并不适用于"各个国家",而只能适用在"帝国"和"世界"的原则之中。就我们的目的而言,其本质的含义是在启示传统中,黑格尔已经将帝国作为了世界历史结构的决定因素。一方面,这种认识源自对于帝国重要意义的觉察,这种觉察与但以理的启示的作者具有同样正确的觉察。另一方面,当没有考虑构造背景,历史领域中使用帝国这一因素时,就会产生出相当大的困难。首先,人们会惊讶地注意到,东方世界的历史应当从中国经印度到波斯辩证性地展开。由于这种理解,比中国更为古老的整个近东(埃及、巴比伦、亚西尼亚、大卫帝国、以色列和犹大)只能够作为被波斯所征服的不同"国家"而嵌入到世界历史中。黑格尔将中国和印度放在美索不达米亚各个帝国的地位上,而后者在但以理的启示中却先于波斯与塞琉古帝国。亚细亚文明并不在但以理启示的作者的视野中,然而在黑格尔时代的知识水平却要求将亚细亚文明包括在世界历史的图景之中,但是这并不必然会影响到历史的整体结构。黑格尔的曲解的原因很可能在于,对他来说,伏尔泰的东方-西方平行的历史平行模式比线性历史的交替性图景更具约束力。这种交替性图景源于神圣历史(*historia sacra*)传统,直至波舒哀(Bossuet)依旧被认为是合理有效的,其开端可追溯至近东。因此,在黑格尔的解释中,我们获得了与雅斯贝尔斯的"轴心时代"情形中相似的结论。一方面,在被雅斯贝尔斯试图用历史的轴心时代来解释的这段时期,也就是各种属灵迸发大致与此相同的时期中,各个普世帝国从中国到罗马涌现,作为产生构造的因素,再也不能被人所忽视。另一方面,如果将这种因素视作历史自发性的决定,也是一种明显的误解。正如雅斯贝尔斯不能将精神迸发的概念纳入他已经确定了的这段历史跨度时期一样,当黑格尔试图接受处于近东的帝国历史时,也面临相似的困境。黑格尔的解决方法令人质疑——他将帝国历史融入波斯帝国中,伴随其中的是历史片段达到了终结。类似的这些误解

260

都意味着具有类似的动机,这些动机都源于启蒙运动对神圣历史的整全图景的反对。借助现代性的质料的历史哲学,启蒙运动中产生一条线索,将伏尔泰与黑格尔连接在一起,并最终连结了雅斯贝尔斯。我们现在能够更有资格地说,只要在整体构造背景中尚未确定那些个体因素的意义,那么,就不可能解决神圣历史与启蒙运动的这些帝国性启示所产生出的一种实质性的历史哲学问题。

与精神迸发和普世帝国不同,在代表历史的形象的构建中,历史编撰并不会作为一项独立的因素出现在其中,除非能够有如中国历史编撰创始人司马谈和司马迁所展现出的划时代意识这样的例子才能够如此。似乎修史者如此专注于书写历史的活动——它与其他两种现象同样地决定了历史领域的结构,以致于他不能客观地意识到自己修史活动的建构。但这并不意味着他丝毫没有意识到这种功能。在希腊化时代,东方、西方、希腊和罗马的历史学家有意识地一争高下,努力证明各自的文化和民族是最古老的,因而也是最优秀的。但是,希腊化时代的史学之争从属于第二阶段的历史编撰,在第一阶段中,则是历史真正的意义,这是第二阶段的前提。正是这种最先的层次,对我们的目的具有重大意义,因为在其中,构建意义的问题才能够清晰地被人所识别。

在人类历史中,历史编撰出现在三个地方:希腊、以色列和中国。这门学科在这三个地方都独立发展。然而,在这三个地方,值得人们特别地关注的是那些涉及社会和普世帝国斗争的事件。以以色列为例,它的修史开始得较早,在那里展现了在各种较为古老的宇宙论帝国之间的冲突。希罗多德的主题就是希腊与波斯人普世帝国的斗争。司马迁的历史撰述包括上古中国及其臣服于秦和汉帝国。在以色列,以《申命记》为底本来源＊的王朝历史终结于耶路撒冷被巴比伦人毁灭，而以《历代志》为线索的书卷则是在波斯征服巴比伦之后，以色列人重建圣殿时所写，而《马加比书》的写作也是因为以色列与塞琉古帝国的冲突所引发。尽管如此，历史编撰的出现以及与帝国的冲突，这两者之间普遍的关系似乎是不可逆转的。在我们所知道的一切例子中，只有当一个社会的秩序与帝国秩序发生冲突时，历史编撰才会产生，但是存在着大量此类的冲突并未导致历史编撰的兴起。历史编撰和普世帝国这两种因素的构造尽管已产生非常有趣的结果，但是仍旧过于松散；它仍旧停留在经验底线之下，这种底线之上才能维持清晰的意义背景。

如果我们现在包括了第三种因素，那么可以从经验上确定这一点：在历史编撰兴起的这些社会里，精神迸发先于历史编撰与普世帝国：在希腊，伊奥尼亚的哲学家——巴门尼德、赫拉克利特和色诺芬尼代表着这些迸发；在以色列是先知；在中国则是孔子和老子。在以色列的情形中格外应当注意的是，精神迸发先于它与宇宙论帝国的冲突，而且，特别是在与大卫-所罗门帝国的内部摩擦中，先知扮演了重要角色。这使得"大卫传记"可能成为最早的历史撰述。即使全部综合这三种因素，它们内在联系出现的次序也不一定完全可以得到；但是，至少，例外于历史编撰和普世帝国两者结合的相对开放的领域已经被化约到了波斯与印度这两个例子中。波斯出现了琐罗亚德斯的精神迸发以及一个普世帝国，但那里却没有历史编撰；印度见证了佛陀与摩诃毗罗（Mahavira）的精神迸发，与波斯帝国以及亚历山大帝国的无数冲突，以及孔雀王朝内部的仿效性的发展，但那里同

262

＊ 沃格林这里指的是德国圣经历史批判中认为一些旧约历史书卷是建立在以《申命记》为底本来源的历史论述，如《约书亚记》《士师记》和《耶利米书》等，这些书卷的一个特征是反复重申以色列人是因为违背《申命记》上的律法而被掳灭亡。

样没有历史编撰的踪迹。因此，为了彻底阐明构造的复杂，完整的经验性研究必须包括更深入的一些因素。然而，此刻不可能做到这些；我们将仅限于指明完成这项考察所必须使用的方法。

被经验所决定的构造的意义，只能通过精神迸发所产生的概念语言来给予表达；出于表达永恒存在在时间中的实现的逻各斯，这种精神迸发被称为哲学。这要求那些反思存在构成的第四种关系也就是历史作为一种适合于哲学研究的现象领域。尽管如此，只有先前的问题（即哲学作为历史的组成部分的问题和历史作为哲学的一种组成部分的问题）被澄清以后，这些观点才有可能。

2. 哲学作为历史的组成部分

哲学事件是构成历史的诸多事件之一，但它以一种独特方式构成历史。因为，永恒存在不仅通过哲学经验在历史中实现自身，同时它还使实现的逻各斯变得明晰。哲学事件使历史领域作为存在中的一种张力领域变得可见。这就是在存在被认为是历史张力的领域中时，哲学经验可以被说成是"本体事件"的原因。同时，这种事件将"努斯"层面作为对于存在的启明而带入到自我-理解中时，这也可以被说成是努斯经验。由此，在存在中变得可见的那些结构被称为实现的逻各斯。

出于当前目的，我们首先考虑存在中的两种张力。第一种是时间与永恒之间的灵魂的张力，第二种是本体事件前后的秩序模式之间的灵魂张力。由于哲学经验的启发性的特征，对张力的描述必然伴随着语言学问题，即陈述内容的语法主语不是指涉物质世界中的客体的主语名词。无论是存在中的张力两极，还是张力经验，或者存在秩序的模式都不是外在世界中的事物,而是在本体事件解释自身中的努斯诠释的术语。因此,柏拉图为了清晰地对这些张力进行表述,而使用了神话的符号,在他的这种哲学化中,我们将会发现这些张力的例子。如果按照他的例子,即便是简要概述,我们也不仅仅要涉及柏拉图的神话,而且还要尝试去描述它们;原因在于,这些诠释的术语在历史上一再地被客体化,并且成为哲学上失序的各种命题的对象——我们需要在下面段落中对此进行处理。

首先,哲学经验将揭示,灵魂是在经验中的人的现世存在和在经验中被实现的永恒存在这两者间张力之所。让我们进一步阐明这个论断。

这里涉及的术语**灵魂**(*psyche*)不能被理解为仿佛它是一种客体,人们可以表达有关它的非物质性或不朽、它的先存或后存的哲学观点。实际上,它必须被严格地理解成一个谓语性名词,其主语是“张力之所”。古典哲学家觉得有必要形成一个术语来表达存在的经验之所,于是为之选择了**灵魂**这个词。就历史而言,这个事实可以用一种类比进行解释,正如在生理上为感性知觉确定位置:眼睛、耳朵和手是视觉、听觉和触觉器官,人们同样需要一种器官去感知存在中的张力(顺便说一下,*noein* 这个术语的哲学意义源于它在感性知觉[*percipere*]上的最初运用)。在这个意义上,灵魂被理解为存在中的张力的感受器,特别地作为一种超越的感受器。

这种经验的主体同样造成一些困难。眼睛与耳朵并不是视觉与听觉的主体,相反灵魂作为存在中的张力的感受器官,是存在经验的主体。也就是灵魂就是在看和在听的人。因而,我们将“在他现世存在中的人”称为哲学经验的主体,这种哲学经验同时也是一种存在经验和意向经验。然而,这个概念并不令人满意;如果就其严格意义而言,难以确定处于他的时间维度中的

264

人如何经验永恒存在。因为,人的现世存在以及他对永恒存在的经验这两者都不容置疑,在人身上就必定有一种非现世之物,人可以通过它在经验上进入永恒存在。这种要求向回指涉超越性感受器官——灵魂,人通过它进入永恒存在。(这句并不是作为简单的托词去支持灵魂的"实在地位",即使它暗示了灵魂之实在问题的哲学构架。)当人凭借他的灵魂经验参与到永恒存在中,他不再仅仅是一个"在现世存在之人"。因此,这里产生一个疑问:作为一个"现世存在"的人的地位——即使不能质疑其正确性——并不能够理解为一个事物的属性,而是作为一项来源于努斯诠释自身的指示,也就是,来源于存在的启明,引起被经历的现世存在作为永恒存在的对立极。对人的地位进行指示的问题在适当时候将会进一步阐明。目前可以简单地将人作为经验的主体,只要这种建议不会迷惑我们以为已经脱离了在时间中的存在的悖论,也就是在时间中的存在不仅只是现世存在。

265 　　这里所描述的是怎样一种经验呢?这是一种对现世存在与永恒存在两极之间的张力的经验,既不是对于这两极中任意一极的客观性认知,也不是对于张力本身的客观性认知。无论作为经验主体的人的地位是怎样,无疑在他的灵魂中经历着这种存在的两极之间的张力,这存在的两极,其中一极被称之为现世的,是在他自身中,而另外一极在他自身之外,然而这一极却不能够被视为在世界的暂时存在中的客体,而只能是超越了所有此世的暂时性存在,并作为一种存在被人经验到。就现世一极而言,这种张力作为一种面向神圣永恒的爱和盼望的压力而被人所经历;从永恒存在一极而言,这种张力是一种恩典的呼召和印记。在经验过程中,永恒存在不会在时间中具体化为一种客体,经验中的灵魂不会从现世中变形而进入到永恒存在中。实际上,这种过程应当被刻画为一种自我的秩序化,或者是灵魂带着爱意向被永恒存在所渗透的存在敞开,以此将自身秩序化。灵魂的这种秩序化过程并不是去建立起某种将会成为超越这种张力的新客体的秩序。甚至当秩序的状态随之产生出对于灵魂的生命和死亡的维持和掌管时,这种秩序的状态也不能够成为一种占有,而仅仅是在存在自身的张力之流中持续着,并会经由灵魂的松弛与自我封闭而随时崩溃。

正如描述这种经验主体时,我们会面临着各种问题,同样,描述经验本身时也是如此。因为,如果这种经验被刻画成非客体的存在各极之间的一种张力时,如果它不能涉及一种经验的客体,那么,由于该经验与这种张力是相同,就可能会出现这种情况:仿佛这里所刻画的经验似乎是存在中一个缺失了主体的事件。正如"暂时存在之人"的情形中会产生一种猜测的想法:暂时性是源于努斯经验自身中的一种存在标示;与之相似,这里同样产生一种猜测的想法:"努斯经验的主体"是一种仅仅由于这种经验的主体而附属于人的标示。而且,对于在存在中的张力所创造出的无主体的事件,人们仍旧保留了完整印象,以便不再妨碍对于哲学经验的人类主体的疑问性理解的洞察。然而,人们也不应过于从字面上理解这种印象,因为那样一来,这种无主体事件会以一种致命方式成为这样一种存在——它通过发生、涌现而作为自己的主体出现;经验的人类主体的地位将被存在张力所涉及的存在所取代;于是,作为解释目标的存在就成了思辨性思维的一个主题。那么,一方面,存在中的这种无主体事件的印象就不应当被作为一种虚假的表象而遭到排斥,因为这将会开启通往心理学化的大门,特别是通往这样一些诡辩理论:将神灵当作一个"聪明"人的发明,以及通往费尔巴哈的心理学,即将神灵看作是灵魂的投射。另一方面,当存在所产生的这种印象被理智地澄明时,它不应该被提升为一种客体的状态,这将

266

把存在转移至存在-思辨者与存在-实践者的欲望支配（*libido dominandi*）上；并且，哲学会偏离正轨，进入神谱论与历史-辩证模式的思辨之中。在进一步分析这些关键问题之前，我们将保持这种经验在存在中的无主体、非客体事件的表象；但我们同时将灵魂视为这一事件的所在之地，事件通过它成为一种经验。伴随着将灵魂视为感受中枢的同时，我们将人视为这种经验的主体；并且和在其物质性生存中的人一起，我们认识到了这个本体事件的空间-时间的定位。

以一种切合主题的方式来表达哲学经验虽然不会偏离正轨，却存在一些困难，主要是由于这样一个事实：对存在中的张力的非客体领域的哲学思辨受限于语言，而语言的语法描述了物质世界的客体领域。尽管如此，我们先前还提到了借助神话的符号化表达来表示这些张力的其他可能，就像柏拉图所做的那样。这包括前面提到的两种张力，它们是历史的主要组成部分：（1）时间与永恒之间的灵魂张力；（2）本体事件前后的灵魂秩序状态之间的张力。现在，我们将以柏拉图哲学思考中出现的一种特殊的神话表达方式来探讨这两种张力。

最为经典的典型代表着第一种张力的神话学表达的篇章是《会饮篇》中苏格拉底的演讲。可朽之人与诸神分别代表了暂时存在与永恒存在的两极。在这两极之间形成由人们的"祷告与献祭"和诸神的"诫命与奖赏"所决定的两者之间的关系。实际上，这些关系应当是一种双向运动，但这并非可能，因为"神人不相混杂"。我们先前早已指出，人们如何在存在的暂时维度（柏拉图的可朽［*thnetos*］）中经验到永恒存在，这依然是个奥秘。这就需要一个中介者，向诸神解释和传达人们之间发生的事，同时向人们解释和传达诸神之间发生的事。柏拉图将中介者角色归于"一种强有力的灵"，因为整个属灵领域（潘神到灵［*pan to daimonin*])间际(*metaxy*)在上帝与人之间。通过这种居间的身份,这种灵(*daimon*)将两方混杂在一起,只要处于客观对立中,这种灵就不会混杂,并且此灵将这两级"融合为一个伟大的整体"。这种符号化表达非常谨慎地指出了问题的核心:人不仅仅是可朽的,更在自身中经验到面向神圣存在的张力,并且因此而处于人与神圣之间。凡是具有这种经验的人都超越可朽坏的状态而成了一个"属灵之人"(*daimonios aner*)。我们已经提到过"哲学经验主体"的标示,它依附于人,并恰恰产生于这种人类经验;在对人的探讨中,当柏拉图用哲学语言中的**属灵之人**(*daimonios aner*)补充了史诗语言中的可朽(*thnetos*)时,所处理的就是同样的问题。

这种"强有力的灵"(中介者)就是爱洛斯(Eros),是暂时存在之极与永恒存之极两者间被经验到的张力的象征。通过爱洛斯的降生神话,张力自身在此就变得非常清晰。他的母亲是贝尼娅(Penia,贫穷、困顿、紧缺),父亲是梅蒂斯(Metis,智慧、劝告)的儿子波若斯(Poros,充裕、富饶、富有)。贝尼娅引诱了波若斯,后者在众神庆祝阿佛洛狄忒(Aphrodite)诞生的宴会上酩酊大醉,爱洛斯就是两者结合的产物。贫穷对富饶可怜兮兮的渴求和财富对贫困醉醺醺的侵入,毫无疑问代表着柏拉图个人方面的一些经验;即便如此,它们给迄今尚未涉及的分析引入了一种重要因素;这种因素由于波爱修斯(Boethius)的进一步发展,才得到了全面的展现。因为张力之极既不再被描绘成由时间与永恒构成,也不再是可朽之人与诸神所构成,而是由贫穷与富饶、不完整的存在与完整的存在构成。这是更为引人注目的,268因为波爱修斯将永恒定义为完美存在,不是涉及《会饮篇》,而是涉及《蒂迈欧篇》,在后者那里,通过发生于永恒与作为永恒之形象(*eikon*)的时间之间的创造之工,张力得以被符号化。在时间

-永恒与贫穷-富饶之间所产生的这种关系需要我们进一步地研究。对我们目前的目标而言,从一方面向另一方面的这种转换极为重要,因为这是柏拉图用来将哲学经验刻画成智慧(富饶)与无知(贫穷)之间张力的工具。"神不进行哲学思考也不渴求变得智慧——因为他们已经如此",对此,柏拉图反讽地补充道:"其他智慧的人也不进行哲学思考。"但是,如果"智慧的人"自己不关心哲学,那么无知之人(amatheis)也不会关心哲学,这缘于这一令人沮丧的事实:无知就是满足于自身之所是。没有意识到自己紧缺状态的人并不渴望他所欠缺的。哲学家也是无知的人,但是他的无知(amathia)是张力的一极,他在此张力中经验到自己被另一极——也就是智慧(sophia)——所吸引。那种并非哲学经验之极的无知则体现了缺乏爱欲张力的人——属灵上的愚人的特征。

　　柏拉图在对这种自鸣得意的愚人进行描绘时引入了人的三种类型。第一种是可朽之人,注定要死之人(thnetos),用史诗语言说就是不朽之物(athanatoi)的对立面;第二种是属灵之人(daimonios aner),处于不完整的存在与完整的存在之间的张力中;第三种是愚人(amathes),灵性上愚钝之人。当我们思考三种类型的次序时,由哲学事件所构成的历史领域就此产生了。因为,人通过哲学经验进入关于存在秩序的分殊化知识的张力中,他不仅将自己视为新型的属灵之人,而且也将自己视为仍旧生活在相对更为紧凑的、原初的宇宙性经验,作为历史更为古老的类型,即可朽之人(thnetos)。而且,一旦达到分殊化经验的人类代表性的层面,就再也无法回到更为紧凑的层次。凡是将自己隔绝于新秩序的人都将被视为堕落到愚钝之人的层次上。因此,爱洛斯所掌握的灵魂秩序不再是局限于自身的一个事件。在体现秩序特征的存在张力之外,这种秩序通过自己的本质构成一种张力领域,该领域不仅朝向在历史上尚未被哲学分化的各类秩序,同时也朝向对新秩序的各类抵制和自我封闭的类型。实现中的逻各斯一旦成为可见性的,也就和对自身的努斯理解一起提供了判断较低层次秩序或完全不同种类的秩序的标准。这里所包含的这些洞见并非无关紧要的知识,因为它们关涉人与存在的神圣根基之间的正确的关系;而且,在时间与永恒之间的哲学化张力被视为是灵魂的正确秩序,这种秩序在每个人那里都呈现出一种必要的实现。对人类生存的正确秩序的这种呼求源自历史领域之构建的必然性特征。诚然,在有些人那里,这种经验已经成为事件,他们感到自己不是作为私人来被审判,而是作为人类的代表来进行审判。代表性的这种经验变成相对于每个人的事件,并且,每个人因此通过它而处于审判之下——即便是特别地当他拒绝这种经验对他的要求时也是如此。从而,关于审判的神话在柏拉图那里成为历史张力的一种表达。在《高尔吉亚篇》里,苏格拉底与卡利克勒(Kallikles)针锋相对,苏格拉底是新秩序的代表,而后者是抵制新秩序的代表。对正确秩序的决断在时间上与雅典人对苏格拉底的判决一致,在作为"死亡的审判"形式的永恒中而产生。灵魂张力中的两极分别对应着在历史领域中那些受制于"时间"的人和那些为了"永恒"而活着的人;这样一来,人被划分为"活着的人"和"死了的人",前者经历时间的壮丽而奔赴死亡,后者在审判张力中经历生命而奔赴永恒。以"审判"为代表的哲学经验阐明了人的其他类型,他们的生死斗争构成了历史的领域。

作为结论,我们这部分的分析要求对历史领域进行反思。

在处理现象的第一部分,**领域**一词意味着存在的构造,现象在这种构造中得以展现,不是在背景之外,而是在富有意义的构

270

造部分进行展现。在处理领域构成的这一部分，它意味着存在中的张力领域。通过之后对张力意义的分析，在关于"现象的意义构造"讨论中，这种假定的意义就被更为具体地得以决定。但是这第二种决定同样不足以刻画领域的特征，因为对于存在的危险而言：这种危险将自身客观化地悄然隐藏在所处张力的自身之中，然而，在实在中，它不是一个客体，而是努斯解释的目标。为了充分确定该领域的特征，我们必须回到存在经验及其特有的问题上面，因为存在经验的非客体性特征超出了存在经验，并进入由经验所构成的历史领域。

首先，让我们清除一种误解，这种误解激发出将历史领域的结构进行客体化的冲动。有关领域的问题也就是关于张力之所在的问题，并且在此意义上，产生了关于存在经验之场所的问题。我们所理解的**灵魂**一词的含义，是被哲学家们所塑造而成的术语，该词指明了张力所在之处；而且，我们将**灵魂**当成超感知越的感觉中枢；最后，我们将人设定为这种感觉中枢的拥有者和它所传递经验的主体。本质上，该问题层次对应于柏拉图的努斯-灵魂-身体（*nous-psyche-soma*）的层次。应用到具体的人的这种层次不能超出人而被投射进历史。将历史所在之处解释为一个扩展的灵魂（*psyche*）也即作为一个集体的灵魂、人类的灵魂、一个宇宙的神圣的灵魂，这是最不适当的。尽管如此，自从柏拉图在他的《蒂迈欧篇》中谈到宇宙灵魂之后，可能会有人如此尝试。因为《蒂迈欧篇》是个神话，并且，当柏拉图在神话中给世界灵魂（*anima mundi*）赋予一个位置时，他知道自己在做什么。通过佯装宣称神话象征代表一种知识对象，这无济于事。相反，我们应当探究产生神话符号的经验，那种象征通过经验揭示出了自身的意义。当我们致力于哲学思考时，**灵魂**对我们而言是存在经验的场所，而具体的人类存在被设定为其主体。对于一个作为经验主体的具体的人，假设灵魂没有空间-时间定位于其中，这在哲学上是难以令人接受。尽管如此，如果我们排除了作为张力之所的扩展的灵魂以及经验主体，我们就会被从我们切实经验到的历史张力领域引回到作为存在经验领域的个体的灵魂，以便在那里发现普遍特征。

让我们回到对存在本身的经验，处于时间之极与永恒之极两者间的那种张力的经验，也就是暂时存在与永恒存在相遇、相融的经验。在分析这种经验过程中，我们面临一个问题：人们在其时间维度中如何可能具有对永恒存在的经验；我们提出如下推测作为一种答案：时间性是一种标示，我们仅仅依据所经验到的张力而把它归因于人和世界之中。物质世界的内在性和内在世界的时间并非原初经验的对象。它们是一种实在综合体的标示，只有实在综合体的位置通过哲学事件被揭示出来，即处于时间与永恒的张力之间的时间之极时，实在综合体的结构才变得清晰可见。只有当这些标示被客体化才会产生这样一种绝境（*aporia*），即不得不重新统合被称为暂时存在与永恒存在的"客体"——它们既从未被分离过，也根本从未作为客体而存在过。如果我们接受标示理论，困难就消失了，因为存在经验现在不产生于世界时间中——从世界时间角度是难以理解永恒经验的；相反，它被允许在被经验到的地方发生，也就是在"间际"中，即柏拉图所说的间际（*metaxy*）中，后者既不是时间，也不是永恒。存在张力本身，它的起源、阐释、解释、有序化作用、瓦解等，事实上都是作为一个过程而被经验。但是，这个过程在间际中发生。它也可能发生在世界时间中，因为，只要经验主体是一个人——一个属于诸多秩序结构，并且真正地属于世界的人，那么尘世的时期就可以与间际中的过程联系起来。这样一种联系的可能性很明显是本体论的一个基本问题，但这并不允许间际（经

272

验在其中展开)转移到世界及其时间中。为了厘清这些层面,有必要做一些术语上的分化。为了不过分地远离传统语言,我们将谈论一系列世界-内在时期——间际嵌入到世界,以表达经验的时间过程;类似地,我们将谈论一种历史的时间过程,它意味着一系列可以与历史领域联系起来的内在于世界的时期。然而,更为困难和重要的任务是在间际中寻找到对于经验过程的一种恰当表达。为了这一目的,让我们再次回忆一下,在时间与永恒两极之间的张力的哲学经验中,永恒存在既不变成时间中的客体,暂时存在也未变成永恒。我们仍然处于"间际"之中,处于一种经验的时间之流中,然而,永恒却在其中显现。这种时间之流不能被分割为世界时间的过去、现在和未来,因为在其上的每一点都存留着面向超越时间的永恒存在的张力。最适合表达在时间之流中永恒存在的当下的概念是**"流动的当下"**。

如果哲学事件被理解成流动的当下,那么,永恒存在在时间中的实现就既不是处于世界时间的过去或未来中的事件,也非一劳永逸地确立它之所是的状况——无论是一个人、社会的人,还是全人类;相反,就与世界-时间之关系而言,它是面向永恒存在的张力的一种永恒的当下,并与世界-时间相联系。对于流动的当下的永恒张力成为"历史",可以从两方面进行理解。首先,存在中的张力并非一种客体,可以被"跨主体间地"认识,并且因而也不可以向每一个经验它的人显现出大致同样的现象性形象。事实上,它是一种必须被亲身经验的张力,因而在多样的诸经验模式显现自身:紧凑性和分殊性层面的模式、明晰和模糊层面的模式、世界的焦虑与信仰层面的模式、权力支配与仁慈层面的模式、绝望与希望尺度层面的模式、默许与抗争层面的模式、谦逊与轻蔑层面的模式、自我敞开与自我封闭层面的模式、背叛与回归层面的模式、普罗米修斯的反抗与对上帝的敬畏层面的模式、生命的喜乐与世界的厌恶层面的模式。其次,经验领域并非一个混乱无序的多面体,相反,从存在经验的"真理"流出形态不同的各种经验之间所产生出的张力关系的范围中,展现出了这些秩序的可理解的特征,这些张力关系也给予了整个领域的趋向,并且柏拉图在他的审判神话中已经捕捉到了这种不可逆转的稳固性。通过它的诸经验模式,各个经验之间的张力,以及划时代的代表性所指示的趋向与审判,流动的当下如何能够构成一个领域,以至于它在世界时间中成为了可以理解的历史进程,成为了一种有关流动的当下的传记,这如何可能呢? 实在的这种结构像世界的可知性对于自然科学一样,令人难以理解。因而,它应当被称之为历史的奥秘。

3. 历史作为哲学的构成要素

哲学与历史彼此相互构成对方,在考察中这两种关系难以分开。因此,在作为哲学构成要素的历史标题下,这种分化在很大程度上已经包括在前面所谈的部分。因此,这一部分我将限于阐述这个问题的一些基本准则。

如果历史被理解为永恒存在在时间中的实现,哲学的历史构造就表现出前面已经讨论过的两个方面。首先,在哲学经验中永恒存在与世间存在彼此相遇,就此范围而言,哲学经验本身就是那种实现的一个历史事件,那种实现就像在《会饮篇》的苏格拉底的发言中的原型。其次,这种经验有一种模态的特征,即它是流动的当下领域内的诸经验中的一种经验模式。因而,只有当那种使得实现的逻各斯得以明晰的哲学经验与原初宇宙经验相关联——原初宇宙经验在此领域中先于哲学经验,对于逻各斯而言也较不明晰,并且将自身在神话中进行表达——这种

274　哲学经验才能完全被理解为是被历史所构造。反之,只有当我们把哲学视为历史领域内的一种事件时,我们才能将它的特定成就理解为关于存在秩序的具有分殊性的知识。我们在此首要考虑的正是这第二个方面。

哲学经验所发现的并非迄今为止的未知之物,而是通过原初宇宙经验所早已把握的那种实在,在这实在中去发现秩序的关系。当亚里士多德观察到,诗人将生成的起源视为俄刻阿诺斯(Okeanos)与蒂锡斯(Tethys),而伊奥尼亚的哲学家[泰勒斯]则认为其起源是在水中,并且,当亚里士多德区分诗人与伊奥尼亚思想家时——认为前者是进行神学思考的思想家,后者则进行哲学思考,亚里士多德已精确地指出了哲学发现之关键阶段。通过哲学经验,也包括诸神在内的宇宙被分化为一个没有诸神的世界和一个世界-超越的上帝。由于那种在澄明中被经验到的处于非神圣的世间存在与神圣-永恒存在之间的张力,一种新秩序——它分化了一个上帝之下的世界和一个世界-超越的上帝——取代了先前的宇宙秩序关系。

不屈从于那诱人的客体化的可能性就难以详尽阐述秩序中各种不同关系所具有的差异特征。因此,比如,一个人不应去谈论宇宙的祛神圣化,因为一旦祛除神圣,它也就不再是宇宙;也不应当谈论一个祛除了神圣的世界,因为诸神从未在这个世界中。为了避免这样或其他类型的脱轨使得这个问题晦暗不明,就需要一种标示性的理论。前面已经确定了它的一些要点,这里来谈它的一些应用范例,这将会有助于我们阐明这一问题。

首先,让我们考虑一下**存在**这个术语:它并非指称一种客体,而是作为秩序背景的一项标示;这种背景包括了在宇宙分离之后人所经验到的所有实在综合体,在分离之前,这些综合体都包含在了秩序化的宇宙背景中。被称为"存在"的新秩序背景取代了被称为"宇宙"的旧秩序背景。如果**存在**这个术语要作为新秩序的标示而发挥作用，它就不得不决定性地改变它在原初宇宙背景中所具有的意义。对标示的起源特别具有启发意义的是这样一种过程：在其中，荷马语言中所用的存在之物（*ta onta*）的宇宙论意义转变成了哲学语言中的本体论意义。

让我们接着考虑一下空间隐喻：诸如此世/其他世界，或者内在的/超越的：它们并不是定义实体的属性；相反，根据所经验到的存在张力，它们是一些标示，并且分别与世界的和神圣的实在综合体联系在一起。

最后，我们必须处理一下**世界**这个术语：世界不是存在着的客体，而是事物及其关系的实在综合体的一个标示，只要它们非神圣的自治性结构凭借存在经验而变得清晰可见。如果这一术语的标示特征，即它在存在经验中的起源被遗忘，并且，结果就是被标示的自治性结构被客体化，那么就会产生反有神论的、意识形态化的"诸世界"，比如，感性知觉客体的世界，宣称对于实在的垄断。这种偏离正轨的形式对政治理论家具有特殊的意义，因为，当"世界-统治者们"发现：一片土地无论幅员有多辽阔也不能成为一个世界，并且也发现为了真正地实现一个帝国，所要求的就不仅仅是空间上的扩张，在普世帝国时期中，这种偏离正轨激起了一种悲喜交加的情形。反之，这个洞见将实验性的历史过程和帝国神学联系在了一起，旨在提供实在所失去的背景，以及提供这个世界完全得以实现所需之物。进而，这种联系包括了与那些精神运动的尝试性联合，普世会议的召集（历史上曾被用于将精神的运动屈从于帝国的目的），以及与一种帝国正统的创造进行尝试性联合。迄今，我们仍旧被这些帝国所荼毒，它们设法通过扩张来实现它们的"世界"，而非提升进入到流动的当下的**间际中**。

　　这些例子应当再次阐明：哲学思考的核心是存在中的张力经验，那些标示从这种经验的秩序化真理指向那些实在综合体。任何自治性的"事物世界"都是牵涉并且被存在的经验所阐明，并且这个世界也牵涉着上帝；没有作为世界‑超越性实在的上帝，也就不会有上帝之下的自治之物的世界。在上帝与世界被存在经验（二者在其中相遇）分化开的地方，人也就被牵涉在其中；作为经验到秩序的人，在自身经验中领略到自身秩序的可知的真理。因此，在我看来，这些被限定的大量复杂的问题，就是历史上形成的所有哲学思辨的核心。

276

4. 历史作为哲学研究的现象领域

　　哲学是存在事件，在此实现的逻各斯变得明晰。因而，哲学是在历史领域的现象，它不仅有助于将现象识别为实现的现象，而且将历史领域识别为现象之间的张力领域。于是有人可能期望，伴随着存在事件及其作为历史事件的自我解释，尝试直接以宏大的方式构建一种质料性的历史哲学。然而，这种情况并未发生。一种质料性的历史哲学的出发点，其原则上已由柏拉图的努力所提供了，并未直接导致尝试着将历史领域作为一个整体来进行探究和考察。

　　缺乏这些尝试的原因如下：那时尚没有经得起批判的可靠的对比性材料——能够追溯到柏拉图同时代更古老的中东文化或远东文化的比较材料，而今日，历史科学则已经给我们提供了大量这类有益于那些尝试的材料。而且，在缺乏必要的激励的情况下，也就没有产生对于在理论上把握这些材料是非常必要的哲学概念。这些都是充分的理由，我们不应当置之不理。更为重要的似乎是历史事件造成的论辩情境，在哲学经验清楚阐明自身及反驳各种传统类型与反对类型而为自己辩护时，这种情境都需要精力的集中。冠之标题为《高尔吉亚》的对话以"战争和战斗"这两个词为开始，并以智者派的主角来命名。第一句话就清楚地说明，它的主题实际上是"战争和战斗"，苏格拉底通过出现在历史的那一时刻，选择这个主题作为自己的命运。这一事件是历史行动，并且鉴于它是一种与既存社会秩序发生冲突的、并且需要认同的新型秩序的代表，它似乎动用了所有可利用的精力，并且因此妨碍了它自身所蕴含的一切可能性的发展。总之，不仅超越的哲学经验，而且有以色列人和基督徒的经验，当它们第一次涌现时，无不表现出一种在相对更狭隘的范围中形成类型的趋势——可以说，仍然和同时代的历史类型的范围发展保持密切联系，而那些受限制的类型的发展也足以确保这种狭隘的目的。这让人突然意识到，这是质料性历史的问题被约化到了在历史领域中占据主导的成对的综合类型，诸如希腊人与野蛮人、以色列与部族、柏拉图与智者、基督与法利赛人，以及最后基督徒群体将所有非基督徒作为异教徒——只要他们不是犹太人。甚至当我们跳出这种最初情境时，我们仍然面对着一种奇特的事实：冲突的情境引发了对这些类型之产生的完善和发展。从更为准确的定义来说，例如，"何谓基督徒"产生于和同时代的对立类型进行争论的需要，比如爱任纽与灵知派的争论、阿塔那修与阿里乌的争论、奥古斯丁与摩尼教徒们的争论、托马斯与穆斯林的争论（托马斯仍然视他们为异教徒）。即便在我们这个时代，直至各样意识形态达至世界强权的程度，从内部和外部威胁到西方文明之际，与这些意识形态的哲学争论，以及对它们漫长的前史、它们与古代的灵知派和中世纪诸教派之间的关系的研究，才开始被人严肃地进行。同样地，自从伏尔泰（他实际上在研究中利用大量全球性的材料）以来，"历史哲学"

277

的浪潮并未在一种沉思兴趣的突然迸发中产生,实际上发端于地理大发现和征服的帝国时期之后,这些使得全球和各族成为西方的领域。因而,我们放胆提出一个经验性的命题:对现象领域的哲学研究总是从同时代的冲突情境中获得它的推动力。如果当前正在研究的现象范围真的是全球性的,那是因为整个地球已经变成一种当代的张力领域。

278 　　如果这个命题最终成立,那么就会产生一种有关哲学与历史相互构成的洞见。这样一来,哲学的历史构成将不再是一个一次性的事件,而是一个历史过程;在此过程中,哲学通过探究现象的历史领域来实现它的理智潜能,从而获得对于自身更为深刻的理解。今天,凭借着历史哲学的发展,我们处于一些伟大的哲学发展的开端,这些发展首次是必须在全球性的广度和时间深度上进行现象领域的探索。

　　将哲学思考的精力限定在论辩情境,这不是对于历史哲学全面而规模宏大地进行拓展的唯一障碍,因为这种拓展在任何特定的时候都有可能。从一开始,在古典的以及基督教的哲学思考范围中,因为反对历史领域研究所需的,能够清晰阐明的哲学概念而建立起了壁垒,从而使得视野的范围受到严重妨碍,裹足不前。只有在近现代时期,这些障碍才开始瓦解,今天,这些壁垒在所从事的探究领域中已经全部移除,消失殆尽。这就成了一个偏好的问题,其可能性包含在存在张力之中:

　　在流动的当下之经验中,时间与永恒相遇,人与上帝相遇。因而,这种**间际**的经验,既可以在模态上强调要么是人的寻求-和-领受之极,也可以强调神圣的赐予与诫命之极。当在模态上强调人的寻求与领受之极,并且经验到的有关**间际**与存在秩序的知识作为表达方式占据了主要地位时,我们所谈论的就是哲学。当在模态上强调神圣的赐予-诫命之极时,以这种方式人类的经验知识被约化为一种神圣进入的交融,我们所谈论的就是启示。任何一种模式都是面对所经验的时间序列的特定态度。在古希腊的哲学经验发展中,从赫西俄德到柏拉图,也就是严格意义上的古典时期,每一种新的分殊性的经验立场(Erfahrungsposition)都将更古老、紧凑的经验降低到虚假(*pseudos*)范畴,虚假这个词囊括了从错误到谎言整个范围中的所有意义。接着,新的经验代表着真理(*aletheia*),与旧的虚假相对。直至后期的柏拉图,以及紧随他的亚里士多德,才尝试形成沉思的诸类型并详细地阐述了一种概念性的语言,借此,较为古老神话中的符号化表达不是被理解为虚假,而是理解为一种不同经验模式中的真理。因此,例如,亚里士多德在神学思考的思想家和进行哲学思考的思想家之间做出了区分,指出他们是借助不同的符号工具表达了相同的真理。然而,在古希腊时期,这种原创精神性并未以任何值得关注的方式进一步发展。处在基督教氛围中的思想家与其前人之间,有一种完全不同的关系占据着主导。首先,一位先知是不会撒谎的,因为他宣告的是上帝之言。其次,启示的经验性表达与对其处境所做的历史叙述相融合,产生了浩瀚的文献汇集,并被作为一个整体归在启示范畴之下。在解读这些神圣文本(*sacrae litterae*)时,如果读者的前人之间存在冲突,或者,如果后来读者所持有的真理的信念不同于他那些被封为圣徒的前人们,那么,为了避免真理之间产生不一致的冲突,人们就必须遵循一些释经的规则。奥古斯丁清晰地表述了这些规则的原则:"所有上帝的经卷(*divina scripta*)相互之间都和谐一致"(*Serm.* 1. 1. 4),并且,当有些段落确实显得不一致时,个人内心必须牢记:这是"另外一个先知在说,而非另外一个灵"(《〈诗篇〉注释》103. 1. 5)。用于消除表面冲突的方法是寓意解经。或是归类到谎言中,或是作为寓意的手法,这是针对前人回应模态时所重点强调的现象(或者强调超越经验的时间之极,或者强调其永恒之极)时而有的两种不同的态度。但是,作为经验到流动的当下的各种模式的现象而言,这两种态度都没有能够有助于对此的探究。直到神学家从事历史研究,并且致力于比较宗教学研究时,这些障碍才被明确地消除。

对于我们这个时代,我们不应该宣称历史哲学这个领域所获得的成就都是我们的功绩,因为确切而言,我们应当将真正的历史哲学的关键原则归功于奥古斯丁的洞见。在他的《〈诗篇〉注释》(*Enarrationes in Psalmos*)(64. 2)中,我们发现了如下段落:

280
> Incipit exire qui incipit amare.
>
> Execunt enim multi latenter,
>
> et exeuntium pedes sunt cordis affectus:
>
> exeunt autem, de Babylonia

> 开始爱之人开始离去。
>
> 许多人正悄然逃离,
>
> 因为离去的脚踪是内心的情感:
>
> 尽管如此,他们正逃离巴比伦。

奥古斯丁在逃离的象征下对于拣选之民与诸帝国之间的各种冲突进行了分类,并且将逃离、流亡与归回的历史过程理解为在时间与永恒之间的存在张力的喻表。无论采取何种形式的逃离——从社会中真正迁出,或者在社会中的较高级秩序的代表与较低级秩序的代表之间碰撞冲突,这一过程的动力与方向都源于对永恒存在的爱。因而,在"开始爱之人开始离去"(*incipit exire qui incipit amare*)这个意义上,《出埃及记》是一门历史哲学之**真实原则**的经典表述。

第三部分
意识的秩序

什么是政治实在？ *

I. 科学与实在

我们协会主席邀请我在此次会议上做一个报告，并且提出，这应是一个关于基本原理的报告。为满足这一要求，我提议聚焦"什么是政治实在？"这一问题。

尽管这个问题具有普遍性，但我所提出的主题似乎并不明显符合上述的规定。因为，按照逻辑上的理解，"基本原理"或根本原则是终极的、非经推导的公理，这些原理或原则在一门科学的命题中是前提性的。如果这些原则还不为人知，那就可以通过分析来阐明。它们是一门科学的定理，但它们不是该科学所研究的实在的定理。比如，我们可以来考虑一下在本世纪对数学公理分析作出伟大贡献的书：罗素和怀特海的《数学原理》。《数学原理》一书把现有的数学知识视为既定的。两位作者探索的是基于这门学科的已知知识体系的定理，在该著作的第 1 节至第 43 节中就阐明了这些公理。一旦这些公理被陈述，罗素和

* 1965 年 9 月 6 日，于图青举行的德国政治科学协会年会上发表的演讲；刊于 *Politische Viertel-jahresschrift*，Jg. VIII, Nr. 1, Köln-Opladen 1966。——原注

怀特海就能够按照这些公理的内容，对它们进行构建，并进而重新表述它们。这种重新表述构成《数学原理》的主体。所以说，如果我们把数学和物理学当作科学的模型，那么，要在论述根本原理的报告中追问拟议的科学之研究客体的实在，就并非是不言自明的做法。

可是，一旦我们假定，以这样的形式提出实在问题是很有意义的，我们就在政治科学与其研究客体的关系上暗示了某种根本的东西，并就这种关系在某一点上不同于数学和物理学中的相应关系，暗示了某些独特的东西。

为了辨析政治科学与其研究客体之间的这种关系的本质和独特性，我们首先注意到，让政治科学提供与罗素和怀特海的数学之定理化可等量齐观的工作，是不可能的，因为其与数学不一样，政治科学根本没有可以被简约为定理的整套命题。我们进一步注意到，此类整套命题的缺失，是在政治领域中科学与实在间的特殊关系的内在特征。因此，这一缺失是难以在未来得到修补的缺陷。如果我们现在要继续问，为什么这样的整套命题不存在而且不可能存在——也就是说，此领域的科学与实在之间的特殊关系如何使得不可能有这样一套东西汇集，我们就先初步回答一下：政治科学的核心是对人、社会和历史的一种努斯解释，这种解释是用有关秩序的批判性知识的准则来应对在其周围社会占主导地位的秩序概念。于是，相比照于研究外部世界之现象的诸科学，政治科学，作为有关秩序之努斯的知识发现自身处于独特的处境，即作为它研究"客体"的政治实在本身是由一种涉及同一"客体"的知识所建构的。

让我尝试按照其主要特征来概括这一独特的关系：

（1）任何人如果要尝试以努斯的、批判的方式来解释人、社会和历史的秩序，他就会发现，在他尝试之际，该领域已经被各种其他的解释所占据。因为每个社会都是由对其秩序的自我解释所建构的；这就是为什么，历史上一切已知的社会都会产生出各种符号——神话的，启示的，末世天启的，灵知的，神学的，意识形态的，等等——以此表达其秩序经验。我把这些政治实在中可见的自我解释的举动称为"非努斯的解释"。

（2）再进一步追问，这种关系更深层的特征是其历史的维度。就历史而言，非努斯的解释先于努斯的解释数千年。人们已知最早的努斯解释的例子，并且该例子被后继者传承的努斯解释，是发生在希腊哲学的背景里，在该背景中，努斯的解释获得"政治科学"之名，即 *episteme politike*。非努斯的解释不仅在时间上先于努斯的解释；甚至在后者出现后，它们依然是社会之自我解释的形式，而且也始终正是努斯的解释试图要应对的形式。迄今还不存在这样的社会，其建构性的自我理解是努斯的。这一关系的独特性表明，有很多原因需要进一步去研究，努斯的解释可以作为非努斯解释的纠正者或补充者发挥功能，但不能取代。

（3）努斯式解释的产生，并非独立于周围社会的秩序概念，而是与后者处于批判性争论之中。努斯无论在何处出现，总与社会的自我理解处于一种张力关系之中。你可以想到世界-历史性的张力，一端为哲学，另一端为神话和智术；或者，一端为哲学，另一端为意识形态。分殊化的萌芽就在这种相对峙的关系中，而在分殊化的过程中，努斯的解释就能成为一门"科学"，并与作为其"客体"的政治实在构成关系。进而，这种对峙的关系又是交互的，因为，当既定的非努斯解释遭到试图将之客体化的努斯的批评时，这些特定的非努斯解释的拥护者也并非对此无能为力。他们不会让自身沦为"研究客体"的角色而不予抵制。相反，他们会从自身有关秩序的知识出发，反过来把他们努斯的

285

对手加以客体化。从而，城邦的狂热崇拜者把哲人变为无神论者；启示的神学则把哲人变成异教徒；革命意识形态则把他变为对立意识形态的反动代表。

在上面的评论中，我在**科学**和**客体**这两个词上用了引号，因为正在研究的这种关系的种种特征应该已经表明，我们正在处理两层或多层次解释的现象，而且，这些解释不仅相互重叠，而且彼此还相互解释。如果我们从这一复合现象中分离出这一层或那一层作为"科学"和"客体"，在目前对此的分析中，我们就只能纠缠于如下问题：努斯的解释，是否会由于它与其他秩序概念类属的相似性，终究也属于它所反对的同一种实在？或者说，还是根据类属的相似性，我们是否应该把社会的自我解释提升到一门科学那样的认知级别？眼下我们能肯定的只有一点：按照自然科学中所使用的科学和客体的模式，无法处理这样的现象。

该现象是复杂的，但一种分析可以很好地澄清它。如果目前该现象是如此晦暗不明，甚至于"什么是政治科学？"和"什么是政治实在？"这样的问题也需要进行阐明，那么，原因主要在于意识形态时代所引起的概念混乱。在我们时代的意识形态氛围中，**科学**一词已变成惯用习语（topos），这意味着科学把名声出借给了对社会秩序种种非努斯的解释。不论我们考虑的是较旧的那层意识形态——启蒙的进步论、19世纪的实证主义和马克思主义，还是近期的那层意识形态——德国历史主义、美国的行为主义，以及最近的变种，即苏联帝国的后斯大林主义的"科学共产主义"，它们毫无疑问全都具有非努斯的社会自我理解的特征。事实上，若你怀疑这些意识形态的代表们所从事的是古典哲学所理解的努斯的解释，他们会怒不可遏地加以驳斥；然而，他们又全都僭称自己具有"科学"的特征。

一方面是被社会上占主导地位的科学和客体的模型所决定，另一方面被意识形态的科学主义伪称所决定，在这种情况下，要想尝试解决"什么是政治科学"这一问题，通过正面攻击有名无实的定义，似乎是无的放矢。那种由一系列命题和定理组成整体的政治科学根本不存在，这就使得通过方法或论题来定义政治科学的做法毫无意义——因为我们会因此只能接受不合适的科学和客体的模型。更无意义的是，让自己被意识形态的论战拖着走，比如，去辩论谁的主张能被证明是可以冠上"科学"之名的。我们必须认识到，这种辩论属于追随意识形态的半瓶子醋们的事情；我们必须远离这些辩论，把精力集中在手头的要事。

287

为了尽可能不去搅起关于"什么是政治科学"的无谓讨论，我引入了"努斯解释"这个术语，指向我们在这里真正涉及的事情：我们所涉及的是政治实在中的张力，这种张力在历史上使得超出社会的自我解释而走向努斯的解释，并因此迫使政治实在进入一种关系，在此关系中政治实在承担了客体的角色。

II. 根基的意识

历史上，在政治实在中，导致努斯解释这一现象出现的张力不是一个物，能够就此形成客体性命题。相反，张力必须被追溯到根源，即渴求关于真正秩序之知识的人们的意识中。具体之人的意识是被经验到的秩序所在之处；对于社会秩序的努斯和非努斯的解释都从这一经验中心散发出来。然而，即便是具体之人的秩序的经验并不等同于关于客体的知识，相反，它本身就具有一种张力，因为人经验到自身，是通过面向其存在的神圣根基的张力而得到了秩序的。并且，在对这种经验的诠释中，没有一个特定描述指涉到一个客体上。张力本身不是一个客体,其两极也不是。人与其根基的关系也根本不是命题的客体,能够成为被人掌握的真理。不论我们能把客体化语言的游戏推向多么远,我们都必须通过否定来一再地消解这种客体化语言,从而使得经验的秩序保持敞开,作为非客体化的实在。秩序经验的这种非客体化特征并不承认任何所谓交互主体性的秩序知识;相反,实在的不可把握性,并非意味着不可言说,而是允许经验模式的多样性,而这些模式激发了与之对应的多样经验的符号化表达。政治实在中的张力,就起源于试图寻找对秩序进行正确表述的各种动力中。

努斯的以及非努斯的解释都是为社会阐述秩序经验。两种类型及其变种都各自声称,它们自己的解释是唯一正确的解释。就所涉的经验内容而言,各类解释所提出的秩序,都会涉及关于秩序根基的观点。这里至关重要的是,对于经验模式的多样性以及相应的符号化表达的多样性而言,始终要透过对秩序根基的洞察来说明正确秩序的正当性。各种解释的多样性,即使被人所了解到,也从来不会被理解为是指涉根基的多样性;相反,对于秩序的解释总是伴随着这样的意识:它表达的**就是**对这一个根基的经验。在神话语言中,帝国秩序的起源被根植于某种宇宙起源论,根植于一个宇宙的创生神话;在努斯语言中,原因(*aition*)作为秩序根基是与存在的根基相伴随。因此,在解释的历史多样性背后,还有追问根基的统一性。

无论何种原因,努斯解释的兴起,是在意识试图让它对自身变得清楚之际。意识解释其自身逻各斯的努力,我们将称之为"努斯的诠释"。因为这样一种诠释的原型性尝试——古典哲学——就本质而言是成功的,我们当前的努力可以将之作为起点。事实上,就表达手段而言,我们可以借助翻译跟随古典语汇,特别是亚里士多德的语汇来作为表达的方式。

在亚里士多德的经验和语言中,人发现,对于其自身生存的秩序根基而言,自己处于无知(agnoia,amathia)的状态中。然而,若不是人受一种不安感的推动,想逃离无知(pheugein ten agnoian)并寻求知识(episteme),恐怕他就不会认识到自身是这样的无知。现代语言中,我们用**焦虑**(Angst)来指涉这种不安,但在古希腊,没有与之对等的词,亚里士多德就用一个特殊的表述来概括这种不安,用来指疑惑或怀疑(diaporein,aporein)状态下的追问。"疑惑着(aporon)和惊讶着(thaumazon)的人意识到(oietai),自己是无知的(agnoein)。"(《形而上学》982b18)在追问的不安中,产生出求知欲望(tou eidenai oregontai)。对全部存在的根基(arche)不懈求问(zetesis),又得被分成两部分:欲求或达至(oregesthai)目的以及知(noein)。相应地,目的(telos)本身又得被分成所欲(orekton)和所知(noeton)两部分(《形而上学》1072a26 之后)。因为求问不是盲目的欲求而是包含知的成分的,所以,我们可以把它概括为知的求问或追问的知识。但是,即便有知的成分以及此种求问中固有的方向,求问还是会错失目的(telos),或满足于虚假的目的。给予欲求以方向并因此使之富有内容的,是根基本身,因为正是根基借助吸引力推动(kineitai)人。人们意识到面对这种根基的张力,因此这个根基必定被理解为一个统一体,这统一体可以被解释,但不能被分割成碎裂的部分。

以相反的顺序来重温当前诠释的话,我们必须因此归结说,假如没有受根基吸引而被推动,就不会有对根基的欲求。没有欲求也就进而不会有疑惑中的求问,也就不会意识到无知。从而,也就根本不可能有无知的焦虑——对根基的求问产生自焦虑——假如焦虑本身尚未展现在人的所知中,也即他的生存乃

289

是根植于存在的根基,而此根基却不是人自身。在面向根基的张力中,这一知识的方向性因素,可以说是意识及其秩序的构架(Sachgerüst),出于我们研究的目的,用一个固定的术语来识别和表示这一因素,显然是可取的。我因此称这一方向性因素为"合理"(ratio)。就这是一个定义性的阐释而言,我们可以称"合理"为意识及其秩序的结构;进一步,我们可以把柏格森所称的"灵魂的敞开性"概括为灵魂的合理性,而把灵魂对于根基的自我封闭或未达到根基,叫做灵魂的非合理性。

290　　　亚里士多德构建了对根基的努斯性的欲求进行阐释的框架,以及对由根基所吸引的存有进行阐释的框架,并且将这两种实体的互相参与(metalepsis)的符号称之为努斯(nous)(《形而上学》1072b20 之后)。他一方面把努斯理解为人追求对根基进行认知追问的能力;另一方面把努斯理解为对存在根基本身进行追问的能力,而存在根基被经验为求问提供了方向。当然,在亚里士多德的思想领域,由于才刚刚开始使自身脱离神话的符号论,表达的同义性意味着,因创造(genesis)而具有类属的平等。"因为每一实质(ousia)都从同名(ek synonymou)的某事物生成"(《形而上学》1070a4)。"一物能按其自身而赋予其他物以同名,那它相对其他那些同名事物,是在最高程度上的位列此属之物(malista auto)"(《形而上学》993b24)。两个实体的同义性由此对应于人创生自神圣努斯。通过创生的同名这一神话的象征方式,亚里士多德由此理解了,意识的张力是两个努斯实体相互之间的交互参与(metalepsis)。在人的努斯这一边,知的求问和求问的知,即,努斯的行动(noesis),是知参与到存在的根基中去;然而努斯的参与之所以可能,是要借助于先前神圣在人的努斯中的创生性参与。

　　　通过两个努斯实体的同义性、创生和相互参与的符号,神话进入了这个阐释。那么这种进入的意义何在？

努斯的阐释并非空穴来风，而是在历史中，面向作为秩序中心的根基的张力，由对此张力分殊化的意识产生出这种努斯的阐释，这不同于关于人及其秩序的前知识，后者源自对宇宙的紧凑原初经验及其神话表达。努斯的阐释是对此紧凑的前知识的分殊化性质的修正，但不能取代后者。我们关于秩序的知识首要的还是神话的，即使努斯经验已经使意识领域分殊化，并且在努斯的阐释已经明确了自身的逻各斯之后也是如此。我们的思想习惯是如此的非批判性，乃至努斯经验的事实很少被清晰地注意到。比如，我们漫不经心地就用人的自然（Natur）这一概念，不论我们按照古典学视之为恒常的或者按意识形态视之为可变的，我们都遗忘了，此概念不是按照归纳法发展出来的，而是用来表达对神圣的存在根基之爱，这种爱是一种将人具体经验的哲学化，作为他的本质、他的自然。凡是适用于对自然的哲学经验的，也适用于先知对上帝临在的灵性经验。如果主张这一已知的自然不仅仅是具体地一个人经验到他的本质，这样的个人的自然，而是所有人的自然，那么就预设了一个前提，即所有的人之为人（qua Menschen）在本质上是平等的，不论他们是否在清晰的分殊化意识中经验到他们的人类本质。但是，对此前提的认识并不来自对各自努斯的或灵性的人之本质的具体经验，而是来自宇宙性的原初经验。在原初经验中，事物已经通过参与而被经验到，按照各自的所是——人是人，神是神——即使我们并不清楚地知道各自的本质是什么。没有这一前提，努斯的经验就会依然作为传记里的奇闻异事而已；只有把此前提当作背景，努斯的经验才能达到它们在社会和历史中的定秩功能，因为，以此为基础，它们才能声称是人性的代表，并因此约束所有的人。这一社群产生的前提是如此重要，以致于在古典哲学

291

化的背景下，就其内容，发展出了特定的符号。赫拉克利特说到逻各斯是所有的人之为人共同的东西（*xynon*），在逻各斯中，他们都参与全部人类中，因此要求他们有一致（*homologia*）意识。对亚里士多德来说，共同的要素是努斯，而由所有的人参与到努斯中而孕育的共同体秩序的符号，就是同心（*homonoia*）。亚历山大把"同心"采纳为他的帝国宗教的根本符号；而圣保罗最终也把同心引入基督徒共同体的符号论。神话进入努斯的诠释因此不是一个方法论上的脱轨；相反，前努斯的秩序知识构成了背景和基础，无此，努斯的秩序知识也将会失去作用。

　　让我们根据这一洞见来思考亚里士多德的 *metalepsis*（参与）。在《斐多》中，苏格拉底引用了有关俄耳普斯神话的金句："许多人举着茴香枝（即参加祭拜仪式），但酒神的祭司（即靠近神的人）不多。"他因此相信，靠近神的人，是真正的哲人，因此，他一生中做的每件事都是为了成为其中一员（《斐多》69c）。先于柏拉图-亚里士多德式的哲学不仅有原初经验的神话，而且有某种可能已高度分殊化的神圣灵性经验的符号系。当古典的努斯把意识的逻各斯阐明到最清晰的程度，它也解释了那样一个实在领域的逻各斯，柏拉图将之认作是进入奥秘中的引导。所引金句中的"酒神的祭司"既是神又是靠近神的人，在亚里士多德那里，变成了"努斯"，也就是说，神圣努斯和人的努斯都参与到神圣之中。如果我们仍旧进一步追溯这一奥秘符号论，对于它的逻各斯进行阐明，并且用根基（*aition*）来取代"酒神的祭司"或"努斯"，那么，实在领域这一轮廓仍不能够被消解。神话抵达进入到努斯的阐释中，而当努斯认出神话的逻各斯之际，努斯的作为（*noesis*）就抵达到神话之上的境地。

　　上面用了"抵达进入"和"抵达到-之上"的比喻，这背后存在着经努斯的作为而来的客体化问题。在我们进一步分析之前，我们必须消除由此问题带来的思想困境。

（1）我们现在所谈论的实在领域，是面向根基的生存张力，即人参与到神圣中，是亚里士多德意义上的参与（*metalepsis*）。如果我们对这一实在领域的现象进行分类——先不管它们是否在史诗诗人或悲剧作家还是在俄耳普斯教义或哲人们的符号中找到其语言——作为参与的诸般例子，那么，参与就成为一个属，在其下面，这类现象就被归入种。而"参与"这一术语是运用努斯的经验用来解释自身的。因此，哲人的参与也许就成了这样的一个种，其自身就是一个属。

（2）为了避免这一困境，我们也许可以尝试把哲人的参与抽出来，让它单独归为一个属，通过赋予它一个认知品质而与其他参与的情形区分开。这样一来，所有非努斯的经验和符号也许就成为客体，努斯的作为也许就成为有关这些客体的科学。但这一尝试也许会依然遭遇进一步的困难。因为运用努斯的阐释符号，事实上并没有被发展成涉及非努斯的客体的概念，相反，这些符号在沉思过程中作为界标，而运用努斯的经验借着这些界标来解释自身。努斯的作为之符号反过来溯及这些经验，就如同它们被这些经验客体化了一般，而这些经验正是这些符号在实在中进行解释的。

（3）我们为了解决这些困境，需要承认这点，客体和它们的分类这些的逻辑并不适用于这样的实在领域，在该领域，种类是由作为一般认为的属类的知识构造而成，反之，同样在此领域，属类知识与它假定归入的现象有着同样的参与内容。

（4）然而，这一决定把我们引向另一个困境，这是因为，努斯的作为通过分析和分类事实上并不能够让非努斯的现象充当客体似的角色。

（5）为了消解这一额外的困境,我们必须记住,所有的参与都包含一个涉及自身及其特性的知识成分——在紧凑性和分殊性、方向和错向、敞开与自闭、顺从与反叛等等这些尺度上。在这些知识尺度上,参与在它自我的理解上达到了不同程度的明晰,直到努斯的意识达到最佳启明的明晰。结果,从明晰的各个更高级阶段来看,从后继的更高阶段已经产生的位置来看,先前的阶段表现出较低等级真理的现象。

（6）因此"客体化"并不是指参与本身,而是指真理的不同水平,它们产生自寻求深入到与根基的正当关系的洞见中。当耶利米责骂民众崇拜"假"神时,他摇摆于两种设想之间,一种是假神非神（真理问题）,另一种是尽管是假的,但还是神（参与问题）。参与,即使是只有较低程度的透明,仍旧是参与;而面向根基的张力,它的意识运用努斯的启明,也仍旧仅仅是参与。根本不存在一个阿基米德点,可以从中把参与本身视为一个客体。

294　　（7）参与是意识的一个过程,我们不能为了达到一个客观的自我超越,而跳过意识。"科学客体"关系是一种内在于参与真理之不同水平之间过程的关系。参与的实在领域有一个内在化的真理梯度结构,从而即使现在的知识,若从未来的当下角度来看,是一个过去的现象。正是如此,我们才谈及这种作为历史领域的结构。

（8）较少真理性的参与经验会衰退成一种过往现象,而这种衰退发生在寻求真理的具体的人的意识中。"新人"从这一过程出现;这一认识是久远古老的,尽管在历史上,由于描述此过程的需要,后来的历史才出现作为文学类型的自传这种符号化形式。历史的起源之处在于人的意识,人的意识将意识对根基真理的追问阶段放到过去。但追问发生在社会中——因为其起点始终只能是所经验到的不能令人满意的传统知识——因此,历史的个人领域产生了社会领域。柏拉图在《会饮》中所发展的人的类型就概括了这一领域的构造，这是通过新型的参与知识获得的。柏拉图用史诗的语言把拥有神秘参与知识的人称为"有朽者"（thnetos），与不朽的诸神相对。而新人，即活在面向存在根基之爱欲张力中的人，柏拉图称之为属灵人（daimonios aner），即有意识地生存于兼际（metaxy）张力中的人，而在兼际中，神与人，相互分享。反过来说，只要新人性的召唤根本没有被听见，或者被拒绝，那么，这样的一个人就被称作是沦落到了灵性的愚人（amathes）的地步。过去的世界，新世界和抵制性的环境，一起构成历史领域的定秩内核，这一内核相应地由一个新真理建构，此新真理以新纪元的方式经验着自身。

　　努斯的经验对自身进行解释，这种经验彰显出参与的逻各斯。按照亚里士多德的方式，迄今为止，我们的分析已经推进到这样的地方，即，我们能够区分阐释的三个维度。首先，意识发现，理（ratio）伴随着其被给定的方向，即知道有关追问根基的张力，并且这个"理"是意识的结构（Sachstruktur）。其次，意识发现自身是知识的启明，这种知识有关面向根基的张力。最后，意识发现自身乃是一个追问过程，这一过程把不那么启明的真理抛到脑后，把它们贬至过去。接下来，我将概括这些维度，及其相互之间的关系，以此我将确立其与亚里士多德的分析的关联，在这个意义上，这是可能实现的：

　　（1）理（ratio），有着其内在的方向，是意识的内容[Sachgehalt]，甚至在这一内容经运用努斯的意识所启明而成为可知之前。理，作为对根基的追问，也为神话提供了结构，而努斯的活动也正是从神话中把意识区分出来，作为定秩的中心。这一事实已经被亚里士多德所知，他还进一步认识到，神话和努

295

斯活动相互之间在历史上并不直接交遇,却存在一些过渡形式,比如爱奥尼亚哲人的思辨,在这些思辨中,四因素取代了诸神作为万物的始原(*arche*)。因此,亚里士多德自己对追问根基的分析,采取了批判爱奥尼亚哲人的思辨形式。亚里士多德声称,一个人不能简单地把某种东西定为根基,似乎人来自地,地来自气,气来自火,如此推向无限(*apeiron*)。这种无限的原因系列(*euthuoria*),在亚里士多德的眼里是不能作为一种解释被人们所接受,因为这些只是中间原因(*meson*),而从来没有抵达第一因(*proton*);如果这个系列没有一个第一因(*arche*)为界限(*peras*),就根本不曾给出根由(*aition*,存在之神圣根由,见《形而上学》994a1 之后)。特别是,这种类型的原因系列在对人的行动的研究上是不可被接受的,因为人是一个拥有理性(*noun echon*)的存在者,而理性的存在者,要让他的行动井然有序,他是不满足于中间目的的,而是要为了原初目的来作为;只有一个有着存在一个有限(*peras*)特征的目的(*telos*)才是一个理性的目的(《形而上学》994b13 等处)。恰恰是出于这样的理由,根由(*aition*)不可能具有质料特点,因为木头并不选择做床,铜也不选择做雕像(984a21 – 25)。使得运动得以开启的根由因此只能是努斯。

(2)尽管这样的论证力图分离出有关根基的真理,但此论证也引入了意识的其他维度,即,意识的启明和过程的历史性。特别是,论证的关键点——人是向着努斯的运用敞开的,并因此能够在努斯中认识到他的根基——这本身不是论证或论证的结果,相反,该关键点是一开始就使得论证成为可能的出发点。让我们从意识的启明这一前提来看此论证:一方面,亚里士多德从他自己运用努斯的经验知道,努斯是象征根基的一个恰当的符号,并且不需要从论证来证明这一真理;另一方面,他也确实需要这一论证以便在公共言说领域中针对与之竞争的诸多有关根基的解释，进而阐明意识的结构（sachstruktur）。传统的参与性的知识是被给定的，以究因论的序列形式来表述，却没有恰当的第一因（arche）；而有关根基的新知识不得不通过对传统知识状态的批评来为自己辩护。然而，只有当对根基的探究被分离为意识的张力，而这种张力产生出丰富的符号，即使这些符号还没有充分分殊化出表达它们所想表达的实在之际，这一辩护才是可能的。究因论维度的分离因此揭示出，历史领域乃是人们致力于把握关于根基之真理的领域。然而，历史领域的这一根本特征并不是由所谓的原因性论证所揭示，而是借助于运用努斯经验的启明，投向前努斯的过去之光。正是因为在努斯上敞开的人（noun echon）明确晓得努斯是其根基，他才能与那些敞亮度较低的参与性知识展开批评性辩论。但恰恰借助这样的"卷入之举"，亚里士多德的论证才得以对抗上面讨论的问题。是否爱奥尼亚哲人的思辨是有关客体"根基"的主张，然后亚里士多德通过论证来证明其错误呢？而主张努斯是根基的声称是有关同一个客体的声称吗（通过论证可以证明为对）？就这些"客体化"问题而言，鉴于同样有待考察的原因，亚里士多德的分析缺乏精确性，尽管就其意图而言不容有丝毫置疑。不过，这些论证达到问题之界限的准确之处则仍旧是确定，如果我们此时回想前面提到过的耶利米和他提到的假神这个例子。由于亚里士多德的究因性论证过于严格地集中于"真理问题"，"参与问题"之维度则一时被遮蔽了。亚里士多德所批评的那些思辨并非像他描述中显示的那么"假"，因为它们在参与性知识之语境中也有其意义，尽管那是较为紧凑的知识——正如我们可以通过审视前苏格拉底哲人的文本而清晰表明的那样。反过来，假如这种认同依靠的是论证，而不是依靠运用努斯的参与性知识之语境，

297

亚里士多德自身认同努斯为根基也并非全"对"。故此,让我们再次强调一下:面向根基的张力是意识的结构,但它不是一个供提出各种命题的客体,而是意识的过程,其运作有它自身的透明层次。在运用努斯的经验中,意识抵达其最亮的启明度,在这样的启明状态下,意识变得能够表达面向其自身逻各斯根基的张力;当意识的逻各斯之启明性阐释充分体现,意识就能进一步把过去的历史现象的领域构建为较低透明度阶段的领域,但同属把握根基之真理的努力。没有意识的启明之维度,就根本没有意识可以抵达的究因之维度,没有这两者,就没有参与性知识的历史-批评之维度。

(3)只有当究因论证得以发挥作用之际,亚里士多德才能把他的分析推到如此接近客体化之限,而根基真理与启明和历史两个维度之间的关系依然不那么充分清楚。也同样由于此语境中的这种晦暗,亚里士多德有关单一的哲学化连续谱假设中,才会既包括爱奥尼亚人的过渡形式,又包括运用努斯的哲学。在此假设下,亚里士多德得以把他对究因系列的批评视为有关根基的哲学内在的争论,在这样的争论中才会产生出两种不同类型的经验(非努斯型和努斯型)的问题。这一假设,即从爱奥尼亚哲人开始的单一类型经验所建构的连续谱,直到今天依然是哲学史不可动摇的常规,但我怀疑其正确性。在我看来,用质料的诸始原型(*archai*)以及究因系列的符号来表达自身的经验类型不同于运用努斯的经验类型。在此时,我不想进一步论述这一类型经验的特点。在此只要提及这个问题就足够了,因为究因论证所带来的困难随着亚里士多德进入另一个问题而消失了。这另一个问题就是,运用努斯的哲学直接与神话正面相遇。而对亚里士多德来说,神话这一经验和符号化类型的非努斯特点显然易见。当哲学面对发展出它的神话时,参与的历史之维度就变得不证自明了；而在亚里士多德对此一发展的分析中，他获得了一组洞见，这些洞见是任何古典文献学家和哲学史家都会引用的，但作为洞悉意识之历史性的洞见，它们的特点却很少被人所注意到。幸运的是，这些洞见不但重要，而且还简单精炼。我们可以概括如下：

所有的人都同样被惊奇感（*thaumazein*）所刺激，但他们表达惊奇，要么通过神话，要么通过哲学。因此，伴随着"爱智慧之人"（*philosophos*），还出现了"爱神话之人"（*philomythos*）——这是哲学语言不幸没有保存的术语——甚至这种"爱神话之人，在某种意义上，是爱智慧之人，因为神话也是由惊人奇迹构成的（*ek thaumasion*）"（982b18）。把神话之惊人奇迹与人的普遍共享的惊讶能力（从中也迸发出了哲学）联系起来的语言之线，随后进一步得到编织，因为哲人在其处理上并不持有神话之惊奇，但确实拥有神性努斯中的令人惊叹之物（*thaumaston*）（1072b26）。不过，即使神话和哲学作为惊奇的经验和参与根基的经验的符号表达是等价或对等的，但是它们也尚未达到有关根基之真理的同样知识。哲人因此不能接受神话热爱者的惊奇，或至少不是其全部。比如，亚里士多德认为，天体是神性物体这一先辈信念（*patrios doxa*），是由神启迪的和真实的，并且他用宇宙的第一推动者这一象征来体现这一信念。另一方面，他认为，那种认为诸神有人或动物的形式的传统信念是幻想，是为说服大众而被发明的，不应被采纳（1074b1–15）。哲人由此去除了多神论的神话之惊奇，但采纳了有关根基之神性的神话热爱者的知识。亚里士多德明确把握了两种经验间真理度的差异，一个是充满诸神的宇宙的原初经验，一个是运用努斯的经验，对后者来说，神圣性是宇宙的根基和人的根基。除了他知道真理程度的差异之外，这位哲人依然如此受神话吸引，乃至他在晚年承认："随着

299

我变得越来越孤独和年老,我也越来越成为神话的热爱者
(*philomythoteros*)。"

在我们时代,亚里士多德的名字并不能唤起一个历史哲人
的形象。然而,在他的分析中,意识中的时间流是一个维度,努
斯在这个维度中将自身视为是真理的当下临在,而神话则作为
过去。这一分析成就在历史哲学中至今未被超越。因此,让我
们把焦点放在其根本点上。

首先,历史不是漠然无差异的领域,不是客观性的质料,我
们可以按照随意的准则从中选取一些来以便建构一种历史的
"形象"。相反,历史是由意识建构的;因此,意识的逻各斯决定
什么是在历史层面相关,什么不是在历史层面相关。特别重要
的是需要注意到时间维度,即,历史在时间中建构自身,并不对
应外部世界的时间(在外部时间中,伴随着肉体基础的人的生命
留下了时间痕迹),而是对应欲求和追求根基的维度,而且这一
维度是内在于意识的。进一步说,既然所有的人在此维度上是
平等的,历史领域就始终是普世—人类的领域,即便从哲人各自
的处境来说,这一领域只有很少一部分被知晓。除此之外,欲求
和追求参与根基这一人类的普遍性还意味着,用来表达自身之
根基意识的诸般符号,也是等同的或等价的。在此用"等价"一
词的意思是,所有关于根基的经验都是相类似的参与经验,即使
它们在紧凑性和分殊性的真理范围上,在寻找根基和错失根基
的真理范围上,可能存在很大差异。从参与之流中出现的符号
等价物,最终,随之而来的是带着爱向过往之符号的回归,因为
它们表达了与这位思想家在当下发现自我时完全相同的意识
阶段。

300　　我们以上的分析是尽力能亦步亦趋地追随亚里士多德的分

析。现在，我们不得不在我们时代的历史背景内来决定，一种运用努斯的阐释在何处必须离开亚里士多德的分析。

运用努斯经验的洞见消解了由原初宇宙经验产生的实在形象（Realitätsbild）。祛神圣化的世界取代了充满诸神的宇宙，相应地，神圣集中到了超越世界的存在根基上。在运用努斯之后的悬置中，"内在"和"超越"是空间隐喻的指示关系词，归于已经相应地成为了时空中的事物世界的实在领域。正如我们看到的，亚里士多德充分理解，作为运用努斯经验的一个后果，实在的形象从宇宙的形象中被重新构造，成为了"世界"这个概念，即使较老的概念依然以天神（*phanera*）和地球中心的宇宙这样的形式滞留着。但先辈信念在宇宙论上的残余并非是亚里士多德式哲学工作之进一步发展的大障碍。在他所建立的哲学学校"逍遥舍"（Peripatos，在希腊语中的意思是来回踱步或王室成员或名人在民众中露面散步），自然科学特别成功地获得了追捧，而且，在他的学校，亚里士多德的地球中心说也不排斥日心说。廊下派教条地持有地心说，抵制逍遥学派采取日心说的自由，这似乎导致阿黎斯塔苛（Aristarchus）之后的日心说研究停滞不前。相反，我们可以发现，这种阻碍是由于亚里士多德所留下的著作论述关于努斯的那部分尚未完成，而紧接其后主持学院的人也缺乏兴趣，使得问题一直悬而未决。这是因为，重构实在形象需要哲学词汇，才能用最高程度的精确性表达出存在结构的新真理。如果想按照亚里士多德所意愿的那样，一般而言"存在"依然是描述实在的术语，为了指示出各不相同的存在模式，也许就需要有更分殊化的词汇。因为，很显然，时间和空间中的物类实存是一种存在模式，不同于超越时空的神圣存在的模式。反过来，后者是不同于意识的非客体性实在的模式，因为存在着我们这里所分析到的一些张力和诸多维度。然而，不能够发展出此类词汇，可能还是由于亚里士多德仍然太靠近神话，乃至他并不觉得受到自身分析中的技术缺陷的限制。

亚里士多德所使用词汇的缺陷，是导致亚里士多德之后的哲学被引向教条式形而上学方向的一个因素。这一发展的特别转折点是 *ousia* 的符号论。[①]

在原初宇宙经验中，没有关于存在及其模式的术语。所有事物都被直呼其名：天与地、诸神与人、国家与统治者。在某种方式上，他们全都是"实"和"真"的，不能够再进一步详细说明。他们全都如其所是，但在同时，又都是共实质的，因为只有如此，他们才互相处于创生关系之中，而这些关系反过来表达于有关他们的创生的神话叙事中。对亚里士多德来说，这一背景是如此生动，以致于他只用一个词 *ousia* 就足以用来指所有的存在模式；他的目光总是经过 *ousiai* 穿越到原初经验的"事物"。"一直在被问并且今天也在被问的问题，始终困扰人的问题'什么是存在'，最终归结到：'什么是 *ousia*？'"（1028b2 - 4）。在这个句子中，按常规把 *ousia* 翻译成"实质"，并不合理，因为那样的话只能导致时代倒错地卷入后来的教条形而上学的问题。*Ousia* 涉及到在原初经验中遭遇的"事物"中无法质疑的、不证自明的和令人悦服的实在。如果你想在亚里士多德的语言中为 *ousia* 寻找一个说明性的同义词，最接近的也许是有着实在和真理双重意义的阿莱希亚（*aletheia*）。每一个让人确信是真实的事物，在亚里士多德看来就可以归入 *ousia* 条目下。形式和质料是 *ousia*，由形式和质料构成的事物也是 *ousia*。进一步，就人的形

---

① "Ousia"的象征并非是亚里士多德之后对"形而上学"进行"偏离"（parekbasis）的唯一切入点。在以"形而上学"为总标题的文学语库中，其语言反映了一系列并非总是显而易见的经验契机（Erfahrungsanslässen），而这些经验契机又相应地提供了多种多样的教条主义化的机会。关于与亚里士多德相关的教条主义，参考 Philip Merlan, *From Platonism to Neoplatonism*, The Hague 1960。

式（eidos）而言，灵魂，或至少是其运用努斯的部分，是 ousia。再进一步，政体是另一真实的形式（eidos），即城邦的形式——在政治科学中，这种国家形式（Staatsformenlehre）的教条所带来灾难后果，在今天仍旧继续困扰着我们。最后，神性努斯，第一推动者，也具有 ousia 地位。

显然，当 ousia 一词在与原初经验的实在的关系上丧失了透明性，就必然出现荒谬怪异的误解。运用努斯经验把宇宙拆解为世界和根基，在这样的经验之压力下，亚里士多德所称为 ousia 的"事物"就根据这个世界中事物，即在时空中由形式和质料组成的事物的模型被客体化。随着透明性消失，以及 ousiai 成为思辨的客体，由此在教条主义者当中出现了长达千年的争议——涉及灵魂之存在、存在之前和存在之后，涉及上帝的存在及其证明，涉及世界在时间中的有限性或无限性，诸如此类。当启蒙运动和实证主义的批判最终把神学和形而上学的教条主义从知识话语中挪去时，对问题进行的错误方向的处理并没有被正确的处理所取代，而是在错误理解中把整个被错误理解的实在都一股脑地丢弃了。世界-内在的存在模式就成了仍旧承载存在和 ousia 之名的唯一存在模式。然而，正是在这一点上，源于对亚里士多德的诸般符号的误解而产生出的荒诞怪异才进入了这样一个阶段：将人在历史过程中所致力获得的真理当成为最终的真理，将实在直接拒绝了。这一过程典型的后果就是，出现了诸如"历史的终结"和"孤立的存在"（punkuelle Existenz）这样的符号。在这类符号中，脱离实在的经验都在竞相表达。在意识形态的时代中，众所周知，否认实在会产生怎样的可怕后果。

我已经使用了"荒诞怪异"（grotesque）这个术语。这个术语可谓是可圈可点。因为，自 19 世纪以来，"荒诞怪异"已经成为

302

一种文学形式，最适合用来表达语言和实在相分离而导致的现象。这一文体的伟大实验者和大师是福楼拜。在他的《圣安东尼的诱惑》(*Tentation de Saint Antoine*)，他捕捉到了精神层面上的知性退化；在《布瓦尔和白居谢》(*Bouvard et Pecuchet*)里，他在小资产阶级陈词滥调闹剧的庸俗层面中捕捉到类似的现象，正是此类现象侵入中产阶级的氛围中，才使得希特勒那样的人掌握权力。如果有人愿意全面研究从腐败衰落逐渐增长到大灾难的过程，你只需对比福楼拜的《往昔观念词典》(*Dictionnaire des idées reçues*)与卡尔·克劳斯的《第三五朔节之夜》(*Dritte Walpurgisnacht*)的片段(克劳斯在这部作品中用戈培尔陈词滥调的语言勾勒出了戈培尔的形象)即可。福楼拜把我们引入一个阶段，在那里，语言尚处于失去其对实在进行把握的过程中，并开始了其自身作为陈词滥调的生涯。而在克劳斯的作品中，该过程则上升到了一定阶段，在其中，陈词滥调坚持变成为实在；但是，既然实在不能产生自非实在，所产生的当然就只是血腥的荒诞怪异。[2] 在近来，尝试用荒诞怪异来刻画国家社会主义的诸多作品中，我愿意谈论多德勒(Doderer)的《墨洛温家族》(*Die Merowinger*)和傅瑞希(Frisch)的《比得曼和纵火犯》(*Biedermann und die Brandstifter*)这两部作品。傅瑞希在《比得曼和纵火犯》的前言中提供了一个对于荒诞怪异的问题的定义："正因为瞎扯(Blödsinn)确实发生了，它才永远不值得被称之为命运。"多德勒与傅瑞斯有着同样的意图，在《墨洛温家族》中也使用"瞎扯"一词。[3] 伴随丧失实在的一个结果，人的行动变

[2] Gustave Flaubert, *Le Dictionnaire des Idées Recues* (Oeuvres, t. II, Pléiade). Karl Kraus, *Die dritte Walpurgisnacht*, München 1955, S. 41 ff.

[3] Max Frisch, *Biedermann und die Brandstifter*, Frankfurt 1958, S. 9. Heimito v. Doderer, *Die Merowinger*, München 1962, S. 363.

成了这样的现象：人们不再根据诸如"命运"这样仍旧具有实在
内容的范畴来理解它。事实上，甚至"行动"一词也丢失了标记，
因为古典伦理学意义上的行动是在面向根基的存在张力中找到
定向，而缺乏这种定向的行动变成是"非行动"。诸如"激进""决
断""恐怖"和"行为"这些符号在社会上开始出现端倪，则是一种
症状，表明了对于缺乏实在的世界-内在行为而言，需要寻找到
适当的表达，就像这种经验以主动和被动的形式表明自身一样。
政治事件退化到非历史的"无意义"，就此而言，它们确实不再需
要通过发源于在意识及其阐释中的秩序中心的那些符号来解
释。为了恰当地描述"实在的丧失"这样的灵性病理现象，需要
有新的术语——可选的一个相对立但不精确的术语是"无意
义"。

要防止努斯的阐释被教条化和误解为有关事物的命题，是
不可能的；但有可能的是，去进一步区分由 ousia 的符号所紧凑
地代表的关系复合体，从而这种分析尽可能作为几个支撑点来
抵消教条化的倾向。因此，让我们尝试在分殊化的过程上走得
更远。

请回顾亚里士多德的陈述，即"什么是存在？"转变为"什么
是 ousia？"，也同时回顾我的评论，即 ousia 涉及原初经验中遭遇
的"事物"中不证自明的和令人信服的实在。让我们接着讨论
"实在"并确定这一术语应该涵盖的范围。实在(a)不是人所遇
见的一个事物，而是综合实在，在其中，人通过在参与其中，他自
身是真实的；真实的(b)是可以在综合实在中得到辨析的"事
物"——诸神、人，等等；以及真实的(c)是在综合实在之内事物
相互之间的参与。再进一步，对人来说——如果我们此刻先把
身体的存在撇在一边——参与呈现为意识的形式；因此，我们可
以把意识说成是人类参与的感觉中枢。从意识的经验、回忆、幻

304

象和符号化,诸多有关实在的形象(Realitätsbild)被复合而成。
在这样的实在形象中,参与的界标(*termini*)——即上帝和世界
的实在、其他人群的实在、具体参与之人的实在——都找到各自
的地方。在各种参与经验中,努斯的经验最终占据特殊的地位,
这是因为,它对于面向根基的张力的阐明,不仅是作为意识的结
构,也是作为神圣根基自身之外的所有实在的根本张力。结果,
实在的神话概念,由于需要把宇宙内在的事物当作终极根基,就
必须被转变为哲学化的存在秩序的概念。

让我们逐个来讨论由此而产生出的问题。

为了与先前段落的术语保持一致,我们可以以如下的句子
来阐述:在综合实在中,一个被称为人的实在,在经验和比喻
中,通过被称为"意识"的参与的实在,同参与的称作诸实在的界
标关联在了一起。在这一句中,我们此前批评的亚里士多德的
ousia 概念的含混性表现为回归到"实在"的含混性。这不单是
表象——确实如此回归。接下来要问,我们由此获得了什么?
你可以回答说,这个句子通过区分理清了一点,即,生存论的分
析只有通过一种意义含混的符号才能表达该分析过程的确定阶
段。符号必定是含混的,因为,把它限制在或这种或那种不含混
的意义上的每一种企图,会摧毁哲人对实在结构的洞见,而且,

305 这种洞见是在实在之内通过参与分析过程而获得的。假如他想
通过实在之外的某个立场把实在变成一个知识客体,这种洞见
就会失去。对实在的洞见是来自参与实在的人的视界。然而,
"视界"一词必然不是在主观主义意义上来理解的,那必然是误
解的,因为不存在视界的多样性,只有一种视界,那就是由人在
实在中的位置所决定的视界。作为意识之实在的洞见,决定了
洞见的内容乃是人之参与的实在,乃是对参与的界标,和综合实
在。故此,在真实的意义上,运用努斯的阐释到达于此,在那里,

努斯的阐释对于实在的洞见只能通过符号得到充分的表达，该符号含混地指涉实在之所有维度和层面。而在这个实在中，努斯阐释在真实的意义上运行其中，从所运用的视界获得其洞见。因为含混性是运用努斯的洞见的必要条件，而不是草率语言的结果，而对于符号，尽管在语言上也有含混性，但是在努斯的意义上是不含混的。这种不含混是就其作为语言符号，阐释的实在通过它唤起符号，并让自身变得透明。作为阐释阶段的一种表达，符号并不指涉符号自身之外的实在；它本身就是实在。因此，亚里士多德的 *ousia* 这一符号并非因其自身的含混性而有可指摘处，因为事实上，含混性是亚里士多德在他对问题作运用努斯的分析时自我确信的明证。符号只有在以下情况下才是可指摘：符号倾向于（a）把实在限制在参与的界标上，并且（b）在这一限定的意义上，倾向于暗示：以存在于时间和空间的事物的存在模式作为实在模式的代表。这种倾向最终导致经验背景的丧失，而该经验背景（a）使得语言上的含混在努斯上变得明确，并且（b）彻底决定了视界上含混性的内容。

显然，这一在语言上和运用努斯上相交织复合的情形会导致一系列的误解。因此，较为明智的是，我们先行澄清在历史上和实践上都堪称最重要的两大误解。

（1）当我们把哲学的存在概念与神话的实在概念进行对比，显而易见，我们并不是要说实在已经改变，而只是说，我们关于实在的概念已经改变。在此表述的语境中，"实在"成为一种给定的常项，而对其结构的辨析，爱智慧者做的比爱神话者做的"更清楚"。此观念有个坚实的内核，这么说是因为，在紧凑的宇宙论经验和分殊的努斯经验之间，确实有分殊的真理；而正是在与这种分殊真理的关系中，实在才显得是常项。然而，如果我们从字面上把实在概念看作是"形象"而忘却这样的"形象"是帮助人表达相应的参与经验的符号论,此观念就产生了误解。这些形象并非对于实在的不同程度的正确代表,仿佛实在是独立于参与经验的数据;实际上,这些形象是这些经验不同程度上的恰当表达。然而,参与本身是实在,对于意识的历史维度而言,两种实在概念之间的真理的分化性则是内在性的。忽视意识的实在将带来以下后果:(a)对参与性知识的界标转变成独立于参与的数据;(b)实在的概念及其诸实在概念之间的真理分殊化转变为世界时间中的事件(然后就太适合用作各色哲学史的内容);(c)参与之人转变为超越参与的知识主体(于是乎就能欣喜地从神学推进到形而上学,又推进到实证科学)。当符号从创造它们用来阐释的经验中脱离时,它们就变成了上述错误意义上的形象。结果,就出现了哲学的次级现象,举例而言,诸如操纵利用努斯的符号,仿佛它们是种种命题,被我们称之为形而上学的实践;在 16 世纪出现的对永恒真理的哲学发现或常青哲学(*phlosophia perennis*);以及关于它们形象之正确性的在"诸多主义"之争。

（2）在与意识之真理分化的关系上,实在是恒常的。意识是人所参与的实在,该实在的特点是经验的"呈现",让较低程度真理的阶段留下,归于过去。故此,实在不是恒常不变的。所以,正如实在的可变性——我们称之为历史——会因为实在的恒常而被遗忘,实在的恒常性也会因为其被经验到的可变性而被遗忘。这种分殊化的经验,要么是运用努斯的,要么是灵性的,可能如此强烈,以至于经受该经验的个人感觉被转变成一个新人。来自这种经验所导致的关于此世新的形象可能被人误解为新世界;变形过程自身则转变为关于实在的结构性资料,能够推算出将来。在这种突变中,参与实在所经验到的可变性转为变由参与的诸界标所构成的可变实在的各种形象,我们由此发

307

现了变形信仰现象的各种根源：世俗时代中的无限进步这一渐进主义的观念；出于神圣的干预，旧世界的大灾难和其变为新世界的末世天启异象；由人的行动所操纵的变形的各种革命观念，等等。但是，既然实在确实保持恒常，尽管在参与的领域内有其可变性，但变形的迸发之后紧相随的，则是幻灭：因变形的信条而来的社会的萎缩和僵死；从变形的狂欢回到日常生活的必需中；信徒们从固执不变的世界退缩到地下的小宗派主义；以赛亚的"余民"；超脱于腐败世界之忙碌的虔敬主义社群的萌芽；对基督再来失望的期待；与世界的妥协；旨在征服世界和改造世界的革命冲力衰退到共存的层面，如此等等。

意识的实在不是无意识，而是通过有着不同启明度的表现意象与实在相关联，要么联系于其自身的参与之实在中，要么联系于参与之诸界标。因此，概念和形象本身都是实在，都是意识的实在，而不是那种在知性上相联系的实在。意识始终是对某事物的意识。假如意识不是通过形象联系于实在的过程，那么也就无法产生出被误解的形象，或意向上错误的形象。在此，我们触及了所有客体化现象的起源，那就是在内在于意识的面向客体的意向性（Gegenstandsförmlichkeit）之中的。

这一问题产生于运用努斯的经验及其表达的开端处。参与中意识的特点是以面向客体的意向性为标志，这一特点早已成为公元前 500 年左右的那代哲人的中心议题。巴门尼德把思（noein）等同于存在（einai）（B3）。赫拉克利特赋予逻各斯（logos）一词双重意义，同时用来解释话语和被解释的实在（B1）。存在-思-符号的三而合一是一个自我认同的实在，与此同时又内在地区分为存在、存在之思，以及存在与思的共同表达。运用努斯的意识是启明性的，在这样的启明中，有关实在的

308

思找到了它的语言，并且又在这种语言表达中将自身与实在相联系。就面向他的根基的张力而言，新经验到这种张力之人的热情，在这种作为无法抗拒的"所是！"(*esti*)中被点燃，然而却把那本应该被区分开来的东西混合在了一起——最值得注意的就是参与实在和它的界标的实在之间的界限。可是，巴门尼德的这一丰富性，恰恰同样也是亚里士多德对努斯进行处理的特点，尽管柏拉图在区分爱欲张力时早就使其得到了进一步的深入。正是在亚里士多德那里，我们才找到这样的陈述："思(*nous*)通过参与，在思的客体(*noeton*)中思(*noei*)自身；因为它(即思[*nous*])通过被触动(*thigganon*)和思(*noon*)成为思的客体，故此思和被思的是同一的。为此，那能够接受思之客体——即实在(*ousia*)——的，就是思(*nous*)。"(《形而上学》1072b19 - 22)确实，在巴门尼德那里，生存张力已经是有所分化的实在，就像在亚里士多德那里所表达的一样。巴门尼德在其诗歌开端处描述的从黑夜面向光明的旅程，以及欲望和被引导之间的张力，准确地对应于亚里士多德在《形而上学》卷一、卷二中的生存论分析。可是，亚里士多德的求知意志如此活跃，以至于让意识处于这样的危险之中：把根基的实在拖入到意识自身——而根基的实在仅仅是意识通过参与以及由此而来的客体化距离而与之相联系。形象与实在之间的界限变得模糊。亚里士多德确实通过人身上的神圣部分而将他参与神圣的概念提升到这一程度：参与的活动(*energeia*)——对于人而言，因人在时间中束缚于身体的存在，只在很稀有的时刻才能获得至高的喜悦——是在上帝的实在之中的永恒的极乐。毫不意外的是，我们在黑格尔之灵知-辩证法的思辨中，找到来自亚里士多德的这一段落，作为《哲学全书》的宏大结局。因此，古典哲学的努斯之思对意识的意向性进行主题化的缘由，与此同时也是以下情况的缘由：建构一个形象，这一形象对于神圣根基的实在所言说的，已经超出了生存张力阐释所能允许的范围。

　　如果人的参与是自动的，在意识中产生出正确的关于实在的形象并且仅限于此，面向客体的意识的意向性就不会自身引发出错误的关于实在的形象。然而，当意识设计其实在形象时，它有一自由维度。在此维度中，诸如神话诗歌的自由、艺术创作、灵知式和炼金术式的思辨、自由小资产阶级的私人世界观，以及意识形态体系的构造，所有这些各不相同的现象才得以被人所发现。在这一系列广泛的问题中，我们此处仅关注实在的形式和内容相分离的可能性，因为正是在这种分离中，"实在的丧失"这一现象才会产生。

　　从对于无知的知性焦虑，经过欲求的知识和求知的追问，一个人能前行到有关他面向根基的生存张力的最佳意识，并由此开始对他的意识之结构的理解。不过，人还依然是自由的，他可以带着恰如其分的兴趣委身于这样的努力，满足于得到片面性的结果，也可以认虚假为真理，或者完全拒绝卷入其中，甚至对此进行抵抗，但也并非如此就不再是一个参与着的人，或不被赋予意识。确实存在有逍遥懒散之人，比如，多德勒在他《墨洛温家族》所描述的小资产阶级夫妇："他们属于没有历史的无忧无虑的群众，被赋予了天生的无神论者的福祉，其行为并不必然地是不虔诚的那类人的行为，而且，最通常的情形是，他们还上教堂。"[④]他们也是人，他们有意识；他们勾画实在的形象——即使这些形象和他们的创作者一样懒散。人的意识——让我们明确地确立这点——是以参与以及合理（ratio）的结构形式掌握实

---

④ Doderer, *Merowinger*, S. 353.

在,即使在生存张力较低,相应的意识实在内容也有限的时候。在此语境,我们用"实在"一词意指先前勾勒的、由人在实在中所处的位置所决定的视界。这一视界是形象所意向的实在的一种

310 形式,而且,这种形式不论其实在的内容是丰富还是浅薄,不论是笼统不明还是清晰区分,也不论它是来自人所经验到的对根基的反抗,还是来自本能生命的低级意愿,都是如此。无论何时,只要求知欲足够强烈到去阐述相对综合的实在形象,就会有实在的视界形式充填进来。

事实上,实在的形象和形式之间的关系确实存在,正如在有些情形中已经含蓄建立的,而在那些情形中,比较是不可避免的。此类情形有时也会成为烦恼,比如说,当基督徒发现,在异教中也有可以和他们自己信仰和崇拜的真理相比肩的类似东西。在其他情形中,这些发现也是令某些人愉快的,比如,库姆兰(Qumran)文本的世俗主义解释者认为,借着一个更早出现的"公义教师"这一形象,基督的重要性就减弱了。在另一些时候,比如,当惊人相似的形象出现在不同的文明领域时,这些比较就涉及到深邃广博的文化传播机制。有时,心理学上的敏锐也发挥着作用,而将这些平行现象通过集体无意识的原型来解释。

借助这些例子我们可以判断,这一洞见——这些形象的设计意向着实在的形式——对于科学研究的过程也并非不具有重要性,因为这将消除惊奇的因素并使得对这些平行现象的某些理论说明变得多余。并且,这一洞见为研究这些形象的规划提供了一般的规则,也就是,对实在的形象的探究,例如,对于所意向的实在形式,必须用面向它们的眼目来检验这些实在的形式;一旦所意向的实在形式的主要模式已经变得清楚,那么,人们就必须探究实在的内容,而且是对充斥到实在形式的不同部分都需要进行探究。将自身作为各种系统呈现出的实在的诸多概

念,我们也需要查验,因为思想上的各种诡计会算计将实在的非体系形式封闭到体系中。人们必须特别警觉某个体系的拥护者的主张,即认为对他们的前提的接受承认是理解他们的体系的必要条件。事实上,体系只能通过"从外而来"解释才能得到理解,比如,解释必须以所意向的实在形式作为出发点。另一方面,当对宇宙论社会进行探究,处理它通过神话所表达的紧凑的实在经验史,在我们能够就相应社会的实在形象产生相对正确的观念之前,必须仔细收集整理这些神话,因为单个神话只不过是整体的一片碎片。

311

最后,这一洞见也使得更精确地刻画"实在的丧失"这一问题变得可能:除了我们所经验到的实在之外,再无其他实在。当一个人拒绝活在面向根基的生存张力中时,或者,假如他抵抗这根基,拒绝参与到实在中,并以此来经验他自身作为人的实在,那么,"世界"并不因此而被改变;相反,正是这个人失去了与实在的接触,就他自身的人格而言,则遭受了实在内容的丧失。然而,考虑到,他并不能停止为人;而由于他的意识继续想要一个实在形式,他将产生替代的实在形象,旨在获得他在世界的生存和行动的秩序和方向。结果,他活在"次级实在"中,这一现象是自穆西尔(Musil)的《没有个性的人》起开始这样称谓的。替代之诸形象可以从各不相同的资源来汲取它们的实在内容,其中最重要的是财富、权力或性的贪欲,以及傲慢(*superbia vitae*)——把自律的自我放置在存在根基的位置上。实在的丧失导致相应的个人生存秩序中灵性病理性的混乱,而一旦次级实在中的生活在社会上变得占据主导地位,接着就是社会秩序的大动荡,对此,我们太熟悉了。

在我们时代中,实在的丧失不仅将自身显明在挑衅的革命、嘈杂的宣传、血腥的死刑、自满的愉悦或麻木不仁中。人们也如此经验到和遭受到这些。然而，随着从影子的生活中知晓到苦难，折返入深渊，即 *periagoge*（转向），得以抵达，自洞穴面向光明的上升才能够开始。我们时代的特征，不仅是实在的丧失的种种极端，而且还有用生存张力的实在重新去填充实在的形式的种种努力。这场运动的种种迹象——不仅仅是迹象——是这样一些洞见，它们透察次级实在的本质，透察到我们时代的荒诞古怪和无意义，透察到种种体系的缺陷和知识骗局，透察到遗弃实在之象的替代性特征，透察到它们都源起于拒绝去统觉实在。

312　让我们增添一个加缪的例子作为参考，他的作品是我们时代存在性宣泄的典范。《西西弗神话》（*Mythe de Sisyphe*，1942 年）依然被生存之荒诞经验所笼罩，这种经验接近于陀思妥耶夫斯基对革命者心理的剖析。自杀似乎是对荒诞唯一可能的反应。在《反抗者》（*L'Homme Révolté*，1951 年）中，加缪把握到上升的第二阶段，就像他承认的那样，有关生存意义的不确定性是人不得不作为生存负担所承担的，而随着他摆脱教条化的替代实在——不论是神学的、形而上学的，还是意识形态的变种——他力求去保持张力。此沉思性推进的第三阶段，那是他希望据以获得创造的自由的阶段——"《反抗者》之后，自由创造"[5]——因他过早去世而中断。不过，这句话揭示出他所面向的目标。在他关于反抗的作品的结论部分，他用沉思性的语言清晰地阐明了反抗的特点，而在这样清晰的阐明下，反抗崩溃了：反抗中的人因为不能处理他生活的秩序，因此用未来之梦取代了当下的生活。这些人"绝望于个人自由并梦想着陌生的种群自由；他们拒斥孤独的死亡，把不朽之名给予规模庞大的集体性痛苦。他们不再相信世上存在的和活人身上存在的一切；欧洲的秘密就

---

⑤ Albert Camus，*Carnets* II，Paris 1964，S. 324.

在于，它不再热爱生活"。活在此时此地、面向根基之张力中的人的位置，被一个没有当下的自我占据了，在正义和政治的借口下，傲慢到宣称自身对其同伴人类的生死拥有权柄。"因为没有更好的事情可做，他们就神化了自身，而他们的厄运也开始了；这些神剜掉了自己的眼睛。"治疗的愿景：反抗已经到达"思想的正午"——人们否认自己有权成为神，因此放弃杀害人的无限权柄。新的伦理规则，而且是"今天唯一全新的规则：学习生和死，为了成为一个人，要拒绝成为神"。⑥ 换句话说，那件从萨德侯爵到黑格尔到尼采的欧洲知识分子最魂牵梦萦的事——谋杀上帝（这在逻辑上导致谋杀人），也就被颠倒了。

大约在同一时期，在加缪《记事本》（*Carnets*）的一则笔记中，他明确表示，他的自我分析早就超越了《反抗者》的公式："不是道德，而是圆满。除了爱的圆满，别无圆满，这意味着自我弃绝，向着世界死。走向终点。抵达失望。在爱中消解自身。因此，是爱的力量将去创造，而不是自我的力量将创造。要失去自我。要肢解自我。要在真理的圆满和激情中消除自身。"⑦要接纳这一通过爱获得的新洞见所带来的理论结果，是需要勇气的，而要找到这样的勇气，似乎一直是更为困难的——对于任何明白知识恐怖氛围的人来说，这一点可以理解。让我引用《反抗者》中的一段话："对反抗的分析至少导致这样的疑虑，即有一种人的自然就像希腊人相信的那样，而它是与当代思想的假定相背的。"⑧如果你们不把此句话中的"人的自然"的意思理解为有关人之本质的片段信息，就像哲学教科书上通常所介绍的那样，而是将之解释为一种主动的生活，一种由面向神圣根基的爱的

313

---

⑥ Albert Camus, *L'Homme Révolté*, Paris 1951, S. 376 ff.

⑦ Camus, *Carnets* II, S. 309 ff.

⑧ Camus, *Carnets* II, S. 309 ff.

张力所定秩的生活,而自律的自我则在这种张力中消解,那么,你们就应该处在了恰当地理解加缪所前进方向的位置。值得注意的是,年轻人那么好地理解了加缪,把他当作生存分析的模范和向导。对于与这个时代格格不入的每个人,若要寻求重新获得人的实在,就必须肩负起这样的分析。我曾有机会在不止一所美国的大学里观察到,对许多学生来说,模仿加缪的沉思成了一条通往净化的道路。他们感到,根据他们各自相应的背景,这种做法使他们摆脱了左翼意识形态、新托马斯主义或存在主义神学所施加的知识压力。加缪著作的影响力似乎就来自他所致力于的残酷性——通过净化自身的替代性实在而达到纯粹。

这种分析可以把古典的努斯能力作为出发点,并沿着这条路抵达:(a)三个维度,即我们所称的理(ratio),(b)意识的启明性,和(c)历史的真理分化。不过,在这里一点上,我们的分析必须要超越亚里士多德,为的是处理以下额外的问题:(d)实在的视界性,和(e)面向实在的意向性,以及(f)被意识所意向的实在形式。这里意识分析的两个各自分离的阶段成为必要的,因为运用努斯处境的历史转型已经从古代转变到现代。古典的努斯能力力求把意识作为人的秩序中心,以相对于原初的宇宙经验及其紧凑的神话符号论而分化开来。现代的努斯能力则致力于重建意识,反对空无实在的教条主义。两种努力是意识在历史连续体中的不同阶段,这是就以下两点而言:(1)古典努斯能力处于未完成状态,这未完成状态为我们今天所反对的那种后古典教条主义的发展提供了出发点;(2)我们只有通过再次拿起古典的努斯能力来试图解决它留下的未解决问题,才能摆脱教条主义的悲苦。让我们随后就来确定这一未解决的问题,当然,这问题向我们的显现,乃是随着我们自身的努力被引向一个结束之际。

古典运用努斯的尝试，就本质上而言是成功的，但并没有按其自身开端所要求的那样穿行到应抵达的目标。运用努斯的经验导致原初经验的充满诸神的宇宙分裂为袪神圣化的世界和存在的神圣根基。在同一过程期间，并且因着这过程，人的意识还是被视为经验的实在及其实在之概念和形象的源泉。运用努斯经验的洞见因此立即涵盖实在的两个领域，即意识领域和努斯参与的界标领域。这两个领域可以以此相互区别开来，但又在运用努斯经验的实在中结合在实在视界性的这一个真理之中。困难来自于"立即"。这是因为，一方面若没有获得对于参与的界标及诸界标彼此关系的洞见——这些洞见导致实在的神话之象（Mythenbild）转变成存在的哲学之象（Seinsbild），根基的意识就不能达到透入其逻各斯的洞见的最佳明晰性。另一方面，存在有这样一个危险，即有关界标的新真理会转变成一些"命题"，这些关于实在的命题想当然地认为运用努斯的经验视界是独立的。这些命题反过来会诱发替代性的主张，这些主张都涉及假设同样一个实在，但它们却不是由运用努斯的经验所激发出来的。然而，如果有关运用努斯的参与知识的界标（即有关人、人之神性根基、世界等）的命题变得脱离于运用努斯经验的实在的视界性，这些命题就不仅仅变成有关界标的伪命题，而且会同时摧毁意识的生存张力，以及人的秩序中心。实在的丧失和精神无序的现象是此类发展的后果。在古典的努斯能力中，尽管还处于日渐脱离神话的过程中，实在的视界性真理是如此不证自明，乃至这里所勾勒的问题并不成为主题。有关努斯和 *ousia* 的思辨提供了切入后古典教条主义的出发点，这并非因为这些思辨将自身远离努斯经验从而丧失了实在，而是因为对知识欲望的分析直接发展成为人的知识和神圣根基本身的知识。参与和

315

参与的界标这两个实在领域没有被恰当地区别开来,其相互关系也没有得到适当厘清。故此,只是因为作为人之定秩实在的经验本身并没有成为中心主题,就有可能忘记这些处在哲学符号背后的努斯经验,而哲学符号正是这些经验为了获得表达而产生的,而这些符号则在完全不同的实在内容中,被用来作为思想游戏的工具。所以,我们义不容辞的责任就是要在恰当的时候确保实在和经验的功能,我们的方法就是去厘清在参与的界标和经验自身相互关联的符号论之间的关系。

III. 语言指示符号和类型-概念

意识是实在,但它不是在理解实在中那种原初宇宙论经验所区分出的诸多实在之一。意识是参与的经验,具体而言,是一个人参与他存在根基的经验。在努斯经验的最理想的启明中,意识因此就是对原初经验的事物之间的一种关系的知识;它是有关秩序的知识,从起源的意义上看,是关于实在的。可是,通过努斯获得原初经验事物之间的关系的知识,在种类上不同于那种我们"从外面"来把握其相互关系的客观性呈现的事物的知识,即那种"从外部"运用感官知觉的数据来分析其相互关系的自然科学的方式。相反,这种知识关乎的是"从内部"对该关系的经验。这种关系乃是经由生活在其中的实在而被人所经验到的。然而,既然"事物"——在此处是人——因生活其间依然保持他们的所是,活在还属于事物自身的客观实在的关系之内。但还不仅如此:既然此关系是对存在之根基的参与,而这一根基就其能通过人的参与其中而被经验到而言,延伸到了人的实在之中。当我们在此关系中沉思性地运动并在其间借助语言表达我们的运动,我们还涉及相互参与的其他诸多实在,并且我们也表达出我们所获得的对这些实在的洞见。参与的知识因此成为有关人及其根基的知识。

就我们的目的来说，已经没有必要继续这一沉思。目前为止，所说的应足以澄清先前使用的**非客体化实在**一词的意思。尽管我们由于意识的意向性而不得不用"客体"这个术语，但所用的语言术语并不具有指涉事物的概念或定义的特征。在参与的实在领域的运动之外，它们毫无意义。为了避免误解，我们最好称它们为沉思性运动的语言指示符号。在我们分析中所使用到的术语：根基的意识、向根基敞开、面向根基的生存张力、张力两极、参与、参与的界标、"从内部"、"从外面"、实在、实在的视界性，等等，都是这类语言指示符号的例子。这类指示符号还包括这样一些术语，它们在粗俗知识分子的讨论中作为"概念"起着关键作用。因此，例如，内在的世界或超越的存在都不是作为一个实体"存在"。相反，**内在**和**超越**这样的术语是我们指派给原初经验中实在领域的指示符号，因为努斯经验将宇宙分解成存在着的事物和它们的存在的神圣根基。这两个指示符号在沉思性运动中变得具有关联；它们不是指那些其"存在"能够被争论的"事物"，而是指实在的神圣和非神圣领域之间的一种关联秩序（Ordnungsrelation），这一实在，根据努斯的经验被确认为"真理"。进而，人一词也属于这类指示符号，其含义是，我们用人一词来指面向根基的生存张力之内在一极。就此而言，根本就不存在把人作为世界-内在的存在者来"正确"理解的"哲学人类学"。因为"哲学"本身是面向根基的沉思性运动中的一个语言指示符号，所以，要从哲学上谈论人，就意味着把人当作一个实在来理解，而该实在在参与中超越地面向根基。我们有"实在的废弃"和"异化"的经验，但对于一个缺乏关于实在形式的超越意识的人而言，我们根本没有经验。把人建构为一种非超越性

317

的、世界-内在的存在者的哲学人类学,因此就属于教条化的脱轨这一类,由此造出种种"次级实在"。

努斯能力的符号是参与运动的语言指示符号。它们的原初功能是要启明这一运动本身,但它们除非同时能够表达出对于参与性实在的洞见,否则就不能启明此运动。这里,运动发生在"间际"领域,即柏拉图的 metaxy,这不是一个在内在性和超越性客体之间空洞的空间,而是这样一个领域,在那里,神圣的实在和人类的实在在相互参与中交遇。与原初宇宙经验构成对比的是,通过分殊,运用努斯的经验把面向存在根基的张力变得具有意识,因此揭示出努斯经验是一切关于秩序源泉之求索的核心。考虑到这一点,运用努斯得到的洞见的特点应该如下:运用努斯的经验并没有产生一种先前未知的关于实在的知识,而只是使得对先前仅仅紧凑地经验到的实在产生出分化性的洞见成为可能。并且,这一新的洞见并没有在量上增加关于这些客体的知识,这些客体在其自身中是保持不变的,而只是引入了知识模式上的改变。最后,这一转变源自参与的实在领域的变化。由努斯能力提供的有关上帝、人和世界的实在的洞见来自参与之流中的一个事件;这些洞见并不能被造就成独立于此事件的一个"真理"。而该事件,就是参与对于自身的日益呈现出的可理解性,这是存在历史中的事件,通过这一事件,参与的逻各斯获得了意识的启明。

318　　运用努斯的洞见的这一特征还可以得出如下推论:

(1)运用努斯的经验带来了知识模式上的变化,就如以下两点所言:(a)它使得我们称之为理(ratio)的意识结构变得透明,(b)并因此为参与界标(也就是人和存在的神圣根基)的正确符号化提供了合理准则。与非努斯的参与真理相对照,努斯真理有着合理和科学的特点。这一陈述并不意味着开启有关什么是科学的辩论，也不是要引向一场讨论，辩论关于努斯的指示符号是否有资格去声称冠以科学的名头。相反，这一陈述只是确立了一个历史事实，即，柏拉图-亚里士多德式的努斯能力已经发展出"科学"（*episteme*）和"理论"（*theoria*）这样的指示符号，以表达他们的知识模式的特点，并以此区别于被标明为信念和意见（*doxai*）的非努斯的知识模式。科学的地位并不取决于一种神秘的先在定义，而是说，在历史进程中，科学发现自身是关于实在结构的知识，此时，意识及其理（*ratio*）达到了自我启明。特别令人感兴趣的是，"世界"也是意识的"指示符号"，并且，运用努斯的能力率先为科学研究开启了世界的自主结构，因为它批判性地挪走了为真理做担保的神话的、启示的和意识形态的内容。已经基本上彻底摆脱此类担保物的现代自然科学，之所以是科学，并非因为我们依其规范的力量而承认其为科学，而是因为它所采用的研究世界之结构的方法是与努斯能力之理（*ratio*）是相容的。不过，测度和被测者之间的这种关系——根据这种关系，一项事业的科学地位必须以其和努斯之理的关系而得以评价——反之则并不成立。故此，举例来说，流行的假设——数学化的自然科学是科学的最卓越的样板，不运用此方法的活动则被认为不具有科学特征——就既不是自然科学的命题，也不是任何科学的命题，而只是在科学主义领域中日渐泛滥的意识形态教条。

　　（2）在存在中，参与的实在领域是一种变化的领域，我们称之为历史的领域。在这一诸多变化的领域，运用努斯的经验是一个事件，通过这样的事件，就其本身而言参与的历史变成了自身的意识。正如努斯能力所引入的知识的新模式彻底地解放了"世界"，使得世界的自律结构得以研究，该新模式也同样把"历史"指示为一个合理性的结构领域。因为，当意识获得这样的洞见，即理作为其结构，意识就揭示出所有的经验，甚至是非努斯

319

的经验,都在尝试深入面向根基的生存张力的真正洞见。当已获得意识的理(ratio),同时使得两件事成为可能,一是识别其他真理合理性的程度,二是批判性地评价这些真理,直到此时尚未完全透明的历史,对它的理而言才变得彻底透明。为了满足由新的知识条件所确立的新任务的要求,在我们的分析过程中,就涉及到了那种类型-概念(Typenbegriffe)的建立。我可以参考柏拉图对历史领域的类型化,借助诸如通神的人(daimonios aner)、有朽者(thnetos)和无知者(amathes),也可进一步参照柏拉图的"爱意见者"(philodoxos)和"智术士"(sophistes)这样的概念,以及亚里士多德"爱智者"(philosophos)和"爱神话者"(philomythos)。最后,我们应该回顾一系列更为现代的类型概念,比如"紧凑和分殊的经验""原初宇宙论经验""运用努斯的和启示的超越经验""脱轨堕入教条主义""变形的、启示论的和灵知的经验""革命性的经验",等等。

(3)把上面列举的符号叫做"概念"是非常合理的,为的是将它们区别于阐释的指示符号,因为对于后者,在语言中,参与的努斯运动变得对自身透明并因而是可沟通的。即使类型-概念只是作为此阐释的结果而发展起来,但它们并不解释运用努斯的经验本身,而只是指向超出其范围的现象。我们在此又遭遇到分析之初就面临的问题——具体而言就是,运用努斯的解释迫使所有其他对秩序的解释落入"客体"的角色。然而,对比我们早前对此问题的处理,我们现在所处的位置是,更为精确地区分出"客体"一词的多重含义,当然,这里所说的客体是在讨论政治实在内的张力时出现的。"客体"的第一层含义是由意识及其意向性的实在给予的。第二层含义衍生自意识的历史维度,在此维度中,对知识的欲求进一步发展,放弃过时的真理,将之贬低为过去的"客体"。当然,对于真理分化性的时间维度,历史在此维度建构自身,它对于具体个人的意识而言是内在化的。故此,第二层含义还不足以全面涵盖由类型-概念所指的现象。虽说这些概念确实涉及与历史性的意识的真理分化相关的现象,但这些概念也仅限于将之作为现象,而这些现象则散落于众人的意识之中。我们现在要添上的"客体"之第三层含义,是由有着具体的身体生存的众人之中的意识传播所赋予的。借助类型-概念所把握的经验现象,我们可以将这种经验现象理解为具有如下的特征:这些现象与参与的非客体化领域相关,但它们并不属于那种以意向性解释自身,运用努斯的意识实在。尽管这些现象并不是属于时间和空间世界的事物,但它们又与该世界相关联,因为它们是在时空生存中的人们的经验。这些现象具有"客体性"品质,它们与努斯意识具有特殊距离,意识知觉到这些现象,就仿佛这些现象是客体一般,这些都源于这样的事实:意识不是一个心灵(*intellectus unus*),即不是一个宇宙性的、神圣的或属类的人的意识,而只是具体个人的具体意识。

(4)为了避免误解,我们应该进一步指出,尽管意识作为具体的实在而存在,历史领域并没有消解成为那样一种个体领域,其中所有人都只有他们自身的私人意识,每个人都只对于他自身而言,去延续那种古典意义上那种痴人*的脉络。事实上,意识是面向根基的生存张力,而根基对所有的人来说是唯一且仅有的神圣存在的根基。借助于所有人都参与其中的单一根基的显现,在结构上历史成为可理解的实在领域,而不论他们相应的参与经验多么不同。该领域的结构是实在的结构。"从心理上",这一实在结构不能被化简为意见、观点、直觉,"投射","合法化的价值观",和诸如此类的特殊的个人。最后,还要注意到,

---

*　痴人(*idiotes*)指做梦者的私人世界。

321　每一历史的建构都是作为**一种**意识的展开——不论是类属性的人、神圣或历史的意识，或是"绝对精神"——都是与意识的具体实在不相容的。历史"意义"的辩证建构，用这种或类似的伎俩来建构一个体系，从运用努斯上来说，都是毫无意义的，尽管它们作为支配欲（*libido dominandi*）的经验背景中的符号，确有其意义。既然我们之所以是真实的，乃是作为人，而不是作为脱去肉身的意识，那么，除了我们能通过努斯能力的理（*ratio*）和通过指向参与现象的类型-概念的发展，从而认识到历史领域对于我们人类知识的意义之外，历史领域就别无其他意义。假如我们在某项借助绝对知识来拥有实在的企图中，试图超越我们自身超越性所面向的根基，试图超出我们对实在的视界性知识，那么，我们就脱轨而堕入到灵知主义中。

　　（5）前面的段落着力于分析历史维度内的"客体性"。我们区分出的三层含义中的每一个都额外承受着生存张力及其界标的问题。由于意识是这样的实在领域，在其中，神圣实在和人类实在相互参与而不融合为一。结果，依据其面向客体的意向性，意识指涉着诸般参与的实在——张力的两极。至此，对于两极经客体化而成为物，并由此被构造出独立于参与之张力的命题，我们对此已经进行了充分的讨论。在此，所需要的就是借助实例来进一步澄清，在类型概念的发展中，"客体性"的两个维度（即历史维度和结构维度）之间的相互渗透。（a）关于在努斯阐释的实在领域内，这两个维度的互相渗透，我们可以回顾亚里士多德的分析。在那里，对实在中诸领域的真理追问，对 *ousia* 之真理的追问，业已获得如此压倒性的动力，以至于他对努斯经验的阐释本身，被降格为主要问题（即有关神圣根基及其人与此根基的关系的真理）的一场"序幕"。正是阐释努斯经验的不完备

322　性，才为教条化预备了道路。（b）在亚里士多德对究因性系列的

批评中，他对真理的兴趣甚至更为强烈地占据了上风。面对他自己的参与知识，究因性系列几乎被贬低为过去的非真理。根基的客体性问题就再次产生，并且如此之强烈，以至于把过去的真理视为非真理的这种批评已经似乎是个逻辑论证的事情，这就导致两种不同的参与经验从视野中消失，而正是这两种参与经验激发出两套对立的符号论。（c）最后，关于在具体意识层面的含义上，客体性之两个维度的相互渗透，我只是扼要地提及我们时代所发生的各种论战，在论战中，不同教条的拥护者互相指责各自不同的"真理"是非真理，但根本不理会激发这些符号的经验，或者，甚至对这些经验问题从未耳闻过。

（6）人们也可以援引其他例子，在其中，经验的实在和经验所指涉的诸实在的真理更为平衡。比如，在亚里士多德的例子中，你可以回顾他对"爱神话者"之经验的理解，而不是仅仅看见他对究因性系列的批评。不过，在某些例子中，对参与的诸界标的真理的兴趣占据主导地位，这在我看来也是颇有价值的，因为它们代表了——这里不必遮掩它们所产生出的客体性问题——政治实在里，为真理进行斗争中所形成的类型-概念的支配形式。因此，它们指向一个先前已经不断被重复触及的问题，但尚没有完全必要进行阐述的问题：在历史过程中，诸多对立性真理的"类型-概念"的形成，并非努斯能力的排他性的专权。在本论文的引言部分，我们已经注意到，努斯能力并不仅仅是把非努斯的解释挤到客体的角色，而且，这个过程还是可以逆转的。每一种表达经验的符号论都可以用来充作一个基础，借以把其他真理归类——包括"普遍意识形态的怀疑"（allgemeiner Ideologieverdacht）这类的荒诞怪异——因为，意识具有意向性和实在形式，即使在给定的例子中，所使用的实在的视界性也尚未得到充分的分化，或者，即便意识的实在内容是有缺陷的,也是如此。历史现象是在通过意识所意向的实在形式中,被进行了类型化,即使历史作为参与的一个真实维度还没有获得意识的启明或敞亮。故此,我们必须区分努斯的类型和非努斯的类型,只有在参与的历史现象已经被全面进行类型化时,我们才可以在严格的意义上讲论类型概念。而为了达到这一全面性,所需要的不止是符号,而且还有这些符号第一次被创造出来时所要表达的经验。因为历史是参与的历史,涉及到参与界标的符号则是经验的指示符号。当这些指示符号被当成历史之自律性的客体,结果就是意见的汇编——也就是所谓"观念史"——的脱轨(parekbasis)。

IV. 知识实在中的张力

通过努斯的参与经验,运用努斯的阐释把参与的逻各斯带入到意识的启明中。因此,运用努斯所获得的知识并非那样一种知识,即从收集到的参与之实例(这些实例经研究而得到一般特征)合成出来的抽象知识。相反,这是一种具体的参与知识,在其中通过根基,人的求知欲望被经验为一种面向根基所驱动的存在。在这场运动中,神圣作为人和世界的存在根基而闪耀。通过这段话,我们的分析从实在转向知识上。

我们之前提到过存在-思想-符号这个三而合一,它是自身同一的,但同时又在内部具有分化。对此三合一的解释不仅产生了"思想和符号是存在"这一等式,而且还产生了反向等式"存在是思想和符号"。尽管到目前为止,我们还是把重点放在这一洞见,即运用努斯的阐释本身就是参与的实在,现在则反过来强调参与实在是知识。努斯能力把一个乃是知识的实在带入意识的启明或敞亮。即使当此实在并未充分意识到其自身乃是知识这一特点，也就是，甚至当它还不是关于知识的知识时，此实在依然是知识。对知识的欲望不仅是努斯能力的实在，而且还是每种参与经验的实在，这是亚里士多德早就认识到的。在每种情况下，求知的欲望孕生出符号，用来表达神圣真理、人的真理和世界的真理，以及不同实在领域之间相互关系的真理。它总是人面向根基的生存性超越，即使人们还并未有意识地理解这一根基是作为求知欲的超越之极。因此，努斯能力所达到的，就是让意识的逻各斯成为可理解的，而且，此逻各斯即使在努斯能力缺席时仍旧属于参与知识的实在。

324

　　这些观察并不意味着贬低努斯能力的贡献。但我们现在必须处理知识的实在，并且历史而言，参与性知识的实在是如此丰富，乃至远远超出了理（*ratio*）的范围。我这里基本是指信、爱和望的经验，也是早在赫拉克利特时就认识到并区分出来，作为知识的诸源泉。所以，我们有充分的理由不仅仅要谈论"理之知"（*cognitio rationis*），而且要谈论信之知、爱之知和望之知（*cognitiones fidei，amoris，et spei*）。再则，在知识实在中，诸般"知识"（*cognitiones*）被编织成一个复合体，该复合体只有在被视为一个整体时才有资格作为知识。理（*ratio*）并不独立于其他知识模式，而其他知识模式也不独立于理。在柏拉图和亚里士多德的努斯能力当中，他们要求我们注意到作为此背景的原初宇宙论经验和神秘崇拜。在现存文本的基础上，我们才能更为专门地超越这些一般性的观察：古典的努斯能力从综合性的知识复合体中区分出根基意识，而这一知识来自于对上帝的爱，经由根基所推动的存在之恩典，这恩典迫使人从失丧于世界中的存在"返身"——通过对此世生存如影子般这一特点的经验，通过将此世作为牢狱和异乡的经验，通过对闪耀在黑暗中的光的经验，通过被引导向正路的经验，等等——"转向"到根基上。即使努斯能力已经分离出理（ratio），使之从该整体分化出来这一知识复合体作为整体是有效的。知识模式这一丰富光谱只是数种之一，随着它被死亡经验所笼罩和弥漫而展现出它那栩栩如生的知识。柏拉图将这种知识之整体集中在 eros（爱欲）、dike（正义）和 thanatos（死亡）这三个象征中——对于神圣根基的探索和求知的爱、生活的正义秩序，以及所有必须以衡量之艺（techne metretike）来权衡行动的正当性的视界中最广阔的那个视界：死亡。

因此，人的生存是由知识来确定秩序的——甚至被理性知识定秩，因为理（ratio）是知识之网的经纬之一——即便努斯能力还没有分化出意识的逻各斯。然而，只要秩序的知识还只是把理（ratio）包含在紧凑的形式中，它就缺乏明确的理性控制。因此，当努斯的能力发生时，它是以理（ratio）之权威出现的，对传统的符号和整个复合体的诸般真理采取批判的姿态，原初的宇宙论生存的符号则被贬低，成为过去；或者，批评也针对启示的符号，当这些符号没有被灵性自身以理性加以控制时；或者，批评也针对某一哲人的个人经验，因为在他那里，理（ratio）仅仅是一个构成部分；最后，批评也针对基于努斯能力的脱轨。于是乎，一方面，理只是参与知识的实在中一个构成要素，而解释意识的努斯能力从而已经是分化了的实在知识的重要领域，但是，却根本没有取代有着充分丰富性的参与知识。另一方面，理（ratio）启明了实在的结构，当努斯经验使得实在结构产生分化时，理也就转变成批判的工具，这种批判的工具研究那些非努斯的经验真理，看它们是否与以努斯能力为特征的结构知识相容。

上段最后一句话阐明了对秩序的努斯解释和非努斯解释之间张力的症结所在——这是我们在引言中已经提到过的张力。我们在那里陈述到，在历史中运用努斯经验是在稍晚时才出现的,因此在它出现之处,也就混入了关于社会秩序的非努斯知识。另外,即使在努斯能力兴起之后,非努斯的解释依然是社会的自我解释的形式,最后,根本不存在这样一个社会,其构成性的自我解释单单是运用努斯而形成的。现在,我们必须更详细地处理政治实在领域中与此张力有关的一些问题,而且,我们也可以将该张力识别为存在于参与知识领域中的一个张力。

为了厘清这些问题的前提,我们应该首先回顾在张力过程中的三个主要阶段,这是我们已经重复提及但迄今只是附带性谈及:

(1)第一阶段是古希腊阶段。与日益衰弱的神话和智术的脱轨相对立的,是古典的努斯能力的出现,其提出了两项功绩:一方面,它主张再次用实在内容补充生存张力,而另一方面,它主张提供有关上帝、人和世界及其相互关系之诸般实在的概念,这种概念是产生分化的、真正的概念。可是,在城邦背景下,和超出于此的希腊同盟的背景下,恢复和拯救秩序的实在的尝试,是失败的,并且被帝国扩张所取代。在亚里士多德之后,再也没有伴随对城邦的运用努斯来重新定秩,出现哲学的大繁盛;相反,诸城邦被拉入普世帝国的权力领域,而在灵性层面,亚历山大的宇宙论帝国宗教表达了他对于秩序的理解,他想通过自己的征服来实现这样的秩序。与之相反,努斯能力脱轨退化为各学派的哲学教条论,而这种教条论反过来又催生出怀疑论现象,塞克斯图斯·恩披里柯(Sextus Empiricus)则收集了关于怀疑论的各色各样的论证。

(2)各学派的教条论是努斯能力的脱轨,而努斯能力本身之前已经从神话中分化了出来。这一现象在张力过程的第二阶段——即犹太-基督教面向启示的灵性经验——成为努斯能力的代表。相对于原初宇宙论经验的神话,运用努斯的经验使得

326

根基意识有所分化,并因此把意识的启明不仅赋予给意识的逻各斯,而且也赋予人之超越运动。但是,相对于启示,对于起源于知识的灵性源泉之中的超越意识而言,努斯经验却只需要对这种极为强烈的超越意识所具有的逻各斯进行主题化。在希腊化语境中,努斯能力发现自身对立于紧凑的神话和智术的脱轨。在基督教阶段,努斯能力与希伯来和基督教的启示真理进行了融合。在希伯来这一端,此融合由亚历山大里亚的斐洛所完成;在基督教这一端,则由早期教父所实现。融合的结果,即我们所称的神学,在社会层面和历史层面都是相当成功的。然而,与启示的融合,对努斯能力来说,并非是最恰当的结果。从斐洛开始,神学家就力图让哲学承担神学婢女(*ancilla theologiae*)的角色。这种努力可以理解,因为神学家是通过启示,看见了有关上帝、人和世界的真理的完成;因此,所需要的哲学就只不过是一种工具,以理(*ratio*)为基底来支持启示的真理。在这样的关系中,要让世界领域和历史领域彻底敞开的努斯批判功能就不能充分施展效力,因为从运用努斯的符号变成教条式的形而上学概念这一逆向转型,削弱了运用努斯的洞见的真实性——这种真实性只存在于阐释本身的过程中。努斯并非被剥夺了所有的功能,而其最重要的成就仅仅是发展出一种理性上优化的基督教教义(*doctrina Christiana*),以对抗理性程度较低的灵性真理,即所谓的异端。然而,当世界和历史作为实在的自律领域所获得的自由已经危在旦夕之际,其批判效力的局限性也就变得明显了。我们可以从现代自然科学与教会权威的冲突,以及历史学家与社会上占据支配地位的正统思想之间的冲突,观察到这样的局限。即使有着黑格尔这样地位的哲人,当他确定的东方历史的时期可能更早,从而威胁到正统所持有的世界创造日期之际,也不得不谨小慎微。

（3）在第二阶段，随着哲学力争相对于神学的自身地位，它依然保持着教条论的形式，那是哲学进入犹太-基督教真理领域时的特征。在西方文明中，教条化的立场和反对立场之间的相互作用，始终是西方文明自我解释的主导形式，一直延续到现代。当怀疑论、启蒙运动和实证主义反抗了较为陈旧的教条论时，通过创造秩序真理的符号来表达的经验，又再次发现自身也处在了关注的中心，然而这一过程依然没有能够产生决定性的努斯的更新。在教条化神学之后，又出现了教条化的形而上学，随后则是同样属于教条化的意识形态。孔德的历史三阶段（Dreiphasengesetz）框架也具有某些价值，只要人们能够牢记于心，实证哲学仅仅是第三代教条论的例子。和古典努斯能力不同的是，今日运用努斯对实在的解释并不是发现自身在反对神话以及智术，而是发现自身处于非常不同的处境，该处境的标志是，理（ratio）抵抗教条论，特别是抵抗意识形态的教条论。此崭新处境决定了我们目前必须要处理的关于实在的张力问题。

努斯能力只能把理（ratio）的结构——包含在参与知识之实在中——带入意识的启明中。只要没有人主动的参与，就不会有理性的意识得到分化。这句话旨在针对处境的难题，该难题是因贯穿数世纪的教条统治而产生的。我将试着对这一问题进行逐层梳理：

328

（1）在西方社会的当代思想中，意识形态化的教条论的各种符号中占支配地位的并不是对于知识的实在所进行的表达，而是对知识实在的反叛。它们并不试图通过说服，把人们吸引到参与中；相反，它们是以偏执性的语言形式发展起来，旨在阻碍那些向着根基封闭的人们去接触实在。通往作为人类秩序中心的意识之路已经被实证主义、马克思主义、历史主义、科学主义、行为主义这些意识形态堵塞了，它们的手段是心理学化和社会学化，以及世界-意向性的方法论和现象学。因为在反叛的符号论中，你无法找到关于知识实在的逻各斯——除了在实在形式的（Realitätsförmlichkeit）次级模式中；这一实在形式的次级模式甚至呈现在反叛及其符号中，但人们也只能从知识实在的角度才能识别出这样的次级模式。虚无主义的反叛不能通过其自身的经验和符号论层面被克服——例如，借助针对意识形态、文化或时代的批判，以及一些对于他们现状感到不安的知识分子所做出的一些尝试。在已经抛弃实在的虚无中，此类的尝试只能是对其搅动几下而已。对于由反叛所产生出的秩序，非努斯的思对其进行思考，根本不能提供前往努斯的出发点。

（2）对该问题的明确阐述似乎就指出了通往答案的道路：无论是谁，只要厌倦了对根基的反叛，并愿意再次理性地思考，只需要转身面向被反叛符号当成靶子的实在即可。似乎可以看出，反叛本身就可以为寻求者提供指导，只要这样的目标寻求恰恰是那人要找寻的。要从反叛找回通往实在的道路，转身和转向之举无疑是必要条件；在任何此类情形中，转向根基都是必须做的。当然，如果一个人简单地跟从反叛，以之为向导，这个人又会发现求知欲被阻塞了，因为反叛并不直接对准知识实在，而只是其蜕化的形式，即神学教条论和形而上学教条论。这些更古老的教条论是我们转向之后首先要遭遇到的东西，即便它们也有脱轨（parekbasis）的特点，但它们还是比对根基的反叛更接近实在。但是，我们决不能忘记，这些教条论自身也在某种程度上沾染了实在的丧失，并因此在 18 世纪以来激发了意识形态性质的反叛；但另一方面我们也不能忘记，反叛也暴露了世界、社会和历史之诸般结构在社会上有效的领域，那恰恰是正统的社会压制试图将之保持封闭的。在服务于努斯上，反叛是一项历史性的成就,但在面向根基的张力中,反叛的傲慢导致其中的努斯能力之源被埋葬。已经发生之事,覆水难收。在面对反叛的极权氛围而开始的回归之寻求,不能够超越古老的教条论前行,因此难以抵达知识实在本身。它所产生的也不过是一片令人好奇的对秩序进行思辨的灰色区域,这是时代的现象,其特征就像它所对抗的意识形态本身一样。在第一次世界大战之后的俄国革命浪潮中,该现象第一次变得清晰而瞩目。在国家社会主义,以及第二次世界大战后,它又获得新的动力。它的最重要的语言符号是"传统"和"保守主义"。这些存在于犹太-基督教传统和古典传统之中(尤其是在英语世界,被骄傲地脱口而出)。有保守派的自由主义者,也有自由派的保守主义者,也有一些对时代问题表现出理解之人。我们发现了人之城和人类社群(*Civitas Humana*);甚至人之兄弟情谊(追求父权关系是被禁止的)依然时时出没于公共场景;对教会也出现了新的热情,早前马克斯·舍勒还宣布,教会应该是"社会学式的大公主义"的特殊例子;我们也有遍及欧洲大陆的基督教民主运动,主要从对于共产主义、法西斯主义或国家社会主义的憎恨中汲取力量,这些主义确实给它们的反对者带来负担;我们还有民主原则(*démocratie des principes*);我们有多元民主;我们有不断推陈出新的自然法。因此,我们拥有大量的 *ordo*(秩序),但如此缺乏的是运用努斯对此进行明晰地阐述,使得在面向根基的生存张力中,能够意识到秩序之源。结果,在与意识形态的论战中缺乏令人信服之理(*ratio*)。

（3）无论任何人,只要不愿意向次级意识形态俯首称臣,就必须超越出诸传统,挺进到前教条的知识实在中。然而,若离开上帝与人之间隐藏的参与之奥秘,在意识的历史维度中,在何处我们才能再次寻找到失落的实在？ 在此实在中,我们能在何处

330

找到那些人们，和他们在一起，我们能在一个共同体中相知地生活和死去？让我们更为具体地明确表述这个问题：我们此前提到过加缪的著作，我们要问，加缪在何处找到力量，使他能在几十年间在他的沉思的张力中持存并使他能够看穿反叛者之倒错并去克服它？对加缪来说，这种力量来自神话："我们应该选择伊萨卡，信实的土地，大胆的思想，明晰的行动，以及有识之人的慷慨。"⑨对人而言，时代的"无意义"（Blödsinn）并非归宿；他必须选择他的家，在那里，他将活生生地在时间之维再次创造一个家。加缪选择神话："我感觉最自在的世界：希腊神话。"⑩他的沉思进程也是他生命的进程，在其中，他成为 l'homme quit sait（有识者）。而最终折返而回，就是开端。获得洞见的"知者"，是巴门尼德的知者，他允许自己被引导向洞见。在《记事本》中，加缪订立了他的任务计划，分成三段："I. 西西弗斯神话（荒诞）。II. 普罗米修斯神话（反叛者）。III. 复仇者神话。"⑪从开始起，加缪的著作就是精心设想的，并看到了其结局，这种著作乃是作为神话媒介内的沉思。但在结局中，在知中他的求索达到了向自身启明的程度，存在的心境就发生了改变："现在，奇怪的喜乐由然升起，这喜乐帮助我去活、去死，我们从今往后不应该拒绝，乃至拖到以后。"⑫在面向神圣根基的张力中，反抗者（或反叛者）被指向了生命的当下；在未来主义乌托邦的意识形态式的末世天启中，反叛彰显出自身。当与显现的未来主义疏离得到平息时，存在中此时此地的喜乐再次摇荡；卑鄙的灵魂让位于灵性的喜乐。

⑨ Camus，*L'Homme Révolté*，S. 377.
⑩ Camus，*Carnets* II，S. 317.
⑪ Camus，*Carnets* II，S. 328.
⑫ Camus，*L'Homme Révolté*，S. 377.

（4）只有在主动参与性的知识中，理（ratio）被经验到并且产生分化时，在人与上帝、世界、社会和历史的关系中，人在理性上意识的定向才成为可能。当求知的欲望不能联系于社会的主导符号论时，它就必须在历史之维中寻求关于知识的实在的归宿。我们用加缪的沉思所例示的对"信实的土地"的求索，就恰好可以概括为各种教条论自身的意见统治的特点。诸般意识形态压制理（ratio）；在更古老教条论的外壳底下，次级意识形态以传统的形式维持这种压制。因此，只有绕道而行，通过研究在教条论之前或超越教条论的那些社会的建构性自我解释，努斯的秩序知识的重生才成为可能。伴随着意识形态的狂热和回到传统相并行的进程上，这第三种构造现象，即追求前教条论的知识实在，自 20 世纪初以来已经稳步成长，而且从第二次世界大战开始，就已经成为具有着强劲动力的运动。这一运动迄今还没有中心，这里的意思是，在它与实在的接触里，目前还没有导致开始一种深思熟虑的对秩序进行努斯式的解释。理性思考需要训练有素，以及对所涉及材料的熟练把握。即便一个人确实知道问题所在，他也无法一夜之间就能把握住已经历时数个世纪的社会崩溃过程。既然迄今这一运动还只是在努斯式分化的门槛之下徘徊，它对作为一门学科的政治科学的影响还小，也就是说，人们期待它具有更强劲影响的地方，实际效果却还很有限。因为，作为学术事业的政治科学，因其定位与实用性相关，主要把注意力放在国家社会和国际组织的制度之上；而这些制度恰恰是意识形态和次级意识形态对于秩序进行解释的领地。这同样适用于作为社会组织的教会。历史上，教会极大地激发起了意识形态的反叛者，这样的压力必然至今存续着。故此，就实质内容而言，我们当代的制度为抵达知识的实在仅提供了微乎其微的机会。比如，倘若有人愿意获得与思考关于德国的秩序这样宏大问题有关的信息,他或许会得到忠告,要去阅读罗伯特·穆西尔(Robert Musil)、赫尔曼·布劳赫(Hermann Broch)、托马斯·曼、冯·多德勒的文学作品,或弗里希(Frisch)和丢伦马特(Dürrenmatt)的戏剧,而不是政治科学的专业文献。

332　　　如今对政治科学的最重要贡献——不是学术意义上,而是运用努斯意义上的——来自考古学,来自神话研究和民族学,来自古代东方史,古典的古代和远东研究,来自古典语文学,来自犹太教史和基督教史,来自教父史和经院哲学史,以及来自比较宗教学和比较文学。因为,当一个社会的秩序符号表达了前教条论的知识实在时,它们必定要求对它们的科学研究至少要在面向努斯能力的运动中进行,即便可能达不到目标。相反,那些求知欲望活跃的人们会被这些历史材料所吸引,能够在其中发现知识的实在。目前,鉴于此运动还不是关注的中心,我们似乎还可以恰当地论及它特有的现象的一种努斯上的汇聚。该运动材料的广阔性是惊人的。如果你在一家美国大学书店进行浏览,你可以读到平装版的前教条论的大批图书:论述原始文化的宗教现象学的专著,论述神圣王权和神话的专著,《吠陀经》《奥义书》《佛陀语录》《老子》《死海古卷》的校订版,以及最新的拿戈玛第(Nag-Hammadi)考古发现的残片段落,禅宗文录,基督教奥秘论者的选集,中国、日本和印度传统的资料,《新约》尤其是福音书的一系列新译本,《旧约》的考评修订本,以色列历史,启示文学考评修订本,灵知宗教历史,早期基督教历史,新石器时代宗教运动,等等。柏拉图和亚里士多德这两位运用努斯的伟大哲人,被典型地误认为"形而上学家",而他们的著作即使是那些销售很好的通行平装版,依然被笼罩在反形而上学禁忌的阴影下。在美国,这种情况已经导致大学系科的重组,现今还被热烈讨论着。一方面,在反形而上学的怨恨禁令下,哲学被抽干

成逻辑学系，而"人文主义"教育则被转移到历史系、文学系和宗
教研究（Religionswissenschaft）系，并且相应地在实力上逐渐增
强。就这里所罗列的现象如何进一步发展，我们根本无法预测，
至于对努斯能力上的突破具有什么样的机会，也无从知道。但
不管怎么说，今天的西方社会已经不同于 20 世纪初叶，其实已
经积累了广泛的潜在之理（ratio），这种理或许会促进这样的
突破。

333

　　古典的努斯能力和奥秘论[或译"神秘主义"]是两种前教条
论的知识实在，在这两种的知识实在中，意识的逻各斯得到了最
佳分殊化。在反对教条论的斗争中，对于任何再次把理（ratio）
带入意识启明的尝试，这两种知识实在都是特别重要的。因此，
让我们去识别出这两个领域与现代性的世纪中发展起来的意见
统治两者之间的关系，然而即使在这项研究的语境中，我们能做
的也只不过是提供该问题最基本的一些蛛丝马迹。

　　（1）前面我已经提到了反形而上学的禁忌，而今日当代哲
学的耕耘依然在其阴影下。该禁忌依然如此强大，以至于人们
很难在前教条论的哲学化与教条论的脱轨（parekbasis）之间作
出区分。因此，明智的做法是回顾一些历史事实，这些事实你其
实可以在任何一部好的哲学词典中都能够查找到，但对于思考
秩序而言，它们的重要性还没有渗入到公众意识中。⑬ 我们首先
来澄清的是，柏拉图和亚里士多德都不是"形而上学家"，特别
是，亚里士多德从来没有写过一部"形而上学"。缩写自 *meta
ta physica* 的"形而上学"这一术语，直到中世纪后期才出现。
似乎在阿拉伯思想中才有其短暂的前史，并随后被托马斯引入

---

⑬ 我使用了 André Lalande, *Vocabulaire Technique et Critique de la Philosophie*，Paris
　1962。

到西方思想中，具体就是在他注疏亚里士多德的《形而上学》的引论（*prooemium*）中，是作为一个概念，指建立在自然理性基础上的哲学科学。但该引论中并没提供运用努斯问题的分析，而只是通过定义来进行。托马斯定义"形而上学"，主要是作为关于第一因（*primae causae*）、最普遍原理（*principia maxime universalia*）和分离质料的普遍存在的本质（substances *quae sunt maxime a materia separatae*）的科学。他提到"存在"（*ens*）和"上帝"（*Deus*）作为此类原因、原则和实质的例子。如我前面提到的，古典的努斯能力确实提供了许多接触点，在这些点上，让教条性误解得以产生，而实际上，早在托马斯之前的 1500 年，这些误解在亚里士多德的之后的各种学派的教条论中就已产生。但托马斯率先把此误解具体化为"形而上学"，并通过在术语上把运用努斯的阐释僵化为有关原理、普遍事物和本质事物的命题性科学，从而导致运用努斯的阐释产生曲解。

托马斯的概念决定了"形而上学"随后的命运。在笛卡尔的《哲学原理》的序论中，他把形而上学定义为这样一门科学，该科学"包含知识原理，其中可以找到对上帝的主要性质、我们灵魂的非物质性以及其他在我们里面的所有明确而简单的观念的说明"，并将它们与自然科学和应用科学的原理并列在一起。在 18 世纪——野蛮哲学的时代（拉舍利埃［Lachelier］语）——哲人们（*philosophes*）毫无顾虑地把具有可疑的原理和本质事物的可疑科学丢弃一边。伏尔泰在其《哲学词典》（*Dictionnaire Philosophique*）中的"形而上学"一文，是反映他的时代精神的关键文献。因此，意识形态者们的反哲学怨恨并不是针对古典的努斯能力——因为他们对此根本不懂，而是针对托马斯处理普遍事物、原理和本质事物的命题性"形而上学"。按我前面提到过的，意识形态的反叛，是被强大的力量所惹怒激发的。

在对于教条化"形而上学"的禁忌中，一旦反叛包括了针对前教条的努斯能力，人们对反叛的同情也就达到了上限。当努斯能力也一并被抛入贴上"形而上学"标签的包裹中时，我们就丢失了运用努斯经验所得来的知识实在，以及伴随其中的理（ratio）的分化结构（Sachstruktur）。这意味着我们没有了任何种类的关于秩序的努斯科学。事实上，这一丧失已经发生，并成为 18 世纪以来，在理性化思想上的所有尝试的大问题。当康德试图再次把"形而上学"引向科学之路时，他同时反叛了鲍姆加顿（Baumgarten）的《形而上学》（Metaphysica），也反叛了沃尔夫（Christian Wolff）在其长篇巨著中呈现的"形而上学"形式。然而，康德并没有找到回到古典哲人的道路，相反成了"纯粹理性"的批判者，为此不得不与"先验表象"较劲。当黑格尔试图把哲学撕离于教条式形而上学，并把"经验"重新恢复到其正当的位置时，他也视沃尔夫的"形而上学"作为对手；但他的"经验"却不是古典努斯的经验，而是灵知主义者的经验，与雅可比·伯默（Jacob Böehme）有着强烈的亲缘性。结果，在黑格尔的手中，形而上学转变为"辩证法"这一新的脱轨。那种损失至今没有得到弥补。即便是海德格尔令人瞩目的尝试，即通过其"基础存在论"来为知识实在重新获得坚固的根基，也因为他选择 18 世纪的"形而上学"作为他的哲学对手，以及因为他回溯古典哲学时在分析上的欠缺，从而也遭到了拦阻。

（2）对于尝试找到从教条论返回思想理性化的道路而言，奥秘论的知识实在已经在现代时期两次成为其源泉：一次是 16 世纪的博丹，当他面对神学中的意见统治之际；第二次则是 20 世纪的柏格森，是在意识形态的意见统治的背景下。这两位法国灵性主义者援用新柏拉图的知识实在；在博丹那里，是以伪狄奥尼修斯和文艺复兴时期的新柏拉图主义者为中介的，而柏格

森则直接回到普罗提诺。就我们当下的目的而言，通过参照博
丹的转向（conversio）问题就足以清晰地阐明这些尝试的意义。

　　该问题早期的形式是博丹在 1563 年"致让·鲍特鲁（Jean
Bautru）的信"所提出的。在博丹给朋友的这封信中，他着手处
理了因暴露于争吵不休的各种宗教压力下，灵魂所产生的困惑。
他警告朋友，不要被有关这些宗教的意见拖着走，切记"真宗教
无他，就是纯净的灵魂转向（conversio）真上帝"。[14] 此真宗教的
定义作为恒量贯穿在博丹的著作中。在 1566 年的《方法》
（Methodus）中，他清晰地表述如下：宗教就是纯净的灵魂转向
真神（Religio vero ipsa，id est purgatae mentis in Deum recta
conversio）。[15] 自爱里金纳（Eriugena）起，conversio 一词就代表伪
狄奥尼修斯的 epistrophe（回归）；它在文艺复兴时期的文献中被
人广泛使用，比如，在《约翰尼斯·特拉米乌斯论灵魂向上帝的
转向》（Oratio Joannis Trithemii de vera conversione mentis ad
deum，1500 年）。极有可能，文艺复兴时期的思想家对伪狄奥
尼修斯奥秘论的迷恋来自后者与柏拉图努斯能力的亲缘性，迷
恋于所强调的面向根基张力中的爱欲（eros）。米兰多拉（Pico
della Mirandola）在其《七重天》（Heptaplus）——这个标题或许
暗示了博丹的著作标题《七贤人录》（Heptaplomeres）——研究
了天使的回转（conversio），并在此语境下说到了"回归的运动"
乃是"爱的运动"（motus amoris）。[16] 在费奇诺（Marsilio Ficino）

336

---

[14] Jean Bodin，*Lettre à Jean Bautru de Matras*. In Colomiès' *Gallia Orientalis*，1665，S. 76 ff.；重印于 Roger Chauviré，Jean Bodin. *Auteur de la République*，Paris 1914，S. 522 ff. 关于这封信，参见 Pierre Mesnard，La Pensée Religieuse de Bodin（*Revue du Seizième Siècle*，vol. 16，1929）。

[15] Jean Bodin，*Methodus*，S. 32，1566. Jetzt：Jean Bodin，Edition Pierre Mesnard，Paris 1951，S. 121.

[16] Pico della Mirandola，*Heptaplus* III，2 und 5. Opera，Basel 1601.

对伪狄奥尼修斯《奥秘神学》的注疏中，他提到上帝的丰盛
（*fruitio Dei*），并强调指出，这与其说是自我面向上帝的运动，
不如说是"被"上帝所"推动"。对这一运动近乎亚里士多德式的
理解中，他还补充道：为了与《会饮》的意象保持一致，那"丰盛"
与其说是类似于"取自"，不如说是"被充满"。最后，费奇诺声
称，这不是心智面向"至善"（*bonum*）的运动，而是始终被爱传送
到"至善"（*bonum*）——*non est per intellectum versari circa
bonum，sed amore transferri*。[⑰]

　　米兰多拉和费奇诺似乎已经诉诸于奥秘论，作为一条道路
去重新发现神学-形而上学的教条论背后那面向根基的张力，并
试图让此张力秉有意识的启明性。经过两代之后，这一方法被
博丹采纳，用来把握意识的时间之维和历史结构。他在"致鲍特
鲁的信"中将转向（*conversio*）的孤寂和历史中各个宗教的社会
性做了对比。人们并不共享同样的灵性等级。有被拣选之
人——由于他们生命中的出众的洁净而被选出，他们被授予了
启示；也有大批有朽者，要不是上帝时时在某些个人身上兴起
"至高的德性"并能指引同伴走在正确的道路上，这批有朽者也许
就在永恒的黑暗中挣扎。被拣选者的命运在神圣历史（*historia
sacra*）和世俗历史（*historia pagana*）中都是悲惨的。他们被诽
谤，被流放，被谋杀，被作为颠覆者遭受惩罚。即使当他们的信
息在社会上发挥成效，这信息也很快蜕化为迷信，将启示的历史
-人类的形式误认为是启示的本质，而狂热的字面主义者则遮蔽
了启示信息的功能——即灵性的净化和灵魂归向上帝。人类开
始被理解为历史中出现的社会，以文明时期和阶段来进行划分，
在各个历史阶段中，社会上无法避免的灵性戏剧得以展开：先

337

⑰ Marsilio Ficino, *Dionysii Areopagitae，de Mystica Theologia，ad Timotheum
Liber. Opera*，Basel 1576，vol. II，S. 1019 f.

知的出现——孤寂灵魂的真宗教转变为历史性的民族宗教——从历史宗教回归先知般灵魂的孤寂中。在博丹的后期著作中，这一历史概念经历了几次变化和对于细节的补充，但就其根本特征而言却依然保持不变。与之紧密相关的，是柏格森在《道德和宗教的两个来源》（*Deux Sources de la Morale et de la Religion*，1932年）中所概述的关于历史的概念：灵魂的敞开，在新的水平上僵化，进而更新的敞开。

博丹并不是一位乌托邦主义者。在众人之中灵性等级的不同，以及历史宗教的多元论，都不会从历史上消失。博丹晚年时，他对问题的洞察似乎更加深邃，比如，他不再把多元论视为灵性等级分化所产生的后果，而是将其视为符号表达之社会性（*Sozialität*）的必然结果。他将符号理解为一种本质上具有缺陷的手段，难以充分表达参与的知识实在。进入符号中的知识背后，对于根基的深不可测，始终存在难以言表的知识。尽管回归（*conversio*）依然是逃避字面论者的教条统治的道路，但这条道路并没有移除符号和不可言说性之间的张力。只要参与性知识被用来交流，它就进入了符号论的领域——之所以如此，只是就符号的表达能够与之相适应而言。因此，要避免脱轨（parekbasis）为字面论教条，唯有通过在符号的知识和其背后所依之物的知识之间保持平衡。那是博丹在其后期（即1593年）的著作《七贤录》中所持的立场。伟大宗教对话中的参与者彼此间都以对友谊的拥抱和肯定开始的。"他们确实不再就宗教辩论"，但各自都依然保持对自身信仰的虔心遵从。[18] 符号论只不过是每一历史宗教的最后之词；信仰之实在通过回归

---

[18] Jean Bodin, *Colloquium Heptaplomeres de Rerum sublimium arcanis abditis*, ed. L. Noack, 1857, *in fine*.

（*conversio*）而在超越符号之处。⑲

　　博丹洞见了宽容的本质，即在知识实在中，沉默领域和表达
领域之间的一种平衡，并且他把伪狄奥尼修斯《奥秘神学》的洞
见变为努斯能力领域中的成就。在现代的几个世纪中，来自这
一源泉相继获得的收获却稀疏凋敝。传递这一关于宽容的平
衡的洞见时，人们无法逃避传递中的困难。这正是因为，所需
要得到传达的该平衡中的两领域之一就是沉默领域。除了涉
及面向根基的生存张力外，根本就没有术语能够表达出这一根
基深渊的各个层次（Tiefenbereiche）。伪狄奥尼修斯试图避开
此困难，采用的方法是在有关根基的哲学符号和启示符号的词
汇上添加介词前缀"超"（*hyper*）；这就产生了像"超神"
（*hypertheos*）、"超智"（*hypersophos*）、"超善"（*hyperagathos*）、
"超美"（*hyperkalos*）、"超本质"（*hyperousios*）、"超可知"
（*hyperagnostos*）、"超原型"（*hyperarchios*）等词汇。⑳ 但不论我
们把这份清单扩展到什么程度，我们所当获得的，至多也不会超
出如下的洞见：（1）在面向根基的张力中，我们经验到这样的实
在，它不可理解地超出了我们在参与中对它的经验；（2）对于这
种不可理解性，我们的概括只能是将之视为超出我们表达参与
的符号语言之外。托马斯·阿奎那在讨论伪狄奥尼修斯的《论
上帝之名》（*De divinis nominibus*）时，如此表述根基之深渊的问
题：名称 *qui est*（自有）是上帝的最恰当之名，因为它并不指涉

338

---

⑲ Joseph Lecler, S. J. 在其 *Histoire de la Tolérance au Siècle de la Réforme*（vol. II,
　　Paris 1955, 154 ff.）倾向于把博丹的立场概括为有神论者。这一概括，尽管我不
　　同意，依然有价值，因为博丹的神秘主义看来确实包含了教条论脱轨为 17 世纪
　　有神论的可能性。

⑳ 关于伪狄奥尼修斯的术语，参见 P. G. Théry, *Études Dionysiennes* II, Paris 1937,
　　s. v. epistrophe. 进一步的"术语索引"，见于 Maurice de Gandillac, *Oeuvres
　　complètes du Pseudo-Denys l'Aréopagite*, Paris 1943。

内在生存的诸般具体形式。在此名之上，则有上帝（God）之名，因为它是将神圣的存在领域进行定名；在此名字之外，还有四字圣名（tetragrammaton），因为它预示了神圣本质的不可传通性（ST I.13.11）。由此，我们就确立了三个领域，那也是我们分析面向根基的生存张力时曾面对的：（a）运用努斯的阐释领域，尚不能超出存在根基的符号；（b）综合性的来自灵性的知识实在，其中包括个人性地被上帝所吸引的经验；（c）不可言喻的领域，对此，我们只知道这是通过努斯经验和灵性经验而得以接触的领域。然而，就我们获得那不可言喻者的知识而言，这种知识也属于根基的意识，是意识逻各斯的一个维度，而且，这种知识是超出我们通过"不可言喻"或"沉默"这些符号所进行的经验表达的。

有关不可言说者的知识的洞察，对于理解一大类秩序现象，至关重要。宽容——按我们上面所说，被理解为在沉默领域和符号表达领域之间的平衡——就是此类现象之一。宽容仅是这类现象其中之一，其范围要在我们所考虑的不可言说者的维度出现时，才变得清晰，这就好比运用努斯对根基的意识出现在紧凑、分殊和脱轨（parekbasis）的经验模式中一样。我们在此所能做的就是标示出这类现象：当对于不可言喻者的经验依然处于紧凑之际，相应的对于神圣根基的意识的符号表达就有了特别神圣的特性。在这些表达中，神圣根基变得完全和确定地具体，参与性知识的其他符号表达也就不再被接受；所以，它们必定不能够被更具有分殊的经验的新符号所取代。假如在历史中，经验依然开始分殊，那么它们必须采用对圣书的注疏这样的形式。这些圣书通过将分殊经验施加在注疏的特征中而发挥影响，《吠陀经》和中国的《五经》就是例子。在犹太-基督教领域，我们发现同类现象，比如经书的正典化、对摩西五经和其他经书的注释、通过寓意化和神学化而改变对圣书意义的解释,等等。

　　另一方面,当不可言喻者开始产生分殊,相对于历史-人的符号论领域,奥秘论的现象就作为分殊经验的全新表达而进入到图景中。在基督教领域,伪狄奥尼修斯的《奥秘神学》(约公元500年)就在肯定神学和否定神学外增添了新类型的符号论;西方奥秘论主流也从此处流入到我们现今的时代。最终,当新分化的不可言喻者和符号表达之间的平衡再次丧失时,灵性事务的状态也就可能退落到有关何为正确神学的争吵水准——意见统治的情形就随之而来。神学教条的符号论——它将自身分殊的意义也归功于其与那分殊的不可言喻者之间的平衡——可能会脱轨退化为不平衡的和僵固的教条论;而脱轨的教条论转而会变成“真理”的原型,然后,可能为神学之后兴起的意识形态提供仿效的定向。因此,在意识形态的脱轨领域,我们就目睹了众所周知的现象:意识形态经典及其相伴随的注释性、辩护性的文献。这个现象即便不在内容上,也是在结构上,与紧凑的圣书及其注释文献的现象有着密切的联系。

340

V. 具体的意识

　　人的意识不是自由漂浮之物,而是具体的人们的具体意识。因此,面向根基的生存张力的意识,虽说构成了把人与其他存在者区别开来的特定的人的本质,然而却并不是其本质的全部。因为意识总是根源于人的身体存在,身体存在把人与存在的其他领域(从无机物到动物领域)联系在一起。按照亚里士多德的方式,我们把人的特征,作为一切存在领域的纲要,称作是其合成本质。具体的人按照他的意识来定秩他的生存,但他要确立秩序的,不仅是他的意识,而是他此世的整个存在。

人的身体存在还是他社会生存的基础。就量上而言，后者可以从家庭发展到基于劳动分工的小型社会，可以一直发展这样一种社会规模，在其中确定秩序的意识发现了善好生活（eu zen），而善好生活是亚里士多德选择来作为好社会秩序（eunomia）的准则。不论一个社会的秩序可能会如何井然，其物质性提出了提供物质生活和控制激情的需要，因此将之托付给一个有着组织化统治形式的存在。通过诸代表，这些社会组织对内确保社会秩序、对外抵御入侵危险，是所有社会秩序所无法抗拒的条件，以至于对各种相关实用性上不同组织进行研究和描述构成了学院政治科学的一个主要部分。然而，一种政治理论并不能仅止于此主要部分，因为此一部分只是把自身限制在政治实在那些只是基于物质基础的某些层面上。

341　　对于政治实在的结构以及对其秩序的解释而言，我们需要通过以下一系列的推论，对意识的此一具体性的含义加以澄清：

（1）一套政治理论将必然要处理人完整生存的秩序问题。但是，就目前来说，使用"理论"一词指解释秩序的各种尝试，它们要么假定没有物质基础的自由漂浮的意识，要么假定没有定秩意识的物质基础。此类的尝试是一种有待诊断的疾病的症状，即丧失了实在这种灵性病理学的现象，是对实在某些部分的遮蔽——skotosis，借用罗纳根（Lonergan）为此现象命名的技术术语（terminus technicus）。㉑

（a）若一位"理论家"倾向于把意识从人的物质性中释放出来，就会产生这样的秩序符号，比如诸灵的领域，或人类被假定要抵达的理性之完美领域，或国家的消亡和精神之第三王国，或可以期待由人变形为新人（homo novus）或超人（不论是马克思

<hr>

㉑ Bernard J. F. Lonergan, *Insight*, *A Study of Human Understanding* (1957), New York 1958, S. 191-203.

还是尼采倡举的）而来的完美领域。你也可以把这类符号定名为乌托邦式的（*utopian*），假如乌托邦在托马斯·摩尔使用该词的意义上被认为是关于秩序的幻想，因为在乌托邦的构造中，秩序的物质基础的根本要素被忽略了。有关秩序的乌托邦式思想支配了我们日常的政治辩论：为了获得进入他们的乌托邦完美之域的门票而采取暴力恐怖手段，去征服人类同伴的那些人，他们被推举为自由与和平的英雄；那些没有被意识形态愚弄，而是试图尽可能捍卫他们的生命的那些人，则是军国主义者、帝国主义者，侵略者或至少属于华尔街的圈子。

（b）当遮蔽部分（*skotosis*）延伸到定秩意识时，所剩下的是将人化约到物质性及其物质欲望上。如果要从这一残余的实在的角度来解释组织化社会的现象，秩序就必然被建构为用人为契约产生的人造之物。所谓的契约理论的出现，对理论家是有启发价值的，因为契约论指向一个社会中无处不在的灵性紊乱的综合症，而种种契约论仅仅是这一病症的一部分。此处，我们无需进一步讨论契约论，因为有关此问题的根本观察，早已由柏拉图在《理想国》第二卷中进行了讨论。

342

（2）具体之人的具体意识是唯一在我们的经验中所给定的意识。诸如作为集体意识的各种建构——不论它是社会的意识还是历史中的人类意识——都是本质（*hypostases*），它在政治理论中根本没有地位。比如，当我们说每一个社会都产生借以表达其秩序经验的符号时，我们并不是说，该社会是一个被赋予意识的主体，而其意识只能通过符号解释自身。相反，此类陈述仅仅是简明扼要地表达出具体之人通过该过程的表达从而创造了一个社会领域，也就是，在这个社会领域中，他们的秩序经验被其他具体之人所理解，并被当作自身的经验予以接受，而且成为他们习惯性行为的动机。假如它们在时间中的规模和相对稳定性使得我们能够识别它们,这类领域就被称作社会。既然这类领域是一些过程,而不是一劳永逸地被给定的客体,那么它们就不仅展现出它们创建和存续的过程特征,而且还展现出抵抗和突变的特点、传统和分化性发展的特点、僵固和反抗等等的特点,一直到包括它们的最终的瓦解和消失。

(3)即使掌握权力的意识形态家喜欢假定,社会组织穷尽了所有政治实在,具体意识的社会领域并不等同于组织化的社会。在这一陈述中,我们进入了具体意识的自由领域。毫无疑问,任何组织化社会都是由意识的社会领域来维系的,并表达出它们各自的公民神学,但该持存的社会领域却不是社会中唯一的社会领域;许多其他的领域延伸到远远超出其权力的领域。在此背景下,我要提请大家注意到,在我们时代意识形态的社会领域威胁着民族国家的社会领域的方式,以及多元主义民主之危险妥协的方式——有人希望,它会在有破坏潜力的社会领域和维系组织化社会的领域之间维持平衡。更进一步,在人格层面上,意识领域并非互相排斥,这点与基于物质性的组织化社会截然不同;相反,具体的意识可以同时属于几个社会领域。譬如,生活在公元前4世纪讲希腊语的人可以同时是雅典人和希腊人、智术士或哲人,以及神秘崇拜团体的一员。

(4)理论家应当特别注意到汤因比在其《历史研究》中提出的极易被人忽略的问题。除了苏美尔人的城市国家、希腊的城邦、中国的"国"(kuo)或西方的民族国家这类组织化社会之外,还存在各种文明社会或文化。它们无疑可被识别为社会领域;它们无疑在规模上超越迄今列举出的组织化单元的类型。然而,根据汤因比的理论,它们作为历史上权力斗争的构架,在功能上是与这些组织单元联系在一起的。在一个文明社会的过程中,上述单元类型因此是次级单元,它们刻画概括了该过程中的一个阶段，而在后来的阶段才把整体文明的帝国组织带入到所谓的普世国家之中。在时间横截面上，除了组织的次级单元之外，汤因比还引入了权力和斗争的历史过程——以及由此而来的作为其框架的文明——这是为了建立他所说的**研究中可理解之领域**，除了对时间维度的扩展之外，该研究依然是对政治实在的研究。就理论而言，我并不反对在组织单元的研究上包括时间维度。如果说汤因比的海量的经验性材料确立了什么的话，那就是这样一个论题：民族国家类型的组织化单元不是研究的最终历史单元，而各种文明社会才是所要研究最低限度的领域。

（5）我刚才有保留地提到文明作为研究的最低限度的领域，因为针对汤因比**研究中可理解之领域**的概念，人们可以提出批判性的反对，理由在于，研究所基于的这一概念将自身直接等同于文明社会，使得这一概念过于狭隘。当然，存在这样一些普世国家，确实构成后来单文明的帝国组织，譬如，像中国的汉朝帝国。但也有像波斯帝国、亚历山大试图通过他的征服建立的帝国或罗马帝国这样的多文明帝国构制。我认为，汤因比的文明理论已经在原则上提出了应该进一步需要研究的问题，因为上述例子表明，在诸多文明之外，还有处于权力过程的更为广泛的领域。在它们创造之时，这些更广泛的领域就已经被细致地观察，以及受到了理论化的思辨的思考。我们借助于希罗多德的"普世"（ecumene）概念，它包括了整个已知的文化世界，这些世界能够潜在地按照帝国的脉络被组织起来——在他的语境中是被波斯人组织起来。"普世"概念随后在波利比乌斯著作中重新出现，被用来描述罗马扩张的目的（telos）。最后，此概念还被基督教和摩尼教采纳为术语，用来指福音扩展的目的。"普世"——被理解为具有潜力被组织起来的各种人类文化（Kulturmenschheit）的帝国或宗教——似乎是一种意识的社会领域，其属于政治实

344

在的结构之中。此问题值得我们特别关注，这是因为，如同在希罗多德时代，对波斯人那较小的"普世"而言，存在着潜在的组织领域一样，在我们的时代，全球"普世"已经成为诸多意识形态帝国的潜在组织领域。

（6）我们需要在这两者中进行细致的区分，即作为同时期人类诸文化领域的普世和普遍历史领域的人性之间进行区分。如果面向根基的生存张力推动了秩序意识，使其达到了努斯经验和灵性经验的启明，该意识就面对一个根本问题：从根本上来说，成为人究竟意味着什么？这一涉及根本人性（Menschenwesenlichkeit）的知识通过"人"和"人性"这样的符号来解释自身。因此，历史过程中的人和人性不是外部世界的客体，就那样的客体而言，人们可以做出不证自明的经验性陈述；"人"和"人性"事实上是由具体的人所发现的符号，有着有据可考的历史日期，这些具体的人由此表达出他们对根基的经验，以此作为人类代表性特征的表达。正是通过对此符号论的解释性的帮助，才能够构建出普世历史，我们进入其中，试图根据他们的人性，对一切在时间中的人类事件进行定秩。借助追溯性的解释，所有的人和社会领域，都属于这一普世领域，即使他们自身可能还没有达到经验的最佳启明，但那样的经验才是他们能够有意识地阐明他们在此领域中的参与。因此，当我们使用"历史"这一表述而不作进一步的特征说明时，我们用它来指经验到它根本人性意识的解释性领域。

（7）普世人性是个符号，而不是有潜力被组织的领域。并且，它不是权力过程的构架，这也与文明和人居领地不一样，因为它除了包含相应时期活着的人们之外，还包括了往昔和未来的所有人们。即使一个全球性帝国也不能组织普世人性，而始终不过是一个全球化的"普世"。相反，通过对根本人性的经验，我们已经达到这样的点，在这个点上，具体的人经验到他们里面的具体意识，尽管他存在于时间，却参与了根基的永恒存在之中。面向根基的生存张力的意识，也就是人的秩序中心，在本体上高过一切内在-时间的历史过程。

（8）历史是一个解释领域。在人性根本性的知识中，"历史"这一符号的起源决定了解释的原则（Sachprinzip），过往的人和社会领域必须按照他们存在的秩序来进行解释。既然一个社会用相应的符号来表达其秩序经验，那么对秩序的每项研究必须聚焦在自我解释的行动上，以便从此中心理解其对于社会生存秩序的意义，从而该秩序才可被识别为统治和行政、经济、社会阶层、教育体系等等的秩序。这把我们引导返回到秩序的非努斯式自我解释中，即我们的出发点。在对这些秩序的研究进程中，不论什么样的普世领域结构得以被识别，那都只是经验性研究的事情，而不是思辨性构建的事情。无论如何，这些结构都只不过是普世领域中往昔意义的脉络（Sinnlinien）。普世领域的整体结构通常被称为"历史之意义"，它永远不能成为知识客体。总体意义的各种解释，诸如自 18 世纪中叶已经出现，并被冠之"历史哲学"之名，但它们并不被认为是对历史及其秩序的努斯解释，而只是意识形态社会领域的自我解释之举。既然我们已经都知道，它们支配了当代政治的场面，就根本无需再进一步阐述这些"历史哲学"实用上的重要性。

（9）处于意识的最佳启明之际，人自身同时经验到，自己既在时间中的存在，又参与根基的永恒之中。而对普世领域的结构而言，面向根基永恒性的张力就属于这一结构。在根基的永恒性中，就普世领域在其中的参与而言，努斯分析所能说的也只不过如此，尽管有这样的可能性：这种参与可以在灵性经验的基础上被符号化。这类符号论通常被称为终末论。当我们使用

346

这一术语时,我们不一定必然想到基督教的启示性终末论。事实上,终末性符号论也可以在古典努斯的语境中寻找到,特别是在柏拉图的对话录中。但柏拉图是知道如何从事哲学的哲人。他的终末论解释从来不伴装为是努斯分析或经验命题;他总是以神话形式呈现出它们。

VI. 论努斯能力的功能

努斯诠释把理(*ratio*)区分为意识的结构(Sachstruktur)。正如在我们的研究进程中明确阐述的,与非努斯的秩序解释相关的努斯批判功能的基础是理的权威知识:努斯能力通过移除神话、天启的、意识形态的和其他对真理的担保物(Wahrheitshypotheken),以彻底的方式敞开了世界的结构(p. 318);它能挪去这些担保之物,所用方法是查验非努斯经验的诸多真理,看看它们是否与意识的逻各斯知识相容(p. 325)。在这样的研究进程中,无数例子表明,这些普遍性的表述是如何被具体应用的。不过,为了得到结论,可取的做法是综合地勾勒出努斯解释的结构,因为所得出的理论模型将澄清重要的标准,从而检验当代科学中那些热门兴趣的秩序符号。

我们的研究以古典努斯能力作为出发点,但又很大程度上要超越它前行。为了勾勒出我们已经达到的努斯解释的整个结构,我们需要有比古典哲学语言更为分化的语言。若我们不给出任何限定性的条件,我们就不能再说"人的自然""社会的自然"或"历史的本质",仿佛"人""社会"和"历史"是互相分离的东西,各自有其自身的专门的"自然"或"本质"。因为,尽管这类符号确实属于古典努斯能力的领地,但它们依然特征化地表达了潜在的实在,具有前努斯的宇宙论原初经验的直接性。但是,运用努斯的经验则使人看见存在和人的根基、存在与世界的根基、人与世界之间的诸般关系,以及世界中的事物之间的诸般关系,以这种方式、用哲学的存在形象取代原初经验的实在形象。这并不意味着原初经验的实在——诸神与人、宇宙与社会——开始被视为非实在。这意味着努斯经验所分化出的诸般结构改变了作为整体的实在形象。这些改变,源自努斯经验的唤醒,这并非一蹴而就的,而是历经千年过程的结果。

　　无论如何,在古典努斯能力的领地,对于政治实在的研究依然主要是对思想家所生活其中的有组织社会的研究,即对城邦的研究。波斯类型的帝国依然处于边缘地带,虽说它们与政治实在的关系难以被忽视。一个社会的灵性实质自身脱离于日益衰败的组织化社会,这一问题还尚未形成为灵性革命的理论和社会基础的新理论,尽管两种社会领域之间的张力是柏拉图和亚里士多德政治学的核心主题,而且暂新的社会也在哲学学派的建立中获得了某种表达。普世人性的经验并没有达到充分的符号化,尽管,通过理论生活(*bios theoretikos*)人之潜能能够得以实现,通过作为城邦的一位公民超越了此一实现,持续不断地争取这样的表达。文明社会作为权力过程之构架的问题,最终并没有动摇人们把城邦作为专门研究领域的信心,即使亚里士多德还是见证了菲利普和亚历山大的征服。因此,除了我们居住其间、并将其模糊地经验为社会唯一实在的组织社会之外,人与社会更深的经验则来自上面所指的。这些经验又转而被灵性的秩序经验所补充,它们表达于先知、变形的信仰、末世天启论和灵知中;进一步增添的还有存在根基中深渊层次的分化,如奥秘论所表达的那样,而正是在此分化层面的基础上,才有以不可言喻者为基础,出自每一种秩序符号论的宽容和平衡。随之是进一步有反叛经验的加入,伴随相应的"历史哲学"和基于反叛

348

的群众运动,诸如此类。由此开启了人的生存及其秩序的经验视域,这就迫使我们把古典秩序理念中依然占据支配地位的原初经验的紧凑单元放在更广博的语境。人的经验及其秩序这一语境,我们称为"人的存在领域",这是远比每一单个组织社会的紧凑经验到氛围更为综合的领域。

人之存在的领域不是感官知觉的客体,而是具有参与意识的功能。如果我们把面向根基的生存张力设置为人之秩序的中心,人之存在的领域"客观上"就包括源生于参与的知识实在中一切人类秩序的现象。然而,在努斯的意义,秩序现象成为"客观的",只是说运用努斯的阐释分化出了意识的逻各斯,因此,源自意识定秩中心的秩序现象变得可以被识别。人之存在的领域因此在经验上被两种方式所决定:(a)参与知识的历史和由此而起的秩序现象的历史,和(b)相应的努斯阐释的历史水平。这一严格的、经验的决定排除了任何以随意的实在形象(它们在"历史"的标题下呈现自身)为名义的偏离。

当运用努斯的意识处于它呈现状态时,其表达就是我们的探究,"客观地"意指人之存在领域,那里展现为一个诸般问题的复合体,而其结构则取决于运用努斯的运动。该运动源生于激发意识之运用努斯的阐释的生存张力。当该运动超越具体的、自我解释的意识并扩展为一种人之存在领域中的秩序解释时,它必定沿着某些明确的线索运动;沿着这些线索,就可以发现可被识别的、清楚的主题区域,而这些区域反过来又以可理解的方式互相关联。这些运动线索,主题区域以及它们的关系是模型的构件,而努斯能力就是以此模型实现其批判功能。

阐释面向解释的扩展所沿循的运动脉络,首先是从人到人性的脉络,其次,是从意识到物质基础(Leibfundament)的脉络。通过努斯意识的运动,产生出这一模式,下面让我们来辨识出这一模型的各种特征：

（1）面向根基的生存张力是人确定秩序的中心。以该中心为起始，向人性运动，由此可以区分三个主题区域：(a)第一个区域被具体的人的意识之秩序所占据，那是运用努斯的运动从中产生的地方；随之是(b)组织社会中的人的生存的秩序，以及非组织化社会领域的秩序；之后则是(c)历史中人和社会的生存秩序。在这些主体区域之间，则有如下的关系占据：(a)该系列既不是可逆的，也不可能(b)一个主体区域与另一主体区域交换位置，更不可能(c)任何一个主体区域成为独立于其他两个区域的客体。

（2）当我们从生存张力的意识转向物质基础，在人之存在领域，我们遭遇亚里士多德所定义的人之复合的自然，其中包括人的-心理的、动物的、植物的和无机存在的这些层次。存在之层级在两方面互相关联：(a)较高级者以较低级者为基础，和(b)较低级者的组织由较高者来进行。这些关系是不可逆的。一方面，在亚里士多德的意义上，离开了生活（zen）的基础，就不存在美好生活（eu zen），没有好生活；另一方面，好生活的秩序，并不是来自物质基础，而只有当整个存在被生存张力的中心定秩时才能够产生。

350

（3）因为人、社会、历史都不是在毫无物质基础下出现，因此，我们沿着运动脉络区别出的主体区域是相互重叠的，并因而汇聚为人之存在领域的综合结构。它们的关系以及它们不可逆性的规则也适用于此整体的模型。

该模型并没有处理多种问题，尤其是在我们的研究进程中已经被触及的它们在多样的关联中的具体性；相反，此模型把自身限于人存在区域的两大运动脉络中。正是以其简单性，该模型有着相当重要的价值，特别是考虑到我们时代的科学状况，该模型只是要提请人们注意，它是如何被社会上占据支配地位的理论工程所扭曲的。这些扭曲既违背了此模型内在的诸多关系的规则，也扭曲了模型的整体结构。

违背诸般关系规则的一个例子是在意识形态的群众运动中我们能够找到秩序的概念。人-社会-历史的序列也被颠倒，以至于在"历史哲学"的名义下历史本身成为解释的主导因素，却把秩序的存在中心以及社会秩序都丢弃了。在《当前时代的焦虑和精神的义务》(*L'Angoisse du temps présent et les devoirs de l'esprit*，1953 年)中，保罗·利科(Paul Ricoeur)已经处理了这样的违背及其后果。他指出，"历史哲学"达到了生存感的"新水平"。他称之为"历史的"，乃是因为在这种新的秩序概念中，人"在集体层面被刻画理解为人类历史的主角——工匠和受难者。正是通过这惊人的一跃(这一跃我们可以归咎于黑格尔主义和法国大革命)，我们的关切就从精神卫生转移到集体、人民和阶级的命运"。当一种错误的理论被采纳为对秩序的正确解释之际，理论违背的后果就是开启焦虑之新源泉。倘若是历史的思辨被误解了？倘若此猜测的"理"(ratio)和生存意义事实上并不互相符合？"被焦虑所发现的是一种令人恐怖的可能性：假如历史毫无意义怎么办？假如黑格尔的和解纯粹就是哲人的发明怎么办？由此而宣告的虚无之威胁乃是意义的虚无，在精神层面，这被认为是向精神卫生和自恋提供目标和使命的意义，就其核心，就是虚无。"⑫

在我们研究之初所提出的有关原则的问题中，就已经暗示了对于整体结构的违背。我们前面讲到，根本不存在政治科学的基本命题，因为就根本不存在这些命题。相反，政治科学的

---

⑫ Paul Ricoeur, *Histoire et Vérité*, Paris 1955, 252 ff.

"命题"是一些常识性的洞见,洞察了涉及人在社会中生存的正确行动模式——范围从有关政府之组织的洞见,到有关国内和外交政策、金融和军事政策必要的洞见,一直到具体案例中的决策。譬如,我们知道,有的人倾向于掌握权力是要滥用权力,而我们认为,出于秩序的利益,合宜的是要将掌权的人置于有能力的顾问、监管或选举权威之下;我们知道,政府内阁人数要确定,因为超出大约二十名成员,商议和决策变得最为困难。特别是在那些对人成为次要的领域,比如行政机构的组织,所获取的洞见可以产生出被证明是有着极大稳定性的秩序结构,因此,对官僚体制的研究,像韦伯(Max Weber)所做的那样,可以成为政治科学的"经典"。

另一方面,在那些对人来说不是次要的领域,常识性洞见倾向于随历史之风暴摇摆。比如,当前的联邦德国的基本法就因此而弱化共和国总统的执行权力,当然,这是相对于魏玛宪法所提供的更实权的总统权力而言的,因为魏玛共和国总统较为强势的地位为希特勒的上台铺平了道路。反过来,相比于第三、第四共和国,以及第五法兰西共和国的宪法则强化了总统地位,为的是避免频繁的政府危机。比如,一些德国政治科学家并不青睐比例代表制,原因还是在于那是希特勒崛起的一个要素;然而,在美国,比例代表制为人所推崇,因为它常常在地方政府层面有助于打破某个政治机器的权力。不过,我们也不可能延续韦伯论述官僚制的著作那样的路线来完成一篇有关总统制或代表制的类似经典论文,因为各个具体案例呈现出太多的历史变数,以至于都不能把它们视为典型。

无论如何,即使是被尝试最多的和最稳定的常识性洞见,也绝不是我们有朝一日可以从"原则"(Grundsätze)中推导出的"命题"(Sätze)。假如我们想要超越常识层面,我们就会遭遇到意

352

识的对于秩序的洞见,而常识性洞见也是受到此类洞见的指引的。然而,相比"常识",常识性的洞见普遍并不具有更高级的特征,而是用最低等级陈述的洞见,来直接解释具体经验的。运用努斯的洞见拥有无可争辩的高等级地位,不是就其普遍特点而言,而是就其在存在层级上的参与意识的等级而言。面向根源的生存张力为整体的人的生存确定秩序,包括其物质基础。无论什么时候,要想按照自然科学模型把联系于人之整个生存秩序的常识性洞见建构为命题,要想试图在它们的背景中寻找"原则"——即可能取代秩序之真实源泉的假设公理——任何这种企图都是对人存在领域的结构的一次攻击。每一此类尝试不仅是生存性混乱的症状,而且也是社会失序的潜在之源,只要它能够在其他人的理性意识中引发混乱。

我们这里所用的"常识"一词,必须在苏格兰学派的意义上来进行理解,特别是在托马斯·里德(Thomas Reid)的用法上来理解。对里德而言,人是西塞罗意义上"拥有理性能力的"(*rationis particeps*);常识是理性的紧凑类型。"我们做法律和行政的臣民,我们能够管理我们自己的事物,能够就我们对待他人的行为做出回答,这些都必须要有某种程度的理性;这被称为常识,因为这是所有我们与之交易或能要求对其行为负责的所有人所共同的。"常识意味着与"理的一个分支或一种程度"等同,给它一个特别的名称是合理的,理由就在于"在人类之极大多数中,根本没有其他的理性程度被发现。正是这一程度,才赋予人类理性造物的命名。"因此,常识并不意味着庸众观点的社会压载,也不是某组"习见"(idées reçues),更不是"相对自然的世界观"。相反,常识是由"理"(ratio)所形成的,人的判断和行事的习性;人们可以说,那是亚里士多德所说的成熟之人(*spoudaios*)的习性,在这种人身上,关于理作为其理性判断和理性行为之源的知识还没有启明。常识是一种文明习性，是努斯经验的前提，而无须此习性的人自身拥有努斯而获得分化的知识。文明化的政治人（homo politicus）不必然是一位哲人，但他必须具有常识。㉓

参照常识意味着再次说明，根本不可能有根据基本命题而来的"政治理论"或超出政治"经验"科学的基本命题或原则，也再次说明何以如此的原因。因为所谓的政治经验（empeiria）是常识的习性，尽管它是紧凑的，但也是由作为意识结构的理（ratio）所形成的。正如我们把此习性概括为没有意识启明的成熟之人的习性，我们也可以把此陈述反过来说，并且说亚里士多德的《政治学》不是要处理意识的逻各斯本身，就是对一些典型情景的常识性研究，而这些情景是当人试图为他的整个生存定秩之际，在社会和历史中产生出来的。因此，亚里士多德把政治科学等同于明智（phronesis）之德，并非毫无道理。

我们对于在常识和古典政治学之间密切的关系进行反思，乃是旨在让大家注意到常识的限度及其重要性。就其重要性而言，在现代秩序危机中，对于常识作为理（ratio）的避难所这一现象绝非是言过其实。常识哲学诞生于 18 世纪，是作为对神学的-形而上学的教条论和怀疑论的抵制而出现的——恰好及时地避免了因意识形态教条论而带来的毁灭。常识哲学不是像"各种传统"那样的次级意识形态，而是真正的努斯能力的残余。在抵抗种种意识形态上，英美文化领地那引人注目的力量可以追溯到常识那强大的社会领域中，不过，我们也要承认，即使在

354

㉓ Thomas Reid, *Essays on the Intellectual Powers of Man*（1785）und *Essays on the Active Powers of the Human Mind*（1788）. 引用段落，参见 *Intellectual Powers*, Essay VI, Chapter II "Of Common Sense"；关于语境，也请参见 *Active Powers*, Essay III/3 "Of the Rational Principles of Action". *The Works of Thomas Reid*, ed. Hamilton，8. Aufl. Edinburgh 1895。

此领地，种种意识形态也获得了立足之处，尽管至今为止还没有严重侵害共同体（*res publica*）的秩序。就其局限而言，那是由于常识的努斯式紧凑性所带来的。我们生活在意识形态的意见统治时代。意识形态，除了它们的教条论脱轨之外，与意识的秩序处于明确的争锋之中。常识可以依靠其对"判断不证自明事物"能力的确信，但它难以在意识形态分殊化的论证层面对抗意识形态，因为常识根本就没有明确的努斯能力。英美社会领域抵抗上述意识形态的引人注目的力量，不应该遮蔽在哲学上同样不同寻常的对抗意识形态方面的无能。因此，尽管常识是对西方社会稳定有着至高重要性的实用因素，但在我们的历史处境上，常识依然不能代替分殊化的努斯能力。对政治科学中"原则"的寻求，上面已经被确认为社会失序的潜在之源，另一方面，在我看来似乎同时表达出一种真正的渴望，即，渴望要超越常识的相对不充分性，并再次抵达运用努斯的意识启明。

附录

寻求实在及其秩序
——论沃格林《回忆》的历史分类

　　我们大致可以概括说,自20世纪30年代初开始,埃里克·沃格林的哲学工作主要可以分成三个步骤的发展,或者如果你愿意的话,也可以说他的哲学工作历经了三个漫长的发展阶段。然而,为了避免有人会指责认为这样有些过度简化,我在这里首先应该需要补充澄清的是,这些阶段本身既没有明显的标志,也并非是彼此排斥的,而是以漫长、自然顺畅,甚至是重叠交织的过渡和层次作为其特征。并且,这些特征也适用于这些时期所涵盖的讨论内容。它们之间并没有彼此进行排斥,而是承接着早期阶段的主题,在延续这些主题的同时,也产生出一些变化,从而对这些主题进行了深化。最为重要的事实在于,就沃格林这几十年所追寻的这些基本问题,以及他所呈现出的越来越深邃的回答而言,正是这样一种相对不曾间断的发展,使得我们可以宣称说:尽管在沃格林作品的思想发展过程中,它赋有百科全书式的广度,但是却仍旧展现出了一种不同寻常的连续性,进而又构成了沃格林著作中思想的统一性。

　　这种连续性可能也解释了沃格林整个著作的另外一个特点:沃格林的作品所构成和发展出的那些篇幅庞大的文本书稿

中，并没有一个是已经完成和自成一体的——每一套文稿更多都是以片段的形式而存在。1930 年代初，沃格林还在维也纳时所开始撰写的《国家理论体系》（*System der Staatslehre*）就是如此；他在 1939 年到 1953 年期间所创作的鸿篇巨制《政治观念史》同样如此，重要的是，这两套文本在沃格林生前都没有能够出版，只有在他去世以后，如今在美国才得以出版。这一点同样也适用于他的代表性杰作，也就是《秩序与历史》；自从 1950 年代他就投身于这部著作，而且几乎他这一时期所有篇幅短小的作品，不管是已经发表的还是尚未发表的，都是以各种方式散布在《秩序与历史》这部著作之中。《秩序与历史》的第五卷，即最后一卷《寻求秩序》，也是在沃格林去世之后才得以出版，而且同样也是以残篇的形式呈现的。而且，这一卷还是非常具有争议的，因为如果沃格林能够再活几年，对于是否还会以这种遗稿的形式来出版这本书，可能会有非常不同的结果，然而，极有可能相同的一点是，这个作品很有可能也会呈现出残篇的形式。

I

在沃格林思想的三个阶段中，第一个阶段的特点是对"观念"的探索，特别是对政治观念或者"国家观念"（Staatsideen）的探究，沃格林在早期的文本中称之为"国家观念"。该背景源于 20 世纪 20 年代初关于德国宪法的一场重要辩论；这一时期，沃格林在维也纳大学先是作为法律系的研究助理，后来到 1928 年末，当他获得了特许任教资格（Habilitation）后，他成为了社会科学的私人讲师（Privatdozent）；因此，他在维也纳大学时经历了这场争论。从学术的角度来看，这一期间的显著特点是塑造了他对于当时流行的德国国家理论的批评性探究，特别是对于他其中一位老师汉斯·凯尔森的《纯粹法学理论》(*Reiner Rechtslehre*)这部学术著作的研究。凯尔森的核心信念是,国家理论首先是法学理论,也就是关于法律的有效性和实证性的理论,因此,任何不具有实证法律内容的东西都必须被清除出理论。沃格林对凯尔森的批评正是立足于这一点,他批判德国的国家理论,特别是凯尔森的《纯粹法学理论》,原因就是在于该体系的核心不是基于产生国家现象的人类基本经验,而是最终**导致**国家理论的是以所有其他的部分(普遍规范理论、支配理论、社区成员的个人领域学说、国家观念学说)为前提。[①]

　　从这个角度说,沃格林自己的工作只有和他所批判的理论截然相反,这才符合逻辑。他在1933年出版了《种族与国家》一书,在这本书中他开始论述了他的非实证主义的国家理论的概念,然后研究了国家产生的观念结构部分——即"身体-观念"——也就是国家的根源需要从人的本质中来进行寻找。[②] 因此,国家理论的基础必须是一种哲学人类学,以这种哲学人类学为开端,法律问题本身以及国家的诸多观念都是以产生它们的"人类基本经验"为源头,特别从是人、社群、规则和服役中发展出来。只有在这种人类学的基础上,才能进一步处理属于"国家理论体系"的其他两个领域:"支配理论"(Herrschaftslehre)和"法学理论"(Rechtslehre)。这里已经提及到了"人类的基本经验"(menschlichen Grunderlebnisse)这个术语,该术语在之后的

---

① Eric Voegelin, *Rasse und Staat*, Tübingen：Verlag J. C. W. Mohr, 1933, S. 5.（斜体为作者所加）；详见 Michael Henkel, *Positivismuskritik und autoritärer Staat. Die Grundlagendebatte in der Weimarer Staatsrechtslehre und Eric Voegelins Weg zu einer neuen Wissenschaft der Politik*（bis 1938）, *Occasional Papers* XXXV, München：Eric-Voegelin-Archiv, [2]Januar 2005；Dietmar Herz, *Das Ideal einer objektiven Wissenschaft vom Recht und vom Staat. Zu Eric Voegelins Kritik an Hans Kelsen*, *Occasional Papers* III, München：Eric-Voegelin-Archiv, [2]März 2002。
② Ebd., S. 2.

几年中成为了沃格林第二阶段的一个特征，在这一阶段中，沃格林则从"观念"研究转向了对于"基本经验"和强化这些"基本经验"的"经验"的探究中。

　　然而，沃格林以这种"国家理论体系"来对抗德意志国家理论的领域，试图对其系统性扭转的尝试，却从一开始就失败了。尽管这个三部曲的前两部分："法学理论"和"支配理论"很快就已经大功告成，③但是基础部分的工作，也就是后来被沃格林称之为"神话理论"的草稿，却停滞不前、毫无进展。正如沃格林后来说陈述的那样，这部分是为了要处理"国家观念"的起源和本质问题，他开始"认真研究神话问题，以及其中政治观念的生成、所产生的社会影响以及之后丧失它们的影响力，并被新的观念所取代的历史过程"。④ 我们需要再次强调的一点是，沃格林对于普遍的"观念"，特别是对于"国家的观念"的关注始终都不是基于对思想史的兴趣，而是因为作为这些观念基础的"存在经验"与沃格林的研究密切相关，从而他对"观念"和"存在经验"的分析被紧密地纳入了哲学人类学的复合体中。在这个背景下，我们可以了解到，在 20 世纪 30 年代初，沃格林早就已经规划了一个"作为精神科学的国家理论"，因为"精神"（Geist）是人向超越性实在（transzendenter Realität）敞开之处，并且在那里也产生出生存经验。

　　自 1920 年代末开始，沃格林就在哲学人类学的研究中涉及到马克斯·舍勒（Max Scheler）、赫尔穆特·普莱斯纳（Helmuth Plessner）、伯恩哈德·格罗埃特怀森（Bernhard Groethuysen）、卡尔·雅斯贝尔斯（Karl Jaspers）和马丁·海德格尔等人的著作。

---

③ 这两篇英文版的翻译收录于 The Collected Works of Eric Voegelin（= CW），vol. 32.：The Theory of Governance and Other Miscellaneous Papers，1921－1938，ed. with an Introduction by William Petropolus and Gilbert Weiss，Columbia and London：University of Missouri Press，2003。

④ 参见沃格林 1948 年 8 月 12 日致洛克菲勒基金会的信，并且附上了大纲。

然而,对于沃格林而言,更为重要的资料来源则是对于柏拉图-亚里士多德和基督教哲学的讨论。此外,沃格林还越来越多地将注意力转向阿洛伊斯·登普夫(Alois Dempf)、埃里希·普里兹瓦拉(Erich Pryzwara)、艾蒂安·德·格雷夫(Etienne de Greef)和汉斯·乌尔斯·冯·巴尔塔萨(Hans Urs von Balthasar)等作家,关注他们所谈及的政治观念的宗教意义。这些研究的一个阶段性的成果是沃格林在1938年出版的一本小书《政治宗教》(Die Politischen Religionen)。尽管这本书直接的目的是提醒人们关注当时的群众运动——德国国家社会主义和意大利法西斯的运动,这些运动实质上具有宗教性的特征。然而,当我们将它放置在更为广阔的历史视野中进行理解时,则更为普遍的一个主题就是,在政治社群中的人"他存在的所有特征带有物理性、灵性和宗教性"。因此,这样一个人类社群始终也是"一种宗教秩序的领域,如果对于政治状况的理解没有包括理解社群的宗教力量和它们所表达的符号,或者考虑到了它们却没有承认它们,而只是将它们转换到非宗教性的范畴中,那么,在这个关键点上人们的认识就是不完全的。"⑤

沃格林认为,"宗教"的源泉是人对于"受造性"(Kreatürlichkeit)和存在的偶然性的经验,一旦这些经验触发了人们对于某些实在的探索,就能为正在寻求定向和意义的人提供支持和希望。按照这种理解,宗教被分成了两种类型:灵性宗教,也就是在超越世界之外来寻找意义的实在论宗教;以及内在-世界宗教(innerweltliche Religionen),是此世的一部分,如在民族、阶级

⑤ Eric Voegelin, *Die Politischen Religionen*, München: Fink Verlag, ²1996, S. 63; s. dazu Peter J. Opitz, *Eric Voegelins Politische Religionen*. Kontexte und Kontinuitäten, *Occasional Papers* XLVII, München: Eric-Voegelin-Archiv, Februar 2005.

和种族中来寻找这样的意义。因此,该实在(Realissimum)不仅
是狭义宗教意义上的"神圣中心",也将成为以它为基础的整个
世界观的神圣中心:

> 在宗教经验中,任何真实之物将自己展露成为神圣之
> 物时,它都将成为最为真实之物,最为真实的实在。这种从
> 自然到神圣的根本性转换,就产生出对于这些被视为是神
> 圣的实在进行神圣和价值化的再次结晶(Rekristallisation)。
> 符号、语言标识和概念的诸多世界围绕着这个神圣中心安
> 排着自身,固化成为各种体系,用宗教的激动充满自身,并
> 且狂热地捍卫存在的"正当"秩序。我们今天的时代充斥着
> 这样的宗教秩序。⑥

　　因此,对于处理一个时期各种竞争性宗教或者秩序概念的
科学家们而言,他们面对着两项任务。首先,他们必须洞穿符号
和体系的世界,从产生这些"神圣和价值化的实在再次结晶之
处",从它们所获的活力和吸引力之处,来发现它们各自的"神圣
中心"。然后,这些科学家不得不寻求一些方法和标准,使他们
能够批判性地评价和衡量这些"神圣中心"。尽管这两项任务中
的第一项任务仍旧属于马克斯·韦伯的价值无涉,但是与此同
时也属于和价值相关的"现实的科学"(Wirklichkeits-wissenschaft)
的范畴,而沃格林也曾在一段时间内以此作为自己的定位导
向;⑦第二项任务则是尝试对这些"神圣中心"进行评价——事实

---

⑥ Ebd. , S. 17.

⑦ 参见 Eric Voegelin, *Die Größe Max Webers*. Hrsg. und einem Nachwort von Peter
J. Opitz, München: Fink-Verlag, 1975;也参见 Hans-Jörg Sigwart,» Zwischen
Abschluss und Neubeginn: Eric Voegelin und Max Weber«, *Occasional Papers* XLI,
München: Eric-Voegelin-Archiv, November 2003.

上,这种评价不只是对于手段和后果的评价——显然这里已经超出了这两者的范围。最终,在《政治宗教》一书中,沃格林已经很明显开始表明要超越韦伯"现实的科学"的界限,而导向了一种"秩序的科学"。并且,还有一点到此时也越来越明显,那就是古希腊和基督教哲学开始构成了沃格林思想基础的基本要素。而东欧和中欧逐渐掌权的极权主义群众运动则对于沃格林思想发展提供了决定性推动力——这些群众运动正是沃格林首先在《政治宗教》中所概述的那些从 15 世纪开始所发展起来的,那些内在-世界"政治宗教"的各种变种。在 1938 年底,沃格林流亡到美国,他将这些运动紧急地诊断为西方精神严重危机的症状。

　　沃格林在抵达美国后不久,获得了一个机会,去撰写一部《政治观念史》(或简称为《历史》)作为大学教科书系列的一部分。⑧ 对于沃格林而言,这项安排在几方面很具有吸引力:除了沃格林能够凭借这样一部政治思想史的著作将自己介绍给这个接纳他的新的国家之外,这也为沃格林提供了一个继续研究观念史的机会,让他能够继续从事从 1930 年初就已经开始的政治理论体系的工作。反过来,在这些研究的背景下,西方的精神危机,特别是导致内在-世界宗教性的增长,以及伴随这一现象而兴起的"政治宗教",让沃格林有机会能够对其原因和过程进行深入的探索。在他撰写《政治观念史》时,所有指导性的观念之一是,政治社群的产生在很大程度上是受到了"政治观念"的影响——这就是后来沃格林所谈及到的"召唤性"(evokativen)观念,意思是政治观念的实在-生成的特点⑨——以及生存经验的

---

⑧ 这套《历史》在沃格林去世后被收录在《沃格林文集》中。核心章节的德文翻译出版于慕尼黑沃格林档案和工作论文中。

⑨ 参见 Peter J. Opitz(Hrsg.), Zwischen Evokation und Kontemplation. Eric Voegelins » Introduction zur History of Political Ideas «, *Occasional Papers* XI, München:Eric-Voegelin-Archiv, ²Januar 2002。

概念,这个概念构成了这些"观念"的基础,给它们提供了各种方式的宗教根基。就这方面而言,沃格林从未将自己的历史著作局限在对于政治观念的介绍上,而是始终将其置于一个更为宽广的思想和社会历史背景中,而这些观念正是在这种背景中产生出来的。沃格林曾说:"一位观念的历史学家……"

> 不仅是报告一位思想家提出的学说或者说明一些宏大的体系。他必须探索那些凝结成观念的情感,并且也要展现出观念和产生出它们的情感基制之间的关联。观念不能被作为一个概念来研究,而是应当作为一种从这些情感中吸取了力量的符号来进行理解。这些观念伴随着引起它们表述的情感产生和消失,也伴随着伟大的思想家将其整合进入一种渐进理性化的思想体系而消失。只有当观念被理解为一种对这种情感生命近似理性化的表达时,我们才能够把它作为一个历史整体来进行理解。[10]

II

如果说从 1930 年代初开始,沃格林研究的重点始终是"政治观念"——关注它们出现、获得社会效力、再次被瓦解,然后被其他观念所遮蔽的过程,那么,到 1940 年代后期,沃格林研究的重点就逐渐开始从"观念"转向对"经验"的研究。后来,沃格林在《自传性反思》中回忆道:

---

[10] Voegelin,CW,26,*History* VIII,S. 81;"情感"(Sentiments)的概念可能是从帕累托(Pareto)那里借用过来的,在《史稿》中起到了重要的作用。然而沃格林却没有能够系统地对其进行发展论述。沃格林说到,在更大的文明变革的过程中,例如基督教的消亡和新兴的内在-世界宗教的出现,对生活和世界的新的感觉就表现在了"情感"中,这反过来又形成了新的"观念"和"观念体系"的温床。

　　我的《政治观念史》是基于传统的假设开始，也就是存在着的观念，而这些观念具有一个历史，因此，政治观念的历史必须是从古典政治一路发展到如今。基于这些假设，我费劲心机去钻研资料，最终有了一份数千页的手稿。

　　然而，在研究的过程中产生出来的各种疑虑已经凝结成了这样一种认识：政治观念史是一项毫无意义的工作，与当下的学术状况不相容。观念原本是一种次级概念的产物，它从斯多葛主义开始，到中世纪变得激化，在18世纪则迅猛扩展。观念把表达经验的符号转化为概念，而这些概念又被认为是指称实在，而不是所经验到的实在。然而，除了所经验到的实在外，其他的实在并不存在。因此，观念就可能使所经验到的真理以及它们的符号产生变形。

　　这些疑虑很显然意味着一些必然。首先，公元前7世纪到公元前4世纪的希腊哲人的"观念"，与以色列先知的著作以及《新约》启示性著作的内容，两者之间并不存在连续性。这两种符号触及到了不同的经验领域，在历史中也没有相互联系。此外，人们对观念的传统起源追溯得越久远，就越能够清晰地认识到，无论如何也不能够把诸如神话和启示等的符号形式归类成为"观念"。我们必须承认符号形式的多样性……

　　因此，我不得不放弃把"观念"作为历史研究的对象，而是把实在的经验——个人的、社会的、历史的、宇宙的——作为历史要研究的实在。然而这些经验只能够通过研究它们在符号中的表达来进行理解。确定了研究的中心客体，从而也确定了研究所要使用的方法，这就产生了我后来进行研究的基本原则。经验的实在能够自我解释。具有经验的人用符号的形式将其表达出来，因此符号是理解这些被表达的经验的关键。⑪

沃格林的回忆非常清晰地表明，此时所处的是他著作发展从第一阶段到第二阶段的过渡时期。并且，它们还表明了，这种转变并非一蹴而就，而是经历了数年漫长的时间发生的。更为确切地说，是从 1940 年代后期一直到 1950 年代前期。这种转变的缓慢过程也可以从以下事实中可见一斑：沃格林不断在书信中谈及到他的《观念史》，一直到 1953 年秋天，他才联系出版商说，该作品不再是一部观念史，因为该术语和它所代表的体裁早已经过时了。相反，它现在被称之为《秩序和符号》，其主题"不再是按编年顺序将作者和观念简单地串联起来……"而是"秩序经验的发展以及适合表达这些经验的符号"。⑫

这里所理解的"经验"并不是如其传统用法那样可能草率地暗示说，人类对自身和环境的日常生活的体验。相反，该术语代表了那些生存的根本经验，特别是上面已经提到的人的"受造性"的基本经验——在这些经验中，人为了寻找到自身存在的真理，从而获得了他们对于存在秩序及人类在其地位的理解，并且通过符号和符号体系将其表达出来。在这种情况下，"存在"（Sein）一词指定和容纳了神与人、世界和社群的领域，它在一个

---

⑪ Eric Voegelin, *Autobiographical Reflections*. Edited, with an introduction, by Ellis Sandoz, Baton Rouge and London: Louisiana State University Press, 1989; S. 78 - 80；德文版见 Eric Voegelin, *Autobiographische Reflexionen*, München: Fink Verlag, 1994, S. 98 - 100；也可参见相同主题的文章»Autobiographical Statement«, in: *The Beginning and the Beyond*: Papers from the Gadamer and Voegelin Conferences, ed. Fred Lawrence, Chico, Ta, Scholars Press, 1984, S. 119。

⑫ 1953 年 10 月 25 日沃格林致查尔斯 D. 安德森（Charles D. Anderson）的信。几年后，沃格林将《秩序和符号》更名为《秩序与历史》。

"原初社群"中被连接在一起,人无法从外部来体验和探索这一领域,而只能够参与其中。⑬ 这些经验材料表明,人们对这一结构的认识会产生变化——无论是在不断分化的过程中,从最初的紧凑的经验和实在的形象,如宇宙论中的"神话"所表达的那样,还是到更加分化的符号形式,如"哲学"和"启示",又或者从先前获得的经验和启明中再次迷失的过程中,都会产生变化。

　　沃格林将从启蒙运动以来的这一过程视为是更多分殊性符号产生的过程,在这些过程中,本体领域的核心要素"神"消失了,或者更为准确的说:是被取代了。由此而产生的空缺,如今被内在-世界的神——包括人自己——通过幻想进行了填补。⑭我们再一次发现,人处在内在-世界宗教的复杂问题之中。在沃格林看来,西方的精神危机和现代性工程在这方面有意识地抛弃或终止了那个"存在的原初社群",并且创造出了一个新的"次级实在"。在这个意义和背景下,我们就能够理解沃格林在1952年的《政治的新科学》中首先提出了建立其历史哲学的"前提",它已经预示着《秩序与历史》的到来:"历史的实质在于人们通过这些**经验**(Erfahrungen)获得对其人性的了解,同时也理解其自身的局限。"⑮具体而言,沃格林研究区分了六种主要的符号形式,人在漫长的历史过程中对于存在及其秩序的基本理解

⑬ 这里《秩序与历史》第一卷的导言"秩序的符号化"大致写于 1952 年,载于 Eric Voegelin, *Order and History*, vol. 1: *Israel and Revelation*, Baton Rouge: Louisiana State University Press, 1956;德文版见 Eric Voegelin, *Ordnung und Geschichte*, hrsg. von Peter J. Opitz and Dietmar Herz, Bd. 1: *Die kosmologischen Reiche des Alten Orients - Mesopotamien und Ägypten*, hrsg. von Jan Assmann, München: Fink, 2002。

⑭ 值得注意的是,《政治观念史》最后一卷的标题是《危机与人的天启录》。

⑮ Eric Voegelin, *The New Science of Politics. An Introductory Essay*, Chicago: Chicago University Press, S. 78;引自德文版 Eric Voegelin, *Die Neue Wissenschaft der Politik. Eine Einführung*, München: Fink Verlag 2004, S. 99 (粗体为作者所加)。

所产生出的变化,都通过这些形式表达反映了出来,而这些符号形式也是社会秩序的基础:"神话"、"历史"和"哲学"的形式,就构成了《秩序与历史》第一卷的主题;"帝国"和"基督教"的形式,则成为了第二卷的主题。最后一种是现代"灵知"(Gnosis)的形式,它是在数千年的过程中发展起来,沃格林原本想要将"灵知"作为介绍西方现代性的具体符号形式列入到最后一卷的。然而,对于这卷书而言,由于沃格林观念的深刻变化,最后以完全不同的形式呈现了出来,最初的这些概念只包含在了1952年出版的《政治的新科学》中,其中整个第二部分都是关于灵知主义的符号形式。

　　这种经验概念不仅构成了沃格林的历史哲学,甚至更为重要的是,它还能够用于支撑其历史哲学的"理论"这个概念。沃格林认为,"理论"并不是关于人的存在的武断性意见,而是"试图通过对于某种**经验**的解释从而获得存在的意义"。⑯ 与之紧密相关的是这样一种信念:"关于人在社会中存在的理论必须在历史已经产生分殊化的**经验**的中介中进行运转。"⑰因此,正如《政治的新科学》一开始所论述的那样,政治理论,"当它发展成为原则时,就必须成为一种历史理论。"⑱"理论"在超越经验中的立足点,对于沃格林而言至关重要。为了强调这一点,我们可以引用沃格林就《政治的新科学》一书致阿尔弗雷德·舒茨(Alfred Schütz)的信。在提及舒茨先前所引用的相关性的动机概念(motivationsmäBigen Relevanzbegriff)时,沃格林写道:

　　　　这就把我们带到了第三个问题,即动机的相关性。同

⑯　Ebd.；S. 77.(粗体为作者所加。)
⑰　Ebd.；S. 92.(粗体为作者所加。)
⑱　Ebd.；S. 17.

样的,具体对我而言,这是一个是什么经验会促使人们提出理论问题的问题;以及,是什么经验促使他们避免"理论"问题。

很显然,在前面这段话中,"理论"一词是在特定的意义上被使用的,我在"导言"中并没有详细展开……它大致可以按如下这样理解,在我看来,在历史上(约公元前 600—前 300 年)理论是作为对语言符号中的超越经验进行解释而产生出来的。这些经验可以用赫拉克利特式的爱、盼望和信心(在保罗书信中也再次出现),或者用柏拉图式的爱欲(*Eros*),死亡(*Thanatos*)和正义(*Dike*)三要素来进行阐明:其焦点是对智慧的爱,用奥古斯丁的话就是智慧之爱(*amor sapientiae*)。在这些诸多的经验中,关于人的本质的知识(在柏拉图-亚里士多德和基督教的意义上)呈现在了意识之中;而理论则是尝试用语言来表述这种知识;不断求助于(验证)这些经验。只要这些理论得以发展,就产生出关于人和社群的科学,也就是亚里士多德意义上的一种政治认识。⑲

III

沃格林的思想从第一个阶段过渡到第二个阶段,也就是从"观念"过渡到"经验",与之相比,从第二个阶段到第三个阶段具有同样的复杂性。因此也产生了更多的问题。因为第三个阶段并不像前面的阶段那样涉及从旧的范式向新范式的转变,实际上只是强调的重点发生了变化,也就是把分析的重点从"经验"

---

⑲ Eric Voegelin, Alfred Schütz, Leo Strauss und Aron Gurwitsch, *Briefwechsel über »Die Neue Wissenschaft der Politik«*, hrsg. von Peter J. Opitz, Freiburg/München: Verlag Karl Alber, 1993, S. 65f.

以及表达经验的符号、符号的类型和符号的秩序,转移到了这些
"经验"所产生之处——也就是人的灵魂或意识。虽然到了
1940 年代后期,《政治观念史》已经从一部**观念**史变化成了一部
经验及其符号的历史。然而到了 1960 年代初,沃格林越来越多
采取了一种意识哲学的形式。因此,沃格林在 1966 年出版的
《回忆》一书出现了下面这样的句子,很明显表明开始了一种新
的转变:"人在社会和历史中的秩序问题来自于意识的秩序。因
此,意识哲学是政治哲学的核心。"[20]

　　然而,将第三个阶段和前两个阶段毫无争议地进行划分却
会面临许多方面的困难,首先在于沃格林并不只是从 1960 年代
初才开始对意识理论进行思考的,这种思考可以远远追溯到
1920 年代。这些思考开始于沃格林的早期著作《论美国心灵的
形式》(1928),到了 1930 年代则随着沃格林对于"观念"背后的
存在经验进行阐释而得以延续,最终到了 1943 年秋,完成了对
此进行论述的第一本专著。在这个背景下,沃格林在与他的朋
友舒茨关于埃德蒙·胡塞尔及其现象学意识概念的对话和往来
书信中,逐渐形成了这些思考。[21]后来在《回忆》中,沃格林将其
描述为一个"关键性的突破",成为他的《政治的新科学》(1952)
和《秩序与历史》(1956/1957)中所发展出的政治理论的先决条
件。[22]这一"突破"在三项密切相关的小型研究中找到了它的文

---

[20] Eric Voegelin, *Anamnesis. Zur Theorie der Politik und Geschichte*, München: Piper Verlag, 1966, S. 7.

[21] 参见沃格林和舒茨的通信集,收录于 Alfred Schütz, Eric Voegelin. *Eine Freundschaft, die ein Leben ausgehalten hat.* Briefwechsel 1938 - 1959, hrsg. von Gerhard Wagner und Gilbert Weiss. Konstanz: UVK, 2004, S. 153 - 215;另参 Gilbert Weiss, *Theorie, Relevanz und Wahrheit. Eine Rekonstruktion des Briefwechsels zwischen Eric Voegelin und Alfred Schütz* (1938), München: Fink, 2000, S. 88 - 142,他还对《论意识的理论》进行了深刻的分析,并且通过这篇文章对《回忆》做出了很好的总结。

[22] Voegelin, *Anamnesis*, S. 8.

献阐述方式,其中包括了一个名为"论意识理论"的研究。一方面,该研究对于超验哲学和现象学的"纯粹"或"超验"意识思想之间的区别进行了梳理;另一方,研究转向了具体的意识——个人、社会和历史中形成的意识。沃格林为此研究制定了一些"普遍原则":

> 所有关于意识的哲学思考都是哲学家意识中的一种事件(Ereignis),并且预先假定了这种意识及其结构。由于进行哲学思考的意识并非"纯粹"意识,而是一个人的意识,因此,所有的哲学思考都是哲学家生命历程中的一个事件;也是人类社会及其象征语言的历史中的一个事件;还是人类历史中的一个事件;以及,宇宙历史中的一个事件。没有"人"能够在对意识及其本质的反思中,使意识成为面对的一个"客体";反思倒是意识内的一种定向,他可以利用它推进到那些意识极限,但决不能越过它们。对意识的系统反思是一种哲学家生平中的后来事件,而在基本的意义上,意识是一种被给予物。进行哲学思考的人总是生活在自己的历史脉络中,也就是社会与世界中的一个人类实存的历史脉络中。㉓

直到发表这些学术研究的二十多年后,也就是到了 1960 年代中期,沃格林才最终专注于意识哲学,然而这却绝非一种巧合,而是他后来重点转向的证据。在"记忆"(Erinnerung)这个标题下,它们构成了《回忆》这本书的第一部分。

沃格林在完成第一篇"论意识理论"的草稿几年之后,他进

㉓ Voegelin, *Anamnesis*, S. 57f.

一步推动了这项研究,写了关于谢林和维柯的历史章节的著作,特别是对于无意识和神话哲学的研究,而这些研究也促使沃格林恢复了对于柏拉图的研究。㉔ 沃格林就柏拉图晚期对话及其所包含的神话方面的解释取得了突破性的进展,受此激励,沃格林对《秩序和历史》中关于柏拉图的章节也进行了修订,从而扩展到了大约 350 页。其核心部分之一就是在柏拉图对话录《蒂迈欧篇》的基础上形成的"神话哲学"。正如我们前面所提及的,沃格林在 1930 年代初的"国家理论体系"从一开始尝试就已经失败了。完成这卷《秩序和历史》之后,也为沃格林重新开始对政治的系统性研究提供了机会。在 1947 年 1 月底在写给阿尔弗里德·万多斯(Alfred Verdross)的报告中,沃格林说:"我相信我已经找到了一种方法,可以把神话解释为灵魂的符号论,从而获得它们的意义,这与'敞开之物'不同。"㉕而仅在一年之后,他就写信给约瑟夫·莱尔(Josef Lehrl)说:"近年来,我的主要工作是阐述一种神话理论。我相信我已经实现了我的目标,并最终形成了一个确实适用的理论。至少它在解释柏拉图神话时证明了自身的价值,迄今为止这些神话对人而言,基本上都是晦涩难解的……当我完成了历史部分(指《秩序和历史》——作者注),我将全身心投入到政治的系统性问题上。"㉖将神话定性为"灵魂的符号"表明了这一点:在沃格林心中仍具有一种意识哲学;这种哲学也属于——甚至从本质还是属于——对记忆中无意识的探索。

㉔ 这两章文章很重要的反应了沃格林思想的发展,其德文译本已由沃格林档案馆的 Periagoge 系列出版。在埃里克-沃格林档案馆的 Periagoge 系列中已经出版。有关柏拉图的意义,可以参见 Eric Voegelin, Schelling, *Occasional Papers* XLV, München: Eric-Voegelin-Archiv, September 2004。

㉕ 1947 年 1 月 31 日,沃格林致万多斯的信。

㉖ 1948 年 2 月 12 日,沃格林致约瑟夫·莱尔的信。

　　最终，柏拉图在此时成为沃格林的核心参照点，可能是基于以下两个原因：一方面是沃格林感受到了类似的精神背景，另一方面是意识或灵魂问题的重要性。就精神背景而言：两位思想家都是处于危机，特别是都是处在灵性危机时期的哲人，从本质上来说，他们的哲学都是对这种危机的诊断和治疗。在柏拉图的情形下，该危机是关于希腊多神教衰败和诡辩的智者启蒙的兴起；在沃格林的情形中，这场危机涉及"基督教公共文化"瓦解，[27]以及伴随着启蒙运动而凸显出来的文化：宗教-内在世界（Religion-der Innerweltlichkeit）的文化。在这两种情况下，都涉及精神生活的丧失和萎缩的问题，也就是人的超越性和超越能力（Transzendenzfähigkeit）的丧失。因此，柏拉图用"神的尺度"（Deus mensura）来反对智者的"人的尺度"（homo mensura），而沃格林则追随柏拉图，努力去寻找超越经验对于政治理论的意义。

　　这两种情况，都不仅是一个认知-思想问题。与此密切相关的还蕴含着一种政治关切：对柏拉图而言，是对雅典政体的拯救；而对沃格林而言，则是对抗西方思想的危机，这场危机的后果就体现在他那个时代极权主义运动的崛起上。从这个意义上，以柏拉图《理想国》谈及的洞穴神话为媒介，从洞穴的黑暗中上升，从而看到"善的理念"，这远不止是一种认知行为。相反，这种超越的经验，构成了灵魂的秩序，而这又是恢复社会秩序的先决条件，为此，哲人再次重新返回到洞穴的黑暗中，与之进行抗争。从这个角度来看，个人的精神秩序——或者说，扩展到政治方面：一个社会的政治统治层——和社会秩序是同一枚硬币的两面。从本体论来看，这种观点预设了人类灵魂和社会秩序之间的关联，根据这种关联，不同类型的灵魂构成对应着不同社

㉗ 1943 年 12 月 28 日，沃格林致舒茨的信，收录于 Wagner/Weiss, *Briefwechsel*, S. 210。

会。柏拉图曾在《理想国》关于讨论最佳城邦法律（Verfassung）草案中详细阐述了这一点；而且，在柏拉图的最后两卷《对话录》中提到的所谓"城邦形式的循环"（Kreislauf der Staatsformen），最终是是用灵魂的健康为基础进行分析，也就是基于沃格林所说的"人类学原则"。[28] 非常重要的一点是，沃格林用"灵气病"（Pneumopathologie）一词来形容西方现代性的心理状况。虽然这个术语的使用可以追溯到 1940 年代中期，然而到了 1960 年代中期，由于沃格林更多地转向了意识理论，该术语才获得了更为完整的意义。在 1968 年 1 月沃格林写给慕尼黑哲学家阿洛伊斯·登普夫（Alois Dempf）的信中，沃格林提及自己刚刚开始的一部名为《人类的戏剧》（*The Drama of Humanity*）的作品，他写道：

> 　　我想，我目前已经发展出了一套"灵气病"的类别，这也是诊断和治疗从 1750 年到 1950 年的各种所谓"观念"所必须的。这在"观念"观念或"传统"的精神史（Geistesgeschichte）中是不可能的。它能够解决我当时所提出的问题，那就是将黑格尔和马克思刻画为灵知主义。这并不像我想象的那样简单；但尽管这种病理学（Pathologie）变得有些复杂，但是它目前也具有一个优势，那就是从经验上适用于这个时期的现象。[29]

　　在这段话里，有两点会引起我们的兴趣：一方面，它们再次

---

[28] 请参阅我所写的跋，载于 Voegelin, *Neue Wissenschaft*, S. 245-248。

[29] 1968 年 1 月 2 日，沃格林致阿洛伊斯·登普夫的信；《人类的戏剧》英文版收录于 CW 33：*The Drama of Humanity and Other Miscellaneous Papers, 1939-1985*, ed. with an Introduction by William Petropulos and Gilbert Weiss, Columbia and London, University of Missouri Press, 2004, S. 174-242；德文版尚在翻译中。

表明了沃格林对于"观念"概念和传统观念史体裁的拒绝；另一方面，它们也非常重要地揭示出了沃格林此时和"灵知"这个概念之间保持了一定的距离。"灵知"这个术语是他在1952年的《政治的新科学》中用来描述西方的现代性特征的词汇。[30] 尽管这种描述并没有被证明是错误的，但是它的解释力却远不如这一新发展出来的意识哲学的范畴。

对此，沃格林在"人类学原则"上认同柏拉图，还表现在他把《政治的新科学》描述为"为建立柏拉图意义上的政治科学（包括历史哲学）而进行的基础研究"。[31] 遗憾的是，这项研究遗留在了尚未完成的《求索根基》（Studie zur Grundlegung）之中。此后，沃格林既没有系统地阐述，也没有澄清在现代大众民主与资本主义经济秩序的条件下，立足于这种观点的"良好"社会秩序将会是什么样子——除了每个社会的结构应该尊重并积极促进人类在其秩序和组织的基本原则中对超越性给予开放之外。有诸多原因导致了沃格林无法形成一个现代性条件下的社会概念。其中一个原因是，因为接受了慕尼黑大学的邀请，以及建立政治研究中心，沃格林重新开始了对秩序和历史的研究，这对于沃格林的研究影响深远。另一个原因是，在这些新的研究中，沃格林的关注被越来越多地引导到，或者说聚焦在可经验和意识的问题上。在这方面，相关的文章有《据于自然的正当》（*Das Rechte von Natur*）、《什么是自然？》（*Was ist Natur?*）、《时间中的永恒存在》（*Ewiges Sein in der Zeit*），这几篇文章都写于1960年代前期，并且不久就以"经验与历史"为题被收入到了《回忆》的中间部分，而

---

[30] 关于"灵知"的详细介绍，参见 Eric Voegelin, *Der Gottesmord. Zur Genese und Gestalt der modernen politischen Gnosis*, hrsg. und eingeleitet von Peter J. Opitz; mit einem Nachwort von Thomas Hollweck, München: Wilhelm Fink Verlag, 1999。

[31] 1951年3月29日沃格林致恩格尔-亚诺希（Engel-Janosi）的信。

《回忆》则是沃格林从 1964 年中就开始酝酿的一本书。

IV

　　这就需要我们讨论一些关于《回忆》本身的问题——关于导致沃格林出版这本书的动机问题,以及他对这本书所寻求的关注点,还有这本书的文学形式。乍一看,这本书似乎只是沃格林数十年来的文章选集,没有一条明确的主线将它们连接成一个有意义的统一体。上述问题的答案可以在两个地方得到回答:在沃格林为该书所作的"序言"中,我们强烈建议任何寻求深入理解的读者认真阅读该序言;以及在该书出版后不久,沃格林写给一位朋友——文学学者罗伯特·J. 海尔曼(Robert J. Heilman)的一封长信中。[32] 这两个文本在内容上略有重复,并且信中主要只提到了《回忆》所依据的"新的文学形式",但它在很多方面超出了序言中所说的内容——比如谈到了此时沃格林对于哲学的理解,以及包括他作为一位哲人的自我理解,因此值得我们详细进行介绍和欣赏。沃格林首先用几句话介绍了该书的各种"功能":

　　　　我刚刚出版了一本约四百页的书《回忆》。这是我的意识哲学[……]这本书有几个功能。首先,作为一种公共义务,我不得不在某个时候在德国出版一本书——我用英语写的作品在这里不被阅读(见我之前提到的仇外心理),而教授只需要时不时出版一本书。其次,我必须在完成《秩序

---

[32] 1966 年 6 月 19 日沃格林致罗伯特.J. 海尔曼的信;有关沃格林和罗伯特·J. 海尔曼之间的关系详细的信息,请参见 Robert J. Heilman, Erinnerungen an Eric Voegelin, 载于 *Sinn und Form*, Beiträge zur Literatur, hrsg. von der Akademie der Künste, 53. Jahr/2001/5. Heft, S. 623 – 647。

与历史》之前解决一系列的理论问题——近年来，我在用德语
发表的一系列文章中完成了这项工作，这些文章现在被纳入到
《回忆》中。第三，然而，这也是现在最为重要的——我想在哲
学中试验一种新的文学形式。让我对此给予一些解释：……

　　除了沃格林的介绍，也就是这本书中的"我的意识哲学"，还
有两点值得我们关注：(1)沃格林自1960年代初发表的文章，现
在收录在了《回忆》中，涉及了《秩序与历史》的理论问题，也就是
说，它们最终是为尚未完成的《秩序与历史》最终卷做准备工作
（为了更好地理解它们，也应考虑到这一点）。还有(2)，在上面
的语境中更重要的是，最初激发《回忆》这样结构的并不是一种
临时性的解决方案，而是要被理解为一种哲学的"新文学形式"。
让我们来进一步解释的主题，也就是关于采取这种文学形式的
原因究竟是什么。

　　　　赫拉克利特是第一位将哲学视为是对心灵深处进行探
　　索的思想家——探索心灵的张力、它的动力、它的结构，等
　　等。这种对心理或意识的诠释，从那时起始终是哲学的核
　　心。然而，它在历史上一直被哲学用次级的意义所遮蔽，也
　　就是说，在进行传递诠释的结果以及其思辨的结果的意义
　　上被遮蔽了起来。因此，历史上，哲学总是摇摆在意识的诠
　　释和对结果的教条式表述，对原初意识的回归，新的教条式
　　表述等等之间。目前，我们面临的问题是摆脱纷扰复杂的
　　教条——神学的、形而上学的和意识形态的，从而恢复人与
　　他的存在的神圣根基之间的原始经验。

上面这段话区分出了两类哲学，其中第二类只是第一类和

原初哲学的衍生之物——也就是对意识的解释——这再次表明
了沃格林现在对它的超乎寻常的重视。这段文本同时标志着沃
格林自己处在这两类哲学的历史变动中的位置,即在回归意识
解释的转折点上。从而,当下哲学的两项任务就显而易见了:清
除各种教条主义的残渣,以及恢复对意识的研究,继承赫拉克利
特创立的哲学形式。因此,这里必须补充的是:这是由柏拉图和
亚里士多德所继承的哲学形式。③ 这种定位只是粗略的概括(尽
管它在《回忆》本身得到了重要的澄清),可能主要是由于它只是
作为对如下解释的前奏,即澄清对意识进行解释所面临的方法
论问题,从而也顺带阐述了找到适合它的"文学形式"的困难。
为此,沃格林首先列出了一些由问题本身所引起的诸多问题:

> 当下,教条可以以体系的形式提出,以从不容置疑的前
> 提中得出的结论的形式提出,或者以对哲学文献中提出的
> 问题进行论述的形式呈现出来,而对意识的原初解释却只
> 能用直接观察和沉思寻觅心灵结构的形式进行。此外,这
> 种结构不是可以通过命题来描述的那些既定事物,而只能
> 是心灵本身的一个过程,它必须在发展的过程中找到自己
> 的语言符号。最后:自我意识的解释不能一劳永逸地完成,
> 而是贯穿于人一生中的整个过程。
>
> 这些特殊性产生了文学上的问题:赫拉克利特就已经
> 发现,格言(*Aphorismus*)的形式能够对启明心灵结构的传
> 记时刻(biographischen Momenten)给予恰当地表达。另一

---

③ 关于对赫拉克利特哲学的详尽分析,参见 *Order and History*,vol. 2:*The World
of the Polis*,Baton Rouge:Louisiana State University Press,1956,S. 220 - 240;德
文版见 Eric Voegelin,*Ordnung und Geschichte*,Bd. 5:*Die Welt der Polis-vom
Mythos zur Philosophie*,hrsg. von Jürgen Gebhardt,München:Fink,2003,S. 81 -
104。

种形式是基督教沉思的消极形式,笛卡尔仍旧使用了这种方式。因为在历史上,任何对意识的原创性解释的尝试都是在反对当时流行的教条主义的情况下展开的,并且也被这些教条主义所影响,从而就使得整个问题变得更加复杂。解释学是一种恢复或记忆人类状况的尝试(因此被称为"回忆"),当它有可能在模糊晦涩的符号的废墟下感到窒息时,它就会在意识中呈现出来。因此,我们不能简单地采用历史上较早的意识分析——赫拉克利特、亚里士多德或奥古斯丁的分析——而是必须从当下人类自我理解的障碍前开始。这应该使你对这个问题有了大致的了解。

在接下来的总结性段落中,沃格林解释了自己为什么在考虑上述的问题时,选择了这种"新的文学形式",第一次以《回忆》的形式呈现出来。

就我的具体情况而言,我的做法是:本书的第一部分和第三部分包含两个沉思的实践,每部分都有 45 页的篇幅。第一个,我在 1943 年 9 月和 11 月记录在纸上,后一个是 1965 年下半年所写。第一个,在巴吞鲁日,是我重新获得对所进行的意识理论,特别是现象学的意识理论的突破。第二个是就亚里士多德对意识所进行的诠释(见《形而上学》I 和 II)重新进行思考,以此为开端,并由此推进到还没有被古典哲学视野所涉及的意识的新领域,但如今我们需要对这些领域进行探索,从而使得意识从上述的教条主义中得到净化。在这两次沉思之间,我在"经验与历史"的标题下,列出了八项研究,用这些研究展现出,在意识的沉思探索中,秩序的历史现象如何在其中达致巅峰的分析类型。

因此，整本书是由经验主义的双重运动结合在一起而成：（1）从历史秩序现象到它们所产生的意识结构的运动，以及（2）从对于意识的分析到分析秩序现象的运动，而意识结构则成为解释历史现象的工具。

让我们拭目以待，看看公众将如何接受这种新形式，它既不是前苏格拉底式的，也并非古典式的，更不是基督教的，然而，它确实与普罗提诺和狄奥尼修斯·阿罗帕吉塔（Dionysius Areopagita）的神秘主义具有某些亲和性，更不用说和《未知之云》的关系了。

以上都是沃格林写给罗伯特·海尔曼信中的内容。对于《回忆》的"序言"来说，我们首先要对第三部分（标题为"意识的秩序"）添加一些评注。这一部分是基于沃格林 1965 年 6 月 9 日在德国政治学会年会上的演讲，题目是"什么是政治实在？"随后他进行了详细的阐述，并在回顾中指出："出人意料的结果是全面和暂时令人满意地对**意识哲学的重新表述**（Neuformulierung der Philosophie des Bewußtseins）。"㉞

这篇被称为"沉思"的文章的新意，其实并非在于它打破了早期意识理论研究的结果，而在于现在这种"沉思"更加独立，并且通过触及自身的意识，从而也更加"经验化"。沉思参照的中

㉞ Voegelin, *Anamnesis*, S. 8；粗体为作者所加。在沃格林与派博（Piper）出版社的通信档案中，有一段未注明日期的文字，既没有明确指出是什么时候写的，也没有指出是谁写的，它显示出这本书最初的标题是"经验与历史"，只由两部分组成。而最终以《回忆》为题出版的文本却包括三个部分，其中最后一个也可能是最重要的一个部分包含了沃格林 1965 年 6 月 9 日精心准备的一场主题演讲，因此有理由认为该文献反映了本书形成前较为早期的构想。因此这可能意味着，严格说来，导致沃格林意识哲学发展的过程是在 1965 年之后才出现的，而对意识哲学的实际突破是当时才发生的。派博出版社 1966 年 2 月 3 日的一封通信表明，新的第三部分是现在才加入的。

心点不再是仍然主导着《政治的新科学》《秩序和历史》的死亡
（*thanatos*）、正义（*dike*）和爱欲（*eros*）这三种经验，反而是自我的
意识，它——主要由对亚里士多德形而上学重新的研究所指
导——考察在其中所发生的运动以及在其中所起到作用的力
量，以及秩序的结构和关系。最重要的是，"努斯"或"理性"
（*ratio*）现在被确定为意识"对自身变得澄明"的能力，即解释自
身的逻各斯。意识为照亮其自身的主体结构所做的这种努
力——它由此意识到与根基的存在性张力——正如沃格林所
称，这种"努斯诠释"是沃格林在序言中描述为"重新表述"所发
生的一个主要问题复合体。第二个问题复合体与第一个问题紧
密相连。它产生于这样一个事实，即在某种意义上，这种"努斯
诠释"中所涉及的现象是一种"非客观的实在"。然而，这使人们
关注到在通过趋向于客观化的语言对这种"实在"进行指称时出
现的问题；在这种情况下，沃格林谈到了"符号哲学"，这在他对
"沉思运动中语言指称"的反思中越来越具有重要性。通过这一
点，他也提到了一个他在几十年前就已经处理过的问题，并将其
描述为一项核心的、但迄今为止却基本为人所忽视的任务。在他
看来，基督教教会的一个重大失误是没有对 15 世纪以来，即现代
自然科学兴起以来的文明和精神剧变作出应有的反应，而是要么
采用新的基督教历史哲学，要么发展出一套"神话符号哲学"，从
而在很大程度上导致了基督教和基督教社群文化的衰落。⑤

　　到目前为止，"努斯诠释"和与之密切相关的符号哲学——
这两个问题的复合体始终是沃格林研究的中心，并最终表述在

⑤ Voegelin，CW 24：*History of Political Ideas*，Vol. Ⅵ：*Revolution and the New
　　Science*，hrsg. von Barry Cooper，Columbia and London：University of Missouri
　　Press，1998，S. 31 - 70；德文版见 Eric Voegelin，Apostasy oder die Entstehung der
　　säkularisierten Geschichte-Bossuet und Voltaire，*Occasional Papers* XXXIX，
　　München：Eric-Voegelin-Archiv，September 2003，S. 37ff. 。

了《秩序与历史》最后一卷中的"复杂的意识-实在-语言"。㊱ 在这些语言哲学的思考背后,沃格林最终抱着这样一种关注:将紧凑的经验所表达的实在用语言浓缩成"概念"——如"内在性"(Immanenz)和"超越性"(Transzendenz)——会促使它们被实体化(Hypostasierung)成新的自在实体(autonomen Entitäten),从而为新的教条主义敞开大门。回顾看来,在沃格林起初从"观念"到"经验",然后从这些到"意识"及其实在结构的道路上,已经抵达到了一个新的阶段。这是一条引领他——寻找实在及其秩序——更为深入到他自己的内在自我的道路,在这个意义上,沃格林的哲学也可以被认为是一种内在化(Verinnerlichung)的哲学,在回忆中达到自我反思的新高度。

V

沃格林在致罗伯特·海尔曼的信中提及到书名《回忆》时说:是"一种恢复或记忆人类状况的尝试(⋯⋯),当它有可能在模糊晦涩的符号的废墟下感到窒息时,它就会在意识中呈现出来。"同样,在《回忆》的序言中,沃格林也提到了记忆,因此也提到了书名的含义:"记忆"(Erinnern),这里说,"是意识的活动,通过这种活动,被遗忘的东西,即潜藏在意识中的知识,被从无意识中提升到意识的具体存在。"㊲ 这听起来就像是柏拉图的话,而且确实如此。早在 1940 年代后期,沃格林对《政治观念史》中柏拉图一章大刀阔斧地修订时,沃格林就已经深入探讨了

㊱ Eric Voegelin, *Ordnung und Geschichte*, Bd. 10: *Auf der Suche nach Ordnung*, hrsg. von Paul Caringella und Gilbert Weiss, München: Fink, 2004; 具体见两位编辑后记。

㊲ Voegelin, *Anamnesis*, S. 11.

柏拉图的回忆过程,展示了柏拉图如何通过"回忆"(*anamnesis*)使被遗忘之物返回到当下和意识的光明之中,并最终在柏拉图后期对话的神话中达到高潮。㊳ 最后,沃格林写道:

> 在《蒂迈欧篇》和《克里提亚篇》中,有关于把人及社会的实存归入历史及宇宙秩序中的知识,而回忆把这种全面的知从不被意识状态抬升到意识中。回忆把自己扩展为意识的哲学,在个人的、社会的、历史的实存中,意识处于被意识到与不被意识到这两者的张力之间,以及潜在的知与当下的知、知与忘、秩序与无序等等的张力之间,而且回忆也把自己扩展为符号的哲学,用种种符号把上述张力表述出来。但是,意识的核心对象,仍然是人对于人同属神的存在基础之间张力的知;被回忆之物,是在人当下的实存中秩序的起源、开端和基础。㊴

人们可能会争论,这些话究竟是在讨论柏拉图,还是已经谈到了沃格林他自己在这里所扩展的柏拉图关于回忆的存在意义的认识。尽管如此,《回忆》期望而且必须被理解为沃格林对他自己的回忆的沉思阶段,以及随之而来的意识和历史之间对话的叙述。在这个过程中,沃格林既实现了他的意识哲学,也确信这样的意识哲学构成了政治哲学和历史哲学的核心。显然,从这个意义上,《回忆》也是一本自传。

彼得·J. 欧匹提斯(Peter J. Opitz)

2005 年 4 月于沃尔夫拉茨豪森(Wolfratshausen)

㊳ Voegelin, *Ordnung und Geschichte. Platon*, hrsg. und mit einem Nachwort von Dietmar Herz, München: Fink Verlag, 2002, S. 207 - 256.

㊴ Voegelin, *Anamnesis*, S. 12.

术语索引

（索引中的页码为原书页码，即本书边码）

图书在版编目(CIP)数据

回忆/(美)沃格林(Eric Voegelin)著;徐志跃等译;李晋校.
上海:上海三联书店,2024.11
ISBN 978-7-5426-6249-1

Ⅰ.①回… Ⅱ.①沃…②徐…③李… Ⅲ.①古典哲学-政
治哲学-哲学理论 Ⅳ.①D0-02

中国版本图书馆 CIP 数据核字(2018)第 064807 号

回忆
——关于历史与政治的理论

著　者/埃里克·沃格林
译　者/徐志跃　李　晋　刘剑涛
　　　　何炜东　陆建松　林　南
审　校/李　晋
策　划/徐志跃
特约编辑/汪丽娟
责任编辑/陈泠珅
装帧设计/徐　徐
监　制/姚　军
责任校对/王凌霄

出版发行/上海三联书店
　　　　　(200041)中国上海市静安区威海路755号30楼
邮　箱/sdxsanlian@sina.com
联系电话/编辑部:021-22895517
　　　　　发行部:021-22895559
印　刷/上海盛通时代印刷有限公司

版　次/2024年11月第1版
印　次/2024年11月第1次印刷
开　本/655mm×960mm　1/16
字　数/350千字
印　张/30.75
书　号/ISBN 978-7-5426-6249-1/B·566
定　价/98.00元

敬启读者,如发现本书有印装质量问题,请与印刷厂联系 021-37910000